U0936554

珍藏本·增订本

纪念版

汉译世界学术名著丛书

蒙古社会制度史

〔苏〕鲍里斯·雅科弗列维奇·弗拉基米尔佐夫 著

刘荣焌 译

SINCE 1897 商務印書館 The Commercial Press

Б.Я.Владимирцов

ОБЩЕСТВЕННЫЙ СТРОЙ МОНГОЛОВ

Монгольский кочевой феодализм

Издательство Академии Наук СССР

Ленинград

1934

根据苏联科学院出版社 1934 年版译出

汉译世界学术名著丛书
（120 年纪念版·珍藏本）
增订本出版说明

2017 年 10 月，为纪念商务印书馆创立 120 周年，本馆推出“汉译世界学术名著丛书”（120 年纪念版·珍藏本），计七百种。近五六年来，仰赖学界同人倾力支持，订正旧译，增补新译，拓展新著，积累日多。为满足读者需要，本馆在七百种的基础上，继续推出“汉译世界学术名著丛书”（120 年纪念版·珍藏本·增订本）三百种。至此，“汉译世界学术名著丛书”累计出版已达千种。

今后，本馆将继续推进丛书的翻译出版工作，在积累单本名著的基础上陆续分辑刊行，汇印出版。为促进中外文明互鉴、推动我国学术发展，使“汉译世界学术名著丛书”这项对我国学术文化有基本建设意义的重大工程发挥更大作用，诚望海内外学术界、翻译界继续给予支持，帮助我们把这套丛书出得更好。

商务印书馆编辑部

2024 年 2 月

汉译世界学术名著丛书
（120 年纪念版·珍藏本）
出 版 说 明

2017 年 2 月 11 日，商务印书馆迎来 120 岁的生日。120 年前，商务印书馆前贤怀揣文化救国的理想，抱持“昌明教育，开启民智”的使命，立足本土，放眼寰宇，以出版为津梁，沟通中西，为中国、为世界提供最富智慧的思想文化成果。无论世事白云苍狗，潮流左右激荡，甚至战火硝烟弥漫，始终践行学术报国之志，无改初心。

迻译世界各国学术名著，即其一端。早在 20 世纪初年便出版《原富》《天演论》等影响至今的代表性著作，1950 年代后更致力于外国哲学和社会科学经典的译介，及至 1980 年代，辑为“汉译世界学术名著丛书”，汇涓为流，蔚为大观。丛书自 1981 年开始出版，历时三十余年，迄今已推出七百种，是我国现代出版史上规模最大、最为重要的学术翻译工程。

丛书所选之书，立场观点不囿于一派，学科领域不限于一门，皆为文明开启以来，各时代、各国家、各民族的思想与文化精粹，代表着人类已经到达过的精神境界。丛书系统译介世界学术经典，引领时代思想，为本土原创学术的发展提供丰富的文化滋养，为推动中国现代学术和现代化进程做出了突出的贡献。

为纪念商务印书馆成立120周年，我们整体推出“汉译世界学术名著丛书”120年纪念版的珍藏本，寄望既利于文化积累，又便于研读查考，同时向长期支持丛书出版的译者、编者和读者致以敬意。

两甲子后的今天，商务印书馆又站在了一个新的历史时间节点上。我们不仅要铭记先辈的身影和足迹，更须让我们的步伐充满新的时代精神。这是商务人代代相传的事业，更是与国家和民族的命运始终紧密相连的事业。我们责无旁贷，必须做好我们这代人的传承与创造，让我们的努力和成果不仅凝聚成民族文化的记忆，还能成为后来人可以接续的事业。唯此，才能不负前贤，无愧来者。

商务印书馆编辑部

2017年10月

目　录

第二编　中期（14—17世纪）蒙古社会制度
——封建制度的兴盛

第三编　近代蒙古社会制度
（自17世纪末18世纪初开始的时期）

前　　言

有多少人了解，写出这样的书要费如此多的劳力和心血……

——著者

1931 年 8 月 17 日，鲍里斯·雅科弗列维奇·弗拉基米尔佐夫（Борис Яковлеич Владимирцов）突然去世了。同年 8 月 19 日，马尔（Н. Я. Марр）院士在停放于科学院的灵柩前的激动讲话中，提出了他是否尽了天年的疑问。我在这里不准备以死者的亲人的身份说些什么，只想以鲍里斯·雅科弗列维奇勤劳治学的直接见证人的资格来讲几句话。

我实在再也无力，也不可能细谈鲍里斯·雅科弗列维奇的日记和笔记了，但只要对他的这些遗作稍加过目，就可以看出他是一个才质可贵的人。他早就找到了与自己志向相宜的事业，看清了自己在生活中的位置、自己的专业和使命。他在小学时代就立志要做一个学者，进了中学以后，便埋头于自然科学，用显微镜认真地研究植物学和动物学。

鲍里斯·雅科弗列维奇一向关心现实生活。日俄战争爆发后，公众注意力转向东方，鲍里斯·雅科弗列维奇也决定着手研究日本问题。他进了彼得堡大学东方学系，但这个系没有研究日本的专业，而蒙古学专业却有科特维奇（В. Л. Котвич）教授、鲁德涅夫（А. Д. Руднев）教授这样几位导师，这就使得鲍里斯·雅科弗列维奇成为蒙古学学者。从这时起，他找到了明确的方向，不再动摇与疑惑了。他的日记上充满了这一类的话：抓紧时间，做出更多的成绩。

鲍里斯·雅科弗列维奇是蒙古学专家、语言学家、语文学家和史学家。谢尔盖·费多洛维奇·奥尔登堡（С. Ф. Олвденбург）在死者的生平事略（见《苏联科学院社会科学部通报》，第8期，1932年，第668页）中写道："如果要问蒙古学专家鲍里斯·雅科弗列维奇的特长是什么，那么，说他首先是史学家，也许会更为正确些吧。"的确很难说他主要是什么学家。1929年，鲍里斯·雅科弗列维奇出版了《蒙古书面语与喀尔喀方言比较语法》第一篇绪论和语音编。第二篇词法和第三篇句法的写作，也提上了日程。

早在1910年，鲍里斯·雅科弗列维奇就曾在日记中提到要给蒙古人写历史，叙述他们的社会制度。由于对社会学有广泛的兴趣和考虑到问题的迫切性，鲍里斯·雅科弗列维奇改变了研究计划，从1930年1月起，他埋头钻研蒙古社会制度，放下了词法和句法的研究。在研究蒙古社会制度的过程中，他阅读了不少古代文献，为这部语法未完成的篇章积累了丰富的材料，并且弄清楚了许多原来不大明了的问题。

这部《蒙古社会制度史》经过充分准备，长期构思，内容结构也都安排好了。全书三编都已准备就绪，问题只在于需用两个星期去写成第三编。鲍里斯·雅科弗列维奇具有非凡的记忆力，他只写下若干提要，并未打什么草稿。由于持续进行了大量的研究工作，汇集了材料，做了长时间的构思，他写作得很快。9月1日，应已完成第三编。在连续一年半的紧张工作之后，他感到有些疲劳，为了重新回到语法的著述，进一步把这本书写完，很想从9月1日到15日休息一下。鲍里斯·雅科弗列维奇打算编一部蒙古语词典，这部词典不仅有实用价值，而且篇幅巨大，内容丰富，足以代替科瓦列夫斯基（О. Ковалевский）和戈尔斯通斯基（К. Ф. Голстунский）合编的那部虽然卓越但已陈旧的词典。

在根据日记所载的资料去进行《蒙古社会制度史》第三编的写作时，鲍里斯·雅科弗列维奇产生了一个念头：按回忆录体裁，对他的日记做一番文学上的润色加工，以满足更多读者的需要。计划已经拟好了。认识鲍里斯·雅科弗列维奇的人都知道，他不仅通晓欧洲文学和革命前与革命后的俄罗斯文学，而且对文学有极深的爱好。他的多种多样的兴趣并不是杂乱无章的，也不是浅尝辄止和见异思迁的结果。他还想写一篇关于蒙古学家科瓦列夫斯基的专论。这一切不仅是一种计划；材料都已收集齐全了，假使他还有力量的话，这些工作在最近三四年内都是可以完成的。

在蒙古学的很多方面，已经做到的实在是非常有限，特别是在古文献的研究方面，一些原本还有待校勘和出版。《喀尔喀三旗法典》（Xalxa jirum）和《善说宝藏经》（Subhāshitaratnanidhi），已经完成了稿本的抄写；而与研究蒙古社会制度史有关的其他材料，都一一经过了审订和考证，单是萨囊彻辰（Sanang-Sečen）的书*，他就

* 蒙古语名为《额尔德尼脱卜赤》，汉译名有《宝贝史纲》《宝史纲》《蒙古源流》等。——译者

阅读了七遍。只要有时间，他就把全副精力用在科学研究上，8月16日，他已经患了致命的疾病，但仍然竭力写作《蒙古社会制度史》第三编。鲍里斯·雅科弗列维奇有一种在早上把昨晚的事情记下两三行的习惯——也全都是“自强不息”这一类的话。8月17日写下的是“头痛，写作”，而这也就是他的绝笔。

7月底或8月初，鲍里斯·雅科弗列维奇把本书的出版权交给列宁格勒耶努基泽东方学院，第二编已经交稿了。由于更换院长，书稿被原封不动地搁置了一年。1932年秋，关于改订出版合同的交涉被重新提出。同时，谢尔盖·费多洛维奇·奥尔登堡受科学院的委托，提议将本书交予科学院出版。在和列宁格勒东方学院新任院长阿马加耶夫（M. H. Амагаев）商谈以后（阿氏表达了意见，本书须在能迅速出版的地方出版），我便把原稿交给了科学院出版局。关于原稿出版的一切有关工作，像鲍里斯·雅科弗列维奇在世时所当做的那样，都由我承担了。谢尔盖·费多洛维奇·奥尔登堡答应给我以帮助，2月16日，也就是他去世的前十天，他对生活和科学还保持着兴趣，要我把校对工作交给他。我没有这样做，但却征得他的同意，把他为纪念鲍里斯·雅科弗列维奇而写其生平事略时所编的著作目录收入本书。

除已故的谢尔盖·费多洛维奇外，我还要感谢对本书给予注意与关怀的伯希和（P. Pelliot）教授和鲍里斯·雅科弗列维奇的友人，科学院院士克拉契科夫斯基（И. Ю. Крачковский）及阿列克谢耶夫（Н. К. Алексеев）。

也要感谢蒙古学家鲍培（Н. Н. Поппе）教授和突厥学家德米特里耶夫（Н. К. Дмитриев）教授，他们审阅了书稿的末校。

附带说明一下，由于印刷条件的限制，上述诸人阅看最后校稿的时间非常短促，万一有疏误之处是不应由他们负责的。

对在1933年指导我学习蒙古语的查姆察拉诺(Ц. Ж. Жамцарано)深致感谢。

同样，印刷条件的限制不容许我把校稿给鲍里斯·雅科弗列维奇的友人费多罗·亚历山大洛维奇·卢森堡(Ф. А. Розенбург)阅看，或者交给对本书所研究的问题抱有兴趣的鲍里斯·雅科弗列维奇的学生们阅看，这也是很遗憾的。

鲍里斯·雅科弗列维奇热爱科学，对于有创见的著作，他总是给予高度的评价。我想用下面这句话(也可能就是鲍里斯·雅科弗列维奇本人的想法)来结束本文：

让这本书在蒙古史方面不仅充当批判材料，也充当有创造性的科学著作的材料吧。

丽吉雅·弗拉基米尔佐娃

1934年5月17日于列宁格勒

科学院院士弗拉基米尔佐夫著作目录

1909 年

《关于杜尔伯特王公起源的传说》(Легенда о происхождении дэрбэтских князей),《遗事杂志》,第 18 卷,第 2—3 期,第 35—37 页。

《查姆察拉诺及鲁德涅夫关于蒙古民间文学的新著:〈蒙古民间文学粹篇〉》(Новый труд по монгольской народной литературе Ц. Ж. Жамцарано и А. Д. Руднева: „Образцы монгольской народной литературы“),第 1 分册(1908),《遗事杂志》,第 18 卷,第 4 期,第 89—94 页。

《1908 年夏科布多地区杜尔伯特人调查旅行报告》(Отчет о командировке к дэрбэтам Кобдинского округа летом 1908 г.),《俄国中亚与东亚研究委员会通报》,第 9 号,第 47—60 页(利用鲁德涅夫关于东蒙古方言的资料,第 XIV—XV 页)。

《科布多地区杜尔伯特人生活中的民族学资料拾零》(Этнографические мелочи из жизни кобдоских дэрбэтов),《遗事杂志》,第 18 卷,第 4 期,第 97—98 页。

1910 年

《蒙古生活中的民族学资料拾零。一、烧酒;二、烟草》(Этнографические мелочи из жизни монголов. Ⅰ, Водка; Ⅱ, Табак.),《遗事杂志》, 第19卷, 第1—2期, 第172—175页。

1911年

《1908年夏在科布多杜尔伯特人地区的调查旅行》(Поездка к Кобдоским дэрбэтам летом 1908 г.),《俄国地理学会通报》, 第46卷(1910年末1911年初), 第323—355页。[参阅格鲁木-格尔日麦洛(Грумм-Гржимайло),《西蒙古与乌梁海地区》(Эападная Монтолия и Урянхайский край), 第1卷。]

《蒙古语中的突厥语成分》(Турецкие элементы в монгольском языке),《俄国考古学会东方分会通报》, 第20卷, 第153—184页[对该文的评论参阅G. 内梅特(G. Németh),《突厥-蒙古假说》(Die türkisch-mongolische Hypothese),《德国东方学会杂志》, 1912年, 第66卷, 第549—576页]。

《蒙古人编制的西北蒙古地图考释》(Обьяснения к карте С.-З. Монголии, составленной монголами),《俄国地理学会通报》, 第47卷, 第491—494页(附地图)。

1912年

《科布多区拜特人处调查旅行报告》(Отчет о командировке к баитам Кобдоского округа),《俄国中亚与东亚研究委员会通报》, 第11号, 第2篇, 第100—104页。

《蒙古故事书目》(Библиография монгольской сказки),《遗事杂志》, 第21卷, 第521—528页。

1916年

《论蒙古语命令式中的否定小品词》(О частицах отрицания

при повелительном наклонении в монгольском языке),《俄国科学院通报》, 1916 年, 第 349—358 页[对该文的解释参阅 G. J. 兰司铁(G. J. Ramstedt),《阿尔泰语的否定小品词》(Die Verneinung in den altaischen Sprachen),《芬兰-乌古儿学会通报》, 第 52 卷, 第 198—199 页]。

《和屯的突厥人》(Турецкии народец Хотоны), 与 A. H. 萨莫伊洛维奇(A. H. Самойлович)合著,《俄国考古学会东方部论集》, 第 23 卷, 第 265—290 页。

1917 年

《14 世纪谷儿只无名史家的蒙古语论》(Анонимный грузинский нсторик XIV в. о монгольском языке),《俄国科学院通报》, 第 1487—1501 页。

1918 年

《鲁德涅夫教授赠予俄国科学院亚细亚博物馆的蒙古语写本和木版书》(Монгольские рукописи и ксилографы, поступившие в Азиатский музей РАН от проф. А. Д. Руднева),《俄国科学院通报》, 第 1549—1568 页。

1919 年

《西藏和蒙古的佛教》(Буддизм в Тибете и Монголии),《在第一届佛教展览会上宣读的讲义稿》, 彼得格勒, 共 52 页。

1920 年

(关于科学院亚细亚博物馆馆藏西藏及蒙古收集品的简要说明。)《西藏部分・蒙古部分・多种蒙古语》(Тнбетский фонд. Монтолвский фонд. Mongolica Polyglotta),《俄国科学院亚细亚博物馆，1818—1918年，简要手册》，彼得格勒，1920年，第74—86页。

《蒙古文学》(Монгольская литература)，《世界文学》，第2卷《东方文学》，彼得格勒，第90—115页。

1921年

《〈五卷书〉中的蒙古故事集》(Монгольский сборник рассказов из Pañcatantra)，《人类学及民族学博物馆选集》，第5卷，彼得格勒，第401—552页(此故事集曾受到下列诸人的评论：С. Ф. 奥尔登堡，《东方学》，第1卷，第113—114页；И. 鲍培，《亚洲专刊》，第2卷，第179—182页；伯希和，《通报》，1923年，第393—394页)。

1922年

《论米拉赉巴的抒情诗》(Из лирияи Милорайбы)，《东方学》，第1卷，第45—47页。

《成吉思汗传》(Чингис-хан)，柏林-彼得格勒-莫斯科，1922年。*［下列诸人曾对本书做过评论：В. В. 巴托尔德(В. В. Бартопод)，《东方学》，第5卷，第251—256页；И. 鲍培，《亚洲专刊》，1924年，第767—772页；Н. Н. 科兹明(Н. Н. Козьмин)，《布里亚特人的生活》，第9—12期，第151—152页。本书外文译本有：法译本《东方的伟大人物》(*Les grandes figures de l'Orient*)，巴黎，1926年；英译本《成吉思汗传》(*The life of Chingis Khan*)，D. S. 米尔斯基(D. S. Mirsky)译，伦敦，1930年。］

* 日译本，小林高四郎译，东京，1936年；土耳其语译本，伊斯坦布尔，1950年；中译本，余元庵译注，上海，1950年1月。——译者

1923 年

《评“东方的古典著作”》(Классники Востока),《东方学》, 第2卷,第137—141页[对五卷本丛书“东方的古典著作”(Collection publiée sous le patronage de l’Association des Amis de l’Orient et la direction de Victor Goloubew. Edition Bossard, Paris)的批评]。

《评〈印度的故事〉》(Индийские сказки),《东方学》, 第2卷, 第156—158页(对六卷本印度故事集的批评)。

《评第一次以起儿漫语及大夏语写成的〈波斯故事〉》(Рецензия на: *Persian Tales* written down for the first time in the original Kermàni and bakhtiàri and translated by S. O. Lorimer with illustrations by Hilda Roberts. London, 1919),《东方学》, 第2卷, 第158—159页。

《评菲诺的〈老挝文学研究〉》(Рецензия на: L. Finot. Recherches sur la littérature Laothienne, *Bulletin de l’Ecole Française de l’Extrême Orient*, XVII, No. 3, 1917),《东方学》, 第2卷, 第159页。

《评〈中国伊朗编: 劳费尔论中国对古代伊朗文明史特别是在植物栽培及产品方面的贡献〉》(Рецензия на: *Sino-Iranica*: *Chinese Contributions to the History of Civilization in Ancient Iran, with Special Reference to the History of Cultivated Plants and Products* by Berthold Laufer, Field Museum of Natural History. Publication 201, Anthropolog. Series, XV, No. 3. The Blackstone Expedition, Chicago, 1919),《东方学》, 第2卷, 第159页。

《〈魔尸〉翻译, 序文及注释》(Волшебный Мертвец. Перевод, вступительная статья и примечания), 彼得格勒-莫斯科,

1923 年（И. 鲍培对本文有评论，《亚洲专刊》，第 1 卷，第 678 页）。

《评〈古代日本传奇〉》[Рецензия на: *Romances of Old Japan*, rendered into English from Japanese Sources by Madame Yukio Ozaki（尾崎行雄夫人），London]，《东方学》，第 2 卷，第 1606 页。

《西藏的演剧》（Тибетские театральные представления），《东方学》，第 3 卷，第 97—107 页（伯希和对本文有评论，载《通报》，1923 年，第 392 页）。

《评〈蒙古、安多和死城哈喇浩特〉》（Монголия и Амдо и мертвый город Хара-хото. Экспедицня Русского географического общества в наголной Азии П. К. Козлова 1907-1909. Госизд., М.-П. , 1923），《东方学》，第 3 卷，第 171—175 页。

《〈蒙古-卫拉特英雄史诗·序文〉翻译》（Монголо-ойратский героический эпос Введение, перевод），彼得格勒-莫斯科，1923 年（И. 鲍培对本文有评论，《亚洲专刊》，第 1 卷，第 679 页）。

《论西蒙古的两种混合语》（О двух смешанных языках ападной Монголии），《雅弗语选集》，第 2 卷，第 32—52 页。

《关于妖术的故事》（Рассказ о волшебстве），译自蒙古语，《东方学》，第 2 卷，第 55—57 页。

《评〈民族学专刊〉及〈红色布里亚特蒙古报〉》（Рецензия на: этнографическии бюллетень изд Вост-Сиб. отд. Русск. географ. общ. и газ. "Красный бурят-монгол", No. 1 и 2 февр.），《东方学》，第 3 卷，第 182 页。

《评〈孟加拉的民间文学〉》（Рецензия на: *The Folk-literature of Bengal* by Rai Saheb Dineshchandra Sen. B. A. with a foreword by W. R. Geurlay, published by the University of Calcatta, 1920),《东方学》, 第3卷, 第187—188页。

1924年

《略谈蒙古-突厥母语的元音系统》(Из области вокализма монголо-турецкого праязыка), 与И. 鲍培合著,《苏联科学院报告》丙辑, 第33—35页。

《关于"达延汗"这一称号》[О прозвище „Dayan"-qaγan(Даян-хан)],《苏联科学院报告》丙辑, 第119—121页。

《蒙古语中现在时形动词的残余》(Остатки причастия настоящего времени в монгольском языке),《苏联科学院报告》丙辑, 第55—58页。

《见于蒙古文献中的帖卜-腾格理一名》(Упоминание имени Теб-тенгри в монгольской письменности),《苏联科学院报告》丙辑, 第116—117页。

《马可波罗的"别牙米宜"》(„Beyamini" Марко Поло),《苏联科学院报告》丙辑, 第118页。

1925年

《蒙古学家贝勒津》(И. Н. Березин—монголист),《苏联科学院亚细亚博物馆所属东方学者协会札记》, 第1卷, 第192—194页。

《蒙古语语法上性的遗迹》(Следы грамматического рода в монгольском языке),《苏联科学院报告》丙辑, 第31—34页。

《蒙古学(一)。蒙古语与中亚、印欧语的关系》(Mongolica Ⅰ. Об отношении монгольского языка к индо-европейским языкам Средней Азии),《苏联科学院亚细亚博物馆所属东方学者协会札

记》，第1卷，第305—341页［A. 翁克里希（A. Unkrig）对本文有评论，《人类》（*Anthropos*），1926年；本文于1927年被译成德语］。

《到蒙古去》（В Монголию），《红色晚报》，12月4日第293号。

1926年

《关于藏-蒙版辞典〈丁香帐〉》（О тибетско-монгольском словаре Li-çiḥi gur-khan），《苏联科学院报告》丙辑，第27—30页。

《蒙古民间文学粹篇（西北蒙古）》［Образцы монгольской народной словесности（Сев.-Зап. Монголия）］，列宁格勒东方现代语研究所出版，第11号（附序文及原文音译）。

《蒙古文丹珠尔》（Монгольский Данджур），《苏联科学院报告》丙辑，第31—34页。

《关于蒙古语的一个复数词尾》（Об одном окончании множественного числа в монгольском языке），《苏联科学院报告》丙辑，第61—62页。

《喀尔喀绰克图台吉的摩崖碑铭》（Надписи на скалах халхаского Цокту-тайджи），《苏联科学院通报》，第1253—1280页。

1927年

同上题（续篇），《苏联科学院通报》，第215—240页。

《蒙古学家卡斯特楞》（Кастрен—монголист），《知识史概述》，第2卷《卡斯特楞逝世75周年纪念集》，列宁格勒，第87—92页。

《劳费尔〈蒙古文学概述〉序》（Б. Лауфер. Очерк монгольской литературы. Перевод В. А. Казакевича под редакцией и с предисловием Б. Я. Владимирцова)(列宁格勒东方学院，第20号)，列宁格勒(弗拉基米尔佐夫的序文在第1—21页)。

《库伦城及库伦地区和肯特山区民族志及语言学方面的调查》(Этнолого-лингвистические исследования в Урге, Ургинском и Кентейском районах)，《漠北蒙古》，第2分册，第1—42页，列宁格勒。

《关于阿睦尔撒纳的蒙古故事》(Монгольские сказаиня об Амурсане)，《东方学》，第1卷，第271—282页。

1929年

《蒙古书面语与喀尔喀方言比较语法，绪论及语音篇》(Сравнительная грамматика монгольского письменного языка и халхаского наречия. Введение и фонетика)(列宁格勒东方学院，第33号)。

《蒙古书面语与喀尔喀方言比较语法，绪论及语音篇》(*A Comparative Grammar of the Literary Mongolian and of the Khalkha Dialect. Introduction and Phonetics*)(英译节本，列宁格勒东方学院，第33号)。

《古代突厥的于都斤山考》(По поводу древне-тюркского Otüken yïš)，《苏联科学院报告》丙辑，第133—136页。

《关于在伊儿汗阿鲁浑诏书里所见到的一词》(Об одном слове, встречающемся в грамоте Иль-хана Arγun'a)，《苏联科学院报告》丙辑，第152—153页。

《鄂尔浑蒙古文碑铭中的地名》(Географические нмена орхонских надписей, сохранидшеися в монгольском)，《苏联科学

院报告》丙辑，第169—174页。

《蒙古语那可儿》(Монгольское nökör)，《苏联科学院报告》丙辑，第287—288页。

《古突厥及古蒙古文献注解》(Заметки к древнетюркским и старомонгольским текстам)，《苏联科学院报告》丙辑，第289—296页。

《寂天著〈入菩萨行论〉(〈入菩萨经〉)——搠思吉斡节儿蒙古语译本。第1卷原文》(Bodhicaryāvatāra Çāntideva. Монтольский перевод Chos-kyi ḥod-zer'a. Ⅰ текст)，“佛教文库”，第28卷。

1930年

《蒙古称号“别乞”和“别吉”》(Монгольские титулы beki и begi)，《苏联科学院报告》丙辑，第163—176页。

《额尔德尼召蒙古碑铭音写的订正》(Поправка к чтению монгольской надписи из Ердени-дзу)，《苏联科学院报告》乙辑，第186—188页。

《喀尔喀五部在何处》(Где пять халхалских поколений—Tabun otoγ Xałxa)，《苏联科学院报告》丙辑，第261—205页。

《蒙古封建术语和部落称号的翁牛特》(Монгольское ongniγud—феодальный термин и племенное название)，《苏联科学院报告》丙辑，第218—223页。

《语言学家施特恩堡》(Л. Я. Щтернберг как лингвист)，《知识史概述》，第7卷《施特恩堡纪念》，列宁格勒，第37—49页。

《蒙古语中的阿拉伯语》(Арабские слова в монгольском)，《苏联科学院亚细亚博物馆所属东方学者协会札记》，第5卷，第

73—82 页。

1931 年

《蒙古文学语言(论蒙古文与托忒文的拉丁化)》[Монгольские питературные языки(к латинизации монгольской и калмыцкой письменности)],《科学院东方学研究所札记》,第 1 卷,第 1—17 页。

《13 世纪的蒙古国际字母》(Монгольский международный алфавит XIII века),《东方的文化与文字》,第 10 卷,莫斯科,第 32—42 页。

绪论

资料及参考书概述

第一章　总　论

如所周知，蒙古各部目前正作为各种政治组织的成员分住在亚 1
洲及部分欧洲的广大地区。现代蒙古各部的经济、社会和生活情况是多种多样的，就是从人类学方面去观察，他们也互有差别。他们操着在不同程度上彼此各异的许多地方话。但是，必须认为，语言是最显著的民族学标志，凡是以蒙古语，更正确一些地说，以蒙古方言之一为本族语言的人，都应当被认为是蒙古语人群的一员。

蒙古社会制度引起了纪行家、民族学家、史学家、习惯法研究者、经济学家和政治活动家们的某些注意。但是，必须指出，甚至一些主要部落的社会制度也还未经过充分的研究，而大部分报导还有待于重新审查和订正。关于历史方面的研究，情况更是不佳。

观察过现代蒙古社会生活的人，都能注意到蒙古各部落的社会结构是多种多样的。例如，蒙古大部落之一——漠北蒙古的主要居民喀尔喀人和住在漠南蒙古的蒙古族，已经忘记了氏族制度，只是部分地保留着关于若干氏族名称和氏族关系的记忆。不过，可以看到，他们仍然有一种与父系氏族原则及遵守族外婚制相联系的贵族
制，同时也可看到，近年来，这种氏族贵族制已在漠北蒙古迅速退 2
出了历史舞台。

至于主要住在伏尔加河（Волга）下游的卡尔梅克和蒙古以西的

卫拉特人——蒙古部落的西支，他们的氏族制度可以说还未消失。我们发现有一些卫拉特部落，在它们那里，实行族外婚制的、只允许亲族参加祭祀的父系氏族公社，还是基本的社会因素。

另一方面，在若干卫拉特人当中，氏族名称已转变为行政单位的名称，随着这种转变，氏族制度的某些职能也有所改变。在布里亚特蒙古人当中，也可以看到氏族联合的特点。

类似的记述，散见在和蒙古各部有过某些接触的各种著作家的作品中。必须指出，这类记述，有许多并不是以准确见称的，它们有时还会引导那些研究蒙古生活的某些方面的非东方学家误入迷途。①

固然，关于某些蒙古部落，特别是关于布里亚特人，已经有了一些研究，但这些研究只涉及社会制度的一些个别问题。而关于住在某些地区的蒙古部落却没有任何或多或少的明确记载。

在当前流行的著作中，常常可以看到它们提及蒙古封建主，而对封建制度却总是含糊其辞。但是反过来也是如此，有关蒙古史的研究同样对封建制度保持着缄默。

现在还没有关于蒙古社会制度的综合研究。蒙古部落的绝大多数都是游牧民部落，应当怎样说明这种部落制度的特征呢？它们属于何种社会结构呢？

---

① 例如，他们提出这样的论断，即俄国政府创立了伏尔加河沿岸卫拉特-卡尔梅克人的"领主"贵族制［科斯添科夫（Костемков）、杜勃罗娃（Дуброва）］。又如，主张喀尔喀人的"土地是公有财产，事实上由'旗'支配"［迈斯基（Майский）、卡尔利尼科夫（Каллиников）］。

解决这些问题的尝试，即研究蒙古社会制度，同时观察其发展变化的尝试，不仅对蒙古学有特殊的意义，对一般的社会学也有意义，尤其在古老的生活迅速消失，而各种遗迹在新生活中留存下来的今天，更是如此。

蒙古是早就出现于广阔的历史舞台，经历了长期风云激荡的历史生活的民族。13 世纪，在成吉思汗时代勃兴起来的蒙古世界帝国，几乎对整个亚洲和部分欧洲国家的生活都产生过影响。蒙古人在征服中建立了一些新的国家，在这些国家中，蒙古的因素在若干时期内居于主导的地位。如果说，在蒙古帝国崩溃过程中兴起的大多数国家里，作为民族成分的蒙古人已经消失了的话，那么，3
他们成了重新形成的突厥语族民族，例如哈萨克族和乌孜别克族的成员。[①]

其次，在东方，在蒙古及准噶尔山岳和草原地带，蒙古民族还保持着[②]和继续表演着自己“动人心弦的历史”（histoire passionnante）。

① 参阅阿布尔-哈齐（Aboul-Ghāzi），《蒙古人及鞑靼人史》（*Histoire des Mongols et des Tartares*），德麦颂男爵（Baron Desmaisons）译，圣彼得堡，1874 年，第 196 页；阿布尔-哈齐-把阿秃儿汗（Абулъ-Гази-Бохадур-хан），《突厥世系》（Родословная Туркмен），图曼斯基（А. Туманский）译，阿斯哈巴德，1897 年，第 69 页；哈内科夫（Н. Ханыков），《布哈拉汗国记》（Описание Бухарского ханства），圣彼得堡，1843 年，第 58 页以后各页。又可参阅阿里斯托夫（Н. А. Аристов），《突厥部族的民族成分考释》（Заметки об зтницеском состане Тюркских племен и народностей），《遗事杂志》，第 3、4 期，1896 年，第 78—81、84—90、147 页。蒙古成分的存在，也可由语言学方面的资料来证实。霍渥斯（H. Howorth）一派的学者，直到最近仍坚决认为在成吉思汗时代即已闻名的许多部落，都是突厥部落，尽管在我们的最有价值的资料中，已提出了和他们相反的说法。［参阅巴托尔德，《蒙古入侵时期的突厥斯坦》（Туркестан в эпоху монголъского нашествня），第 2 卷，圣彼得堡，1900 年，第 61 页。］

② 大家知道，阿富汗仍残留着一些蒙古人的后裔，即阿富汗的哈扎拉人（Аймак 或 Хаза́ра）。参阅 G. J. 兰司铁，《蒙古学。阿富汗蒙古语知识增补》（Mogholica.

自古以来，蒙古就被人注意，被亚洲和欧洲各文明注意，这是不足为奇的。这些文明的著述家、史学家和纪行家，把蒙古的过去告诉我们，保存了蒙古的故事和传说。此外，蒙古作者也从事著述，他们的文献，从13世纪到今天，就像一连串的链条那样，一直在延展着。

只要注意蒙古世界的现状及其历史资料，根据可靠的蒙古语文本，逐一加以详细论证，阐述蒙古社会制度的演进的工作，是可以一试的。试做的结果就能令人信服：封建制度是蒙古社会生活最基本的现象。蒙古游牧封建制度史也就是蒙古社会制度史。由于资料的具备，我们可以探索蒙古封建制度的萌芽、成长、发展和兴盛，可以观察它后来的解体，并且看到它今天怎样从历史舞台上迅速消失。

本书分为三编。第一编准备描写成吉思汗帝国形成以前和帝国时代的蒙古社会——11、12、13世纪游牧封建制度的萌芽时代。第二编从14世纪到17世纪，包括大多数蒙古部落归附清朝的时期——封建制度的兴盛时代。第三编叙述近200年来的蒙古社会——游牧封建制度的瓦解和最后崩溃的时代。

对于研究蒙古社会制度即蒙古封建制度的这种尝试来说，资料问题非常重要，因此，本书便从资料的介绍开始。凡是著者所能掌握的资料和参考书，只要稍稍涉及蒙古社会生活的，无论是蒙古文的或是其他文字的（参考书主要是欧洲文字的），都一一加以评述；
4

（接上页）Beiträge zur Kenntniss der moghol-Sprache in Afghanistan），《芬兰-乌古儿学会通报》，第23卷，第4期，第Ⅰ—Ⅲ页。

编纂性作品，除了少许的例外，概不引用。资料和参考书按后面的叙述分为几类。同时必须指出，关注的重点是放在资料上面的，因为参考书除了极少数的例外，对于计划中的各方面的任何研究所能提供的资料是极其有限的。[①]

① 我们在下面加以考察的只是一些和上述研究题目有直接关系的资料和参考书(虽然其中材料并不多)，因此，许多作品，甚至历史著作，没有完全列举。同时也需指出，关于某些蒙古人后裔的社会制度，几乎没有任何记载。

第二章　关于蒙古语和其他东方语的标音及标音符号

本书对蒙古语和其他东方语，采用以拉丁字母为基础的标音，这种标音比俄罗斯东方学者最近所使用的还要更为简便，它能完全表示出蒙古语和现行方言的读法。同时应当注意下列各点：

g 表示蒙古语字母 ḥēth，即表示字头的舌根浊塞音及其他情况的舌根擦音（与俄语 год，благо 中的 г 相近）。[①]

x 表示舌根清擦音（与俄语的 x 没有多大区别）。[②]

j 表示塞擦音 дж，但应注意在现行的许多地方话如喀尔喀和卫拉特人的土语里，j 发音成塞擦音 цз；而在 i 之前，则常发音成 дж。[③]

c 表示塞擦音 ч，在若干现代地方话如喀尔喀和卫拉特人的土语里，发音成 ц，但在 i 之前往往发音成 ч。[④]

---

① 参阅弗拉基米尔佐夫，《蒙古书面语与喀尔喀方言比较语法》，第 60—61、391—392 页。

② 同上书，第 60、403—405 页。

③ 同上书，第 62、397—400 页。

④ 同上书，第 62、405—407 页。

y 用来表示 yod，和俄语 яма、южный 一样，为舌中浊音。[①]

sh 表示单音的 ш。[②]

z 表示 з 音。

’为表示两个元音间实行分读的符号；跟在这个符号后的元音为长元音。[③]

ng 用来转写蒙古语字母表中的 *ng*，表示舌根鼻音，和德语的 lang 相似。[④]

h 和 c 为表示送气音的符号。[⑤]

—表示元音的音长，但如在长元音前有’这个符号，则此符号可以不用。

其他字母和附属符号，自身即很明了。但应注意在蒙古现行地方话里，第一音节以外的一切非长元音都是短音，而在卫拉特方言中更短。重音都在词的第一音节上。

= 表示“等于”、“相当于”；~ 表示“或”；<表示“出自”。

---

① 参阅弗拉基米尔佐夫，《蒙古书面语与喀尔喀方言比较语法》，第 59、367—372 页。

② 同上书，第 59、373—377 页。

③ 同上书，第 214 页。

④ 同上书，第 59、346—358 页。

⑤ 同上书，第 68、404—405 页。伯希和，《在 13 世纪及 14 世纪蒙古语中今日送气音 *h* 置在字头的词语考》(Les mots à *h* initiale aujourd’hui amuie dans le mongol des XIIIe et XIVe siècles)，《亚细亚学报》，1925 年 4—6 月号，第 193—263 页。

第三章　资料及参考书

第一节　古代（11—13世纪）——封建制度的开端

1. 资　料

关于蒙古的古代——蒙古部落出现于历史舞台和蒙古世界帝国兴起的11、12与13世纪蒙古社会制度的材料，我们可以从相当多的资料中去取得，这些资料无论从数量和质量来说，都大大超过以后几个时代的资料。

在这些资料中，波斯史家拉施特-哀丁（Рашид-ад-Анна）在14世纪初完成的著作《史集》，居于首位。这部优秀作品"是中世纪亚洲和欧洲任何民族所未曾有过的一部大历史百科全书"[①]。由于它是一部有定评的名著，其意义现在用不着多讲[②]，我们只需指出，拉施

① 巴托尔德，《蒙古入侵时期的突厥斯坦》及其他，第2卷，第47页。

② 关于拉施特在蒙古入侵时期的生平及其著作，可参阅加特麦尔（E. Quatremère），《拉施特的波斯蒙古人史，东方丛刊》（*Histoire des Mongols de la Perse par Rachid-Eddin, Collection orientale*），第1卷，巴黎，1836年（下文简称为加特麦尔

特根据蒙古当权人物的许多口述材料，特别是根据驻在波斯蒙古宫 6

（接上页）书。——译者）；巴托尔德，《蒙古入侵时期的突厥斯坦》及其他，第 2 卷，第 45—49 页；伯劳舍（E. Blochet），《蒙古史概论》（*Introduction à l'histoire des Mongols*），莱顿-伦敦，1910 年；巴托尔德对伯劳舍所著《蒙古史概论》的评论，载《伊斯兰世界》，第 1 卷，1912 年，第 56—107 页；布朗（E. G. Browne），《波斯文学史》（*A Literary History of Persia*），第 3 卷《鞑靼统治下的波斯文学》（*Persian Literature under Tartar Dominion*），剑桥，1920 年，第 68—87 页。

拉施特《史集》的部分内容，即《导言：关于突厥和蒙古部落》与《成吉思汗即大汗位以前的历史》，曾以波斯原文（有删节）及贝勒津（И. Н. Березин）教授的俄语译文（附序言及注释）刊印出来，参阅《拉施特著：史集（蒙古人史）》（Сборник летописей. История Монголов, сочинение Рашид-Эддина），《俄国考古学会东方部论集》，第 5 卷，1858 年（译文），1861 年（波斯原文），《导言：关于突厥和蒙古部落》；第 13 卷，1868 年，《成吉思汗即大汗位以前的历史》；第 15 卷，1888 年，《成吉思汗即大汗位到去世的历史》。关于贝勒津的著作，参阅巴托尔德，《史学家贝勒津》（И. Н. Березин, как историк），《苏联科学院亚细亚博物馆所属东方学者协会札记》，第 2 卷，1927 年，第 64—67 页；及同上书，第 1 卷，1925 年，第 192—194 页。《史集》的俄译本已由洪钧译成汉语，洪钧还在其另一著作中介绍贝勒津的著作。但是这部汉译本似乎有些脱误，参阅 1928—1929 年《通报》第 171 页伯希和的说明。此外，就我所知，1920 年出版的《新元史》的作者曾利用过这部译本。拉施特书中记述成吉思汗继承者窝阔台至忽必烈部分，已由伯劳舍加法语注释，收入 1911 年出版的"吉伯纪念丛书"（Gibb Memorial Series）第 18 卷第 2 册；《旭烈兀汗传》由加特麦尔译成法语，并利用很多伊斯兰世界的资料加了渊博的注释，书名《拉施特的波斯蒙古人史，东方丛刊》，第 1 卷，巴黎，1836 年。[以后又有两种拉施特《史集》第三卷部分问世，即自旭烈兀汗至合赞汗史部分：（一）约翰（K. John）校订（波斯语原文），伦敦-布拉格；（二）阿莱德斯（A. К. Аренде）俄文译本，莫斯科-列宁格勒，1946 年。此外，苏联科学院东方学研究所于 1952 年又出版了俄译本《史集》第 1 卷，分为两册，即 Д. А. 赫塔古罗夫译第 1 分册和 О. Д. 斯米尔诺娃译第 2 分册。——译者]

《史集》中一些叙述蒙古人的段落，有如下几种译文。克拉普罗特（J. Klaproth），《蒙古帝国时期的中国，译自拉施特的波斯原文，附加注释》（Description de la Chine sous le règne de la dynastie Mongole traduite du persan de Rachid-Eddin et accompagnée de notes），《亚细亚学报》，第 11 卷，1833 年，第 335—358、447—470 页（单行本，巴黎，1833 年）；多桑（D'Ohsson），《蒙古史——自成吉思汗至帖木儿伯或跛者帖木儿》（*Histoire des Mongols depuis Tchinguiz-Khan jusqu'à Timour Beg ou Tamerlan*），第 2 版，第 2 册，海牙及阿姆斯特丹，1834—1835 年，第 613—641 页（对照冯承钧译《多桑蒙古史》，上册，中华书局，1962 年。——译者）；贝勒津，《术赤封地

廷的蒙古大汗代表孛罗丞相(Bolad-cingsang)[1]的叙述和波斯君主合赞汗[2]自身的记述,成功地绘出了一幅精彩的具有详细情节的蒙古部落游牧生活的图景。此外,拉施特还可能间接利用过蒙古史书《金册》(Altan debter——《阿勒坛·迭卜帖儿》)。[3]这部书“经常藏在汗的金匮里,由职位较高的异密(大臣)掌管着”[4],现在已经失传了。

《元朝秘史》(Monggol-un ni'uca tobciyan——忙豁仑纽察脱卜察安)是另一最重要的资料。这部书是1240年在蒙古撰写出来的,用汉字写音的蒙古文本流传到了现在,同时附以两种汉译,一种是用汉语逐字旁译每一蒙古语词,另一种是按段落总译其原文,但是有一些省略。巴拉第·卡法罗夫(Палладий Кафаров)根据汉
7 语的总译出色地完成了俄语译本。[5]巴托尔德首次断定这部著作是

(接上页)内部组织概说》(Очерк внутреннего устройства Улуса Джучева),《俄国考古学会东方部论集》,第8卷,1863年,第487—494页。

① 这个名字在波斯语中常以pūlād字形出现,蒙古语的bolad(> bolod)出自波斯语的pūlād(钢铁)。

② 在蒙古语中为Ġasan~Xasan(伊斯兰抄本。写作Ġāzān),参阅《亚细亚学报》,1896年5—6月号,第529页。

③ 参阅巴托尔德,《蒙古入侵时期的突厥斯坦》,第45页。也有持相反意见的,见麦里奥兰斯基(П. М. Мелиоранский),《阿拉伯语文学家论突厥语》(Араб-филолог о турецком языке),圣彼得堡,1900年,第17页;参阅多桑,《蒙古史——自成吉思汗至帖木儿伯或跛者帖木儿》,第1卷,第35—36页。

④ 巴托尔德,《蒙古入侵时期的突厥斯坦》,第45页。

⑤ 参阅《俄国北京传教会教士著作集》(Труды членов Российской Духовной Миссии в Пекине),第4卷,圣彼得堡,1866年。关于《元朝秘史》,还可参阅巴托尔德,《蒙古入侵时期的突厥斯坦》,第43—44页;波兹德涅耶夫(А. М. Позднеев),《汉蒙文古籍〈元朝秘史〉考》(О древнем китайско-монгольском памятнике Юань-чао-ми-ши),圣彼得堡,1882年,另收入《俄国考古学会通报》,第10卷,第3—4分册,1884年,第245—259页;伯希和,《库蛮考》(A propos des Comans),《亚细亚学报》,1920年4—6月号,第125—185页;科特维奇,《论〈元朝秘史〉的出版》(К изданию Юань-чао-би-ши),《苏联科学院亚细亚博物馆所属东方学者协会札记》,第1卷,第233—

“英雄史诗的作品”。[①] 不错，“《元朝秘史》是根据最接近于成吉思汗时代的口碑来记述成吉思汗的特殊资料”[②]，其中充满了叙事诗的主题。不过，绝不能把它看作是纯粹的史诗，也不应把它当作专门叙事诗来对待。《元朝秘史》本身是一连串史诗体裁的故事，是为了记载成吉思汗家族的遗训和事迹[③] 而写成的。《元朝秘史》叙述

(接上页) 240 页。大家知道，波兹德涅耶夫教授曾着手出版《〈元朝秘史〉古文字原文的写音》(Транскрипции палеографического текста Юань-чао-ми(би)ши)，但是没有全部完成；已出版的只有石印本 112 页，其内容如下：(1) 按蒙古语原文的汉语写音，写成俄语字母；(2) 将汉语旁译转成俄语旁译；(3) 以蒙古语字母“还原”蒙古语原文；(4) 注释(参阅科特维奇，《论〈元朝秘史〉的出版》，第 236 页)。现在根据苏联科学院亚细亚博物馆的材料可以断定。波兹德涅耶夫在最重要的部分，即在蒙古语原文的写音和逐字翻译中，曾着手出版巴拉第・卡法罗夫的著作，这一著作以俄语字母音写《元朝秘史》的全部“蒙古语”原文，以俄语翻译汉语旁译，并只附自己的注释。伯希和教授最近完成一部巨著，这部著作将用最精确的科学标音确定《元朝秘史》的“蒙古语”原文，提供这部著名古籍的实际上的“还原”本，并附译文，大概还附有渊博的注释(此书已出版，计原文 12 卷，注释 6 卷。——译者)，参阅《亚细亚学报》，第 15 卷，1920 年 4—6 月号，第 132 页；科特维奇，前引文，第 233 页，还可参阅伯希和，《巴托尔德〈蒙古入侵时期的突厥斯坦〉评注》(Notes sur le *Turkestan*)，《通报》，1930 年，第 20—55 页；《〈元朝秘史〉古代蒙古语原文中有变化的一节》(Un passage altéré dans le texte mongol ancien de l'Histoire Secrète des Mongols)，同上书，第 199—202 页；田清波(A. Mostaert)，《略述蒙古诸帝的画像》(A propos de quelques portraits d'empreurs mongols)，《亚洲专刊》，第 4 卷，1927 年，第 147—156 页；海尼士(E. Haenisch)，《〈元朝秘史〉研究》(Untersuchungen über das Jüan-ch'ao-pi-shi die geheime Geschichte der Mongolen)，《萨克森科学院语言历史学部论文集》，第 4 卷，1931 年。

① 巴托尔德，《蒙古入侵时期的突厥斯坦》，第 43 页。

② 巴拉第・卡法罗夫这样说，前引书，第 14 页。

③ 弗拉基米尔佐夫，《蒙古文学》，第 94—95 页；又，《〈蒙古-卫拉特英雄史诗・序文〉翻译》，第 9 页。巴托尔德认为《元朝秘史》对于研究“蒙古人民传说”史具有参考价值(参阅《蒙古入侵时期的突厥斯坦》，第 409 页)，又在另一处(发表于《东方学》第 5 卷上的评论，列宁格勒，1925 年，第 252 页)写道：“不待说，叙事诗的风格是和英雄的理想有关的，而理想又与生活的实际有关；但是，如果根据叙事诗的故事来判断蒙古贵族的现实生活，就会像以骑士小说来判断欧洲骑士生活一样的错误。”我不

8 着成吉思汗所出生的氏族，自由而奔放地绘出草原生活的图像，为推断12—13世纪蒙古生活的各个方面提供了极为丰富的资料。虽然《元朝秘史》的记载在某些史实方面与《史集》和其他古籍不符，但无论是草原的创作，还是远在波斯的有学问的大臣兼医者用芦秆笔写出来的作品，对游牧生活一般景象的描述都是完全一致的。如果可以说，在中世纪没有一个民族像蒙古那样吸引史学家们的注意，那么也就应该指出，没有一个游牧民族保留下像《元朝秘史》那样形象地、详尽地刻画出现实生活的纪念作品。

不能忘记，《元朝秘史》是浸润“史诗”情绪，善于运用叙事诗文体[①]，并常常进行叙事诗写作的蒙古草原贵族阶级的作品。[②]任何一个代表人物，处在13世纪那样的气氛之下，如果要从事于“当时”历史的著述，势必要受这种叙事诗体裁的影响；而《元朝秘史》正是在1240年写成的。因此，《元朝秘史》的特征并不在于它是一部“英雄史诗作品”，而在于它是一部浸透着叙事诗风格，充满着“草原气息”[③]的编年史。

（接上页）同意这种看法。根据《元朝秘史》这部叙事诗来判断蒙古贵族的现实生活，正如根据《伊里亚特》和《奥德赛》就能判断古代希腊的“寺院”生活一样。而《元朝秘史》较荷马的诗更富于散文性，更近于“史诗”型。尽管巴托尔德这样主张（《蒙古入侵时期的突厥斯坦》，第43页），但在《元朝秘史》里，正如巴拉第·卡法罗夫所说的那样（《元朝秘史》俄译本，第195页），已从1201年开始按年叙事了。

① 巴托尔德卓越地提出了这个见解，参阅《蒙古入侵时期的突厥斯坦》，第43—44页，对照弗拉基米尔佐夫，《〈蒙古-卫拉特英雄史诗·序文〉翻译》，第9页。

② 在《史集》中可以找出许多足以印证这种说法的例子，例如该书第2卷第46页。拉施特讲了如下有趣的话：“古代蒙古有此习俗：绝大部分的消息是以勉强押韵、理解困难的词句来表达的。”（第2卷，第119页）总之，由于没有文字，而欲使急递使者能够较易记忆，同时又不使其完全理解，于是把不能由自己来传达的事情编成了叙事诗。

③ 维谢洛夫斯基（А. Н. Веселовского）的说法。

其他资料，无论是“木速蛮”* 方面的也好，汉族人方面的也好，对于推断古代蒙古社会制度所能提供的材料，相形之下要少得多。不过现在应当声明，这里所指的只是那些译成西欧文字的中国资料。根据汉学家们的书籍解题和其他提示，可以断定中国文献中有非常多的材料，这些材料上的记载对于阐明 11—13 世纪蒙古社会制度[①]，是可以提供很多帮助的。

关于成吉思汗时代蒙古史的其他主要资料，如“木速蛮”方面的、汉族人方面的、亚美尼亚人方面的，已由巴托尔德做过批判的研究[②]，开辟了利用它们的途径。

在这里只需指出，下列各书对我们的研究具有极大的参考价值： 9

(1)《长春真人西游记》[③]；(2)《蒙鞑备录》[④]；(3)《元圣武亲征

* 木速蛮，即元代对穆斯林的称谓。——译者

① 参阅伯希和，《库蛮考》，第 130—133 页；伯希和，《王国维全集》(L'édition colléctive des oeuvres de Wang Kouo-wei)，《通报》，1928—1929 年，第 113—182 页；克罗斯(F. A. Krause)博士，《成吉思汗本纪》(*Cingis-Han, die Geschichte seines Lebens nach den Chinesischen Reichsannalen*)，海德堡，1922 年，第 1—7、42 页；还可参阅巴拉第 · 卡法罗夫《元朝秘史》译本中的序言及注释。

② 参阅《蒙古入侵时期的突厥斯坦》，第 38—60 页；也可参阅马伯乐(H. Maspéro)，《中国及中亚》(Chine et Asie Centrale)，载《五十年来的历史及史学家》，第 2 卷，巴黎，1928 年，第 545—549 页(非全文)。

③ 巴拉第 · 卡法罗夫译，附序言及注释，收入《俄国北京传教士会教士著作集》，第 4 卷，圣彼得堡，1866 年，第 259—436 页。布雷特施奈德(E. Bretschneider)医生将其译为英语(有所删节)，见布氏所著《根据东亚史料的中世纪史研究》(*Mediaeval Researches from Eastern Asiatic Sources*)，第 1 卷，伦敦，1888 年，第 35—109 页，关于这部古籍，可参阅《通报》，1928—1929 年，第 172—175 页伯希和教授的重要评论。

④ 瓦西里耶夫(В. П. Васильев)译，载《俄国考古学会东方部论集》，第 4 卷，圣彼得堡，1857 年，第 216—235 页；近来，中国学者王国维认为此书的作者不是宋使孟珙，而是另一人，很可能是 1221 年出使北京的赵珙(参阅《通报》，1928—1929 年，第

录》[1]；(4)张德辉著《边堠纪行》[2]。

《元圣武亲征录》有着特别的意义，因为它在若干方面记载着蒙古的传说，较1369年成书的《元史》[3]更接近于拉施特的《史集》。由此可见，关于成吉思汗时代的蒙古传说，有三种记载：(1)《元朝秘史》上的记载；(2)《史集》和《元圣武亲征录》上的记载；(3)《元史》上的记载。同时应当指出，第(2)、(3)种书上的记载较之《元朝秘史》上的记载，彼此是更为接近的。

10 如所周知，在成吉思汗时代，蒙古那里就出现了“成吉思汗的

（接上页）163—165页伯希和教授的论述），但伯希和教授还指出：此书作者并没有见过成吉思汗，若干作家（包括他本人在内）说他见过成吉思汗，是由于根据瓦西里耶夫的误译，实际上，作者所遇到的应为成吉思汗的统将木华黎，参阅《通报》，1930年，第13—14页；伯希和教授的这种解说是有极大的参考价值的。

① 巴拉第·卡法罗夫译，附序言和注释，刊在《东方文集》，第1号，圣彼得堡，1877年（外交部出版），第149—295页（刊有巴拉第著作的《东方文集》的另一部分已于1872年出版）。参阅《通报》，1928—1929年，第169—172页伯希和教授的评论。

② 巴拉第·卡法罗夫译注，《13世纪前半期中国人张德辉的蒙古旅行记》（Путевые записки китайца Чжа-дэ-хой во время путешествия его в Монголию в первой половине XIII столетия），《俄国地理学会西伯利亚部札记》，第9—10卷，1867年，第582—591页；此书还由舒勒（E. Schueler）译成英语，参阅《地理学杂志》，1875年，第7—11页；这一旅行记，直到今日仍然被利用得不够，在巴托尔德的《蒙古入侵时期的突厥斯坦》里也没有提到它。其实，张德辉记述了很多有趣味的史实，精于鉴别蒙古史资料的巴拉第·卡法罗夫之所以注意他的著作绝不是毫无理由的。

③ 参阅《通报》，1928—1929年，第171页；《通报》，1930年，第14页伯希和教授的评论。除巴托尔德所指出的《元史》旧节译本外，还有克罗斯博士的新译：《成吉思汗本纪》，海德堡，1922年。这个译本是《元史》的“本纪”的一部分。《元史》“本纪”全文似乎已有好几次被译成蒙古语。苏联科学院亚细亚博物馆收藏着两辑蒙古语译的写本。蒙古语译本对于一些固有名词的翻译，都像雅金夫·比丘林（Иакипф Бичурин）的有关著作一样，根据经过窜改的乾隆殿版《元史》。参阅布雷特施奈德，《根据东亚史料的中世纪史研究》，第1卷，第181—183页；伯希和，《巴托尔德〈蒙古入侵时期的突厥斯坦〉评注》，第14页；克拉普罗特文，见《亚细亚学报》，第6卷，1830年，第1—41页。

律令”——“札撒”(jasaġ)。看起来，札撒是蒙古习惯法和蒙古人民习惯的法典汇编。[①]成吉思汗的札撒可能是研究13世纪蒙古社会结构的重要资料之一，可惜这部“法典”没有流传下来，根据“木速蛮”著述家，特别是埃及著述家马克利西(Макризи)的记述，我们了解了一些关于“大札撒”的片断的、不大可靠的情况，由于材料太少，不可能由此得出关于蒙古社会制度的任何结论。[②]

在成吉思汗时代，成吉思汗的“箴言”(“必里克”——Bilig)也被记载下来了。这些“箴言”也片断地流传下来，散见于各著述家的各种著作中，其中也包括蒙古文的著作。[③]成吉思汗的“必里克”可以为我们的研究题目提供若干资料，因而也应列入研究古代蒙古社会制度的有关资料之中。

① 参阅巴托尔德，《蒙古入侵时期的突厥斯坦》，第42页；弗拉基米尔佐夫，《成吉思汗传》，第81—82页；加特麦尔书，第161—169页。

② 里亚赞诺夫斯基(В. А. Рязановский)教授曾根据前人的著作，企图对札撒加以法学上的分析，参阅他的著作《蒙古部落(蒙古人、布里亚特人、卡尔梅克人)习惯法》[Обычное право монгольских племен(Монтопов, бурят, капмыков)]，第1卷，哈尔滨，1924年，第18—21、42—44页；《蒙古法(主要是习惯法)》[Монгольское право(преимущественно обычное)]，哈尔滨，1931年，第9—23页。

③ 参阅巴托尔德，前引书，第42—43页；弗拉基米尔佐夫，《成吉思汗传》，第81—84页；科特维奇，《成吉思汗训言选译》(Из поучений Чингис-хана)，译自蒙古语，《东方学》，第3卷，1923年，第94—96页；弗拉基米尔佐夫，《库伦城及库伦地区和肯特山区民族志及语言学方面的调查》，第15—19页；麦里奥兰斯基，《成吉思汗训言考》(О Кудатку Билике Чингиз-хана)，《俄国考古学会东方部论集》，第13卷，第15—23页；巴托尔德，《论畏兀儿文献及其对蒙古人的影响问题》(К вопросу об уйгурской литературе и ее влиянии на монголов)，《遗事杂志》，第70—71卷，(出刊第18年)1909年，第2—3期，第42—46页；又《东方语课堂讨论报告》(*Mitteilungen des Seminars für orient. Sprachen*)，第4卷，第1部，柏林，1901年，第254—255页；多桑，《蒙古史——自成吉思汗至帖木儿伯或跛者帖木儿》，第3版，第1册，1852年，第386—419页。

一些有名的欧洲纪行家——如柏朗嘉宾(Plano Carpini)、鲁布鲁克(Rubruquis)和马可波罗(Marco Polo)——的各种记述，有时对我们的研究也十分重要。这些人的著作非常有名，应当详细介绍；对 13—14 世纪亚美尼亚的一些著述家的著作，也应如此。①

11 从 13—14 世纪保留下来的为数不多的金帐汗国的“汗的敕令”和蒙古公文，也是重要的材料。②

---

① 帕特卡诺夫(К. П. Патканов),《根据亚美尼亚资料阐述的蒙古史》(История мнголов по армянским источникам),第 1 卷《……瓦儿坛·思帖芬·斡儿别里安及可涅塔卜里·薛木巴惕的著作摘要》(... извлечения из трудов Вардана, Стефана Орбелиани и конетабля Сембата),圣彼得堡,1873 年;同上书,第 2 卷《……乞剌可思历史摘要》(... извлечения из истории Киракоса),圣彼得堡,1874 年;帕特卡诺夫,《13 世纪修士马加乞牙的蒙古史》(История монголов инока Магакии, XIII в.),圣彼得堡,1871 年;布罗塞(M. Brosset),《亚美尼亚的两位史学家——乞剌可思、兀忽塔内》(*Deux historiens arméniens Kirakos..., Oukhutanès...*),圣彼得堡,1870 年;杜劳利(E. Dulaurier),《亚美尼亚史家所述的蒙古人》(Les Mongols d'après les historiens arméniens),《亚细亚学报》,第 5 卷,第 11 期,1858 年,第 192—255、426—473、481—508 页;柏朗嘉宾,《蒙古史》(Нстория Монталов),马列因(А. И. Малеин)译,圣彼得堡,1911 年(下文简称为柏朗嘉宾书。——译者);鲁布鲁克,《东行纪》(Путешествие в восточные страны),马列因译,圣彼得堡,1911 年(下文简称为鲁布鲁克书。——译者);《马可波罗行纪》(Путешествие Марко Поло),米纳耶夫(И. П. Минаев)译自老法兰西语文本,巴托尔德主编,俄国地理学会出版,《俄国地理学会民族学部札记》,第 26 卷,圣彼得堡,1902 年(下文简称为马可波罗书。——译者)。当然,还须注意著名的旅行家们有名的译著及关于他们的书籍,例如:裕尔(H. Yule),《马可波罗之书》(*The Book of Ser Marco Polo*),第 3 版,考迪埃(H. Cordier)校订,伦敦,1903 年(已有更新的版本);罗克希尔(W. Rockhill),《鲁布鲁克的旅行》(*The Journey of William of Rubruck*),伦敦,1900 年;波提埃(M. G. Pauthier),《马可波罗游记》(*Le livre de Marco Polo*),巴黎,1865 年,等等。此外还可参阅巴拉第·卡法罗夫,《马可波罗北中国旅行记注释》(Комментарий на путешествие Марко Поло по северному Китаю),《俄国地理学会通报》,第 38 卷,第 1 号,1902 年。

② 关于蒙古公文方面的书籍,可参阅劳费尔(Б. Лауфер),《蒙古文学概述》(Очерк монгольской плтературы)(列宁格勒东方学院,第 20 号),1927 年,第 11—12、

最后，蒙古语言也是研究这个问题所需的资料，不过，必须指出，关于这方面的探究还只是初步做了一些工作。①

关于蒙古史诗，一般地说，关于蒙古的民间文学，拟在后面叙述；蒙古史诗可以提供某些资料；当然，对于这类资料需要十分慎重，这主要是因为，大部分蒙古英雄史诗是以口头传述的方法保存下来的，而我们又未掌握任何完整地记录史诗的古代文献。不过，蒙古英雄史诗是评论“叙事诗”结构的极好材料，在古代蒙古的历史传说如《元朝秘史》中，就可以看到这种结构。②

2. 参考书

关于成吉思汗时代及12—13世纪的蒙古，有用欧洲语文撰述

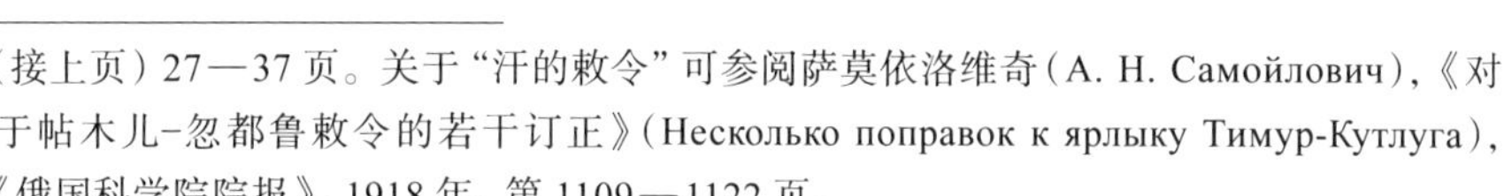

（接上页）27—37页。关于“汗的敕令”可参阅萨莫依洛维奇（А. Н. Самойлович），《对于帖木儿-忽都鲁敕令的若干订正》（Несколько поправок к ярлыку Тимур-Кутлуга），《俄国科学院院报》，1918年，第1109—1122页。

① 参阅弗拉基米尔佐夫，《蒙古书面语与喀尔喀方言比较语法》，第239—242页。

② 参阅弗拉基米尔佐夫，《〈蒙古-卫拉特英雄史诗·序文〉翻译》，第10页；戈尔斯通斯基把蒙古著作《宝贝念珠》（*Cindamani-yin erike*）当作元代的资料，在其所编《卡尔梅克敦都克-达什为伏尔加河畔卡尔梅克人编纂的1640年蒙古-卫拉特法典及噶尔丹洪台吉的增补法令和法典》[（Монтопо-ойратские законы 1640 г., попопнитепые указы тапданхун-Тайджия и законы, составпенные для вопжских капмыков прн капмычком хане дондук-да-ши），圣彼得堡，1880年]中加以引用（第11、103页），并据此对蒙古帝国的组织作了若干评论。这当然是一种误解。《宝贝念珠》是后世（18世纪）的著作，自然不能把它当作13—14世纪时的资料。关于这部书籍可参阅波兹德涅耶夫，《蒙古史册〈宝贝念珠〉原文，并附有翻译及有关1636—1736年喀尔喀史料的解说》（Монгольская летопись《Эрдэнийн зрихэ》, подлинный текст с переводом и пояснениями, заключающими в себе материалы для истории Халхи с 1636 по 1736 г.），圣彼得堡，1883年，第35—37页。（后文简称《蒙古史册〈宝贝念珠〉》。——译者）

的大量著作，在可供我们参考的所有这些著作中，尤以巴托尔德[①]、
12 伯希和[②]两人的著作，及叙述蒙古历史、至今仍然不可逾越的多桑
旧作[③]，最有价值。

巴托尔德在他的一些著作中，第一次注意了古代蒙古社会制度，并阐明了氏族制原则在蒙古世界帝国组织中的意义。在伯希和的一些论文中，我们发现很多到最近还不知道的新材料，而这些材

① 参阅《成吉思汗帝国的形成》(Обраование имлернн Чннтгз-хана)，《俄国考古学会东方部论集》，第10卷，1896年，第105—119页；《蒙古入侵时期的突厥斯坦》(特别是第409—423页及第496—500页)；《七河史概述》(Очерк истории Семиречья)，《七河地方统计委员会纪念册》，第2卷，阿拉木图，1898年，第39—68页；《兀鲁伯及其时代》(Упугбек и его время)，《俄国科学院历史、哲学学部通报》，第13卷，第5号，1918年；《突厥文化生活史》(История культурной жизни Туркестана)，苏联科学院出版，1927年，第85—90页；《突厥人和蒙古人的社会生活和经济结构的关系》(Связь общественного быта с хозяйственным укладом у турок и монголов)，《喀山大学考古学、历史学、民族学研究会通报》，第34期，第3—4号，1929年，第1—4页；《勃洛克豪斯及爱佛隆百科辞典》(Энц. словаре Брокгауза и Эфрона)的“成吉思汗”条与《伊斯兰百科全书》(*Enzyklopaed. des Islām*)第1卷第892—898页中的“成吉思汗”条。大家知道，巴托尔德的《蒙古入侵时期的突厥斯坦》已出版了英译本第2版，这一版是巴托尔德借吉伯(H. G. R. Gibb)的帮助，从俄语原文译出并加以订正的，出版时间为1928年，并被列入“吉伯纪念丛书”。这一版在每一页页边的空白处都注有俄语原版的相应页数，因此只引用一种版本即可。本书是引用俄语原版的。

② 伯希和的下列诸著作对于这里所要研究的问题具有特别的参考价值：《蒙古与教廷》(*Les Mongols et la Papauté*)，第1部分，《东方基督教杂志》，第3辑，第3卷，第1—2号，1922—1923年，第3—30页；第2部分，《东方基督教杂志》，第3辑，第4卷，第3—4号，1924年，第225—335页；《库蛮考》，第125—185页；《王国维全集》，第113—182页；《巴托尔德〈蒙古入侵时期的突厥斯坦〉评注》，第12—57页。

③ 多桑，《蒙古史——自成吉思汗至帖木儿伯或跛者帖木儿》，海牙及阿姆斯特丹，1834—1835年(第2版，该版增订最多，共计4册；初版出版于1824年，1852年的第3版是第2版的重印)(下文简称为多桑史。——译者)。巴托尔德在《蒙古入侵时期的突厥斯坦》中曾对多桑史作出评价(第60—61页)，又在《东方学》的一篇评论(第5卷，第251—252页)中说：“汉学家们的蒙古史著作无一能与多桑史匹敌。”

料都是经过十分广博和异常精密的考证的。至于多桑的著作，巴托尔德说得很好，那是作者根据他对伊斯兰世界的蒙古史料所具有的卓越知识写出来的，因而直到现在还未失去它的意义。

对于贝勒津的《术赤封地内部组织概说》① 虽然要审慎对待 ②，但是这部著作和布雷特施奈德医生的许多著作（特别是有名的《根据东亚史料的中世纪史研究》一书 ③）与前面引证的加特麦尔 ④ 以及上述帕特卡诺夫等人的著作，都是值得一提的。

其他参考书可以不必多讲了。蒙古史方面的近著对我们所要研究的问题不能提供什么帮助 ⑤；日语和汉语的新著，我还无法利用。［参阅《亚细亚学报》（1920年4—6月号，第131页）及《通报》（1928年—1929年，第125—131、160—161、165—175页）伯希和的叙述；另参阅东京帝国大学教师提出的《柯劭忞〈新元史〉审查 13 报告》（Review of K'o Shao-wên's *New History of Yuan Dynasty*），科列索夫（N. Th. Kolessoff）译注；克罗斯译《成吉思汗本纪》，第5—6页。］

① 《俄国考古学会东方部论集》，第8卷，1864年，其单行本出版于1863年。

② 参阅巴托尔德，《史学家贝勒津》，第67—69页。

③ 伦敦，1888年；第2版，伦敦，1910年。

④ 参阅本书（边码）第5页。

⑤ 例如，克罗斯博士的著作《蒙古人时代》（*Die Epoche der Mongolen*），《东方语课堂讨论报告》，第26—27卷，1924年春；译作《成吉思汗本纪》，海德堡，1922年。此外还有其他作者的著作。如果一些著作因和本问题没有直接关系而不得不暂时置而不论，其他著作则是因为完全没有科学价值而无需说及，例如最近出版的兰姆（H. Lamb）的《全人类的皇帝——成吉思汗》（*Genghis-Khan, The Emperor of All Men*），伦敦，1928年，这是一本糟糕得不可救药的书，但它居然重印了好几版，而且还被译成法语和德语。

第二节 中期(14—17世纪)——封建制度的兴盛

1. 资料

从有关14—17世纪蒙古封建制度兴盛时期的资料中，应该可以获得关于蒙古社会制度的确切记载，但就汉语典籍来说，这样的资料实在太少。不过，更正确一些说，我们还远远没有看到所有的汉语资料。事实上，我们所掌握的资料，甚至不包括中国官修的《元史》和《明史》这两部断代史的译文。同时，在那些已译成西欧文字或蒙古语的汉语资料中，关于蒙古社会制度的材料也是非常稀少的。[①]

① 关于《元史》，可参阅本书(边码)第9页。另可参阅沙畹(E. Chavannes)，《元代中国公署碑文与告示》(Inscriptions et pièces de chancellerie chinoise de l'époque mongole)，《通报》，1904年，第357—447页；《通报》，1905年，第1—42页；1908年，第297—428页；冯秉正(M. de Mailla)，《中国通史》(*Histoire Générale de la Chine ou Annales de cet empire, trad. du Tong-Kien-Kang-Mou*)，第9、10、11卷，巴黎，1779年；德拉马尔(M. Delamarre)，《乾隆帝敕撰的明史，译自汉语》(*Histoire de la dynastie des Ming, composée par l'empereur Khian-Loung, traduite du Chinois*)，巴黎，1865年；郝爱礼(E. Hauer)，《〈皇清开国方略〉译注》(*Huang-Ts'ing K'ai-Kuo-Fang-Lüeh. Die Gründung des Mandschurischen Kaiserreiches, übersetzt und erklärt von E. Hauer*)，柏林及莱比锡，1926年。

关于其他中国方面的资料，参阅波兹德涅耶夫(Д. М. Позднеев)，《论明代蒙古史研究的参考书问题》(К вопросу о пособиях при изучении истории монгоп в период Минской династии)，《俄国考古学会东方部论集》，第9卷，1896年，第93页以后；古恒(M. Courant)，《17及18世纪的中亚细亚，卡尔梅克帝国还是清帝国?》(*L'Asie*

还须指出，从 14 世纪中叶到 17 世纪末期，蒙古地区及其人民并未被鲁布鲁克、马可波罗和长春真人这样的纪行家访问过。

在较晚时期，利用早期资料写成的汉语著作中，有《蒙古游牧记》一书。[①] 这本书有波波夫(П. С. Попов)质量不高的俄译本。[②] 另外，以汉、满、蒙古三种文字同时刊行的《钦定外藩蒙古回
部王公表传》，蒙古语版题名为《伊勒特克勒·沙斯第尔》(Iledkel 14
shastir)[③] 的这部著作，对 16—17 世纪蒙古情况的研究是有很大参考价值的。

旅行家的记载中和我们的研究题目有关的记述，为数不多，大部分旅行家都处于这种状况：他们没有能力做出有重大学术价值的记载。只有到 17 世纪末期才出现了一些有学识的耶稣会士，张诚(Gerbillon)[④] 即是其中之一。

(接上页)*Centrale aux XVII et XVIII siècles, Empire Kalmouk ou empire Manchou?*)，里昂-巴黎，1912 年，第 143—144 页；科特维奇，《关于 17、18 世纪俄国与卫拉特人的外交关系档案》(Русские архивные документы по сношению с ойратами в XVII и XVIII вв.)，《俄国科学院院报》，1919 年，第 801—813 页；伯希和，《在 13 世纪及 14 世纪蒙古语中今日送气音 *h* 置在字头的词语考》，第 198—199 页。

① 关于这本书，可参阅科特维奇，《关于 17、18 世纪俄国与卫拉特人的外交关系档案》，第 812—813 页。

② 参阅科特维奇，前引文；伯希和，《库蛮考》，第 131 页。

③ 关于这本书，可参阅科特维奇前引文，第 803 页。本书利用了蒙古语版本。

④ 参阅杜赫德(du Halde)，《中华帝国全志》(*Description géograph..., histor..., etc. de l'Empire Chinois et de la Tartarie chinoise*)，第 4 卷，海牙，1736 年。

关于哥萨克人及其他后来旅行家的旅行记，可参阅巴德利(J. F. Baddeley)，《俄罗斯、蒙古和中原，关于从 17 世纪初起至沙皇阿列克塞·米海伊诺维奇(1602—1676)之死为止的这一时期中它们之间的关系的一些记述。主要采录俄国沙皇或其西伯利亚总督派遣到卡尔梅克及蒙古的汗和王公以及明清皇帝处的使臣们口授或撰写的记述，附有关于历史和地理的导言，和说明 16、17 世纪及 18 世纪初关于亚洲北部地理知识

还需谈谈更晚一点的蒙古语资料。如17世纪的蒙古编年史和"法典",就是关于我们所研究的这个时期,特别是关于15、16、17世纪的最主要的参考书。

一些在17世纪出现的以及后来关于18世纪乃至19世纪的蒙古文史书或蒙古编年史,可以分为两类。一类编年史出自蒙古草原贵族阶层的手笔,是根据传说、叙事诗故事和保存在封建主家中的记录写成的。这类编年史主要关心的当然是蒙古统治家族的历史,我们对它完全有权重复人们对塔西佗(Tacitus)的《编年史》所说的话:"这本书与其说是社会史不如说是家族史。"①

另一类编年史,其特色是宣扬宗教。它们首先关心佛教寺庙的命运,并且主要是用藏语典籍作为资料与蓝本,贯彻着"法王至上权论"的观点的。还应说明,就是第一类编年史的著作家们,有时也利用藏语资料,一般说来,也受了藏语文学的影响。正因为藏语史书被他们利用来作为成吉思汗及其时代的历史资料,而他们又把

(接上页)发展情况的地图一套。原文特别采自莫斯科外交部档案》(Russia, Mongolia, China, Being some Record of the Relations between them from the beginning of the XVIIth Century to the Death of Tsar Alexei Mikhailovich A. D. 1602–1676. Rendered mainly in the form of Narratives dictated or written by the Envoys sent by the Russian Tsars, or their Voevodas in Siberia to the Kalmuk and Mongol Khans and Princes; and to the Emperors of China with Introductions Historical and Geographical, also a series of Maps showing the progress of Geographical Knowledge in regard to Northern Asia during the XVIth, XVIIth and early XVIIIth Centuries. The Texts taken more especially from Manuscripts in the Moscow Foreign Office Archives),共2册,伦敦,1919年。参阅科特维奇的评论,载《苏联科学院亚细亚博物馆所属东方学者协会札记》,第1卷,第542—551页。

① 库朗热(Fustel de Coulanges),《古代法兰西政治制度史》(*Histoire des institutions politiques de l'ancienne France*),第1卷,巴黎,1877年,第267页。

这些史书看得比自己的氏族传说和古代“故事”更为重要，关于这个时代的记述显得非常混乱。

在蒙古语史书中，鄂尔多斯台吉萨囊彻辰的著作和不著撰人的 15
编年史《黄金史》(《阿勒坦·脱卜赤》——Altan tobci)占着首要的地位。这两部史书受到了欧洲研究者们不同的对待，可以说，大多数人不认为它们有多大价值，对它们表示轻视。[①]一种看法是，这两部书是关于成吉思汗时代的记述，特别是关于各种大事的年代的记载；这种看法可能是有理由的。但也有一些人鉴于萨囊彻辰的著作和《黄金史》用史诗体裁写出的传说转述了古代的情况，或者叙述着元朝覆亡后“回到”自己草原的蒙古诸部的故事，就对这两部书采取完全另外一种看法。

轻视这两部书是有失公平的，关于这一点早已有人说过了。[②]我们今天则处于较合理的地位，即我们为萨囊彻辰的著作辩护，但也不像这本书的主要拥护者索特和劳费尔那样，流于过分的推奖。对于《黄金史》，我们的态度也是如此。现在已经很明白，在蒙古历

① 例如，参阅布雷特施奈德，《根据东亚史料的中世纪史研究》，第1卷，第194页；波科齐洛夫(Д. Покотилов)，《明代东蒙古史，1368—1634年》(История всточных монголов в периол династии Мин, 1368—1634гг.)，圣彼得堡，1893年，第1—2页；雷慕沙(Abel-Rémusat)文，《亚细亚学报》，第8卷，1831年，第517—518页；《亚细亚学报》，第9卷，1832年，第164—166页；贝勒津，《拉施特的〈史集〉》(Сборник летописей... Рашид-Эддина)，第1卷，序言，第8页；乌斯品斯基(В. Успенский)，《库克淖尔或青海地方，附录卫拉特人及蒙古人简史》(Страна Кукэ-нор или Чин-хай, с приба впением краткой истории ойратов и монтолов)，《俄国地理学会民族学部通报》，第6卷，1880年，第76—80页。

② 参阅劳费尔，《蒙古文学概述》，第41—45页；弗拉基米尔佐夫，《蒙古文学》，第97页；伯希和，《王国维全集》，第171页。

史上的“黑暗”时期，即从元朝覆亡到16世纪后半期“复兴”的这段时期，这个民族善于从他们的文化成就中保存下许多东西；蒙古的书籍与文字并未中断，正如元代的文学传统没有中断一样。[1] 近来在蒙古发现了一些文物；这些文物还能保存下来，是从前波兹德涅耶夫学派所不能想象的[2]；例如，《元朝秘史》过去被认为是早已失传的蒙
16 古文献，其他史书，如所谓《拉德洛夫史》[3] 也被认为是失传的文献。

① 参阅弗拉基米尔佐夫，《蒙古书面语与喀尔喀方言比较语法》，第23页；《入菩萨行论（入菩萨经）——搠思吉斡节儿蒙古语译本。第1卷原文》，弗拉基米尔佐夫翻印，第Ⅲ—Ⅴ页；弗拉基米尔佐夫，《蒙古文丹珠尔》，第31—34页；《喀尔喀绰克图台吉的摩崖碑铭》，第235页。明朝资料中记载着15及16世纪的蒙古首领将蒙古语写成的国书送至明朝，而明朝答蒙古首领的文书也以蒙古语写成。参阅波科齐洛夫，《明代东蒙古史，1368—1634年》，第117、139、168页；冯秉正，《中国通史》，第10卷，第218页；还可参阅萨囊彻辰书，第200页；《拉德洛夫史》（История Радлова），第100—101页。

② 大家知道，波兹德涅耶夫认为“黑暗”时代的蒙古文籍几乎完全遗失，只是保存了文字。参阅波兹德涅耶夫，《新近发现的明代蒙古文古籍》（Новооткрытый памятник монгольской письменности времен династии Мин），《东方评论》，1895年，第371—374、386页；《蒙古文学史》（История монгольской питературы），1897—1898年的石印讲义，第3卷，第78—84页。

③ 最近由于“蒙古人民共和国学术委员会”的努力，发现了一部史书写本，其中有约半部蒙古语原文的《元朝秘史》，参阅伯希和，《巴托尔德〈蒙古入侵时期的突厥斯坦〉评注》，第23—24页；同上书，第208、355页。在收藏着《拉德洛夫史》稿本的亚细亚博物馆中，也发现有《元朝秘史》的残页，参阅弗拉基米尔佐夫，《喀尔喀绰克图台吉的摩崖碑铭》，第1270、1272页。里格提（L. Ligeti）博士在刊载着伯希和教授上述论文的同期《通报》上说到，他曾在北京看到《蒙古源流》的满语译本（第58页），这也是值得注意的；关于汉语译本，世人早已熟知，参阅弗拉基米尔佐夫，《〈五卷书〉中的蒙古故事集》，第46页。里格提博士在其论文中还提到一种蒙古史书。但是，根据几篇评论，这部史书其实是改编自汉人的小说[Yuwan ulus-un... Köke sudur（《大元青册》）]。另一种也是知名的蒙古史书，也称《黄金史》，其残页被波兹德涅耶夫收入《蒙古文选集》（Монгопьская хрестомагня），圣彼得堡，1900年；这部蒙古史书乃根据汉语资料编成，一部分是翻译。参阅劳费尔，《蒙古文学概述》，第48页。应该指出，查姆察拉诺对《大元青册》产生了误解，他以为它是史书。参阅他的报告《1909—1910

萨囊彻辰以及《黄金史》和《拉德洛夫史》的作者，显然利用了不止一种叙事性质的口头传说，他们还掌握了一些现在多半已经失传的文献。大家知道，萨囊彻辰甚至还列举了自己所使用过的一些资料，对于这些资料，在大多数场合，我们还不能十分有把握地把它们看成都是有同样价值的[①]，当然，应该承认，萨囊彻辰和《黄金史》《拉德洛夫史》的不知名的作者，对于有关成吉思汗历史的资料取舍失当，他们宁愿舍弃好的资料而用那些不好的（受佛教观点影响的）但更适合现行叙事诗传统的藏语资料，他们还把年代弄混淆了；但尽管如此，他们仍然生动地描绘出蒙古历史上"黑暗"时期的生活景象。15 和 16 世纪时期的一般历史正是萨囊彻辰著作的最好部分；萨囊彻辰本人是成吉思汗系的居于统治地位的贵族，他能从同族长老——黄金氏族古老传说的传诵者——那里听到许多故事。不过，我们对于萨囊彻辰及其他作者的事实材料要保持极审慎的态度，因为这些作者，尤其是萨囊彻辰，是在蒙古诸部已被后金（清朝）统辖并在后者支持的"格鲁派寺院"[②]支配下的时代写下他们

（接上页）年漠南蒙古调查旅行记》（Поездка в Южную Монголию в 1909—1910гг.），《俄国中亚与东亚研究委员会通报》，第 2 辑，第 2 号，1913 年，第 49、52 页。

① 参阅施密特（I. J. Schmidt）编，《鄂尔多斯萨囊彻辰洪台吉所著的东蒙古人及其王室史》（*Geschichte der Ost-Mongolen und ihres Fürstenhauses verfasst von Ssanang Ssetsen Chungtaidschi der Ordus*），圣彼得堡，1829 年，第 298—299、423 页；《喇嘛贡菩耶夫译蒙古史册〈阿勒坦·脱卜赤〉》（Монгольская летопись, пер. ламы Галсан Гомбоева），《俄国考古学会东方部论集》，第 6 卷，1858 年，序文［萨凡里耶夫（П. Савельева）著］，第 5—6 页。

② 如果仔细回想一下萨囊彻辰提到的察哈尔林丹汗，这点就特别清楚了（参阅施密特译，前引书，第 202—203、286—387 页）。其他资料在提到成吉思汗系的最后大汗即察哈尔汗的事业时，都明确地指出他是反对后金的。参阅弗拉基米尔佐夫，《喀尔喀

17 的著作的。但是，对于我们的研究题目来说，“事实材料”往往起不了多大的作用，倒是大量地散见在草原作家著作中的有关经济状况和社会制度的片言只语更加重要[①]；不过这一类的记载往往必须用分析专门名词的方法来发掘它们。

查姆察拉诺在鄂尔多斯发现的与祭祀成吉思汗有关的蒙古书

(接上页)绰克图台吉的摩崖碑铭》(续篇)，第215—240页。

① 科学院亚细亚博物馆和“蒙古人民共和国学术委员会”收藏有包括萨囊彻辰书在内的若干手稿本，其中一部是极古的东西。这使得我们可以对施密特的版本采取批判的态度。亚细亚博物馆今天还收藏有贡菩耶夫所不知道的《黄金史》手稿本。关于《黄金史》的北京新版，可参阅弗拉基米尔佐夫，《库伦城及库伦地区和肯特山区民族志及语言学方面的调查》，第14页。里格提博士在其发表于《通报》(第27卷，1930年，第1号)上的论文中提到了这个版本，并说明因为手头上没有贡菩耶夫的《黄金史》，所以不能解决两个版本间的关系问题(第58页)。里格提博士还指出，《黄金史》上列举的明朝皇帝，只到天启帝(明熹宗，1621—1627年)为止，见该书北京版第30页。这页数有误，应是见原文第54、62页及贡菩耶夫译本，第156页，也或者里格提博士使用了我所不知道的新版本。里格提博士的意见极引人注意，因为他判定了《黄金史》的最后一页应在什么地方终止。人们至今还承袭萨凡里耶夫的说法，认为流传下来的这版《黄金史》是在1604年间编成的；参阅贡菩耶夫译本，第6页；劳费尔，《蒙古文学概述》，第47页。时至今日，蒙古历史文献的研究和考察如此不够，而过去不正确的主张如此被人不加审查地随便援引，这就是一个例证。还须指出，“老雅可布”(old Jacob)的翻译，肯定已经陈旧了，而贡菩耶夫的翻译也不准确。《黄金史》的蒙古原文虽经贡菩耶夫这位博学的喇嘛非常努力地做了一些整理工作，还不能算是好的版本。北京版完全是未经审订的版本。可以十分肯定地说，非东方学家，即不十分熟悉蒙古语和看不懂这部写本的人，不能使用施密特所译的萨囊彻辰书和贡菩耶夫所译的《黄金史》，尤其不能使用完全曲解《黄金史》原文的贡菩耶夫译本；参阅《苏联科学院报告》丙辑，1930年，第203页。还有一个例子，在贡菩耶夫版第81页上有这样一句话：“Moolan xaġan-u cerig-ün kümün̄ Oyirad Muulixai-du kele kürgebe”，贡菩耶夫(在174页上)把它译为：“汗的一个战士，将此事报告了卫拉特的摩里海王。”(原文如此)格鲁木-格尔日麦洛还据此推论摩里海王实际上是否为卫拉特的王公，参阅《西蒙古与乌梁海地区》，第2卷，第588页。但是，根据《黄金史》的若干写本，这句话写作“Moolan xaġan-u cerig-ün kümün̄-i üjeged, Muulixai-ong-dur kele kürgebe”，即“一看到摩伦汗的战士们，便去报告摩里海王”(对照北京版，第91页)。

籍[①]，对我们所研究的问题可以提供若干材料。但是利用这些材料
时必须非常审慎，因为它们的来源有些可疑。查姆察拉诺说：“在 18
70 年代，伊金霍洛（ejīn xorō）的珍宝引起暴徒们（东干人）的注意，
所有金银都被他们抢走了，剩下的东西也被放火焚烧。”[②]似乎只有
若干写本意外地被保存下来。

还有一些在 17 和 18 世纪编成的蒙古史书，可以为社会制度史提供相当的材料。同时应当提出，这类史书的作者，有一些出身于封建官僚阶层，另外一些则是格鲁派僧侣，他们很熟悉清朝皇室和达赖喇嘛的情况。

在 17 世纪编成的其他蒙古史书中，有《内齐托音传》（Neyiji-toyin）和《咱雅班第达传》（Zaya-paṇḍita），这两部书对我们研究的问题有很大的参考价值；传记的篇幅中虽然有很多刻板的文句，但是记载着相当多关于漠南蒙古、喀尔喀及卫拉特游牧地区有兴味的生活细节。作者在很多处所都能确切地说明自己所用的资料，在记述一些非常事件时，还附带说明出自“传闻”。这两部传记的作者都是宗教界的代表人物。[③]

① 参阅查姆察拉诺的报告《1909—1910 年漠南蒙古调查旅行记》，第 48、52 页。报告中所说到的写本，收藏于苏联科学院亚细亚博物馆。

② 查姆察拉诺，前引文，第 48 页。伊金霍洛位于鄂尔多斯，这是保存成吉思汗遗物的地方。参阅波塔宁（Г. Н. Потанин），《成吉思汗的祭祀》（Поминки по Чингисхане），《俄国地理学会通报》，第 21 卷，第 4 号，1885 年，第 303—315 页。科瓦列夫斯基，《蒙古文选集》（Монгольская хрестомагия），第 1 卷，喀山，1836 年，第 501—502 页。

③ 参阅戈尔斯通斯基编《卡尔梅克敦都克-达什为伏尔加河畔卡尔梅克人编纂的 1640 年蒙古-卫拉特法典及噶尔丹洪台吉的增补法令和法典》，第 73—78、121—130 页。科特维奇，《关于 17、18 世纪俄国与卫拉特人的外交关系档案》，第 793 页。

《内齐托音传》是在北京以木版刊印的;《咱雅班第达传》则以写本为世人所知。这些写本中以布尔杜可夫(А. В. Бурдуков)发现的本子为最好。[①]

一些在18和19世纪出现的利用较早的资料写成的蒙古史书,已由波兹德涅耶夫、鲁德涅夫及本书作者在有关的著作中加以评论。[②]至于有关17与18世纪漠西蒙古即卫拉特历史的蒙古文资料(还有汉语和满语资料)的特点,可根据科特维奇的卓越评论[③]去判断。

19 还可指出,18和19世纪的若干蒙古书籍,可能是利用较早期的藏语[④]资料和汉语资料写成的,例如出现于漠南蒙古的各种史书;也可能是转述民间传说和家族回忆录而成。

布里亚特编年史属于上面所说的后一种,它们提供了:一、17

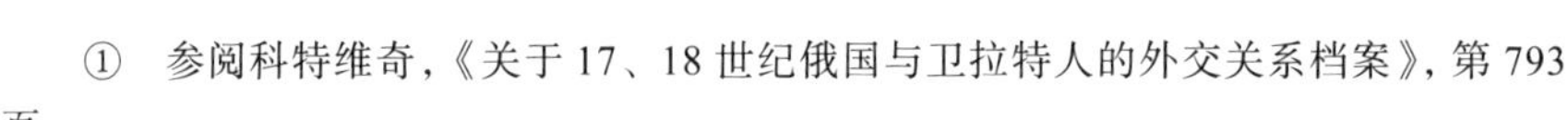

① 参阅科特维奇,《关于17、18世纪俄国与卫拉特人的外交关系档案》,第793页。

② 波兹德涅耶夫,《蒙古史册〈宝贝念珠〉》,序文,第7—38页;鲁德涅夫,《蒙古文献评论,第2卷,编年史〈水晶鉴〉》(Заметки по монгольской литературе, Ⅱ, Йсторическая летопиь Бóлортоли),《俄国考古学会东方部论集》,第15卷,1903年,第032—033页;弗拉基米尔佐夫,《喀尔喀绰克图台吉的摩崖碑铭》,第1270—1280页;续篇,第215—240页;弗拉基米尔佐夫,《喀尔喀五部在何处?》,第203页。

③ 参阅科特维奇,前引文,第793—797、801—814页。

④ 藏语资料可以对我们的研究目的提供若干材料,但可惜这方面的研究工作做得十分不够,例如,参阅贝尔(Charles Bell),《西藏的过去与现在》(*Tibet, Past and Present*),牛津,1924年,第34—35页;裕尔,《马可波罗之书》,第3版,第1卷,第250—251页(后文简称为裕尔书。——译者);胡特(G. Huth),《蒙古佛教史》(*Geschichte des Buddhismus in der Mongolei*),斯特拉斯堡,1896年,第2卷,第219—220页;萨囊彻辰书,第234页。关于藏文资料,除胡特前引书外,可参阅弗拉基米尔佐夫,《喀尔喀绰克图台吉的摩崖碑铭》,第1272—1280页。

世纪末和18世纪初漠北蒙古社会制度特征的若干材料；二、记述布里亚特人本身情况的各种材料。[①]

还有蒙古碑铭，虽然数量很少并且未完全被研究过[②]，但也应该提到。

蒙古法令汇编和蒙古“则例”，当作研究蒙古社会制度的资料来看，是有很大意义的。蒙古史书曾经提到若干法典，但是流传到今天的只有三种：

一、1640年的《蒙古-卫拉特法典》（Döcin dörbön xoyoriyin cāji biciq ~ cājiyin biciq）和《噶尔丹洪台吉的补编二则》（dGā-ldan xung-tayijiyin zakā zarliq）。流传下来的仅有伏尔加河畔卡尔梅克人保存的卫拉特方言文本[③]；

① 参阅萨列曼（C. Salemann），《彼得堡亚细亚博物馆目录》（Musei Asiatici Petropolitani notitiae），第7卷《蒙古诸部民间文学记录》，《俄国科学院通报》，1905年，第58—59页；弗拉基米尔佐夫，《库伦城及库伦地区和肯特山区民族志及语言学方面的调查》，第35页；波兹德涅耶夫，《蒙古文选集》，第8—9、47—56页；《蒙古史册〈宝贝念珠〉》，第99、101、102、267页；《蒙古诸部民间文学粹篇》（Образцы народной летературы монгольских племен），圣彼得堡，1880年，第187—195、210—214、242、259—266页；波兹德涅耶夫粗率地使用了布里亚特的编年史，例如在其著作《蒙古史册〈宝贝念珠〉》的第267页上，他曲解了布里亚特编年史的原文，把“蒙古”氏族与布里亚特氏族混为一谈；他把关于萨满的编年史故事当作萨满文学的范本。参阅弗拉基米尔佐夫，前引文。苏联科学院亚细亚博物馆收藏着若干种布里亚特编年史；上述各书中所提到的所有各处，以及其他地方的错误，都具有这种性质。

② 参阅劳费尔，《蒙古文学概述》，第7、37—40页；弗拉基米尔佐夫，《喀尔喀绰克图台吉的摩崖碑铭》，第1253—1280页；续篇，第215—240页；波兹德涅耶夫，《蒙古及蒙古人》（Монголия и Монголы），第1卷，圣彼得堡，1896年；《蒙古及蒙古人》，第2卷，圣彼得堡，1898年，散见各页；科特维奇，《关于17、18世纪俄国与卫拉特人的外交关系档案》，第804页。

③ 戈尔斯通斯基教授编纂的，附有俄语翻译及注释的卫拉特方言原本《卡尔梅克敦都克-达什为伏尔加河畔卡尔梅克人编纂的1640年蒙古-卫拉特法典及噶尔丹洪台吉

20 二、1709 年的《喀尔喀三旗法典》(Jamun-u Xalxa jirum-um dürim—ġurban xosiġun-u yeke caġaja)，卷末附有补则，藏在沙比衙门(库伦呼图克图的领民主管机关)[①]；

三、《理藩院则例》(jarliġ-iyar togtaġaġsan ġadaġadu monggol-un türü-yi jasaxu yabudal-un yamun-u xauli jüil-ün bicig)，这是关于归入清朝版图的一切蒙古部落的法令集成，首次于 1789 年以满、蒙古、汉三种文字同时刊行[②]，其后又对它做了重要的增补，并在 1817 年以三种文字出版。[③]《理藩院则例》虽然是 18 世纪末及 19

(接上页)的增补法令和法典》。

科特维奇在其著作《关于 17、18 世纪俄国与卫拉特人的外交关系档案》的第 795—797 页中，对《蒙古-卫拉特法典》的目录、旧译本及各种版本做了精确的评论。

① 关于这部法典可参阅查姆察拉诺和图鲁诺夫，《喀尔喀三旗法典》(文献记录)，《国立伊尔库茨克大学著作集》，第 6 卷，伊尔库茨克，1923 年(又，单行本)；查姆察拉诺及图鲁诺夫，《蒙古诸部成文法文献评论》(Обозрение памятников писаниого права монгольских племен)，同上书，1920 年，第 2—3 页；里亚赞诺夫斯基，《蒙古法(主要是习惯法)》，第 70—81 页。这部法典的目录，收藏在科学院亚细亚博物馆。本书作者准备翻印蒙古法典原文，附以俄语翻译及注释，并有可能利用一部手稿本，这部手稿本是上述法典原文的一部分，见于摘录各种法令及决议案为一篇、题名《蒙古法令及习惯法集》(*Monggol caġajan-u neyite-yin tobci debter*)的一部文集中(藏科学院亚细亚博物馆，图书号 196)。《喀尔喀三旗法典》已被收入大概是 18 世纪中叶在喀尔喀出现的新法典中。

② 《理藩院则例》，附增补本则，一篇。科瓦列夫斯基教授说：“伊古姆诺夫(A. B. Игумнов)在 1797 年获得了理藩院则例的……抄写本。”(参阅他的《蒙古文选集》，第 1 卷，第 491 页)这部抄本不知出自何处。原件收存于亚细亚博物馆，其中包含有这部则例俄语版的相当多的摘录文(图书号 196)；汉语版已由雅金夫·比丘林译成俄语，参阅他的《蒙古志》(Записки о Монголии)，第 2 卷，圣彼得堡，1828 年，第 203—339 页。部分翻译可参阅劳费尔，《蒙古文学概述》，第 84 页；又可参阅《通报》，1930 年，第 178 页。

③ 满语版由利波夫佐夫译成俄语(Уложение Китайской Палаты внешних сношений)，两卷，圣彼得堡，1828 年。科瓦列夫斯基指出《理藩院则例》刊行于 1815

世纪初期出版的，但它却包含着说明更早时期蒙古社会生活的丰富材料。总之，对于上述三部法典的分析表明，它们往往反映着在它们出版以前的时代。

必须指出，戈尔斯通斯基的《蒙古-卫拉特法典》的俄译本不 21
能被认为是十分令人满意的①，利波夫佐夫（С. В. Липовчов）同时以蒙古、汉、满三种文字出版的、对《理藩院则例》满语版本的译本②，大体说来译得很好，但有很多专门名词完全译错了。例如，有一句应该译为："凡蒙古王公台吉等向伊属下征收……"③利波夫佐

（接上页）年（参阅其所著《蒙古文选集》第492页），劳费尔也提到了这个刊行的年份（《蒙古文学概述》，第84页），而雅金夫·比丘林却说，第2版出版于1820年（参阅雅金夫·比丘林，《蒙古志》，第1卷，第8页），实际上，第2版出版于1817年，即仁宗（嘉庆）22年（参阅《理藩院则例》增补本则，第33册），1862年出版了稍加订正的第3版，它与第2版相同，共63册（debter）即本则加上增补1册，目录4册（据蒙古语版）。以后的版本不详；科瓦列夫斯基教授说1832年曾准备出第4版（参阅他的《蒙古文选集》，第1卷，第492页）。可是，大家知道在各"旗"（和舜）衙门里都有一部《理藩院则例》的最后补则（抄本）[即《最近制定和公布的法律条文》（Sine toġtaġan jarlaju iregsen xandasu）]。诸如此类的法律条文是以前蒙古的基本"法典"；此种抄本收藏于亚细亚博物馆。除此以外，我们尚有乾隆（1736—1795）、嘉庆（1796—1821）年间清朝皇帝所颁布的对蒙古事务法令集的目录。里亚赞诺夫斯基教授还提到一部与蒙古事务有关的《理藩院则例》，这是1629年到1695年后金及清朝统治者颁布的法令汇编，其抄本最近在蒙古发现；参阅里亚赞诺夫斯基，《蒙古法（主要是习惯法）》，第84页。本书作者没有利用这部法令集。

① 劳费尔博士极力推崇戈尔斯通斯基教授的著作，他说："由于戈尔斯通斯基对卡尔梅克法典的出版和翻译工作非常审慎，帕拉斯（P. S. Pallas）的著作早已不为人重视了。"（劳费尔，《蒙古文学概述》，第87页）科特维奇已经指出了戈尔斯通斯基的重大缺点：原文缀字法无条件的改变和现有材料的利用不够。（《关于17、18世纪俄国与卫拉特人的外交关系档案》，第796页）

② 利波夫佐夫，前引书，第1卷，第15—16页。

③ 《理藩院则例》，第12卷，第28册："aliba monġġol vang güng taiiji-nar jil büri tegün-ü albatu-ēce abcaġaxui-dur..."

夫却译为："领有世袭领地的各级蒙古王公及台吉，应当每年征收赋税……"[①]这样就使确定的专门名词阿勒巴图[albatu（属下，属民）——vassalus，feodatus]的意义完全暧昧不明了。同样，哈木济拉嘎（xamjilġa= 满语 qamciġan）这个专门名词是指：隶属于某个封建主家庭承担实物赋役的独特的属民阶层[②]，利波夫佐夫却把它译为"勤务兵"[③]，有时又简单地译为"属于……（某人）……的人"[④]，因此，必须承认，在利用利波夫佐夫所译的《理藩院则例》时，不能不根据满、蒙古或汉语原本，加以仔细的核对。

《蒙古-卫拉特法典》和《喀尔喀三旗法典》，不止一次地被认为
22 是习惯法的典籍[⑤]，我们不能同意这种看法。这两部法典是把一些在长期发展过程中制定的法规汇集起来的现行法律汇编。和《理藩院

① 利波夫佐夫译《理藩院则例》，第 1 卷，第 132 页。

② 例如，参阅《理藩院则例》，第 40 卷，第 3 册。（即"随丁"。——译者）

③ 利波夫佐夫，前引书，第 2 卷，第 111 页，第 77 节。

④ 同上书，第 1 卷，第 36 页，第 58 节，相当于《理藩院则例》，第 3 卷，第 17 册。

⑤ 参阅《内务部杂志》，1833 年，第 8 卷，第 5 号，第 101 页（雅金夫・比丘林的论文）；列昂托维奇（Ф. И. Леонтович），《论俄国的异民族法制史。古代蒙古-卡尔梅克或卫拉特的处罚条例》（К истории права русских инородцев. Древпий монголо-калмыцкий или ойратский устав взысканий），敖德萨，1879 年，第 17—18 页；里亚赞诺夫斯基，《蒙古部落（蒙古人、布里亚特人、卡尔梅克人）习惯法》，第 29、30 页；里亚赞诺夫斯基，《蒙古法（主要是习惯法）》，第 41—80 页；查姆察拉诺及图鲁诺夫，《蒙古诸部成文法文献评论》，第 1—3 页；《喀尔喀三旗法典》，第 3 页；戈尔斯通斯基编，《卡尔梅克敦都克-达什为伏尔加河畔卡尔梅克人编纂的 1640 年蒙古-卫拉特法典及噶尔丹洪台吉的增补法令和法典》，第 6 页；古尔兰特（J. I. Gurland），《从古代到 17 世纪的草原立法》（Степное законодательство с древнейших времен по XVII столетие），《喀山大学考古学、历史学、民族研究学会通报》，第 20 卷，1904 年，第 101 页。

则例》相同，它们代表草原封建贵族得到法律核准的权利。[①] 当然，这样说并不排斥人们认为习惯法对这两部法典有一定程度影响的可能性。

最后，叙事诗作品，一般的民间文学创作，特别是蒙古英雄史诗，其中也有若干有关这一时期蒙古社会制度的资料。正如前面所说，蒙古英雄史诗在大多数场合只是靠着口头流传，但还是可以指出，也有一些叙事诗故事成为蒙古书面文学的财富。在这类作品中，以卫拉特方言书写的流传至今的《乌巴什洪台吉的故事》(Ubashi xung-tayijiiyin tūji)有着很大的参考价值，它说到了16世纪末所发生的各种事件，而它本身也很可能是在这个时期写出来的。[②]

至于依靠口头流传的蒙古英雄史诗，可以重复前面对它们的说法。这里只需指出，这个民族曾力图把自己的史诗写成书籍：我们就拥有一些出自蒙古世界不同地区的人之手的英雄史诗作品的样本(收藏在亚细亚博物馆中)。[③]

---

① 值得注意的是，早在1837年，俄国的一个官吏就曾指出《蒙古-卫拉特法典》的特点，说："这部法典编成在卡尔梅克人的独立和战争时代，其本身带有游牧封建制度的烙印"。参阅《祖国志》(Отечественные Записки)，1846年，第49卷，第10页(别列尔的论文)。

② 《贡菩耶夫书的出版与翻译》(Издание и перевод Галсана Гомбоева)，《俄国考古学会东方部论集》，第6卷，1858年，第198—224页。贡菩耶夫的译文与原文刊本都不确切，一般说来是不能令人满意的。关于其他的版本与译文，可参阅科特维奇，《关于17、18世纪俄国与卫拉特人的外交关系档案》，第795页。

③ 关于蒙古民间创作，可参阅劳费尔，《蒙古文学概述》，第17—20、71—83页。蒙古各部落的很多民间创作，尤其是英雄史诗作品，均收藏于亚细亚博物馆。现在所刊印的目录，只是它的一小部分。参阅萨列曼，《彼得堡亚细亚博物馆目录》，第7卷，第

除英雄史诗外，民间口头创作中的俚谚和格言，对我们的研究也有很大的参考价值［参阅科特维奇，《卡尔梅克人的谜语和俚谚》(Калмыукие затадки и лословуы)，圣彼得堡，1905 年］。

2. 参考书

23 关于这一时期的参考书，为数不多。但是，前节所提到的某些著作，与本节也有关系。在大家知道的关于元、明两代蒙古的历史著作中，在多桑的著作①中，在不著撰人的明代史②中，以及在更加专门地研究蒙古的著作如波科齐洛夫③、古恒④、乌斯品斯基⑤、巴克

(接上页) 50—52、59—68 页;《俄国中亚与东亚研究委员会通报》, 第 6 号, 1906 年, 第 36—37 页;《俄国中亚与东亚研究委员会通报》, 第 9 号, 1909 年, 第 60 页;《俄国中亚与东亚研究委员会通报》, 第 10 号, 1910 年, 第 75—76 页;《俄国中亚与东亚研究委员会通报》, 第 2 辑, 第 1 号, 1912 年, 第 103 页;《俄国中亚与东亚研究委员会通报》, 第 2 辑, 第 2 号, 1913 年第 90—91 页。除劳费尔书中的信息外, 还应举出:《蒙古诸部民间文学粹篇》, 第 2 分册《额里特 · 布尔加特部落叙事诗作品, 格塞尔-博克多史诗》(Образцы народной словесности Монг. Пле-мени, т. Ⅱ, апические произведення зхрит-бyптатов, Тэсар-Ботдо, эпопея), 科学院出版, 列宁格勒, 1930 年; 鲍培,《喀尔喀蒙古的英雄史诗》(Zum khalkhamogolischen Heldenepos),《亚洲专刊》, 第 5 卷, 1928 年, 第 183—213 页; 巴姆巴耶夫(Б. Б. Бамбаев),《1926 年夏季蒙古调查旅行报告》《漠北蒙古语言调查队报告》(„Отчет о командировке в Монголню летом 1926г.“ „Отчет пингвистической экспеднции в. Сев. Монголию“),《“蒙古及图瓦人民共和国与布里亚特蒙古苏维埃社会主义自治共和国调查委员会” 资料》, 第 4 卷, 列宁格勒, 1929 年, 第 38—70 页。

① 多桑史, 第 2 卷。

② 《大明历代皇帝纪》(Китайская история поколения Дай-Минских императоров), 大概是利波夫佐夫编纂的, 参阅《亚细亚学报》, 第 2 卷, 1823 年, 第 251 页。

③ 波科齐洛夫,《明代东蒙古史, 1368—1634 年》(根据汉语资料)。

④ 古恒,《17 及 18 世纪的中亚细亚, 卡尔梅克帝国还是清帝国?》。

⑤ 乌斯品斯基,《库克淖尔或青海地方, 附录卫拉特人及蒙古人简史》(内容芜杂, 并很陈旧)。

尔（E. H. Parker）[①] 等人的著作中，很少有可供我们利用的材料。波科齐洛夫和乌斯品斯基的著作，在汉语资料的研究上，只是走了长远途程的第一步，但由于没有其他著作，我们还不得不利用它；至于巴克尔的一些杂乱无章的论文，也是如此。波科齐洛夫著作的价值由于幼稚的解释和偏执的观点而遭到了贬损。

必须指出，对于霍渥斯[②] 及格鲁木-格尔日麦洛[③] 的巨著，在利用它们的时候要非常审慎，因为这两位作者不熟悉东方语言，往往不能批判地对待他们所用的资料，并且不得不完全依靠翻译人员。

雅金夫・比丘林[④]、波兹德涅耶夫[⑤]、布雷特施奈德[⑥] 的著作，特
别是前面一再提到的波兹德涅耶夫的一部论著《蒙古史册〈宝贝念 24
珠〉》——关于 1636 至 1736 年喀尔喀史的资料，对于我们具有较大的参考价值。但是，由于波兹德涅耶夫对资料抱着明显的草率态

① 巴克尔，《成吉思汗王朝以后清朝以前的蒙古》（*Mongolia after the Tenghizides and before the Manchus*），《皇家亚细亚学会华北支会杂志》，第 44 卷，1913 年（在蒙古专门名词的解释上，内容非常芜杂）。

② 《蒙古史》（*History of the Mongols*），第 1 部，伦敦，1876 年（1927 年增补：第 4 部，附录，索引）。

③ 格鲁木-格尔日麦洛，《西蒙古与乌梁海地区》，第 2 卷《与中亚细亚史有关的这些地方史概说》，列宁格勒，1926 年。

④ 雅金夫・比丘林，《从 15 世纪至今的卫拉特人或卡尔梅克人的历史概述》（Историческое обозрение Ойратов или Калмыяов с XV столетия до настояшего времени），圣彼得堡，1834 年（后文简称为雅金夫书。——译者）；《新疆地区古今状况记》（Описание Чжунгарии и Восточного Туркестана в древнем и нынешем состоянни），译自汉语，第 2 篇，圣彼得堡，1829 年。

⑤ 波兹德涅耶夫，《蒙古史册〈宝贝念珠〉》；《新近发现的明代蒙古文古籍》，《东方评论》，圣彼得堡，1895 年，第 367—387 页。

⑥ 参阅布雷特施奈德，《根据东亚史料的中世纪史研究》，第 2 卷，第 139—173 页。

度，必须十分审慎地对待他的研究成果，并逐步检查他的论点。不过也要指出，波兹德涅耶夫虽然有时发表可笑的意见[①]，但他对于16—17世纪喀尔喀社会制度的材料，是下过一番剖析工夫的。

关于清朝初期历史的著作[②]也值得我们注意。费舍尔（J. E. Fischer）[③]、米勒（G. F. Miller）[④]、帕拉斯[⑤]等人的一些名著，主要提

---

① 例如，参阅《蒙古史册〈宝贝念珠〉》，第101页："可是，长老领导地位之被年轻人承认，看来更多的是基于民族习惯所产生的信念，也就是说，基于喀尔喀人的根深蒂固的服从和尊敬长老的道德要求，而不是基于任何外在原因（例如全国公民制度）……"

② 戈尔斯基（В. Горский），《清朝皇室的起源和创业》（Начало и первые дела Маньчжурского дома）；《论现在进入中原的清朝及满洲民族名称的起源》（О происхождении ныне царствующей в Китае Династии Цин и имени народа Маньчжу）。两文载《俄国北京传教会教士著作集》，第1卷，圣彼得堡，1852年，第1—247页。

③ 费舍尔，《从西伯利亚发现起到俄军征服此地止的西伯利亚史》，德语撰本（Сибирская история с самого открытия Сибири до завования сей земли российским оружием, сочиненная на немецком языке），圣彼得堡，1774年［德语版，《西伯利亚史》（*Sibirische Geschichte*），1768年；法语版，《关于西伯利亚各主要民族的历史研究，施托伦韦克译自俄语》（*Recherches historiques sur les principales nations établies en Sibérie,..., traduite du rurse par Stollenwerck*），巴黎。］

④ 米勒，《西伯利亚史》（Сибирская История），科学院出版，《益乐月报》，第18—19号，1755—1764年［德语：《俄罗斯历史汇编》（*Sammlung Russicher Geschichte*），第3卷］；《西伯利亚王国及其大事记》（Описание Сбирского царства и всех происшедших в нем дел от начала, а особенно от покорения его Российской державой по сии времена），圣彼得堡，1750年。

⑤ 帕拉斯，《蒙古民族历史资料汇编》（*Sammlungen historischer nachrichten über die mongol. Völkerschaften*），第2卷，圣彼得堡，1776—1801年［部分用俄语撰述，《蒙古民族历史资料汇编》（Собрание историц. известий о монг. народах），《圣彼得堡通报》，第1卷，第1号，第65—74页；《圣彼得堡通报》，第2号，第148—167页；《圣彼得堡通报》，第3号，第217—229页；《圣彼得堡通报》，第4号，第298—307页；《圣彼得堡通报》，第5号，第387—392页］；《蒙古诸部区分考》（О раздении народов мунгальского поколения），《史地月刊》，1797年，第51—83页。

供了关于卫拉特人（卡尔梅克人）和布里亚特人的材料。

波格达诺夫（M. H. Богданов）在许多论文中试图描述16至18世纪时期布里亚特人社会生活的特点。[①] 波格达诺夫没有利用蒙古语资料，我们必须将他的著作和列昂托维奇的研究同样看待，列氏的著作，后面将要略略提到。帕拉斯的名著《蒙古民族历史资料汇编》中尽管有很多有趣味的材料，但由于作者搜集材料时完全依赖翻译人员，又几乎无法核对它们的翻译内容，所以我们对于这部著作应当随时加以审查并抱着极审慎的态度。此外，也不能忘记，这部书是在150年以前写成的。

罕加洛夫（M. H. Хангалов）的著作[②]及克列门茨（Д. A. 25
Клеменц）与罕加洛夫的合著[③]，试图对古代布里亚特社会进行社会学分析，是蒙古学文献中少有的杰作。不过，这些著作把读者引到

① 参阅波格达诺夫，《哲格帖·阿巴时代，布里亚特蒙古人民历史概述》（Эпоха Зэгэтэ-аба, Очерки истории Бурят-Монгольского народа），科兹明教授主编，上乌丁斯克，1926年。主要论文有：《布里亚特人的移民及社会制度》（Расселение и общественный строй бурят），第39—43页；《布里亚特人民社会发展的特点》（Черты общественного развития бурятского народа），第92—103页。

② 参阅罕加洛夫，《哲格帖·阿巴。古代布里亚特人的围猎》（Зэгэтэ-аба. Облава на зверей у древних бурят），《俄国地理学会东西伯利亚分部通报》，第19卷，第3号，1888年，第1—2页（西布里亚特方言称“围猎”为“哲格帖·阿巴”。——译者）；《布里亚特人的法律上的惯例》（Юридические обычаи у бурят），《民族学评论》，第2号，1894年，第100—142页。

③ 克列门茨和罕加洛夫，《北布里亚特人的公共狩猎》（Общественные охоты у северных бурят），《俄国民族学资料集》，第1卷，1910年，第117—157页；还可参阅米哈伊洛夫（В. Михайлов），《关于“哲格帖·阿巴”一语的考释》（Заметка по поводу выражения „Зэгэтэ-аба“），《遗事杂志》，第22卷，第2期，1913年，第181—182页；图鲁诺夫，《布里亚特蒙古部族的往昔》（Прошлое Бурят Монгольской народности），伊尔库茨克，1922年，第13—17页；波格达诺夫，《哲格帖·阿巴时代，布里亚特蒙古人民历史概述》，上乌丁斯克，1926年，第10—17页。

遥远过去的迷雾中，在他们面前展开一幅原有的社会关系的重构图景，这幅图景根据的是传说、神话，总地来说，是根据“遗事”的材料重构起来的，没有任何确定的时代；只能猜想作者所描写的社会制度是属于14—17世纪这一时期的。因此，对于作者的结论，也必须采取慎重的态度。[①]

蒙古法曾引起人们的注意，并因此出现了一些著作，其中最主要的是列昂托维奇教授和里亚赞诺夫斯基教授的作品。[②] 这两位学者的作品是有缺点的，因为他们不懂蒙古语，也不是东方学家，他们必须完全依赖翻译人员（前面已经说过，翻译人员对自己的工作往往是不能愉快胜任的）并依赖他们不能加以必要的批判的各种参考书。但是，它们主要的缺点还是在于没有利用真正的文本。然而必须承认，这些著作提供了蒙古古籍中各种类别的法律材料，因而

① 科特维奇关于图鲁诺夫前引书的批评，《东方学》，第3号，列宁格勒，1923年，第175—176页。

② 参阅列昂托维奇，《论俄国的异民族法制史。古代蒙古-卡尔梅克或卫拉特的处罚条例》；《卡尔梅克法典，第一篇，1822年法典（原文）。解说——法典的构成、法典来源及一般性质，从卡尔梅克法典所见的社会生活状态》（Калмыукое право, ц., I, Угожение 1822 г.（текст）. Примечания: Состав, источники и общий характер уложения. Общественный быт по калмыцким уставам），敖德萨，1880年；里亚赞诺夫斯基，《蒙古部落（蒙古人、布里亚特人、卡尔梅克人）习惯法》，第1—3篇（《亚细亚通报》第51、52号的油印本），哈尔滨，1924年；同上书英译本，哈尔滨，1929年（译文有增补）；《蒙古法及比较法学》（Монгольское право и сравнительное правоведение），《哈尔滨法科大学学报》，第7卷，哈尔滨，1927年，第287—303页；《蒙古法（主要是习惯法）》；《论蒙古文化及蒙古法对俄罗斯文化及法律的影响问题》（К вопросу о влиянии монгольской культуры и монгольского права на русскую культуру и параво），《哈尔滨法科大学学报》，第9卷，哈尔滨，1931年。关于这个时代蒙古（卫拉特）法方面的其他著作，可参阅科特维奇，《关于17、18世纪俄国与卫拉特人的外交关系档案》，第797页。

还有价值。此外，列昂托维奇教授对于阐明16—17世纪卫拉特人社会制度的特点，做了可贵的尝试，尽管他的许多说法已经陈旧，但这一点还是值得称述的。古代蒙古法典不能只被看作是习惯法 26
的材料，关于这一点在前面已经说过了。[①]

在蒙古文学创作方面，有助于探讨我们研究主题的著作非常稀少；可以提出的有波兹德涅耶夫[②]书中的若干篇章，兰司铁[③]和本书作者[④]的论文。

第三节　近代（18—19世纪、20世纪初）——封建制度的解体

1. 资料

前述18和19世纪的若干蒙古史籍，是研究近代蒙古社会制度的资料。[⑤]此外，还应该列出《钦定外藩蒙古回部王公表传》和《蒙古游牧记》。[⑥]

---

① 参阅本书（边码）第21页。

② 波兹德涅耶夫，《蒙古诸部民间文学粹篇》，第1分册《蒙古民歌》（Народные песни монголов）（已极陈旧）。

③ 兰司铁，《论蒙古的民间史诗》（О былинах монгольских），《俄国地理学会恰克图部及黑龙江沿岸部特洛伊茨可萨夫著作集》，第3卷，第2—3分册，1902年，第44—53页。

④ 弗拉基米尔佐夫，《〈蒙古-卫拉特英雄史诗·序文〉翻译》，序文。

⑤ 参阅本书（边码）第19页。

⑥ 参阅本书（边码）第13页。

卡尔梅克人[①]和布里亚特人[②]的法典和习惯法，以及1914年蒙古地区的《新蒙古则例》[③]（jarliğ-iyar toğtagagsan Monggol ulus-un xauli jüil-ün bicig），都是特别重要的资料。这些资料大部分还没有被译成俄语。

27 此外还有各种官方文书、档案、旗的法令（dürim）、笔记、议事录[④]以及《法律全书》* 的有关条款和其他官方文据[⑤]。

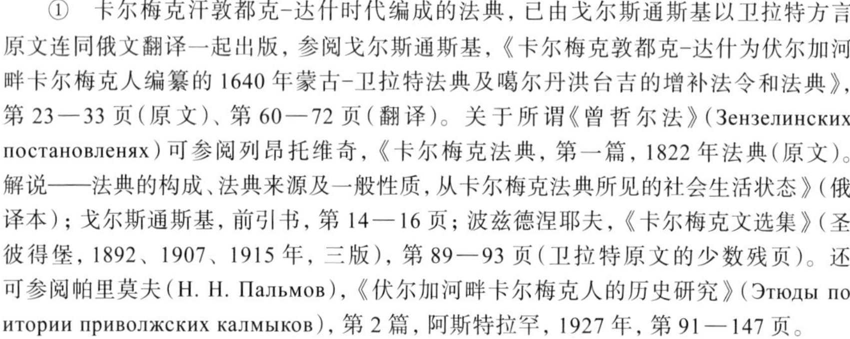

① 卡尔梅克汗敦都克-达什时代编成的法典，已由戈尔斯通斯基以卫拉特方言原文连同俄文翻译一起出版，参阅戈尔斯通斯基，《卡尔梅克敦都克-达什为伏尔加河畔卡尔梅克人编纂的1640年蒙古-卫拉特法典及噶尔丹洪台吉的增补法令和法典》，第23—33页（原文）、第60—72页（翻译）。关于所谓《曾哲尔法》（Зензелинских постановленях）可参阅列昂托维奇，《卡尔梅克法典，第一篇，1822年法典（原文）。解说——法典的构成、法典来源及一般性质，从卡尔梅克法典所见的社会生活状态》（俄译本）；戈尔斯通斯基，前引书，第14—16页；波兹德涅耶夫，《卡尔梅克文选集》（圣彼得堡，1892、1907、1915年，三版），第89—93页（卫拉特原文的少数残页）。还可参阅帕里莫夫（Н. Н. Пальмов），《伏尔加河畔卡尔梅克人的历史研究》（Этюды по итории приволжских калмыков），第2篇，阿斯特拉罕，1927年，第91—147页。

② 参阅查姆察拉诺及图鲁诺夫，《蒙古诸部成文法文献评论》，第1—13页；里亚赞诺夫斯基，《蒙古法（主要是习惯法）》，第1—38页，附录（布里亚特人的习惯法文献）——若干法令集的俄译本；萨莫克瓦索夫（Д. Я. Самоквасов），《西伯利亚异民族的习惯法汇编》（Сборник обычного права сибирских инородцев），华沙，1876年；《东部西伯利亚游牧异民族的草原法典》（Свод степных законов кочевых инородцев Восточной Сибири），圣彼得堡，1841年；《草原法典的注释》（Пояснительные примечания к своду степных закнов），圣彼得堡，1841年（大家知道，这部法典没有得到立法上的承认）。亚细亚博物馆及列宁格勒大学图书馆收藏有若干蒙古文写成的布里亚特人的各种"法规"的目录。

③ 这部用活字印成的珍本，收藏于科学院亚细亚博物馆——第34迭卜帖儿（debter）。

④ 在这些文献当中，特别引人注意的是鄂尔多斯某旗（和舜）的法令："Terigün jasaġ xosiġun-u beiise jinong-un xosiġun-u dürim."，这部写本收藏于科学院亚细亚博物馆。还可参阅《18世纪及19世纪前半期布里亚特史料集》（Сборник материалов по истории Бурятии XVIII и пеэвой половины XIX века），第1册，吉尔钦科（В. Н. Гирченко）主编并附注释，上乌丁斯克，1926年。

* 在手稿里留着引证用的地方。——原书编者

⑤ 例如，参阅《1846年特洛伊茨萨夫国境管理局参事官塞契夫斯基所编的中国

其次，应当承认，和蒙古部落有过接触的一些目击者、旅行家及其他研究者的记述，也是研究近代蒙古各部落社会制度的资料。在这些数量庞大、价值不同的文献中，下列著作对我们的研究具有特别的意义。

①关于东蒙古的游记

齐姆科夫斯基(Е. Тимковский)，《1820及1821年经过蒙古旅行中原记》(Путешествие в Китай через Монголию в 1820 и 1821 годах)，圣彼得堡，1824年[①]；巴拉第·卡法罗夫，《1847及1859年蒙古旅行见闻录》(Дорожные заметки на пути по Монголии в 1847 и 1859 гг.)，《俄国地理学会普通地理学札记》，第22卷，第1号，圣彼得堡，1892年[②]；波塔宁，《西北蒙古概说》(Очерки Северо-Западной Монголии)，圣彼得堡，1881—1883年；《中国的青海-西藏边区》(Тангутско-Тибетская окрайна Китая)，圣彼得堡，1893年；波兹德涅耶夫，《蒙古及蒙古人》，圣彼得堡，1896—1898年；科兹洛夫(П. К. Козлов)，《蒙古与喀木[*]》(Монголия и Кам)，圣彼得堡，1905—1907年；古伯察(É. Huc)，《鞑靼西藏旅

(接上页)边疆历史札记，巴斯宁的报告》(Историческая записка о китайской границе, составленная советником Троицкосавского пограничното правления Сычевским в 1846г. Сообщоет В. Н. Баснин)，《在莫斯科大学历史和古代俄罗斯研究会上宣读的讲稿》，两卷，莫斯科，1875年。

① 这部书的西欧文字译本是很有名的。例如克拉普罗特的法语翻译和解说(巴黎，1827年)，以及同一东方学家的英译本和校订(伦敦，1827年)。

② 法语译本有巴拉第修士大司祭(L'Archimandrite Palladius)，《1847—1859年两度赴蒙古旅行记》(Deux traversées de la Mongolie, 1847-1859)，东方语学院俄语班专修生据俄语翻译，保埃(P. Boyer)序，《历史与记述地理学学报》，1884年。

* 喀木，包括今天的四川甘孜州、凉山州、攀枝花市、雅安市及西藏昌都市、林芝市。——译者

行记》(*Souvenirs d'un voyage dans la Tartarie et le Thibet pendant les années 1844, 1845 et 1846*)[①]；马达汉(C. G. E. Mannerheim),《撒里和西喇尧乎尔访问记》(A visit to the Sarö and Shera Yögurs),《芬兰-乌古儿学会通报》,第 27 卷,1911 年；培里-艾斯可弗(H. G. C. Perry-Ayscough)及奥特-巴里(E. R. B. Otter-Barry),《与俄罗斯人同在蒙古》(*With the Russians in Mongolia*),伦敦,1914 年；桑热耶夫(Г. Д. Санжеев),《达尔哈特人——关于 1927 年旅行蒙古的民族学报告》(Дархаты, зтнограф. отчет о поездке... в 1927)。[②]

在这些著作中可以看出一个共同特点：除巴拉第・卡法罗夫、波兹德涅耶夫、桑热耶夫及古伯察(古伯察还不能完全除外)外,其他作者都不是东方学家,不能完全掌握蒙古语,一般不懂得蒙古语
28 言学,因此,他们常常放过了极其重要的现象,对于许多问题无法加以说明,而只停留在记述原文中本来就可以一目了然的事实。大家知道,波兹德涅耶夫准备在其著作《蒙古及蒙古人》第 3 卷内提出关于"蒙古行政机构及其管理制度的概说,并说明现代蒙古的军事和政治、经济情况"[③],但是这个计划并未实现。和我们的研究目

① 关于此书及其版本可参阅伯希和,《秦噶哔和古伯察先生的拉萨之行》(Le voyage de M. M. Gabet et Huc à Lhasa),《通报》,1925 年,第 133—178 页。

② 《"蒙古及图瓦人民共和国与布里亚特蒙古苏维埃社会主义自治共和国调查委员会"资料》,第 10 号,列宁格勒,1930 年。

③ 《蒙古及蒙古人》,第 1 卷,第 25 页。里亚赞诺夫斯基引用了波特斯塔文(Г. В. Подставин)教授提供的此书原稿第 3 卷中的引文,参阅里亚赞诺夫斯基,《蒙古部落(蒙古人、布里亚特人、卡尔梅克人)习惯法》,第 15—16 页。波兹德涅耶夫撰述了《蒙古氏族公社的原始形态》(первона-чальный вид монгольской родовой общины)一文,但可以看出,他是以演绎逻辑的方法,根据现代,而且仅仅是根据有关 19 世纪卡尔梅克人的社会制度的材料写出这篇作品的。

的有关的记事，分散在《蒙古及蒙古人》的许多篇章里面，完全没有连贯起来。[①]

②关于卫拉特的游记

列比辛（И. Лепехин），《1768—1769年在俄国各省的旅行日记》（Дпевные записки путешествия... по разным провициям Российского государства 1768—1769г.），第1部，圣彼得堡，1771年[②]；帕拉斯，《俄罗斯帝国各省旅行记》（Путешествие по разным провинциям Российской империи），圣彼得堡，1773—1788年[③]；《1822—1824年炮兵上尉伊凡·温可夫斯基出使准噶尔洪台吉策旺拉布坦处及其旅行日记，文件，刊本附载Н. И. 维塞洛夫斯基的序文和注释》（Посольство к зюнгарскому Хун-тайчжи Цеван Рабтану капитаиа от артилерии Ивана Унковского и путевой журнал его за 1822—1824 годы Документы, изданные

① 一般地可以说，旅行过蒙古的有学问的蒙古学家和语文学家，除发表过一些短篇文章以外，没有留下关于此地及其居民的游记——目击记。另一方面，旅行家们，亦即关心蒙古地区及其人民的作家们，几乎毫无例外地全都不懂蒙古语；波兹德涅耶夫和巴拉第·卡法罗夫的情况有所不同，但是巴拉第这位伟大的东方学家，似乎也不懂蒙古语。

② 第2版，圣彼得堡，1795年。此书后来复由科学院收入《俄国学术旅行记全集》中，圣彼得堡，1818—1825年。列比辛旅行日记的德语译本出版于1774—1777年，法语译本收入弗雷·德朗德尔（Frey de Landres）的《学术旅行家在俄国各省的发现史》（*Histoire des découvertes faites par divers savans yoyageurs dans plusieurs contrées de la Russie...*）中，伯尔尼及海牙，1779—1787年。

③ 第2版，圣彼得堡，1809年。德语原本《俄国王朝各省行记》（*Reise durch verschiedene Provinzen des Russischen Reichs*）出版于1771—1776年，第2版出版于1801年。法语译本出版于1793年（巴黎）。旧日提到老一辈“有名的”旅行家的有不著撰人的《卡尔梅克人及鞑靼人地方旅行记》（*Voyages chez les peuples Kalmouks et les Tartares*），伯尔尼，1792年。关于伏尔加河畔卡尔梅克人地方的旅行和有关卫拉特人的著作的全面评述，见列昂托维奇，《论俄国的异民族法制史。古代蒙古-卡尔梅克或卫拉特的处罚条例》，第38—50页。

с предисловием и примеч. Н. И. Веселовского),《俄国地理学会民族学部札记》, 第 1 卷, 第 2 号, 圣彼得堡, 1887 年; 涅费季耶夫(Н. Нефедьев),《在伏尔加河畔卡尔梅克人地方采访的详细报道》(Подробные сведения о волжских калмыках, собранные на месте), 圣彼得堡, 1834 年; 柏格曼(Bergmann),《卡尔梅克人地方巡回旅行记》(*Nomadische Streifereien unter den Kalmuken*), 第 1—4 卷, 里加, 1804—1805 年[①]; 奥奇洛夫(Н. О. Очиров)与弗拉基米尔佐夫关于卫拉特人及伏尔加河畔的卡尔梅克人的各种论文[②]; 科兹洛夫,《蒙古与喀木》。

29 ③关于布里亚特的游记[③]

格梅林(J. G. Gmelin),《1733—1743年西伯利亚旅行记》(*Reise durch Sibirien von dem Jahre 1733 bis 1743*), 哥廷根, 1751—1752 年[④],乔治(J. G. Georgi):《1772年俄罗斯帝国旅行记》(*Bemerkungen einer Reise im Russischen Reich im Jahre 1772*), 圣彼得堡, 1775

① 有莫里斯(M. Moris)的法译本(非全译), 塞纳河畔沙蒂永, 1825 年。

② 弗拉基米尔佐夫,《1908 年夏科布多地区杜尔伯特人调查旅行报告》, 第 47—60 页; 奥奇洛夫,《阿斯特拉罕卡尔梅克人地方旅行报告》(Порздка к Астраханскмм калмыкам),《俄国中亚与东亚研究委员会通报》, 第 10 号, 1910 年, 第 61—76 页; 弗拉基米尔佐夫,《科布多区拜特人处旅行调查报告》, 第 100—104 页; 奥奇洛夫,《亚历山大罗夫斯基和巴加佐呼罗夫斯基兀鲁思旅行记》(Поездка в Александровский и Багауохуровский улусы),《俄国中亚与东亚研究委员会通报》, 第 2 辑, 第 2 号, 1913 年, 第 78—91 页; 弗拉基米尔佐夫,《1908 年夏在科布多杜尔伯特人地区的调查旅行》, 第 323—355 页。

③ 参阅波格达诺夫,《18 世纪旅行家们所述的布里亚特人》(Бурятский народ в изображении путешественников XVIII в.),《哲格帖・阿巴时代, 布里亚特蒙古人民历史概述》, 科兹明教授主编, 第 77—86 页; 巴期迈斯特的"俄罗斯文库"(Bacmeisters Russische Bibliothek), 第 1—3 卷。

④ 有凯拉里奥(Keralio)的法语节译本(巴黎, 1760 年)。

年[①]；帕拉斯，《俄罗斯帝国各省旅行记》。

2. 参考书

至于有关这个时期的参考书，可以说往往是和资料分不开的，同一个人发现和搜集了一些材料，同时又利用这些材料写成研究著作。正如前面所说，综论蒙古社会制度的文献是没有的，有的只是那些偶尔提到某个蒙古部落的著作中所散见的关于社会制度某些方面的个别记载。

布里亚特人比其他蒙古部落更吸引社会学家们的注意，已有许多研究社会制度方面个别问题的书籍，如什卡波夫（А. П. Шапов）[②]、罕加洛夫[③]、彼特利（B. E. Petri）[④]、克罗尔（M. Kroll）[⑤]、波格达

① 有俄译本，同年出版。

② 什卡波夫，《布里亚特兀鲁思的民族公社》（Бурятская улусная родовая община），《俄国地理学会西伯利亚部通报》，1874 年，第 5 卷，第 3—4 期，第 128—146 页；《库丁斯克-楞斯克边区定居的农业异民族俄罗斯农民公社》（Сельская оседло-инородческая и русско-крестьянская община в Кудинско-Ленском крае），《俄国地理学会西伯利亚部通报》，1875 年，第 6 卷，第 3 号，第 97—131 页；《楞斯克布里亚特人公社中利己本能》（Эгоистические инстинкты в Ленской народной бурятской общине），《西伯利亚史料集》，第 2 卷，第 1—47 页，圣彼得堡，1877 年。

③ 罕加洛夫，《温根斯克管区布里亚特人的婚姻仪式和习惯》（Свадебиые обряды и обычаи у бурят Унгинского ведомства），《民族学评论》，第 1 卷，1898 年，第 38—75 页。

④ 彼特利，《北布里亚特人的氏族关系因素》（Элементы родовой связи у северных бурят），《西伯利亚遗事杂志》，第 2 号，伊尔库茨克，1924 年，第 98—126 页；《北布里亚特人的地缘关系》（Территориальное родство у северных бурят），《国立伊尔库茨克大学生物地理博物学研究所学报》，第 1 卷，第 2 号，1924 年，第 1—21 页；《北布里亚特人的婚姻准则》（Брачные нормы у северных бурят），《国立伊尔库茨克大学著作集》，第 8 号，1924 年，第 3—32 页；《北布里亚特人的氏族内部关系》（Внутриродовые отношенння у северных бурят），《国立伊尔库茨克大学生物地理博物学研究所学报》，第 2 卷，第 3 号，1925 年，第 1—72 页。

⑤ 克罗尔，《氏族生活的特征》（Черты родового быта），《伊尔库茨克西伯利

30 诺夫[①]等人的著作。此外，“研究外贝加尔的土地占有和土地利用情况的资料”[②]以及主要散见在西伯利亚各种杂志上的文章[③]，也应被提及。帕特卡诺夫关于西伯利亚居民的部落成分这一名著[④]中也有若干资料。也可参阅前述图鲁诺夫的著作。[⑤]对于研究卫拉特人的乔治的著作，也必须予以注意。[⑥]

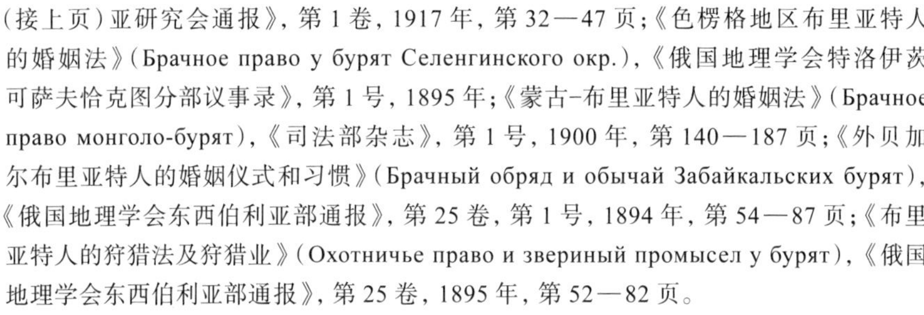
（接上页）亚研究会通报》，第 1 卷，1917 年，第 32—47 页；《色楞格地区布里亚特人的婚姻法》(Брачное право у бурят Селенгинского окр.)，《俄国地理学会特洛伊茨可萨夫恰克图分部议事录》，第 1 号，1895 年；《蒙古-布里亚特人的婚姻法》(Брачное право монголо-бурят)，《司法部杂志》，第 1 号，1900 年，第 140—187 页；《外贝加尔布里亚特人的婚姻仪式和习惯》(Брачный обряд и обычай Забайкальских бурят)，《俄国地理学会东西伯利亚部通报》，第 25 卷，第 1 号，1894 年，第 54—87 页；《布里亚特人的狩猎法及狩猎业》(Охотничье право и звериный промысел у бурят)，《俄国地理学会东西伯利亚部通报》，第 25 卷，1895 年，第 52—82 页。

① 波格达诺夫，《哲格帖·阿巴时代，布里亚特蒙古人民历史概述》，科兹明教授主编，上乌丁斯克，1926 年。

② 所谓《库洛姆辛委员会资料》(Материалы Куломзинской комиссии)，圣彼得堡，1898 年。[例如，参阅拉祖莫夫及索斯诺夫斯基的论文《外贝加尔异民族的氏族性质》(Значение рода у инородцев Забайкальской области)，第 6 号。]

③ 例如，参阅克列门茨，《外贝加尔布里亚特人的婚姻仪式考》(О свадебных обрядах у Забайкальских бурят)，《俄国地理学会东西伯利亚部通报》，1891 年，第 22 卷，第 1 号；瓦姆博策列诺夫(И. Вамбоцыренов)，《阿巴-海达克，霍林布里亚特人的围猎》(Аба-хайдак, облава у хоринских бурят)，《俄国地理学会东西伯利亚部通报》，第 21 卷，第 2 号，1890 年，第 29—35 页。(东布里亚特方言称“围猎”为“阿巴-海达克”。——译者)

④ 帕特卡诺夫，《关于西伯利亚居民的部落构成、异民族语言及氏族的统计资料》[Статистические данные, показывающие племенной состав населения Сибири, язык и роды инородцев(根据 1897 年国势调查资料的特殊研究编纂)]，第 3 卷，圣彼得堡，1912 年，《俄国地理学会统计部札记》，第 11 卷，第 3 号。

⑤ 图鲁诺夫，《布里亚特蒙古部族的往昔》，伊尔库茨克，1922 年。

⑥ 乔治，《俄罗斯帝国诸民族记》(*Beschreibung aller Nationen des Russischen Reichs*)，圣彼得堡，1776—1778 年；第 2 版，圣彼得堡，1782 年；第 3 版，莱比锡，1783 年；法译本，1776 年；俄译本出版过两次，第 2 版，圣彼得堡，1799 年(第 1 版，1776—1778 年)。

关于卫拉特人，我们拥有丰富的文献，但是几乎全是关于伏尔加河流域的卡尔梅克人方面的。此外，在这些文献中，关于社会制度的记述和研究并不多，而且都值得加以仔细的审查；各书作者在历史方面的论断往往连尺度最宽的批评都经受不住。和我们的研究题目有关的若干资料，可以在下列著作[①]中找到。雷奇可夫(П. И. Рычков)，《奥伦堡风土记即奥伦堡省详记》(Топография Оренбургская, т. е. обстоятельное описание Оренбург. губ.)，圣彼得堡，1762年；又，《"益乐"著作翻译集》(Сочинениях и леreводах к пользе и увеселению служащих)，1762年，第256—260页；帕拉斯，《蒙古民族历史资料汇编》；斯特拉霍夫(Н. И. Страхов)，《卡尔梅克民族的现状，附卡尔梅克法典》(Нынешнее состояние калмыцкого народа с присовокуплением калмыцких законов)，圣彼得堡，1810年；涅博利辛(И. Небольсин)，《和硕特兀鲁思卡尔梅克人的风俗习惯概述》(Очерки быта калмыков Хошоутовского улуса)，圣彼得堡，1852年；科斯添科夫上校，《卡尔梅克草原统计经济录》(Статистическо-хозяйственное описание Калмыцкой степи)，载根据库莫·马纳契考察队调查资料所编《阿斯特拉罕省卡尔梅克草原》，第3卷，圣彼得堡，1868年；科斯添科夫，《关于卡尔梅克人的历史与统计资料》(Исторические и статистические сведетния о Калмыках)，圣彼得堡，1870年；别列尔男爵，《阿斯特拉罕省的游

① 卫拉特部落社会制度方面一些有趣味的特征，有时散见在文艺作品及半文艺作品中，有时也散见在回忆录性质的文献中，例如，参阅阿穆尔萨兰(А. М. Амур-Санан)，《奇怪的儿子》(Мудрешкин сын)，列宁格勒，1925年(还有其他版本)。

牧和定住的异民族》(Кочующие и оседло живущие в Астраханской губернии инородцы),《祖国志》,圣彼得堡,1846 年,第 47 卷,第 1—28、59—125 页,第 48 卷,第 57—94 页,第 49 卷,第 1—44 页(这是关于伏尔加河畔卫拉特人的好书之一);日捷茨基(И. А. Житецкий),《阿斯特拉罕卡尔梅克人的生活概说》(Очерки быта Астраханских калмыков),莫斯科,1893 年(《自然科学、人类学、民族学同好者协会会报》,《民族学部著作集》,第 13 卷,第 1 号),这是记述卡尔梅克人生活的最详细的著作之一,但从社会学观点看来,这本书的缺点很多,尤其对于民族制度的考察更
31 是不佳。杜布洛娃(Я. П. Дуброва),《1892 年 3 月 15 日法令颁布以前斯塔夫罗波尔省卡尔梅克人的生活状况》(Быт калмыков Ставропольской губ. до издания закона 15 марта 1892г.),《喀山大学考古学、历史学、民族学学会通报》第 15 卷,1889 年,第 1—239 页;《阿斯特拉罕省卡尔梅克草原统计经济与自然历史研究资料》(Материалы стат. -экономического и естественно-исторического обследования калмыцкой степи Астраханск. губ.),第 1—2 篇,阿斯特拉罕,1910 年;奥奇洛夫,《阿斯特拉罕的卡尔梅克人及其现代经济状况、卡尔梅克草原记》(Астраханские калмыки и их современное экономическое состояние, описание калмыцкой степи),彼得格勒,1915 年(第 2 版,阿斯特拉罕,1925 年);宾特科夫斯基(И. В. Бентковский),《大杜尔伯特部卡尔梅克人住处与食物》(Жилища и пища калмыков Больщедербетского улуса),《斯塔夫罗波尔省统计资料集》,1868 年,第 1 号;伊凡诺夫斯基(А. А. Ивановский),《中国塔城区域土尔扈特人的人类学概述,土尔

扈特蒙古》(Антропологический очерк торгоутов Тарбагатайской области, Китайской империи, монголы-торгоуты),《自然科学、人类学、民族学同好者协会通报》，第 71 卷，《人类学部著作集》，第 13 卷，莫斯科，1893 年；格鲁木-格尔日麦洛，《西蒙古与乌梁海地区》，第 3 卷，第 1 号，列宁格勒，1926 年；第 2 号，列宁格勒，1930 年；帕里莫夫，《卡尔梅克民族移居俄国境内后的历史概述》(Очерк истории калмыцкого народа за время его пребывания в пределах России)，阿斯特拉罕，1922 年；帕里莫夫，《伏尔加河畔卡尔梅克人的历史研究》，第 1 篇《17 世纪与 18 世纪》，阿斯特拉罕，1926 年；第 2 篇《18 世纪》，阿斯特拉罕，1927 年；第 3 篇、第 4 篇，阿斯特拉罕，1929 年。

和我们的研究主题有关系的“东蒙古”的资料，在西欧文献中尤为稀少，并且还是非常零散和碎片化的。雅金夫 · 比丘林[①]、格鲁木-格尔日麦洛[②]、波兹德涅耶夫[③]的各著作，以及波哥列波夫(М. И. Боголепов)教授[④]、塔里科-格林泽维奇(Ю. Д. Талько-

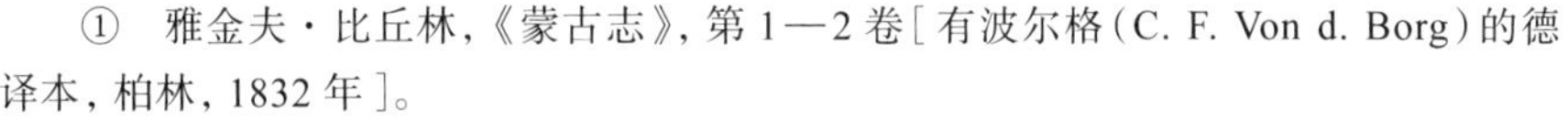

① 雅金夫 · 比丘林，《蒙古志》，第 1—2 卷[有波尔格(C. F. Von d. Borg)的德译本，柏林，1832 年]。

② 参阅前引书，又，同书第 2 卷。

③ 波兹德涅耶夫，《致奥斯顿 · 撒肯男爵函，并附 1847 年所记的巴拉第蒙古日记的注解》(Письмо проф. А. М. Позднеева к барону Ф. Р. Остен-Сакену с замечаниями на „Дневник о. Палладия по Монголии, веденный в 1874г.“)，《俄国地理学会普通地理学札记》，第 22 卷，第 1 号，1892 年，第 114—228 页；《蒙古佛教寺庙和佛教僧侣的生活状况及其最近与人民的关系概述》(Очерки быта буддийских монастрырей и будднйского духовенства в Монголии в связи с отнощениями сего последнего к народу)，《俄国地理学会民族学部札记》，第 16 卷，1887 年；《蒙古诸部民间文学粹篇》，第 1 分册《蒙古民歌》。

④ 托木斯克大学教授波哥列波夫和索博列夫(М. И. Соболев)，《俄蒙贸易，

Гринцевич)①、奥斯特(J. van Oost)②、迈斯基(И. Майский)③、宾尼格森(P. Bennigsen)④、库舍列夫(Ю. Кущелев)⑤、巴洛班(А. П. Болобан)⑥、奥尔多舍茨(Ордосца)等人的著作都是值得一提的。在这些著作中,可以找到关于蒙古的经济资料和各地事务状况的
32 “一般”特点。还应举出莫斯科贸易考察队的专著⑦以及巴托尔斯基(М. Баторскии)⑧、巴拉诺夫(А. Баранов)⑨、布塞(Ф. Буссе)⑩等人的“便览”之类的出版物。

(接上页)1910年蒙古考察队概述》(Очеркч русско-монгольской торговли, Экспедиция в Монголиею 1910 г.),《托木斯克西伯利亚研究会著作集》,第1卷,托木斯克,1911年。这是关于蒙古经济方面最渊博的著作。

① 格林泽维奇,《中亚细亚人类学与民族学资料》(Материалы к антрополии и этнографии Центральной Азии),第1卷,《苏联科学院物理数学部札记》,第37卷,第2号,1926年。

② 奥斯特,《土默特考》(Notes sur le T'oemet),《汉学杂纂》,第53号,1922年。

③ 迈斯基,《现代蒙古》(Соврменная Монголия),伊尔库茨克,1921年。

④ 宾尼格森,《关于现代蒙古的若干资料》(Несколько данных о современной Монголии),圣彼得堡,1912年。

⑤ 库舍列夫,《蒙古与蒙古问题》(Монголия и монгольские вопросы),圣彼得堡,1912年。

⑥ 巴洛班,《蒙古的现代贸易经济关系》(Монголчя в ее современном торгово-экномиьеском отношении),《1912—1913年工商部代表报告》,彼得格勒,1914年。

⑦ 《派往蒙古的莫斯科贸易考察队》(Московская торговая экспедиция в Монголию),莫斯科,1912年。

⑧ 巴托尔斯基,《蒙古军事统计纲要试拟稿》(Опыт военно-статистического очерка Монголии),参谋本部军事教育委员会出版,《亚细亚地理学、风土学及统计学资料集》,第37号,圣彼得堡,1884年。

⑨ 巴拉诺夫,《蒙古专门名词词典》[Словарь монгольских терминов(А 至 Н)],《有关满蒙的资料》,第11号,哈尔滨,1907年;(О至Ф),《有关满蒙的资料》,第36号,哈尔滨,1911年。

⑩ 布塞,《东部西伯利亚若干游牧民的日常词汇表》(Список слов бытового значения некогорых кочевых народов восточной Сибири),圣彼得堡,1880年。

上面列举的作为参考书[①]的著作，大多有一个共同特点，这在述及游记方面的资料时已经说过，即关于蒙古地区及其人民的记述，差不多都是出自不懂蒙古语，一般对蒙古语言学很生疏的非东方学家的手笔。[②]因此，本书作者不得不到科布多地区和西部喀尔喀一带去观察蒙古的社会制度，还不得不到卡尔梅克草原，到喀尔喀的中部和东部去考察，并到北京和蒙古族做了若干接触。这些观察的结果，迄今几乎都还没有发表过，现在打算在本书里加以利用。

① 还有很多著作没有提到，因为它们不是重复了前人的说法，便是它们所提供的资料不完全可靠。最后，对本书研究目的参考价值甚少的旅行记和一般性的论述，当然也略而不提。

② 罕加洛夫、波格达诺夫、彼特利等人虽非蒙古学家，但他们关于布里亚特人的著作显然非常卓越，波格达诺夫，尤其是罕加洛夫更精通布里亚特方言。帕里莫夫教授的“短篇论文”，范围明确，并且主要根据档案文献。奥尔多舍茨则显然十分精通蒙古语。还应注意，大多数俄国汉学家多少是研究过蒙古地区及其人民的，如列昂捷夫、雅金夫·比丘林、利波夫佐夫、瓦西里耶夫、巴拉第·卡法罗夫、波波夫、乌斯品斯基、布雷特施奈德、波科齐洛夫、伊凡诺夫斯基等人，差不多都是18、19世纪的汉学家。至20世纪，这种情况发生急剧的变化，俄国汉学家差不多都专门致力于研究其他问题了。

第 一 编

古代（11—13世纪）蒙古社会制度——封建制度的开端

经过高卢之战，各阶级和有地位的人，存在着两种情况。平民被罚变成奴隶，不得出席会议。

——恺撒，《高卢战记》(*De Bello Callico*)，第 6 卷，第 13 页

众庶无主，难以行事。(Xaracu irgen ejen-ügei yakin yabumui.)

——萨囊彻辰书

第一章　古代蒙古的经济
——森林和草原

则今日行而明日留，逐水草便畜牧而已。

——张德辉

我们的主要资料《史集》和《元朝秘史》，都按照生活方式和经济情况，把12世纪的蒙古部落分为两群，即森林或狩猎部落（hoyin irgen）[1]群及草原或畜牧部落（ke'er-ün irgen）[2]群。显然，同样的情况，在11世纪也可以看到。

当时，蒙古"森林"部落住在贝加尔湖畔、叶尼塞河上游和额 34

---

① 《史集》，第1卷，第20、52、89—92页［见1952年苏联科学院出版的俄语新译本（Рашид-ад-дин сборник летописей），第1卷，第1分册，第85、123—124、153—156页。以下简称见新译某卷某页。——译者］；《元朝秘史》，第239、207节（著者所引《元朝秘史》系根据俄译本，这里一律直接改据汉译本，下同，不再注明。——译者）；参阅波兹德涅耶夫，《汉蒙文古籍〈元朝秘史〉考》，第19页；伯希和，《在13—14世纪蒙古语中今日送气音*h*置在字头的词语考》，第218页；多尔济·班札罗夫（Дорджи Банзаров），《〈卫拉特与畏兀儿考〉、〈黑教……〉及其他论文》（Об Ойратах и Уигурах, Черная вера...），波塔宁编，圣彼得堡，1891年，第82—87页；巴拉第·卡法罗夫，《马可波罗北中国旅行记注释》，第19页。

② 此名称据上述类似名称及拉施特在《史集》，第1卷，第175页（见新译第1卷，第1分册，第175页。——译者）上提到的用语复原；也可参阅《史集》，第2卷，第268页上贝勒津的注释。参阅《史集》，第1卷，第1—3页（见新译，第1卷，第1分册，第73—75页。——译者）各处；《元朝秘史》，各处。

尔齐斯河沿岸；草原畜牧部落则在从呼伦贝尔湖起直到阿尔泰山山脉西支一带的广大草原和山间牧地进行游牧。一部分蒙古畜牧民住得更南一些，沿着戈壁的靠近长城的这一方面放牧。也有既属于草原又属于森林的蒙古部落。[①] 在若干场合，由于某些部落的祖先是狩猎民，而他们也住在森林地区或森林附近，按照向例，也认为他们属于“森林”部落。[②]

“森林”居民主要从事狩猎，但也没有放弃渔捞。[③] 他们住在用桦树皮和其他木料搭成的简便的棚子里，从来没有离开过自己的森林；草原游牧民有时自称为“有毛毡帐裙的百姓”[④]。“森林”居民驯养野生动物[⑤]，特别是西伯利亚鹿[⑥] 和小鹿[⑦]，吃它们的肉和乳。虽然他们在森林里游动时是用西伯利亚鹿来驮载日用器具，但他们也

① 《史集》，第1卷，第89页。（见新译，第1卷，第1分册，第123页。——译者）

② 《史集》（关于泰亦赤兀惕部），第2卷，第48、96—97页。（见新译，第1卷，第2分册，第47页，第88页。——译者）

③ 《元朝秘史》，第109节。

④ 参阅波兹德涅耶夫，《汉蒙文古籍〈元朝秘史〉考》，第18页。

⑤ 《史集》，第1卷，第90页。（见新译，第1卷，第1分册，第123页。——译者）

⑥ 拉施特所说的“山牛”（见贝勒津译本，第1卷，第90页），我们有根据推定是指蒙古语中叫作buġu的西伯利亚鹿（*Cervus maral, Ogilby*）。[有关贝勒津译本此处译文，可对照新译，第1卷，第1分册，第123页。新译本的译文是：“……他们饲养山牛（Горнын бык）（与母牛），牡绵羊（与母绵羊）及一种类似山羊的草原岩羚羊（Дежйраи）……”——译者]

⑦ 《史集》，第1卷，第90页。（见新译，第1卷，第1分册，第123页。——译者）贝勒津将《史集》中的蒙古名词jür译为羚羊。蒙古语的jür是小鹿（*Capreolus pygorgus*, Pall.）。参阅格鲁木-格尔日麦洛，《西蒙古与乌梁海地区》，第1卷，第516—517页。[新译本就此点所加的注释（第1卷，第1分册，第123页，注2）与弗拉基米尔佐夫的解释不同。新译本的注释是：“蒙古语原文为джӯр，相当于突厥语的дежйран，即瞪羚、草原岩羚羊（*Gazella Subguttorosa*）。”——译者]

知道使用马[①]；马似乎曾被“森林”居民用于狩猎，而酋长、富裕者和贵族更可能是使用马的。值得指出，克列门茨和罕加洛夫就曾确信，从事围猎的古代布里亚特狩猎民，也知道使用马。[②]

“森林”的蒙古部落缝兽皮做衣服，使用滑雪板，喝树汁。在他们看来，游牧民的生活是和城里人的生活一样不好受的。[③]

关于“森林”居民的经济情况，《元朝秘史》上有一则颇饶趣味的记载[④]：“豁里剌儿台篾儿干（Xorilartai-mergen）为自己所在的豁里秃马惕（Xori-Tumad）地面有貂鼠青鼠等野物的地方，被自伙儿禁约，不得打捕的上头烦恼了，遂做了豁里剌儿姓（oboġ ~ obox——斡孛克 ~ 斡孛黑）……投奔不儿罕合勒敦（Burxan-Xaldun）* 的主人……处……开始游牧。”我们引用的这一资料在记述这个从“森林”部落豁里秃马惕[⑤]分化出来的氏族的移牧情况时，还指出豁里剌儿台蔑儿干拥有“合剌兀台帖儿格”**（xara'utai tergen），即“幌车”[⑥]。

① 《元朝秘史》，第 239 节。大家知道，“森林之民”与游牧民同去参加远征；参阅波兹德涅耶夫，《汉蒙文古籍〈元朝秘史〉考》，第 17 页，那里提到，许多氏族和部落曾在札木合的率领下集合起来，反对成吉思汗，其中即有“森林之民”之一的“斡亦剌惕人”。

② 参阅克列门茨与罕加洛夫合著的《北布里亚特人的公共狩猎》，第 17 页。

③ 《史集》，第 1 卷，第 90—91 页。（见新译，第 1 卷，第 1 分册，第 124 页。——译者）

④ 《元朝秘史》，第 9 节。此处汉译不确切，引文译自“蒙古语”原文。（《元朝秘史》汉译为：“为豁里秃马敦地面貂鼠青鼠野物，被自火里禁约，不得打捕的上头烦恼了……投奔不儿罕山的主人……因此就做了豁里剌儿姓。”——译者）

⑤ 豁里秃马惕部属于“森林之民”。参阅《史集》，第 1 卷，第 85—88 页。（见新译，第 1 卷，第 1 分册，第 121—123 页。——译者）《元朝秘史》，第 240、241 节。参阅伯希和，《库蛮考》，第 175 页。

* 今作必儿喀岭。——译者

** 又称合剌兀台帖儿坚。——译者

⑥ 巴拉第 · 卡法罗夫译为“黑色的篷车”（черная кйбитка，参阅《元朝秘史》第 6 节）或“黑色的大车”（черная телега）。（参阅《长春真人西游记校注》卷上，《海宁王静安先生遗书》第 13 册，商务印书馆石印本，1940 年。——译者）因为蒙

35 当时，蒙古游牧民已知道有这种车辆，关于此事，后面还将叙述。

从这一则记载，可以得出如下的结论：一部分“森林”居民开始受邻近游牧民的影响，其经济结构开始发生了变化，即朝游牧生活演变，逐渐向这方面过渡。[①] 另一方面，从下文可以看到，蒙古游牧民保存了许多狩猎生活的残余。在若干场合下，“森林”狩猎民和“草原”游牧民之间的界限很难划分。有些部落正处在过渡阶段；也有些部落或已分化为氏族和家族的部落支系，时而经营畜牧经济，时而从事狩猎与渔捞。[②] 自然，各种野兽他们都猎取[③]，但主要的狩猎对象，毕竟还是貂鼠和青鼠。有些部落即称为“不剌合臣”(Bulaġ-cin——捕貂鼠者)、“客列木臣”(Keremücin——捕青鼠者)。[④] 成吉思汗的儿子术赤(Jorci)在征服“林木中百姓”时，曾得到一些黑貂。[⑤]《元朝秘史》也说[⑥]，从中亚来的“木速蛮”商人阿三(Asan)沿着额儿古涅河(r. Ergüne)[⑦] 赶来羯羊一千头和白骆驼一

(接上页)古语 xara' utu 作为“带黑色的”的意义[蒙古语的 xara'un 或 xaraġun= 突厥语的 qaraġ(黑的、暗的)]难于理解，可解释为 xata'u 或 xaraġu(防卫、保护)的派生语。关于大车，可参阅本书(边码)第 41 页。

① 参阅巴托尔德，《突厥人与蒙古人的社会生活及经济结构的关系》(Связь общественното быта с хозяйстенным укладом у турок и монголов)，《喀山大学考古学、历史学、民族学研究会通报》，第 34 卷，第 3—4 号，1929 年，第 1—4 页。

② 《史集》，第 1 卷，第 89 页(见新译，第 1 卷，第 1 分册，第 123 页。——译者)；《元朝秘史》，第 75—76、89—90 节。

③ 《元朝秘史》，第 12 节。

④ 《史集》，第 1 卷，第 88 页(见新译，第 1 卷，第 1 分册，第 121 页。——译者)；参阅科兹明，《经济与民族(氏族形成过程中的生产要素)》(Хозяйство и народность)，第 2 页。

⑤ 《元朝秘史》，第 239 节。

⑥ 《元朝秘史》，第 182 节。其他资料也说到“木速蛮”商人阿三的事情，参阅巴托尔德，《蒙古入侵时期的突厥斯坦》，第 446 页。

⑦ 额儿古涅河(今作额尔古纳河。——译者)，《元朝秘史》，第 182 节。

匹，用以交换黑貂和青鼠。

要确切说明某些“森林”居民被卷入 12—13 世纪畏兀儿和“木速蛮”商人所控制的贸易范围到底到了什么程度，是有一定困难的。不管怎样，商路已经由“森林”居民的地面，“出阴山之后”的面粉，也经此商路“以橐驼负至”[①]了。住在色楞格河沿岸、与“森林”居民接境、本身一部分也属于森林居民的蒙古部落之一的篾儿乞惕（Merkid）人，就食用面粉。[②]这种面粉多半是从远处运来的。

关于蒙古草原游牧民的经济情况，我们的资料有着更多的记载：游牧部落为数众多，他们在历史上曾经起过难以估量的重大作用；成吉思汗就是“有毛毡帐裙的百姓”的首领。拉施特向我们转
达了蒙古人对于“森林”居民的看法，说：“他们有这样的看法：不 36
可能有比这更好的生活，也不会有比他们更幸福的人了。”[③]而学识渊博的长春真人在其咏戈壁和蒙古人的诗中亦写道：“地无木植惟荒草，天产丘陵没大山。五谷不成资乳酪，皮裘毡帐亦开颜。”[④]在另一处所他又写道：“历代纵横只自由”[⑤]，并发问云：“如何造物[⑥]开天地，到此令人放马牛？”[⑦]

11—13 世纪的蒙古游牧民主要从事畜牧和狩猎。他们是游牧民，同时又是狩猎民，但他们的经济生活的基础毕竟是畜牧业。

① 《长春真人西游记》，第 291—292 页；参阅巴托尔德，《蒙古入侵时期的突厥斯坦》，第 424 页。

② 《元朝秘史》，第 152 节。

③ 《史集》，第 1 卷，第 90 页。（见新译，第 1 卷，第 1 分册，第 123 页。——译者）

④ 《长春真人西游记》，巴拉第·卡法罗夫译，第 285 页。

⑤ 《长春真人西游记》，巴拉第·卡法罗夫译，第 289 页。

⑥ 参阅巴拉第·卡法罗夫的解说，第 40 页。

⑦ 《长春真人西游记》，巴拉第·卡法罗夫译，第 289 页。

蒙古游牧民拥有牛、绵羊、山羊和马；骆驼很少，无论如何，住在土兀剌河、客鲁涟河、斡难河*一带的人们，骆驼是不多的。骆驼的大量出现，是在成吉思汗远征唐兀惕以后。[①]像一切时代的游牧民一样，蒙古游牧民为了给牲畜寻找牧场，不得不每年好几次从一个地方移牧到另一个地方[②]，移牧的距离以牧场的条件和畜群的大小为转移。他们不储备冬季用的秣草，只是在移牧方面进行调节，冬天移到牲畜易于觅食(干枯的草根)的便利场所。移牧和驻营也按畜群的种类而有所变化：对羊群合宜的，对马群就不适宜。有一年夏季移牧时，札木合对成吉思汗说："咱每如今挨着山下，放马的得帐房住；挨着涧下，放羊的放羔儿的喉咙里得吃的。"[③]畜群越大，移牧的次数就越多。

根据我们的资料，可以把11—12世纪蒙古的游牧分为两种形式。一种是结成相当大的集团来生活和游牧[④]；另一种则呈现相反的现象：一些个别家族单独、孤立地或结成较小的集体进行游牧[⑤]，

* 土兀剌河，今作土拉河。客鲁涟河，今作克鲁伦河。斡难河，今作鄂嫩河。——译者

① 参阅《元朝秘史》，第249、250节；《史集》，第3卷，第7页(见新译，第1卷，第2分册，第150页。——译者)。

② 《史集》，第1卷，第2—3页(见新译，第1卷，第1分册，第73—74页。——译者)各处；鲁布鲁克书，第69—71页；马可波罗书，第87—88页；《长春真人西游记》，巴拉第·卡法罗夫译，第286页；《13世纪前半期中国人张德辉的蒙古旅行记》，巴拉第·卡法罗夫译注，第486页。

③ 《元朝秘史》，第118节。

④ 《元朝秘史》，第5、6、7、8、73、82、85、90、100—102、213节；《史集》，第2卷，第91、94—95页(见新译，第1卷，第2分册，第85、86、87页。——译者)；《史集》，第1卷，第59页(见新译，第1卷，第1分册，第108页。——译者)。

⑤ 《元朝秘史》，第89、128节；《史集》，第2卷，第92页(见新译，第1卷，第2分册，第85页。——译者)；鲁布鲁克书，第70—71、82页。

我们在今天的喀尔喀和科布多地区的蒙古族当中就看到了这种情况，例如，在这里，很少见到2—3个以上的禹儿惕-阿寅勒聚在一个地方。

结成集团游牧的人，通常列队移动并结环营驻屯。① 这样的环营有时达数百个帐幕。② 环营，蒙古语为古列延（küriyen ~
güriyen），是由许多阿寅勒（ayil）聚集而成的；蒙古语中的阿寅勒，37
乃是若干个帐幕和幌车组成的牧营或牧户。拉施特说③：“古列延的意思是这样的：当为数众多的帐幕结成环形的圈子在原野屯营时，便把它叫作‘古列延’。”同一作者又在另一处所这样说④：“古列延是圈子的意思。从前，当某一部落在某一场所屯营时结成环形，他们的长老居圈子中央像是圆心的地点，便把这称为古列延。现在，当敌军迫近时，为了不让陌生人和敌军突入中央，便布置这样的阵形。”长春真人也见过几千帐幕⑤ 和幌车聚在一处——一个宗王和汗妃驻营的地方。

---

① 《元朝秘史》，第24、117—120、72、213、214节；《史集》，第2卷，第94—95页（见新译，第1卷，第2分册，第86—87页。——译者）。

② 《史集》，第2卷，第15页。（见新译，第1卷，第2分册，第18页。——译者）

③ 同上。küriyen ~ güriyen < 古语 kürigen。俄语的 курень（意为哥萨克村落。——译者）系由蒙古语的 küriyen 产生。

④ 《史集》，第2卷，第94页。[见新译，第1卷，第2分册，第86—87页：“古列延（一词）即圈子的意思。在古代，当某部落在某一场所停留下来时，便（排列成）类似圆圈的阵形，而他们的长老则住在（这个）圈子的中央，如同圆心一样；这就叫作古列延。在今天，当敌人的军队迫近时，他们（蒙古人）也列成同样的阵式，使敌军和陌生人不能突入（阵营）之内。”——译者]

⑤ “皂车毡帐，成列数千”，《长春真人西游记》，巴拉第·卡法罗夫译，第287、291页；参阅鲁布鲁克书，第69—71、82页。

总之，11—12世纪的蒙古诸部，或是以阿寅勒[①]，或是以古列延[②]进行游牧。就一方面来说，如果以阿寅勒单独地进行游牧对某些人是更为方便的话，那么，就另一方面来说，在其他的情况下，被排斥于环营即古列延之外，那就是危险和可怖的事情了。[③]

在这种情况下，游牧生活暴露出一个重大的矛盾。用大牧群的方式来游牧，对于牲畜成群的富牧户，特别是畜马的人，并不方便，出于对自己的畜群和马群的关心，他们不得不分为阿寅勒去自由放牧。直到今天仍可以在伏尔加河畔的卫拉特人(卡尔梅克人)中间看到这种类似的现象，当中产者和贫穷者以集体(和屯)进行游牧的时候，富有者便力求，并且也不得不以阿寅勒去单独游牧。但是，以阿寅勒游牧，即以孤立的小集体去放牧大量牲畜，只在社会秩序安定的条件下才有可能；如遇袭击、掠夺和战争，类似的游牧情况便无法维持了。[④]因此，必须寻求出路，把大古列延分成若干小古列延，富有者本人以古列延方式生活和游牧，而他的畜群，主要是马群，则以阿寅勒来经营。古列延经济与阿寅勒经济相结合对

① 此词可用《元朝秘史》下列原文来解释："Temüjin-i... abcu odcu, ulus irgen-dür-iyen jasaǵlaju ayil-tur nigen xono'ulun..."［(塔儿忽台-乞邻勒秃黑)将帖木真拿去，于他百姓内传了号令，教每营里(阿寅勒，即牧户)住一宿。(此段见《元朝秘史》第81节。——译者)］；参阅巴拉第・卡法罗夫所译《元朝秘史》，第41页。

② 参阅《元朝秘史》的蒙古语标音：niken güriyen irgen(你刊・古列延・亦儿坚——"一圈子百姓")，参阅《元朝秘史》，第90、119—120节；《史集》，第1卷，第110页(见新译，第1卷，第2分册，第110页。——译者)。

③ 《元朝秘史》，第72—76节。

④ 参阅《成吉思汗的故事》(Скаєание о Чннгискане)，第153页；《史集》，第2卷，第16页(见新译，第1卷，第2分册，第18—19页。——译者)；雅金夫书，第4—5页；《元朝秘史》，第79、81、90、98—103节。

11—12 世纪的蒙古各部来说，似乎是最理想的方式。[①] 随着成吉思 38
汗帝国的形成，古列延游牧的方法似乎消失了，这点可从前述拉施特和 13 世纪旅行家们的记述中得到证实。

马比一切更受重视；马群是古代蒙古的主要财富，没有马，草原经济便无法经营。[②] 马是他们的交通工具，用于战争与围猎，并赖以供给马乳；他们吃马的肉，用它的皮和毛，这一切不待说，和现代游牧民完全一样。"蒙古的"忽图剌汗被赶入沼泽时，敌人说："蒙古人一离开马，他能做些什么呢？"[③] 成吉思汗有一次说："从马上落下来的人，怎样才能站起来和作战呢？如果站起来了，那么，步行者怎样才能走近骑马者并得到胜利呢？"[④]

人们对马特别注意，他们根据马来判断兵力和氏族情况。[⑤] 蒙

① 参阅《元朝秘史》，第 89—94、127—128 节；《成吉思汗的故事》，第 153 页；对照《史集》，第 2 卷，第 92—95 页（见新译，第 1 卷，第 2 分册，第 85—88 页。——译者）；对照拉德洛夫（B. B. Радлов），《畏兀儿人问题考》（К вопросу об уйгурах），圣彼得堡，1893 年，第 68—69 页。

② 例如，对照《史集》，第 2 卷，第 44—45 页（见新译，第 1 卷，第 2 分册，第 43—44 页。——译者）；《元朝秘史》，第 90—93 节。

③ 参阅《史集》，第 2 卷，第 43 页（见新译，第 1 卷，第 2 分册，第 43 页。——译者）。与今天的情况一样，蒙古人所骑的马，几乎全是骟马。蒙古语称骟马为阿黑塔 ~ 阿克塔（axta ~ aǧta），由此语衍生出阿黑塔赤 ~ 阿克塔赤（axtaci ~ aǧtaci），即"管马的"和"掌驭马官""教练马的笼马人"的意思，参阅《元朝秘史》，第 124、192 节，对照巴托尔德，《蒙古入侵时期的突厥斯坦》，第 411 页；伯希和，《库蛮考》，第 179—180 页；伯希和，《巴托尔德〈蒙古入侵时期的突厥斯坦评注〉》，第 27 页。

④ 《史集》，第 1 卷，第 171 页。[见新译，第 1 卷，第 1 分册，第 174 页："（在作战时）从马上落下来的人怎能有力站起来战斗呢？！如果骑在马上，那么，步行者怎能进攻骑马者，并且胜利而归呢？！"——译者]成吉思汗在其"训言"中说到了关于马的事情，参阅《史集》，第 3 卷，第 122—123 页。（见新译，第 1 卷，第 2 分册，第 260—261 页。——译者）

⑤ 《元朝秘史》，第 193—194 节；对照赵珙的叙述，参阅瓦西里耶夫，《中亚细

古宗室如拒绝参加会议或不愿遵奉皇帝的宣召，总是借口马瘦，不能成行。[1]

成吉思汗与客列亦惕著名的王罕开始发生敌对关系时，打算与王罕进行谈判。《元朝秘史》记载此事说[2]："差……二人……去对他说，我们在统格黎小河东边下了，草也好，马也肥。"《元朝秘史》里充满着关于马和马群的故事。[3]但是，蒙古部落中马的数目，起初显然是不大的，无论如何，成吉思汗的那些近亲部落的情况是如此，随着成吉思汗帝国的扩大，不待说，马数也就增加了。例如成吉思汗的父亲也速该把阿秃儿带着他的长子乘马出去定亲，在订立
39 婚约时，曾把"一个从马"送给儿子的未婚妻的父亲。[4]在帖木真兄弟们的青年时代，当他们已脱离各种灾难，境况有所好转时，总共只有八匹骟马和一匹公马，他们就骑这匹公马出去捕打土拨鼠。[5]后来篾儿乞惕人袭击成吉思-帖木真的屯营时，"独帖木真准备一个从马，孛儿帖夫人无马骑了"[6]。

(接上页)亚东部古代史》(История и древности восточной части Средней Азни)，第225—226页。赵珙云："生鞑靼者，甚贫且拙，且无能为，但知乘马随众而已"，同上书，第217页。参阅马可波罗书，第90—91页。

① 例如，参阅多桑史，第2卷，第361页。(对照冯承钧译本，上册，第294页。——译者)

② 《元朝秘史》，第177节[《元朝秘史》汉译为"差……二人……(往王罕处)去说，俺在统格黎小河东边下了，草也好，马也肥"。——译者]；参阅《成吉思汗的故事》，第170页；《史集》，第2卷，第135页(见新译，第1卷，第2分册，第127页。——译者)。

③ 《元朝秘史》，第3、24、87、90—93、97、99、128、190、192—194节，对照《史集》，第2卷，第44—45页(见新译，第1卷，第2分册，第43—44页。——译者)等。

④ 《元朝秘史》，第66节。

⑤ 同上书，第90节。

⑥ 同上书，第99节。

他们也用牛作为交通工具，把牡牛和牝牛套在幌车上。[①] 为了获得肉、毛皮和羊毛，他们到处饲养着羊[②]；像今天一样，在秋末冬初羊只肥壮的时候，就宰羊和冻肉，把它贮藏起来。[③] 关于他们当时所拥有的牲畜的数目，特别是羊的数目，还没有确切的资料。我们的资料所引用的前述唯一的数字[④]，是有相当重要意义的，这一资料提到一个外国商人赶来一群羯羊，可以指出，其数量是不大的，共一千头，还有白骆驼一匹。[⑤]

成吉思汗青年时代的主要游牧地，即斡难河、客鲁涟河和土兀剌河上游一带地方，都是多林的山地，沼泽很多，住在这里的人们当然不能利用骆驼。[⑥] 事实上，《元朝秘史》也只在说及游牧于草原地带的部落时才提到骆驼。[⑦] 这些人不仅用骆驼来驮载重物，还用它来挽曳大车。

① 《元朝秘史》，第 100 节；鲁布鲁克书，第 69 页。

② 参阅《元朝秘史》，第 100 节。

③ 同上书，第 19 节。蒙古语称为 julma xonin。

④ 参阅本书（边码）第 35 页。

⑤ 《元朝秘史》，第 182 节。

⑥ 参阅《俄国地理学会西伯利亚部札记》，第 8 卷，第 148 页；《漠北蒙古》，第 2 分册，列宁格勒，1927 年，苏联科学院出版局，第 37—38 页；乌速夫（M. A. Усов），《蒙古肯特山的山岳志和地质学》（Орогафия и геопотня Кентейското хребта в Монтолнм），《地质学委员会通报》，第 34 卷，第 8 号，1915 年；莫尔察诺夫（И. А. Молчанов），《东北蒙古的古代冰川问题资料》（Материалы к вопросу о дренем оледенении С.-В. Монголии），《俄国地理学会通报》，第 54 卷，第 1 期，1919 年，第 66—100 页。

⑦ 参阅《元朝秘史》，第 117、249—250 节。《元朝秘史》在说及住在客鲁涟河沿岸草原地带的翁吉剌惕部时，才提到了骆驼，蒙古语原文为"xasax tergen-tür uno'ulju, xara bu'ura kölgejü"（合撒黑帖儿坚·图儿·兀讷温勒周·合剌不兀剌·可勒格周），意为"大车里教坐着，黑骆驼驾着"（《元朝秘史》，第 64 节）。参阅多桑史，第 1 卷，第 9 页。（对照冯承钧译本，上册，第 29 页。——译者）

各种家畜的肉都供作食物[①]，不单是煮着吃，也烤着吃。[②]和一切游牧民一样，乳制品是主要食物之一，我们的资料也一再说到这一点[③]，鲁布鲁克记述得尤为详细[④]。同时，还要指出，女人和男人都干挤乳的工作。[⑤]

但是，11—13世纪的蒙古部落还不能依靠单一的游牧经济过
活，他们必须猎取各种野兽和从事一些渔捞活动，来补充食物的不
40 足[⑥]；在困难时刻，甚至还要吃草根。这一切再一次证明，成吉思汗
帝国建立以前，住在斡难河、客鲁涟河、土兀剌河一带的蒙古部落
的牲畜是不多的。

鲁布鲁克说[⑦]：“总之，他们靠狩猎获得自己食物的极大部分。”他们捕猎大兽和啮齿类动物。狩猎有两种：个人的狩猎和公共的狩猎即围猎。他们也很爱好鹰猎。狩猎一般地被看成是一种高尚娱乐，围猎差不多总是远征、战争和袭击的同伴物，军队借此获得食物和实行演习。我们的资料常常提到围猎，并且对它有相当详细的记载，但是围猎的种种细节，如它究竟是怎样组织起来的等等，今天还是难以想象。[⑧]“王罕……就打围，望着土兀剌河的黑林回去

---

① 鲁布鲁克书，第73页。

② 《元朝秘史》，第12节。大家知道，现在的蒙古族几乎专以烹煮过的肉作为食物。

③ 例如，参阅《元朝秘史》，第85、130、145节；《长春真人西游记》，巴拉第·卡法罗夫译，第288—291页。

④ 鲁布鲁克书，第72—75页。

⑤ 鲁布鲁克书，第78页；《元朝秘史》，第90节。

⑥ 《史集》，第1卷，第162页(见新译，第1卷，第1分册，第169页。——译者)；《长春真人西游记》，巴拉第·卡法罗夫译，第287页；《元朝秘史》，第75、76、109节。

⑦ 鲁布鲁克书，第76页。

⑧ 参阅多桑史，第1卷，第404—406页(对照冯承钧译本，上册，第156页。——译者)；加特麦尔书，第165页；马可波罗书，第135页。

了。”[①]“打围时，忽亦勒答儿（金疮未曾痊可），成吉思汗止当不从。因赶野兽走马，金疮重发……”[②]类似的句子，在我们的资料中常可遇见。但是，我们间或也能发现一些叙述围猎在12世纪蒙古社会生活中具有特殊意义的其他资料。例如，勇士们选举帖木真做他们的领袖时，向他宣誓道：“野兽行打围呵，俺首先出去围将野兽来与你。”[③]根据其他资料所载[④]，成吉思汗本人也以同样的话交换誓约道：“若命我带领出去狩猎时，我将截着野兽并把它赶到悬崖上，使你们易于射中。”

他们有时举行各部落和各氏族参加的大规模的围猎[⑤]，例如：成吉思汗和客列亦惕的王罕共说道：“多敌人处剿捕时，一同剿捕。野兽行围猎时，一同围猎。”[⑥]

后来，围猎采取了极大规模的正规组织形式。[⑦]

我们的资料也经常提到某人单身出去打猎的情形[⑧]；提到人们

① 《元朝秘史》，第115节。

② 《元朝秘史》，第175节。该节中说到成吉思汗与客列亦惕的王罕发生冲突后，率领军队沿着合勒合河走去，并说：“（在途中，）就打围着做行粮”；对照《元朝秘史》，第199节；《史集》，第3卷，第123页（见新译，第1卷，第2分册，第261页。——译者）；巴托尔德，《蒙古入侵时期的突厥斯坦》，第415页。

③ 《元朝秘史》，第123节。

④ 《成吉思汗的故事》，第173页；对照《史集》，第2卷，第139页（见新译，第1卷，第2分册，第130页。——译者）。

⑤ 《史集》，第2卷，第96—97页（见新译，第1卷，第2分册，第88—89页。——译者）；《成吉思汗的故事》，第154—155页。

⑥ 《元朝秘史》，第164节。

⑦ 马可波罗书，第136—141页；《元朝秘史》，第232—233节；巴托尔德，《蒙古入侵时期的突厥斯坦》，第415页。

⑧ 例如，参阅《史集》，第1卷，第110—111页（见新译，第1卷，第1分册，第138页。——译者）；《元朝秘史》，第54节。

歌颂狩猎，把狩猎看作是生活的情趣[①]；提到人们极为珍视鹰猎[②]；
41 同时也提到关于猎取啮齿类动物的悲惨情景，这类狩猎是为了免于饿死而不得不举行的："（帖木真）打捕土拨鼠（塔儿巴合惕）、野鼠吃着过活了。"[③]

上述情况使我们可以看到，古代蒙古不是单纯的游牧民，而是游牧狩猎民。游牧狩猎民不同于"森林"狩猎民的地方，主要在于他们拥有羊群，而照管羊群，对纯粹的狩猎民来说，似乎是难以应付的事情。[④]其次，他们的最大区别是在居住方面。游牧狩猎民住在"有毛毡的帐裙"中，也就是说住在覆以毛毡，易于拆卸的帐幕里；而没有羊群的"森林"蒙古部落，当然不可能有这样的住所。值得指出，蒙古的叙事诗，例如卫拉特人的英雄史诗，有时记述英雄们所住的帐幕说，它的骨架不是用木料做成，而是用兽骨制成的；它上面覆盖的不是毛毡，而是兽皮。[⑤]

鲁布鲁克对13世纪的蒙古帐幕有很完善的记述[⑥]，显然，前两个世纪里的帐幕也是这样的东西。还应指出，现在蒙古族的帐幕与欧洲旅行家们所描写的情况稍有不同，它没有特殊的"类似烟囱的

---

① 参阅科特维奇，《成吉思汗训言选译》，第94—97页；多桑史，第1卷，第404—406页（对照冯承钧译本，上册，第130页。——译者）。

② 例如，参阅《元朝秘史》，第239节。

③ 《元朝秘史》，第89节，译自"蒙古语"原文。成吉思的儿子窝阔台皇帝能够举行与此完全相反的大规模围猎，此事拉施特和术外尼均有记载。参阅多桑史，第2卷，第85页。（对照冯承钧译本，上册，第203页。——译者）

④ 《史集》，第1卷，第90页。（见新译，第1卷，第1分册，第123页。——译者）

⑤ 参阅弗拉基米尔佐夫，《〈蒙古-卫拉特英雄史诗·序文〉翻译》。

⑥ 鲁布鲁克书，第69页；柏朗嘉宾书，第6—7页。

颈子”。[①] 由此，我们甚至可以看出像游牧人的帐幕这样极简单的住所的进化情况：“森林”狩猎民的窝棚——覆盖毛皮的帐幕——有“颈子”的毛毡帐幕——现在的帐幕。

其次，古代蒙古游牧民使用过一种大车，关于它的情况，现代蒙古人已经完全忘记了。鲁布鲁克对于这种蒙古大车做了十分详细的记载[②]，我们的主要资料也常常提到这种大车。[③]

按《元朝秘史》上的记载，蒙古有两种车辆[④]，柏朗嘉宾[⑤]和鲁 42
布鲁克[⑥]也说过有两种型制的大车，可是他们的说法并不一致。[⑦]蒙古的大车不只用于搬运各种什物，而且用来运载不必拆卸的帐幕。大车是当时蒙古生活中最寻常的工具，它们甚至被使用在像斡难河和客鲁涟河上游那样难于通行的地区；运载大帐幕的大型车辆[⑧]，只是使用在草原上十分平坦的地方。成吉思汗差人往王罕处去说：

① 有趣的是，伊金霍洛的帐幕，即在鄂尔多斯安置成吉思汗遗物的天幕，其外观与现在蒙古族的普通禹儿惕大不相同，它们的顶端有鲁布鲁克所叙述的“颈子”。参阅《俄国地理学会通报》第21卷波塔宁《成吉思汗的祭祀》一文所附的插图（第303—316页）。

② 鲁布鲁克书，第69—71页；柏朗嘉宾书，第7页。

③ 《元朝秘史》，第6、55、56、85、86、100、101、177节；《长春真人西游记》，巴拉第·卡法罗夫译，第286—287、288、291页；《成吉思汗的故事》，第156、172页；雅金夫书，第4页；乞剌可思（Киракос）书，第73、88页；《13世纪前半期中国人张德辉的蒙古旅行记》，巴拉第·卡法罗夫译注，第582页。

④ 一种大车被称为“合剌兀台帖儿坚”或“合剌兀图帖儿坚”（xara’utu tergen），另一种称为“合撒黑帖儿坚”［xasaġ（xasax）tergen］。后一名称直至今日仍保存于蒙古语中；目前这些词均被理解为大型的货车，合剌兀台帖儿坚也被称为兀勒只格歹帖儿坚（öljigetei tergen），即“有前座的车子”（《元朝秘史》，“蒙古语”原文）。

⑤ 柏朗嘉宾书，第7页。

⑥ 鲁布鲁克书，第69—71页。

⑦ 鲁布鲁克的记事虽然十分详细，但是还有一些不明了的地方，参阅伯希和文，《通报》，1925—1926年，第263—264页。

⑧ 鲁布鲁克曾说到这种巨型的车辆。

“我与你如车的两辕，一辕折了呵，牛拽不得；如车的两轮，一轮坏了呵，车行不得。”[①]

11—12世纪，蒙古部落需要从一地到另一地急速移动，这激发了对大车和幌车的需要。在不断的袭击、进攻和战争之际，当需要尽快地避开敌人时，各种幌车便较驮货的动物更为便利，把牛套在幌车上并把什物装载上去要比用骆驼或其他动物驼载远为迅速；这只需要较少的劳力和较少的人手。由装载着帐幕的幌车构成的屯营可以很灵活地移动。后来，到13世纪，由于远征和大规模移牧，幌车仍然很盛行，而大规模移牧又是由于牲畜增多，一般地说，由于蒙古世界帝国时代游牧生活的繁荣；正如前面所说，幌车已开始传到“森林”居民那里去了。[②]

在欧洲文献中，常常遇到这样的说法：游牧民按照自己的意愿自由自在地在草原上游来游去，他们想去什么地方就游牧到什么地方，想在什么地方停驻就在那里停驻下来。实际上，这种情况从来没有发生过。鲁布鲁克完全正确地指出，蒙古的“任何首领

① 《元朝秘史》，第177节；参阅同书第200节。

② 在现在的蒙古部落里已经看不到他们古老的幌车(повозка-кибитка)了。在若干蒙古部落里所看到的近代的大车(повозка)乃是从定居的邻人如汉族人、俄罗斯人那里输入的。然而，蒙古族仍保存着关于四轮大车(телега)的记忆，统称为“合撒黑帖儿坚”；有这样的谚语：“坐着大车绝不能追上兔子”(terger tülā kücüji bolduġā)。参阅科特维奇，《卡尔梅克人的谜语和俚谚》，第98页；对照达斡尔谚语：“如果行动正确，即使坐着牛车也能追上兔子。”［参阅鲍培，《达斡尔方言》(Дагурское Наречие)，《“蒙古及图瓦人民共和国与布里亚特蒙古苏维埃社会主义自治共和国调查委员会”资料》，第6卷，1930年，第17页。］大车，即帖儿坚(tergen)一语，在语源学上和突厥语tez(逃跑、迅速的)有关；参阅弗拉基米尔佐夫，《蒙古书面语与喀尔喀方言比较语法》，第361页；又参阅《史集》，第2卷，第131页(见新译，第1卷，第2分册，第124页。——译者)。

（Capitaneus）只要一看自己属下人数的多寡，就能知道自己牧场的 43
界限，知道自己的畜群在春、夏、秋、冬四季应该到哪些地点放牧”。[①]显而易见，11—12世纪的蒙古游牧民也是这样沿着一定的路线，在一定的地区进行游牧的。[②]但是，除此以外，他们还不得不关心狩猎，特别是围猎的场所。

蒙古人的生产范围非常有限，只制造简单游牧经济所需要的物品。[③]他们赶毛毡，制作皮带、绳子、帐幕和木架、车辆、家具、摇篮、各种小器具等，以后又制造鞍和马具、弓箭、枪矛、甲胄、刀剑及当时所需的其他武器。必须指出，除弓箭以外，他们的武器往往是很少的；甚至到了世界帝国时代，精良的武器的代价还是很高的。[④]

由此看来，古代蒙古经济的特征，可以说就是自然经济。他们显然不知道有货币，贸易也是以物物交换的方式来进行。但不管当时过着自然经济生活的狩猎游牧民的需要是多么微小，他们毕竟被

① 鲁布鲁克书，第69页。

② 《史集》，第3卷，第121页（见新译，第1卷，第2分册，第256页。——译者）；《13世纪前半期中国人张德辉的蒙古旅行记》，巴拉第·卡法罗夫译注，第586页；我们的资料中有不少直接的说明，这种说法显然是从游牧民方面一切尽人皆知的情况产生的。试引《元朝秘史》中的一节为例：成吉思汗的伴当之一锁儿罕失剌和他的儿子向成吉思请求道：“俺欲要（在）篾儿乞的……地面自在下营”……成吉思说：“依着您那地面内自在下营”。（第219节）窝阔台大汗与其兄察合台商议：“百姓行分与他地方做营盘住，其分派之人，可于各千户内选人教做。”（第279节）也可参阅《史集》，第2卷，第96页（见新译，第1卷，第2分册，第88页。——译者）：“他们的住所靠近成吉思汗的帐幕。”类似的叙述，在《史集》里颇多。“做营盘住的地方”，亦即某种经济社会单位所能游牧的地方，蒙古语称为nuntux~nutuġ（嫩秃黑～讷秃克），而突厥语则称为yurt（禹儿惕）；《史集》及贝勒津的译本，通常使用着突厥语的名词。

③ 参阅鲁布鲁克书，第78—79页。

④ 参阅鲁布鲁克书，第169页。

吸引到国际贸易范围中去了，虽然这一贸易的规模是极小的。在日用品中，当时的蒙古人所缺少的是面粉和武器[1]，后来他们缺少各种各样的“奢侈品”，最需要纺织物[2]；他们通常是穿着毛皮的。[3]

关于成吉思汗帝国成立以前进行的贸易和各种各样的物物交换行为，我们的资料中很少记载。可是，毕竟还有若干暗示及一二直接的叙述，提到当时的商人从遥远的突厥人居住的地区来到蒙古，其中之一已在前面指出。[4]其次，根据《元朝秘史》记载，我们知道，12世纪的蒙古在生产上已经存在某种程度的分工。《元朝秘
44 史》说到“铁匠”[5]和“木匠”[6]，并说到“牧放羊群者”；由此可见，此时在生产上已有精于锻冶和木作的专门技工，他们对于蒙古的游牧经济是非常重要的。

在强大的成吉思汗帝国形成和几次大规模的远征以后，蒙古地区及其人民的经济都发生了变化；各种贵重货物从四面八方流入蒙古。[7]

---

① 参阅本书(边码)第35页；《长春真人西游记》，巴拉第·卡法罗夫译，第291—292页；鲁布鲁克书，第149、169页。

② 《史集》，第3卷，第125页(见新译，第1卷，第2分册，第262页。——译者)；鲁布鲁克书，第76页。

③ 鲁布鲁克书，第76页；《长春真人西游记》，巴拉第·卡法罗夫译，第25、28页。

④ 参阅本书(边码)第35页；《元朝秘史》，第182节；巴托尔德，《蒙古入侵时期的突厥斯坦》，第424—429页。

⑤ 《元朝秘史》，第97节；参阅《史集》，第1卷，第137—138页(见新译，第1卷，第1分册。第154—155页。——译者)。

⑥ 《元朝秘史》，第124、233节；《长春真人西游记》，巴拉第·卡法罗夫译，第28页。

⑦ 柏朗嘉宾书，第7、26、35—36、52—57页；鲁布鲁克书，第138—141、161—162页；马可波罗书，第99—101、107、135、141—153页；《长春真人西游记》，巴拉第·卡法罗夫译，第292页；多桑史，第2卷，第65页(对照冯承钧译本，上册，第198页。——译者)。

货币出现了[①]，“木速蛮”商人[②]扩展了活动；出现了从远方各文明国家来到的各种工匠的居留地。[③]蒙古地方出现了建筑物与城市[④]，一部分蒙古人开始居住在其他民族的城市中。[⑤]斡儿洹河畔的都城哈剌和林处于通商大道的交叉点。

但是这种状态延续得并不长久。自从帝国的都城由蒙古的哈

① 柏朗嘉宾书，第 35 页；鲁布鲁克书，第 135、111、122 页；马可波罗书，第 144—146 页。

② 《长春真人西游记》，巴拉第·卡法罗夫译，第 292 页；柏朗嘉宾书，第 62 页（述及欧洲商人）；马可波罗书，第 128 页（注 1）。

③ 《长春真人西游记》，巴拉第·卡法罗夫译，第 293 页；鲁布鲁克书，第 104—105 页；巴托尔德，《七河史概述》，第 44—45 页；《13 世纪前半期中国人张德辉的蒙古旅行记》，巴拉第·卡法罗夫译注，第 584 页。

④ 1285 年，窝阔台皇帝在位时，哈剌和林（Xara xorum）建于斡儿洹河（今作鄂尔浑河）畔，大家都知道，鲁布鲁克曾在这里住过一段时间。哈剌和林的兴起可能较上述时期为早。参阅伯希和文，《通报》，1925—1926 年，第 24、79 页；《亚细亚学报》，1920 年 4—6 月号，第 157 页；巴拉第·卡法罗夫，《马可波罗北中国旅行记注释》，第 38 页；布雷特施奈德，《根据东亚史料的中世纪研究》，第 2 卷，第 162 页；帕特卡诺夫，《关于西伯利亚居民的部落构成、异民族语言及民族的统计资料》，第 2 卷，第 114 页；大都或汗八里（帝都）——这两个名称并非蒙古语——是忽必烈汗在 1264—1267 年所建的，离旧城中都稍北；汗八里就是今日的北京。参阅马可波罗书，第 118—144 页；裕尔书，第 362—379、412—415 页；多桑史，第 2 卷，第 633—636 页（对照冯承钧译本，上册，第 265—266 页。——译者）《史集》的节译；克拉普罗特，《蒙古帝国时期的中国，译自拉施特的波斯原文，附加注释》，第 11、335—358、447—470 页；成吉思之弟“颇好建筑物，每到一处便建筑宫殿、亭阁和庭园”，参阅《史集》，第 2 卷，第 60 页（见新译，第 1 卷，第 2 分册，第 55 页。——译者）；《13 世纪前半期中国人张德辉的蒙古旅行记》，巴拉第·卡法罗夫译注，第 583 页，上都或开平（汉语称开平府），忽必烈建筑于 1256 年。参阅马可波罗书，第 90—111 页；巴拉第·卡法罗夫，前引书，第 29—30 页；裕尔书，第 298—327 页；关于客鲁涟河畔巴尔斯和屯城（Bars-xoto）建筑的时间，现在还没有确切的资料可考；参阅萨囊彻辰书，第 138—139 页（汉语译本系自满语译本转译，与施密特使用的蒙古语本颇有出入。——译者）；《黄金史》，第 48、125 页。

⑤ 例如哈喇和屯（xara-xoto）。参阅科兹洛夫，《蒙古、安多和死城哈喇浩特》（Монголия и Амдо），第 561—565 页科特维奇的论文。

剌和林迁到北京和内讧爆发以后，连接远东与前亚和中亚的商路移向了南方，后来就完全中断了。蒙古和蒙古人开始了一个新的时期，虽然在外表上成吉思汗系的元朝仍旧掌握着统治权。

我们的资料和参考书有好几处暗示古代蒙古人定居在若干地
45 方，并从事农业和渔捞。[①]由于对这个问题还阐述得不够，以及这种定居在12—13世纪的蒙古生活中没有起什么显著的作用[②]，拟暂时搁置一下对于定居经济情况的考察。例如，在张德辉的《边堠纪行》中有如下的记载[③]："(哈剌和林地区之)居人，多事耕稼，悉引水灌之；间亦有蔬蒲。"可惜著者没有述及从事农业的究竟是什么人，是汉人还是蒙古人？他在另一段里谈到客鲁涟河区域[④]："濒河之民，杂以蕃汉，稍有屋室，皆以土冒之；亦颇有种艺，麻麦而已"，这段话也说得很不清楚。

同时，可以认定，在13世纪蒙古帝国的形成时代，森林居民已让位于"草原之民"。"森林"区域正在缩小，游牧民正在进入若干"森林"地带，部分森林狩猎民也正在转向游牧经济。[⑤]

---

① 参阅《长春真人西游记》，巴拉第·卡法罗夫译，第285页；布雷特施奈德，《根据东亚史料的中世纪史研究》，第1卷，第48—49页；巴托尔德，《突厥人与蒙古人的社会生活及经济结构的关系》，第2页。

② 此点几乎不容置疑，否则就用不着那样做，即从远方运来面粉；而且关于此事已有明确的记载，参阅本书(边码)第35页。

③ 《13世纪前半期中国人张德辉的蒙古旅行记》，巴拉第·卡法罗夫译注，第584页；《蒙古游牧记》引证过这一节，参阅波波夫译本，第383页(关于此书及译本，参阅本书绪论第3章第2节)。

④ 《13世纪前半期中国人张德辉的蒙古旅行记》，巴拉第·卡法罗夫译注，第583页。

⑤ 《元朝秘史》，第207、219、239—240节；《史集》，第1卷，第92页(见新译，第1卷，第1分册，第124—125页。——译者)："……在成吉思汗及其伟大氏族的兴盛

不过，就是在13世纪的“草原”游牧民中间，也可以看到明显的变化。前面已经提到，古列延的游牧方法已被阿寅勒的游牧方法所代替。事实上，拉施特在说到什么是“古列延”的时候，他所指的是“古时候”以“古列延”来游牧；而到他那个时代，只在敌人面前才集结为环形的屯营。[①]13世纪的旅行家都没有提到“古列延”，基本也没有提到相当数量的帐幕和大车集结在一个地方的情况。长春真人诚然说过他见到有两个屯营，其帐幕与幌车“成列数千”，但这是斡耳朵(ordu)，即宗王和汗妃们的帐殿。[②]此外，大家当然还记得鲁布鲁克那个有名的故事，即曾有许多上面载着“房屋”的大车，像“大城市”似地向他迎面驰来。[③]不过，从鲁布鲁克本人以后的叙述中可以明白看出，游牧家族的数量已不再像这样庞大；而且，这种情况还是在远离蒙古的伏尔加河一带见到的。

由此可以想见，在13世纪蒙古帝国勃兴之际，经营游牧经济 46
的“阿寅勒方法”，已在蒙古占了优势。

(接上页)时期，这个地方变成了其他蒙古部落的屯营地，他们与其他蒙古人混合起来了。今天在这些森林人的周围有速勒都思(Сулдэс)部落的屯营”[这段文字，在新译本为：“……但是，在成吉思汗及其伟大氏族伟大尊荣的时期，这个地方变成了其他蒙古部落的屯营地，他们(兀良合惕人)也与其他蒙古人混合起来了。现在，速勒都思部落的屯营就在这些森林人的周围”。——译者];《史集》，第1卷，第144页(见新译，第1卷，第1分册，第157页。——译者)。

① 《史集》，第2卷，第94页。(见新译，第1卷，第2分册，第86—87页。——译者)

② 《长春真人西游记》，巴拉第·卡法罗夫译，第287、291—292页(“窝里朵，汉语，行宫也”)；关于斡耳朵，可参阅加特麦尔书，第21页；参阅《通报》，1930年，第208—210页伯希和的注释。

③ 鲁布鲁克书，第82页。

第二章　古代蒙古社会的氏族制度

第一节　氏族

古代(11—13世纪)蒙古社会的基本因素是氏族(斡孛黑)[①],即"特殊的血亲联盟"。古代蒙古氏族是实行族外婚制的,因此,任何一个氏族的男子都不能与同氏族的女子结婚,而必须和其他不同血统的氏族的女子结婚。[*]

《史集》和《元朝秘史》对若干蒙古氏族特别是对成吉思汗出生的那个氏族做了仔细的观察,详细地描绘了氏族关系的景象。蒙古的氏族是父系氏族,每一氏族的成员都是一个共同祖先(额卜格——ebüge)[②]的子孙。但是由于氏族发展了而且有了分支,因此看起来若干氏族(斡孛黑)是同一祖先(额卜格)的后嗣。这些氏族

---

① 源出 obaġ 旧的读法,此词在语源学上是突厥语 omag、omaq、obaq、oba 的亲属语,意义相同,参阅《史集》,第1卷,第136页(见新译,第1卷,第1分册,第153—154页。——译者);《元朝秘史》,"蒙古语"原文。

* 中译本见恩格斯,《家庭、私有制和国家的起源》,中央编译局译,人民出版社,1972年版,第84页。——译者

② 《元朝秘史》,第40—44节;《史集》,第1卷,第148页(见新译,第1卷,第1分册,第164页。——译者)。

的成员之间不许结婚，因为他们被认为都是同一血缘的父系亲属，可以说即属于同一族系（牙孙——yasun——骨）的亲属。拉施特解释得非常清楚：“他们都有一个可以查问出来的清楚明白的系谱，因为蒙古人有一种记住自己祖先的来源的习惯；他们对每一个新生的孩子说明他是哪一族的人，就像别的民族说‘咱们据说是某一个民族的子孙’一样。基于这个缘故，他们便没有一个人不知道自己的部落和它的来源。除蒙古人外，其他部落没有这样的习惯，唯一的例外，便是像护持珍珠般地记住自己族源的阿拉伯人。”[①] 这位有名的史学家在另一处所又重复着说[②]：“蒙古人自古以来就有记住自己的族源和氏族的习惯。[③] 因为他们和其他部落不同，没有可资训诫子孙的宗教和信仰，所以父母对每一个新生的孩子，都讲述祖先和氏族的情况。他们总是守着这样的规矩，直到今天这个规矩还受到他们的尊重……”

有关古代蒙古“说明”氏族的血统关系的方法，只要把拉施特

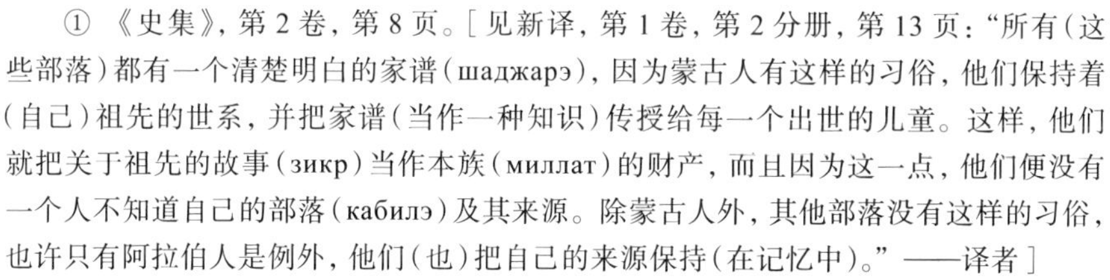

① 《史集》，第 2 卷，第 8 页。[见新译，第 1 卷，第 2 分册，第 13 页：“所有（这些部落）都有一个清楚明白的家谱（шаджарэ），因为蒙古人有这样的习俗，他们保持着（自己）祖先的世系，并把家谱（当作一种知识）传授给每一个出世的儿童。这样，他们就把关于祖先的故事（зикр）当作本族（миллат）的财产，而且因为这一点，他们便没有一个人不知道自己的部落（кабилэ）及其来源。除蒙古人外，其他部落没有这样的习俗，也许只有阿拉伯人是例外，他们（也）把自己的来源保持（在记忆中）。”——译者]

② 《史集》，第 2 卷，第 28 页。[见新译，第 1 卷，第 2 分册，第 29 页：“由于蒙古人自古以来就有（记住）自己的出身和家谱的习惯，及因他们既无宗教团体（миллат），又无什么信仰（дйн）可资训诫子弟和别的（人们）走上正轨，所以父母们就对每一个新生的孩子讲说氏族（кабилэ）和家系（насаб）的故事，而他们（蒙古人）一向遵守这条规矩，到今天仍然遵守着。”——译者]

③ 直到现在，大多数蒙古部落仍把 obog 和 yasun 这两个名词当作这样的意义来理解和使用。

47 的叙述和《元朝秘史》上的传说对照一下，便可以举出例子来。例如，蒙古氏族的女祖先(额篾格——emegen)阿兰豁阿(Alan-ġoa)有五个儿子，其中两个年长的儿子出生于她的丈夫朵奔篾儿干在世的时候，其余三人则是她在丈夫死后做寡妇时出生的[①]，人们认为这三个孩子的出生是由于一种不可思议的力量，是天神或天所生的。[②]因而可追溯到阿兰豁阿的幼子孛端察儿(Bodoncar)的那些氏族[③]，包括成吉思汗所属的氏族，不但没有被认为与阿兰豁阿的两个长子后代的氏族有血族关系，而且没有被认为与她丈夫死后所生的其他两个儿子后代的氏族有血族关系。因此，成吉思汗氏族的成员可以与撒勒只兀惕(Salji'ud)氏族的女子结婚[④]，而这个撒勒只兀惕氏族乃是阿兰豁阿的第四子不合秃撒勒只(Buxatu-Salji)的后代。[⑤]

出生于成吉思汗所属的那个氏族的成员，也同样没有被认为与可追溯到阿兰豁阿的丈夫朵奔蔑儿干之兄都蛙锁豁儿(Duwa-Soxor)的朵儿边(Dörben)氏族[⑥]的成员有血族关系。[⑦]

---

① 《元朝秘史》，第17节。

② 《元朝秘史》，第21节。

③ 《元朝秘史》，第40—42节。

④ 参阅《史集》，第1卷，第182页。(见新译，第1卷，第1分册，第178页。——译者)

⑤ 《元朝秘史》，第42节；《史集》，第1卷，第180页(见新译，第1卷，第1分册，第178页。——译者)。

⑥ 《史集》，第1卷，第195页。(见新译，第1卷，第1分册，第187页。——译者)拉施特在这里说，成吉思汗的孙子忽必烈汗从这个氏族娶了一个妻子。

⑦ 《元朝秘史》，第11节。从拉施特的记载中，可以看出他没有十分了解族外婚制的原则，例如，他强调说朵儿边氏族接近巴阿邻氏族。[第1卷，第194页(见新译，第1卷，第1分册，第187页。——译者)]其实，巴阿邻氏族是由孛端察儿所出的长子系统，参阅《元朝秘史》第216及1节。还可参阅附于《元朝秘史》卷末的系谱。(俄译本，第258页)因而，这个氏族在血统上并非接近朵儿边氏族，而是接近成吉思汗所属的孛

不过，凡是把孛端察儿当作自己祖先的氏族，都承认是属于同一族系（牙孙——骨）的血亲，因此，须娶其他族系的氏族的女子为妻。

大家知道，古代蒙古行夫兄弟婚。据《元朝秘史》记载，当阿兰豁阿在丈夫死后生子时，两个长子便共相谈论道[1]：“我们这母亲，既无丈夫，又无丈夫的兄弟，更无他的从兄弟和再从兄弟，生了这三个儿子。”

11—13 世纪，为了娶妻，他们有时不得不到很远的地方去，以便在远方的氏族中缔结婚约。事实上，正如我们将在后面看到的，古代蒙古氏族由于使用共同牧地，所以住地附近根本没有其他氏族的人。成吉思的父亲也速该把阿秃儿为了给他的长子定亲，跑到远离自己游牧地的客鲁涟河[2]对岸的戈壁地方的斡勒忽讷兀惕部落
里去。[3] 基于这个原因，以及根据老人们的回忆，妇女常常被人乘 48
各种机会诱拐或以暴力抢去。[4] 同样又常常可以发现某个氏族的人都从其他同一个氏族娶妻的习惯。[5] 双方氏族的成员互称对方（男子）为“亲家”——忽答（xuda）。[6] 有时候氏族与氏族之间还互相

（接上页）儿只斤氏族。尚可参阅《史集》，第 2 卷，第 10—11 页。（见新译，第 1 卷，第 2 分册，第 10—11 页。——译者）

① 译自“蒙古语”，汉语翻译见《元朝秘史》，第 18 节（原文为：“俺这母亲，无房亲兄弟，又无丈夫，生了这三个儿子”。——译者）；对照《史集》，第 2 卷，第 21 页。（见新译，第 1 卷，第 2 分册，第 14 页：“死了丈夫的女人，怎么可以私通男子，怀了孕？！”——译者）

② 《元朝秘史》，第 61—62 节。

③ 斡勒忽讷兀惕人属于翁吉剌惕，参阅本书第 82 页注 ④；《史集》，第 1 卷，第 146、153、149 页。（见新译，第 1 卷，第 1 分册，第 162、164 页。——译者）

④ 《元朝秘史》，第 56、98—102、109—112 节。

⑤ 《史集》，第 1 卷，第 150、153、157 页。（见新译，第 1 卷，第 1 分册，第 164、166、172 页。——译者）

⑥ 《元朝秘史》，第 62—65 节。

约定交换女儿做对方的妻子。[①]例如，翁吉剌惕(Onggirad)氏族的德薛禅(Dai-secen)称也速该把阿秃儿为“亲家”[②]，而我们也知道，在也速该娶诃额仑(Hö'elün)为妻以前，作为翁吉剌惕氏族的一个支系的斡勒忽讷兀惕氏族和孛儿只斤氏族之间，已经建立起了婚姻关系。[③]多妻制是极普遍的现象[④]，但是正妻一向被认为是地位较高的。[⑤]新妇第一次拜见阿姑时必须举行一定的仪式并献上自己母亲送来的礼物(失惕坤勒——Shidkül)。[⑥]新妇出嫁时，她的亲属通常陪送她至新郎所住的屯营。[⑦]

上述这一切特点，表明古代蒙古氏族是父系家长制氏族，但也还可以指出反映母权制关系残余的若干现象。我们可以根据已有的资料来断定舅父对外甥居于特别的地位。例如，也速该把阿秃儿出去为儿子求婚，人家问他到什么地方去，他说[⑧]：“我往这个儿子

① 《史集》，第1卷，第87、157、175页(见新译，第1卷，第1分册，第122、166、176页。——译者)；《元朝秘史》，第61—64节。

② 《元朝秘史》，第62—65节。

③ 《史集》，第1卷，第153页(见新译，第1卷，第1分册，第164页。——译者)；第2卷，第39页(见新译，第1卷，第2分册，第50—51页。——译者)。贝勒津把《史集》的一节波斯语有关词句译为“迎妻和迎婿的方法”，例如，参阅《史集》，第1卷，第157页。对照《史集》，第2卷，第16页。(见新译，第1卷，第2分册，第16页。——译者)

④ 《元朝秘史》，第43、101节；鲁布鲁克书，第78—79页；《史集》，第2卷，第54、75—81页。(见新译，第1卷，第2分册，第51、68—72页。——译者)

⑤ 《史集》，第2卷，第75页(见新译，第1卷，第2分册，第68页。——译者)；马可波罗书，第80页；蒙古语为aburin eme(阿孛林额篾)。

⑥ 《元朝秘史》，第66节。此处的蒙古语原文与汉译并不一致。shidkül(失惕坤勒)一词，既非蒙古文言，也不见于现代的蒙古口语中。

⑦ 《元朝秘史》，第53、94—95节。

⑧ 《元朝秘史》，第62节；对照《史集》，第1卷，第153页(见新译，第1卷，第1分册，第164页。——译者)；《史集》，第2卷，第54页。(见新译，第1卷，第2分册，第51页。——译者)

的母舅斡勒忽讷（斡勒忽讷兀惕）氏索女子去。”

在女婿入赘的习俗中，也不能不看到母权制关系的残余。这里有一个也是有关成吉思汗生平事迹的例子。当也速该把阿秃儿与德薛禅缔结了婚约时，后者对他说[①]：“给予了自己的女儿，你走吧，把自己的儿子留下做‘女婿’（古列格——gürgen ~ kürgen）。”[②]也速该-把阿秃儿同意了，并把当时还只 9 岁的儿子成吉思-帖木真留在德薛禅家里做“女婿”。母方的亲属或妻方的亲属本来是同样性质的，所以都用秃儿古惕（törgüd——törgün 的复数）这个专门名词来表示。[③]拉施特在叙述成吉思汗的祖先时说：“众人的祖先，阿兰豁阿。”（第 2 卷，第 69 页）[④]

古代蒙古父系氏族的团结一致不仅表现在每一氏族出于同一 49
个祖先（额卜格），而且表现在氏族长老既享有特权，又和氏族祭礼有特殊关系。这种情况特别值得指出来，因为，正如后面将要看到的，根据古代蒙古的习惯，父亲的主要遗产总是给予守灶者的幼子，

① 《元朝秘史》，第 66 节。

② 译自“蒙古语”原文，与汉译有若干差别。（汉译为：“我将女儿与你儿子，你儿子留在这里做女婿。”——译者）参阅《元朝秘史》，第 66 节。“做女婿”，蒙古语原文为 güreged-te（古列格帖）。

③ 《元朝秘史》，对照《史集》，第 2 卷，第 12、16 页。（见新译，第 1 卷，第 2 分册，第 16、18 页。——译者）

④ 关于女祖先阿兰豁阿的传说（据说，包括成吉思出生的氏族在内的蒙古诸氏族、都起源于阿兰豁阿），乃是母权制的反映。根据这些传说，他们的额卜格（祖先。——译者）孛端察儿是其母阿兰豁阿在丈夫死后所生的，不过，这种说法只能看成极其不可靠的说法，《元朝秘史》上还有一处暗示着按母系计算亲族关系，如：豁儿赤（xorci）来着（对帖木真）说：“我贤能的祖先孛端察儿，拿得妇人处，同胞生了札木合，并俺的祖。”（《元朝秘史》，第 121 节）但是必须记着，札木合的祖先不是孛端察儿的儿子，因为孛端察儿掳来了一个已经有孕的女子为妻，这个妇女所生的儿子，做了札木合所属的氏族之祖先。参阅《元朝秘史》，第 40 节，对照本书（边码）第 52 页。

因此，幼子被称为“灶君”[①](斡惕赤斤——odcigin ~ odjigin)或“主人”(ejen——额毡)[②]。现在根据以下的材料来说明氏族长老的特殊地位。

据《元朝秘史》记载，成吉思汗做了大游牧帝国的首领后，对他的战友们论功行赏，任命官职。当时，成吉思汗对老人兀孙(Usun)说：“如今……以别乞(beki)官为重；兀孙！你是巴阿邻为长的子孙，你可做别乞；做别乞时，骑白马，着白衣，坐在众人上面。”[③]谁能当这样的“别乞”呢？我们在资料当中常常发现这个名称和各蒙古氏族及家族的许多人物的名字连在一起。同时，可以看见，这个称号主要是授予长子的。例如，我们知道的有：主儿乞氏(Jürki)的忽秃黑秃主儿乞(Xutuxtu-jürki)的长子撒察别乞(Saca-beki ~ Sece-beki)[④]；篾儿乞惕氏的脱黑脱阿别乞(Toxto'a-beki)[⑤]和其长子脱古思别乞(Tögüs-beki)[⑥]；孛儿只斤氏的捏坤太师(Nekün taiishi)[⑦]的长子忽察

① 《史集》，第 2 卷，第 60 页(见新译，第 1 卷，第 2 分册，第 55 页——译者)。参阅弗拉基米尔佐夫，《蒙古书面语与喀尔喀方言比较语法》，第 320、420 页；参阅本书(边码)第 54 页。

② 《史集》，第 1 卷，第 207 页(见新译，第 1 卷，第 1 分册，第 193 页。——译者)；第 2 卷，第 30 页(见新译，第 1 卷，第 2 分册，第 33 页。——译者)；对照加特麦尔书，第 89 页；鲁布鲁克书，第 79 页。

③ 《元朝秘史》，第 216 节。

④ 《元朝秘史》，第 49、122—123 节；《史集》，第 1 卷，第 177 页(见新译，第 1 卷，第 1 分册，第 177 页。——译者)；《史集》，第 2 卷，第 183 页(见新译，第 1 卷，第 2 分册，第 119 页。——译者)。

⑤ 《史集》，第 1 卷，第 56、72—75、201—202 页。(见新译，第 1 卷，第 1 分册，第 106、115—116、190 页。——译者)

⑥ 《元朝秘史》，第 157 卷；《史集》，第 1 卷，第 73 页(见新译，第 1 卷，第 1 分册，第 115 页。——译者)；《史集》，第 2 卷，第 111 页(见新译，第 1 卷，第 2 分册，第 111 页。——译者)。

⑦ 也速该巴阿秃儿诸兄之一。

儿别乞(Xucar-beki)。[①] 同样著名的还有斡亦剌惕部首领忽都合别乞(Xuduġa-beki)、[②] 朵儿边氏的合只温别乞(Xaji'un-beki)[③]、客列亦惕部的必勒格别乞(Bilge-beki)[④] 等等。

同时，绝不能忘记，巴阿邻氏族乃是以传说中的孛端察儿为共
同祖先的各氏族中最长的一个支系，它的始祖是孛端察儿的长子巴
阿里歹(Ba'aridai)。[⑤] 因此，在成吉思汗的一切同族中，亦即在孛
端察儿后裔所有的孛儿只斤氏族中，成吉思汗时代最年长的人，正
是兀孙老人。值得指出，17 世纪的蒙古史学家萨囊彻辰，在其著作 50
中所提到的巴阿里歹的名字下附以"汗之后裔"(Xan ijagurtu)的
修饰语[⑥]，即"皇室出身"的意思。关于他，人们还指出，所谓"兀孙
长老"(Usun ebügen)[⑦] 中的"长老"二字还有"族长"的意思。

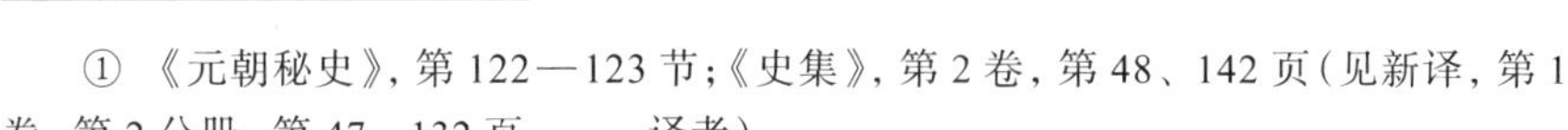

把附有别乞称号的一些名字和《元朝秘史》的记载对照一下，可以得出一个结论：别乞这个词是"僧正"的意思[⑧]。当然，这一称号(chief priest)[⑨] 按萨满教的含义，即是大祭司。必须注意，篾儿乞

① 《元朝秘史》，第 122—123 节；《史集》，第 2 卷，第 48、142 页(见新译，第 1 卷，第 2 分册，第 47、132 页。——译者)。

② 《元朝秘史》，第 239 节；《史集》，第 1 卷，第 79 页(见新译，第 1 卷，第 1 分册，第 119 页。——译者)。

③ 《元朝秘史》，参阅波兹德涅耶夫，《汉蒙文古籍〈元朝秘史〉考》，第 17 页；参阅《史集》，第 1 卷，第 186 页(见新译，第 1 卷，第 1 分册，第 183 页。——译者)；《史集》，第 2 卷，第 24 页(见新译，第 1 卷，第 2 分册，第 26 页。——译者)。

④ 《史集》，第 1 卷，第 107 页(见新译，第 1 卷，第 1 分册，第 135 页。——译者)；《元朝秘史》，第 181 节。

⑤ 《元朝秘史》，第 41 节。

⑥ 萨囊彻辰书，第 60—61 页。(汉译本作巴噶哩台。——译者)

⑦ 《元朝秘史》，第 210 节。

⑧ 巴托尔德，《蒙古入侵时期的突厥斯坦》，第 421 页。

⑨ 巴托尔德，《蒙古入侵时期的突厥斯坦》(英译本)，第 391 页。

惕和斡亦剌惕这些"森林之民"的首领，拥有别乞称号，在他们当中，萨满教是特别盛行的。[①]

伯希和教授在其对巴托尔德的《蒙古入侵时期的突厥斯坦》英译版的评注中写道[②]："弗拉基米尔佐夫(《成吉思汗传》，第14和80页)……认为酋长同时又兼巫师的人带有这个最高的称号(别乞)；这是可能的。但是这个结论引以为根据的不过是巴托尔德所引用的《元朝秘史》的同一段话。"[③]我认为，我所提出的论点，也可以在其他的资料，就是说，在《史集》中得到证实。拉施特在叙述下面这个故事的时候，无疑地就是对我们讲述巴阿邻氏族的那位兀孙老人[④]："据说，像人们用马和其他动物做翁贡一样，成吉思汗让巴邻(即巴阿邻)部落的某人得到自由，做了翁贡；这就是说谁也没有权利要他当下属，他是自由的人，是答儿罕。这个人的名字叫别乞。[⑤]他在斡耳朵中坐在众人之上，与诸王同样坐在右首；他的马

① 参阅巴托尔德，《蒙古入侵时期的突厥斯坦》；弗拉基米尔佐夫，《成吉思汗传》，第14、84页；《史集》，第1卷，第142页(见新译，第1卷，第1分册，第157页。——译者)；马可波罗书，第92—93页。

② 伯希和，《巴托尔德〈蒙古入侵时期的突厥斯坦〉评注》，第50页。

③ 即《元朝秘史》。

④ 《史集》，第1卷，第198页。[见新译，第1卷，第1分册，第188页："据说成吉思汗用巴阿邻部的一个人做了翁贡，就像人们用马和其他动物做翁贡一样，亦即任何人都将不能对他有所强求，并且他将成为自由的人和答儿罕(darxan)。"——译者]

⑤ 此词与蒙古公主所用的别吉(begi)称号似乎没有任何共同之处。参阅巴托尔德，《蒙古入侵时期的突厥斯坦》，第421页；弗拉基米尔佐夫，《蒙古书面语与喀尔喀方言比较语法》，第276页。这个问题现在可说是相当清楚了，因此必须认为伯希和教授的假定解释(前引文)已不成立；还应注意伯希和教授对于《元史》中出现的、有"大臣"意义的必吉(bigi)称号的解释(前引书，第51页，此称号在《雪楼集》第25卷，第16页释为宰相。——译者)；对照《元朝秘史》俄译本第228页巴拉第·卡法罗夫的注解。

和成吉思汗的马并立着，他是一个有特殊地位的长老。”[①]

由此可见，拉施特的叙述和《元朝秘史》上的记载完全一致；这位波斯史家的唯一错误在于把别乞这一称号当作专有名词。由于拉施特这样有学识的人的这一差误，而《元朝秘史》上关于别乞的记载又很少见，可以得出结论说，13世纪，这个制度已开始被忘却，氏族长老制已开始失去了自己的意义，这种情况完全符合蒙古社会
诸事物当时的状况，这一点我们还将在后面再加申论。此外，在我 51
们的资料中还可以指出有好几处提到长子在家族内的一些作用。

例如，据《元朝秘史》记载，成吉思汗的次子察合台侮辱长子术赤，成吉思汗告诫察合台说：“如何将术赤那般说？我子中他最长，今后不可如此说。”[②] 又据同一资料所述，当成吉思汗与儿子们讨论皇位继承时，他对术赤说；“我子内你是最长的，说什么？”[③] 还可在《元朝秘史》中发现更明确的一段[④]：“……合不勒皇帝有七子，长名斡勒巴剌合黑（斡勤巴剌合黑），合不勒因其最长，于百姓内选

① 贝勒津试图解释兀孙究系何人，但毫无结果。见《史集》俄译本，第2卷，第253页。参阅《苏联科学院报告》丙辑，1930年，第163—167页。

② 《元朝秘史》，第255节，对照同书第242节。

③ 《元朝秘史》，第254节。

④ 《元朝秘史》，第139节。成吉思汗的札撒——札撒黑（Джасак）也规定把（财产的）优先权给予长子，参阅里亚赞诺夫斯基，《蒙古部落（蒙古人、布里亚特人、卡尔梅克人）习惯法》，第1卷，第46、54页。拉施特述及乃蛮部落时说，比自己亲兄弟不亦鲁黑汗“更年长的塔阳汗做了氏族的首脑”[《史集》，第1卷，第113页（见新译，第1卷，第1分册，第139页：“……塔阳汗做了氏族的首脑，因为他是长子。”——译者）]；参阅《元朝秘史》，第177节，成吉思汗对王罕说：“在前你的父忽而察忽思不亦鲁黑皇帝有四十个子，内只你最长，所以立做皇帝。”成吉思汗首先分封领地给其长子术赤，参阅《元朝秘史》，第239节。

拣有胆量、有气力、刚勇能射箭的人随从他。”[①]

其次，我们的资料很明确地谈到了氏族制度的最重要现象之一——古代蒙古氏族的祭祀。例如，《元朝秘史》上有这么一段情节[②]：“孛端察儿又自取了个妻，生了个儿子，名把林失亦剌秃合必赤。那合必赤的母从嫁来的妇人，孛端察儿做了妾，生了个儿子，名沼列歹。孛端察儿在时，将他做儿，祭祀时同祭祀有来。[③]孛端察儿殁了后，把林失亦剌秃合必赤将沼兀列歹不做兄弟相待，……祭祀时逐出去了；后来，做了沼兀列亦惕姓氏。”[④]沼兀列歹被怀疑为外人所生，是其他氏族的人。

52 由此可以得出结论说，只有本氏族的成员才能够参加祭祀；不准参加祭祀，等于从氏族、氏族社会中被驱逐出去。[⑤]《元朝秘史》还提到过一次祭祀，未被允许参加这次祭祀的人，也和该氏族社会分离了。[⑥]

总之，蒙古传说中有许多故事证明，氏族社会力求保持那维系

---

① 正如在以后的叙述中还要看到的，在现代的若干蒙古部落中，例如，在住在科布多地区的卫拉特部落之一的拜特人那里，还保存着尊敬氏族长老的习惯，他们把长老尊称为“白发之父”——布拉勒-阿瓦（būral āwa）。

决不能忘记术赤的长子拔都在蒙古帝国中（当时他的较幼的一支亲族窝阔台和以后的贵由是这个帝国的皇帝）所起的特殊作用；格鲁塞（R. Grousset），《远东史》（*L'histoire de l'Extrême Orient*），第2卷，第441页。

② 《元朝秘史》，第43、44节。

③ 在“蒙古语”原文中，jügeri一词在语源上近于古代突厥语yükün（鞠躬、行礼、恭敬侍立、尊敬）。

④ 在“蒙古语”原文中，并没有述及“孛端察儿将他做了嫡子”，因此巴拉第·卡法罗夫对这一段所作的解释（第168页，第40行）显然是多余的。

⑤ 参阅巴拉第·卡法罗夫的注释，《元朝秘史》俄译本，第168、177—178页。

⑥ 《元朝秘史》，第70—72节，这一段的“蒙古语”原文与汉译不同，而要点却相同。

本氏族血亲联盟的血统关系的纯洁性。根据这些传说，凡是出身可疑的人们都被该氏族排除出去，并被迫形成单独的氏族社会，同样，有的人，他的父亲是谁，大家是多少明了的，但只要他的母亲是正在怀孕时嫁到另一氏族去的，也会有这种遭遇。

大家知道，据《元朝秘史》记载[①]，孛端察儿拿住了一个札儿赤兀惕（Jarci'ud）氏族的怀孕妇人，把她做了妻子，“她来到孛端察儿处，生了个儿子，因此子乃其他部落（札惕——jad）的儿子，就与他以札答剌歹（Jadaradai）做名字；他便成了札答兰（Jadaran）（氏）的祖先”。[②]而孛端察儿的子孙形成孛儿只斤（Borjigin）氏族。

还有一个例子。谁都知道，成吉思汗的妻子孛儿帖（Börte）曾被篾儿乞惕人掳去，“配与赤勒格儿力士为妻”。[③]她在被掳的时候怀了孕[④]，后来，当她被解救出来，生了一个儿子，取名术赤，并被认为是成吉思汗的长子。可是，关于他的出身产生了若干流言。当成吉思汗和儿子们谈到皇位继承问题时，他的次子察合台说：“父亲！你问术赤，莫不是要委付他继承大位吗？他是篾儿乞惕种带来

① 《元朝秘史》，第 40 节。

② 译自“蒙古语”原文：“Bodoncar-tur irejü kö'ü törebei; jad irgen-ü kö'ün böle'e ke'en Jadaradai nereidba; Jadaran-u ebüge tere boluba.”。与汉译稍有不同。（《元朝秘史》，第 40 节。此处汉译是：“那怀孕的妇人，孛端察儿将做了他妻，生了一个儿子，名字唤作札只剌歹，后来札答剌的人氏，他便是他祖”。——译者）札答兰乃“他人”之意，札答剌惕（Jadarad）是其复数形式。关于札答剌惕、札只剌惕（Jajirad）、沼兀列亦惕（Juryat）氏族的资料记载的不一致，这里不做分析。对照《史集》俄译本，第 2 卷，第 159—160 页贝勒津的注释；参阅伯希和，《库蛮考》，第 146 页。

③ 《元朝秘史》，第 111 节；《史集》，第 2 卷，第 76 页（见新译，第 1 卷，第 2 分册，第 68 页。——译者）。

④ 《史集》，第 2 卷，第 76 页。波斯史家关于这段故事的叙述，与《元朝秘史》的叙述稍有差别。

的；我们如何教他管？”[1]

同时，应当指出，类似这样关于某一氏族的起源、某一人物的出身的故事，说法是颇不一致的。例如，我们知道，据《元朝秘史》记载，上述札答剌歹的后裔札木合薛禅，既被孛端察儿的子孙认为出自巴阿邻氏族[2]，也被成吉思认为出自孛儿只斤氏族。有一次，帖
53 木真遇到困难，命人传话给札木合说："咱每本是一宗族的人。"[3] 可是，同样根据蒙古传说来著书的拉施特，关于札木合的家世，却持有完全不同的说法。[4]

在古代蒙古社会里，非正妻所生的孩子也被看作嫡子，并被认为是正妻之子的兄弟和姊妹。[5]

关于古代蒙古的图腾制度和禁忌，我们几乎一无所知。《元朝秘史》诚然说过[6]，成吉思汗出生的那个氏族的始祖［忽札兀儿(huja'ur)，"根源"之意］是一只"苍色的狼"(孛儿帖·赤那——börte cina)和一只"美丽的鹿"(豁埃·马阑勒——ġo'ai maral)，但是，要把这一点记载当作关于古代蒙古图腾的说明，未免太嫌不够了。

拉施特提到了禁忌方面的事情；例如，他曾叙述成吉思汗的第

① 《元朝秘史》，第254节［原文为蔑儿乞(Мерки)］。

② 《元朝秘史》，第121节；参阅本书(边码)第49页。

③ 《元朝秘史》，第105节。

④ 《史集》，第1卷，第200—201页。(见新译，第1卷，第1分册，第190页。——译者)

⑤ 《元朝秘史》，第41—43、76节；《史集》，第2卷，第62页(见新译，第1卷，第2分册，第56—57页。——译者)，各处。在札撒(法令)上也是同样的。里亚赞诺夫斯基，《蒙古部落(蒙古人、布里亚特人、卡尔梅克人)习惯法》，第46、48页。

⑥ 《元朝秘史》，第1节。

四子名叫拖雷[①]，“拖雷是蒙古语‘镜子’的意思[②]，所以，拖雷死后，‘镜子’就成了禁忌的名词，直到现在还如此。”[③]我们没有充分的根据来判断这些禁忌起源于何时，也无法判断这种制度是不是在蒙古帝国时代从其他民族，例如从汉人那里传入的。

像在其他民族那里一样，我们在古代蒙古也发现有氏族复仇制度，而且这个制度已处于衰落的阶段。不过，可以看到，当时他们把复仇当作一种世代相传的义务，复仇所针对的不一定是当事者，但只限于他的亲属或子孙。例如，孛儿只斤氏族的俺巴孩(Anbaġai)曾被塔塔儿人俘虏过；他留下遗嘱要亲族给他报仇[④]；他的亲族和塔塔儿人作战13次，可是，这个仇(斡思——ös)始终没有报成。[⑤]后来，塔塔儿人把曾多次进犯他们并俘虏了他们许多人的也速该把阿秃儿[⑥]给毒死[⑦]了。等到成吉思终于击溃塔塔儿人的时候，他就想起

① 《史集》，第2卷，第77页。[见新译，第1卷，第2分册，第69页：“拖雷(一词)在蒙古语为‘镜子’的意思。自拖雷死后直到现在，‘镜子’就成了禁忌的名词(нāм-и гурӯк)”。——译者]这位王子的名字蒙古语发音作Tului，或许在若干方言中，这个名字几乎发音成为Tuli。对照《史集》，第1卷，第47页、第120页。(见新译，第1卷，第1分册，第100页、第143页。——译者)对照巴托尔德，《论突厥及蒙古人的葬仪问题》，第63—64页。

② “镜”，蒙古语为toli。

③ Tului一名和toli一词相接近，在俗词源学(народная этимология)上显然是说得过去的，事实上，两者之间在词源学上没有丝毫关系。

④ 《元朝秘史》，第53节；《史集》，第1卷，第53页(见新译，第1卷，第1分册，第104页。——译者)。

⑤ 《元朝秘史》，第58节。

⑥ 《元朝秘史》，第59节；《史集》，第2卷，第63—64、86—87页(见新译，第1卷，第2分册，第58—59、74—76页。——译者)。

⑦ 《元朝秘史》，第67节。

了氏族复仇的事。[①]《元朝秘史》上这样说："成吉思既虏了四种塔
54 塔儿，密与亲族共议：'在先塔塔儿有杀咱父亲的仇怨；如今可将他男子似车辖大的尽诛了；余者各分做奴婢使用。'"

拉施特谈到"蒙古"部落和塔塔儿部落之间的关系时说："过去，他们之间有旧的血债和仇恨。"[②]

我们可以引证如下事件作为氏族复仇的例子：札木合的弟弟给察儿抢了成吉思汗的战友拙赤答儿马剌的马群。拙赤答儿马剌连夜追上被盗走的马群，杀死给察儿并将马群赶回。札木合"因为射杀他弟给察儿，领着他一种并十三部……要与成吉思厮杀"。《元朝秘史》和拉施特的《史集》充满了这类的故事。[③]

至于古代蒙古氏族社会的财产关系，可以说是私有制形式已占着优势。每一家族，每一阿寅勒都拥有自己的私有财产。父母的遗产分与儿子们享用，并给予幼子以特别的权利。例如，《元朝秘史》有如下的叙述[④]："其母阿兰豁阿死后，兄弟五人共分自己的

① 《元朝秘史》，第154节；《史集》，第1卷，第56页（见新译，第1卷，第1分册，第106页。——译者）。成吉思汗在"训言"中说及复仇之事道："朕为血亲而求报复和复仇"，《史集》，第3卷，第127页。[见新译，第1卷，第2分册，第263页："我要索回血债，只得向（他们）复仇。"——译者]

② 《史集》，第1卷，第52页。[见新译，第1卷，第1分册，第103页："过去（塔塔儿和蒙古人之间）有旧的血债和仇恨。"——译者]

③ 《元朝秘史》，第129节；参阅《史集》第2卷，第92页（见新译，第1卷，第2分册，第86页。——译者）；《成吉思汗的故事》，第153页；雅金夫书，第9页（这是非常难理解的翻译）。[参阅《元朝秘史》，第77—78、105、113、133、245节；《史集》，第1卷，第52—54、56、97、116页（见新译，第1卷，第1分册，第104—105、106、130、142页。——译者）；《史集》，第2卷，第43、120页（见新译，第1卷，第2分册，第43、119—120页。——译者）。]

④ 据"蒙古语"原文："eke-yü'en Alan-ġoa-i ügei boluxsan-u xoina axanar de'üner tabu'ula adu'usun ide'e-ben xubiyaldurun: Belgüntei, Buġuntei, Buġu-xatagi, Buxatu-

家畜：别勒古讷台（Belgüntei）、不古讷台（Büguntei）、不忽合塔吉（Buġu-xatagi）、不合秃撒勒只四人都取了，因见孛端察儿愚弱，不作亲属看待，所以不曾分与。”父亲的主要财产归幼子继承。幼子继承父亲和父亲诸妻（如父亲有好几个妻子的话）的帐幕及屯营、游牧的阿寅勒；幼子因此被尊称为额毡，即“家主、主人”。[1]又因幼子是炉灶的守护者，所以也称为斡惕赤斤（odcigin ~ odjigin），即“灶君”。[2]拉施特非常明确地谈到了这个制度[3]：“蒙古有这样的习俗：幼子称为额毡；根据这个理由，他留在家里，掌管家内的财产经营和家务。”额毡的意义就是留在家中和帐幕里的幼子，也就是说“炉灶和帐幕”的主人。[4] 55

虽然在我们的资料中没有直接的叙述，但是可以想象到，未结婚的儿子，通常总是和双亲住在同一阿寅勒内，而在结婚时就有了自己单独的阿寅勒，只有幼子（额毡 ~ 斡惕赤斤）是例外，结婚以

（接上页）salji dörbe'üle abulcaba; Bodoncar mungxax buda'u biyu ke'en uruġ-a ülü to'an xubi ese ögba”。与汉译有若干差异。（汉译为：“母亲阿兰豁阿殁了之后，兄弟五个的家私，别古讷台、不古讷台、不忽合塔吉、不合秃撒只四个分了，见孛端察儿愚弱，不将他做兄弟相待，不曾分与。”——译者）；参阅《元朝秘史》，第 23 节。

① 《史集》，第 2 卷，第 30、60 页。（见新译，第 1 卷，第 2 分册，第 30、55 页。——译者）成吉思汗的札撒上提到了这个习俗（参阅里亚赞诺夫斯基，《蒙古部落（蒙古人、布里亚特人、卡尔梅克人）习惯法》，第 46、54 页），其内容如次：“财产分配根据如下原则，年长者较年幼者多得……，儿子的长幼顺序视其母的等级而定……”，同上处。

② 《史集》，第 2 卷，第 60 页（见新译，第 1 卷，第 2 分册，第 55 页。——译者）；参阅本书（边码）第 49 页。

③ 《史集》，第 1 卷，第 207 页。（见新译，第 1 卷，第 1 分册，第 193 页：“蒙古人有这样的习俗；幼子经常在家；而灶火乃是家庭生活的中心，所以幼子叫作斡惕赤斤。”——译者）

④ 《史集》，第 2 卷，第 30 页（见新译，第 1 卷，第 2 分册，第 30 页。——译者）；参阅鲁布鲁克书，第 79 页；加特麦尔书，第 89 页。

后仍留在父亲的阿寅勒中，或是在父亲已死的情况下与母亲一起居住。例如，我们知道，后来成为成吉思汗战友的青年人孛斡儿出(Bo'orcu)虽已成人，仍和父亲住在一起。[5] 锁尔罕失剌(Sorġon-shira)的成年的儿子赤老温(Cila'un)和沉白(Cinbai)，后来也是蒙古汗的战友，他们也和父亲住在同一阿寅勒内。[6] 另一方面，成吉思汗分封领地时，则把母亲的领地和幼弟斡惕赤斤的领地连在一起。[7] 以上这些解释，是根据前引拉施特的话和其他资料而得出的结论。

夫死以后带领幼年子女的寡妇，全权掌管家庭财产直到儿女长大成人各自婚嫁为止，因此，寡妇完全享有其丈夫的地位与权利。古代的阿兰豁阿[8]、莫拿伦[9] 和成吉思汗的母亲[10] 便是处于这样的地位。在蒙古帝国时代，寡妇分得领地，掌管军队(后来交给她的儿子)[11]；蒙古皇帝和兀鲁思统治者的寡妇，在丈夫死后便成为帝国的摄政和分地的统治者，这也是人尽皆知的。

古代蒙古社会里寡妇的财产地位还可根据一般妇女的地位来

⑤ 《元朝秘史》，第93节。

⑥ 《元朝秘史》，第85节；对照《元朝秘史》，第219节。

⑦ 《元朝秘史》，第242节；《史集》，第3卷，第143页(见新译，第1卷，第2分册，第274页。——译者)；但可参阅《史集》，第3卷，第147—148页(见新译，第1卷，第2分册，第277—978页。——译者)。

⑧ 《元朝秘史》，第17、22节；《史集》，第2卷，第7—11页(见新译，第1卷，第2分册，第8—16页。——译者)。

⑨ 《史集》，第2卷，第14—16页(见新译，第1卷，第2分册，第18—20页。——译者)；雅金夫书，第4—5页。

⑩ 《元朝秘史》，第70—89节。

⑪ 《元朝秘史》，第185、240、242—243节；《史集》，第1卷，第61、80页(见新译，第1卷，第1分册，第109、119页。——译者)；《史集》，第3卷，第149页(见新译，第1卷，第2分册，第278页。——译者)；雅金夫书，第260页。

说明。根据游牧生活的条件，古代蒙古妇女，像在游牧民中经常看到的一样，不能关在家里，和外界隔绝起来。我们可以重复一下马可波罗的话：“你们要知道，妇女做着男子应该做的一切买卖，并且经管家庭经济。”[①]“家务”全部由妇女来担当，而且她们也生产简单的游牧生活所必需的少量物品。鲁布鲁克[②]说：“妇女的职责在于管理幌车，往车上装卸帐幕、挤牛奶、制酥油和酪干（格鲁特）[③]，鞣制毛皮并以筋丝缝制它……她们也缝制凉草鞋、短靴和其他衣着……她们也赶制毛毡并（用其）覆盖房屋。”正是由于在经济上占着重要的地位，古代蒙古妇女在社会生活中起着一定的作用。出征时妻子伴着统帅同行[④]，皇帝和诸王常与尊贵的哈敦（xatun——汗妃，王妃）[⑤]商谈；成吉思汗的札撒[⑥]中规定：“随军的妇女，当男子出战时， 56
得代其职务，执行工作。”根据我们所知道的那些保存古代习俗比其他部落更完整的蒙古部落，如科布多区的拜特人，他们那里的一切情况，都可证实妇女尤其是寡妇所享有的财产和经济地位。

各类财产如牲畜、帐幕、幌车、简单生产工具都归氏族成员个体所有。[⑦]这就意味着，有了贫者和富者；关于这一点，各种资料已

① 马可波罗书，第 87 页。

② 鲁布鲁克书，第 78 页。

③ 即“干酪”，出自蒙古语 xurud ~ ġurud。

④ 《元朝秘史》，第 257、265 节；马可波罗书，第 110 页；多桑史，第 2 卷，第 334 页（对照冯承钧译本，上册，第 275 页。——译者）。

⑤ 《元朝秘史》，第 118 节；多桑史，第 2 卷，第 247、355 页等（对照冯承钧译本，上册，第 250、292 页。——译者）。

⑥ 里亚赞诺夫斯基，《蒙古部落（蒙古人、布里亚特人、卡尔梅克人）习惯法》，第 1 卷，第 44 页。

⑦ 《元朝秘史》，第 87、90、93、96 节。

有直接的说明。成吉思汗的远祖之一朵奔蔑儿干，有一次在路上遇见一个贫穷的人(牙当吉-古温——yadangġu gü'ün)，带着自己的儿子走来。[①]朵奔蔑儿干问他是什么人，那人回答说[②]："我是马阿里黑巴牙兀惕(Ma'arix-baya'ud)氏族的人：我贫穷了。把那块野兽肉给我，我把这儿子交与你。"孛斡儿出在年轻的时候，对当时才相识的成吉思-帖木真说，"我父所置的(家财)与我尽够"[③]，并辞谢成吉思为酬答他的效劳而赠给的马匹。在成吉思家里服务的一个老妇人，当篾儿乞惕人袭来时，为了她所藏匿的孛儿帖不致被人发见，便说"我是帖木真家；于大家里剪羊毛去来"。[④]

资料表明，新娘是带嫁奁到夫家的，这种嫁奁，显然因新娘所属的氏族和家庭的财产状况而有所不同。[⑤]除此以外，新娘还应以自己母亲的名义备办赠送阿姑的礼物(失惕坤勒)，这点已在上面说过了。[⑥]陪伴新娘一同来的有充作陪嫁的人们(引者——inje)，此

① 《元朝秘史》，第 14 节。

② 《元朝秘史》，第 15 节，译自"蒙古语"原文，与汉译稍有差别。(汉译为："……我是马阿里黑伯牙兀歹人氏，我而今穷乏，你那鹿肉将与我，我把这儿子与你去。"——译者)

③ 《元朝秘史》，第 92 节；译自"蒙古语"原文。[孛斡儿出的父亲叫纳忽伯颜(Naxu-bayan)，即"纳忽富翁"之意；参阅《元朝秘史》，第 205 节。]

④ 《元朝秘史》，第 100 节。成吉思汗在其"训言"中，也提到其帝国形成以前蒙古社会中的富者(也提到了贫者)："富人有善行，但不能为强有力的当权者，并使(国家)臻于巩固。"《史集》，第 3 卷，第 120 页。[见新译，第 1 卷，第 2 分册，第 259 页："享有(一切)财富的人，不使国人富足，也不予(他们)以援助。"]

⑤ 《元朝秘史》，第 43、208、210 节；《史集》，第 2 卷，第 80 页。(见新译，第 1 卷，第 2 分册，第 72 页。——译者)马可波罗否定此说(此处米纳耶夫的翻译颇不明了，第 88 页)，参阅裕尔书，第 253 页。

⑥ 参阅本书(边码)第 48 页。

事下节还要再谈。[①] 资料还记载，古代蒙古有娶妻送彩礼 [②] 的习俗，订婚时以一份彩礼献给新娘的父亲，作为订婚的表记（别勒格——belge）。[③]

古代蒙古氏族，当全族有可能在一个地区共同放牧 [④]，全体亲属
或者共同居住在一个古列延，或者虽然分散居于各个阿寅勒而相隔 57
不远时，他们自然就认识到牧地的公有。这种看法，在我们的资料中，是有种种记载（虽非直接的）可以为据的。

例如，大家知道，有名的不儿罕合勒敦山，自古以来就由兀良合惕氏族所占有。[⑤] 这些兀良合惕人并非“森林之民”，而是这个地区的主人（额者惕——ejed）[⑥]，大概从传说的阿兰豁阿时代直到成吉思汗时代便已保持着这个地位。兀良合惕氏族的一个代表者“从不儿罕合勒敦山” [⑦] 来到成吉思汗家族的地方，这绝不是偶然的。这座山为某一氏族所有，但这并不妨碍当时年纪还轻的成吉思汗的贫穷家庭移住到该山附近，从事于猎取小兽。[⑧] 按照我们资料上的记载，大家也知道，凡是某一个社会单位平常游牧的地区，蒙古语叫作嫩

① 参阅本书（边码）第 68 页。

② 柏朗嘉宾书，第 5 页；鲁布鲁克书，第 78 页；马可波罗书，第 88 页。

③ 《元朝秘史》，第 66 节；参阅本书（边码）第 39 页。

④ 同族人并不是始终能在一起游牧，这点将在以后的篇幅中说到，参阅本书（边码）第 63 页。

⑤ 《元朝秘史》，第 9 节。

⑥ 由《元朝秘史》汉译本翻译过来的俄译本，将该词译作 к владетелю горы（第 24 页），实则此处“蒙古语”原文为 ejed（额者惕），即 ejen（额毡——主人、领主）的复数。

⑦ 《元朝秘史》，第 97、211 节。

⑧ 同上书，第 89、100—102 节。

秃黑，突厥语叫作禹儿惕[①]，这些词也有“屯营、住所”的意义。[②]成吉思对他的亲属阿勒坛说[③]：“我没有让祖先的屯营和住所荒废，也没有丧失和破坏他们的法度和规矩。”古代蒙古采取大规模的屯营方式进行游牧，也往往有若干氏族为了某些原因(拟在以下章节中详述)而在一起游牧，这一点也表明牧地的公有。成吉思汗对他的一个同族说[④]：“在前，你与这脱忽剌兀惕三姓、塔儿忽惕(Tarġut)五姓、敞失乞惕、巴牙兀惕(Baya'ud)[*]二种，与我做着一圈子。昏雾中不曾迷了；乱离中不曾离了；寒湿处曾共受来。”[⑤]在类似的情况下，畜牧经济只有在牧场公有的条件下才能经营。

拉施特一再明确地指出某一部落或某一氏族的禹儿惕，却没有提到异氏族的某人也在那一地区游牧。

例如，拉施特谈到塔塔儿人时，说[⑥]：“这个部落共有七万帐幕，

---

① 参阅本书(边码)第43页。

② 《元朝秘史》，“蒙古语”原文。

③ 《史集》，第2卷，第139页。[见新译，第1卷，第2分册，第130页：“我不让祖宗的庐墓毁损，也不许祖宗的成法(йӯсӯн)败坏！”——译者]

④ 《元朝秘史》，第213节(固有名词的标音有所改变)。

* 《元朝秘史》音译为巴牙兀的。——译者

⑤ 关于成吉思十三翼的记录，参阅《史集》，第2卷，第93—95页(见新译，第1卷，第1分册，第85—86页。——译者)；参阅《元朝秘史》，第129节。

⑥ 《史集》，第1卷，第49页[见新译，第1卷，第1分册，第10页：“这个部落总共由七万户(或家庭)(组成)。他们在接近金国边界的地区，按氏族和分支个别地(确切)安顿游牧场所、宿营地和帐幕，他们基本的居住地(禹儿惕)是在叫作捕鱼儿淖尔(Буир-наур)的地方。”捕鱼儿淖尔，今作贝尔湖。——译者]；还可参阅《史集》，第1卷，第79、87、93、94、108、135、175页(见新译，第70、76、86、87、110、127、167页。——译者)；《史集》，第2卷，第14—15页(见新译，第1卷，第2分册，第22—23页。——译者)。

靠近中原边境，按部落和部落分支分别划定他们的地区、住所和禹
儿惕。他们所占据的最大的禹儿惕是在称为捕鱼儿淖尔的地方。”
在说到蒙古本部各部落时，这位波斯史家说[①]：“这个部落的禹儿惕 58
和住地是连在一起的，每个禹儿惕由这一地段到那一地段，都有
规定。”

12 世纪的蒙古不断发生各种战争和袭击，而且因此必须常常移牧和移住。在这一情况下，对氏族社会有重大意义的，正是牧地的公共占有，而非占有某一牧地，因牧地是很容易改换的。但是作为某一氏族所有的嫩秃黑（禹儿惕）的这种地域概念，毕竟还是非常明确的。

还可指出，牲畜的所有权以特殊的烙印标志（塔马合——tamaġa）来表明，这种烙印标志显然是为该氏族的全体成员所一致使用的。但是，我们的资料只是很模糊地说到这一点。[②]

还可指出，古代蒙古社会特别重视作为氏族和部落代表的使者（额勒赤 ~ 亦勒赤——elci ~ ilci）[③]，因而使者这种人物就被看为“神圣的人”；这种情况在经历着氏族制度时代的其他各族人民中也是尽人皆知的。有时，额勒赤（elci）一词被用来附在人名之后，例如，

① 《史集》，第 1 卷，第 135 页。［见新译，第 1 卷，第 1 分册，第 126 页：“（下述）这些部落，各有其……自己的禹儿惕与一定的环营；每一个部落又分为若干部落与分支。”——译者］

② 《史集》，第 1 卷，第 76 页（见新译，第 1 卷，第 1 分册，第 117 页。——译者）；《元朝秘史》，第 87—90、117—121 节各处；参阅拉德洛夫，《畏兀儿人问题考》，第 68 页；马可波罗书，第 91 页。

③ 《元朝秘史》，第 132、133、256 节；《史集》，第 2 卷，第 33、102、119 页（见新译，第 1 卷，第 2 分册，第 36、93、117 页。——译者）；《史集》，第 3 卷，第 42 页（见新译，第 1 卷，第 2 分册，第 181 页。——译者）。

成吉思汗有一个弟弟就叫作合赤温额勒赤（Xaci'un-elci）。[①]

从上述古代蒙古氏族的种种情况可以得出结论说，蒙古氏族——斡孛黑，是以男系亲属原则和族外婚为基础的、带有从前母权制若干残余、经营个体经济但共同使用牧地、在承认长子的一定权利的同时赋予幼子某些特权，并以复仇制和特殊祭仪来维系着的相当典型的父权制的血缘亲族集团。

在古代蒙古的这一切特征中，没有任何特殊的和独创的东西使他们有异于过去或现在生活在氏族制度下的其他各族人民。大家知道，巴托尔德认为，把幼子留在父亲处并传给他主要财产的习俗，是狩猎状况的残余在游牧民当中的表现。[②]这个论点在古代蒙古得到了证实。即便是古代蒙古游牧民都与狩猎生活有密切的关系，他
59 们是游牧-狩猎民[③]，其中的若干人还照旧是真正的“森林”狩猎民；还有些人处在“森林”和“草原”交界处。蒙古游牧民的别乞制度，大概是从过去狩猎时代保留下来的。[④]

① 《史集》，第 1 卷，第 169 页。（应见新译，第 1 卷，第 1 分册，第 172 或 173 页，但此两页均未提及有关合赤温之事，合赤温的名字仅见新译第 2 卷，第 2 分册，第 54 页及 277 页，且其名字后，并未附缀“额勒赤”一词，疑新旧译本在这点上有出入。——译者）

② 参阅巴托尔德，《突厥人与蒙古人的社会生活及经济结构的关系》，第 3 页。

③ 参阅《史集》所载蒙古的狩猎习俗，第 3 卷，第 93 页（见新译，第 1 卷，第 2 分册，第 230 页：“蒙古人有这样的习惯，当孩子们首次参加狩猎时，以脂和肉涂其大拇指。”——译者）；对照《13 世纪前半期中国人张德辉的蒙古旅行记》，巴拉第 · 卡法罗夫译注，第 585 页。

④ 大家知道，萨满教在“森林之民”当中是保存得较好的，参阅《史集》，第 1 卷，第 142 页（见新译，第 1 卷，第 1 分册，第 146 页。——译者）；对照巴托尔德，《突厥人与蒙古人的社会生活及经济结构的关系》，第 2 页。

第二节　氏族的结合和氏族社会的分化

1. 属部，奴隶——奴仆

观察 11—12 世纪古代蒙古各氏族（斡孛黑）间所发生的关系和仔细地分析他们的氏族社会，可以发现一些十分独特的和有巨大意义的特征。当然，就是在这种情况下，也不会遇到那种在其他时代和其他民族里从来没有发生过的、全然不重复的东西。不过，可以指出，研究古代蒙古社会的氏族关系，不但是在蒙古学方面，就是在一般社会学方面，都会引起巨大的兴趣，因为不应忘记，蒙古世界帝国就是从蒙古社会内部勃兴起来的。

我们的主要资料《元朝秘史》和拉施特的《史集》有不少地方说到，由于各氏族联合体的不断形成，古代蒙古氏族（斡孛黑）经常处在变动之中，其大小极不固定。事实上，在 12 世纪（可能更早些也是如此），蒙古氏族只在极稀少的场合才孤立地生活着；他们通常都是结成各种各样的集团，蒙古人称这种集团为亦儿坚（irgen）和兀鲁思（ulus），前者可译作“部落”和“部落分支”，后者可译作“国、分地”。其次，还可看到各氏族和各支系经常分化，并由此形成新的氏族社会。另外，这里似乎有一种直接矛盾的倾向。

在古代蒙古氏族的每一成员看来，同族的人是兀鲁黑 ~ 兀鲁克（urux ~ uruġ），因而，“这个氏族的子孙、后裔”，也就是“亲属、宗族、同族”[①]；同时，一切异氏族的人都是札惕，即“异族人、

① 加特麦尔书，第 7—8 页。

外人”[①]；这就是说，一切人被分为兀鲁黑和札惕。但是，在札惕当中，有脱儿忽惕（törgüd），即“妻方亲属”所在的氏族或者诸氏族和
60 部落分支；这类氏族的成员不能当作真正的札惕来看待，而要尊称他们为忽答[②]，即“亲家”。对待同族人当然不能像对待异族人那样，要求对他们有特殊的关注。保卫、庇护和援助同族人是氏族、亲族的基本义务。同时，不能忘记，被认作兀鲁黑的不只是这个氏族的成员，也包括有血缘关系的、出自一个共同祖先（额卜格）的一切氏族的成员，即同一族系（牙孙）的氏族成员。例如，成吉思得知亲近的氏族主儿乞犯过失时，说道：“（我们）何故被主儿乞如此做？先在斡难河林里做筵席时，他的人将厨子打了，又将别勒古台肩甲砍破了；今偏为祖宗的上头，要同他报仇，他又不来。倒倚着敌人，又做了敌人。”[③]《史集》里面也有这么一段富有特点的故事[④]：“还有两个孩子，是同胞兄弟，一个名叫忽鲁（Хулу），另一个名叫合刺门格秃兀合（Хара-Менггэту-Ухa）。他们是塔塔儿的秃秃哈里兀惕（都塔兀惕——Тутукул’ют）人。成吉思汗从塔塔儿部落得来的两个妻子必速仑（Бисулун）和必速客惕（Бисукэт）* 与这两个孩子同一族

① 参阅本书（边码）第 52 页。摘自《元朝秘史》“蒙古语”原文。两词与突厥语方言相同。

② 参阅本书（边码）第 48 页。

③ 《元朝秘史》，第 136 节；参阅《史集》，第 2 卷，第 104 页（见新译，第 1 卷，第 2 分册，第 92 页。——译者）。

④ 《史集》，第 1 卷，第 61 页。[见新译，第 1 卷，第 1 分册，第 108 页；“另外有两个孩子，是同胞兄弟，一个名叫忽里（кули），另一个名叫合刺忙格秃兀合（Кара-Мэнгэту-ухэ），他们是秃秃忽里兀惕（Тутуку-лйут）（部落）的塔塔儿人。成吉思汗从塔塔儿人娶来的两个妻子也速仑（Есулун）和也速客惕（Есукат），因为和这两个孩子同一个家系，便请求成吉思汗宽恕他们。他于是（把这两个孩子）赏给她们。”——译者]

* 即也遂和也速干。——译者

系（骨），因而她们庇护了这两个孩子。”塔塔儿的勇士合木思，被克列亦惕的萨莱汗俘虏，当萨莱汗斜着眼瞅他的时候，他说道：“你不能斜眼瞅我的脸，因为你的氏族也不能这样瞅着我。”[①] 成吉思汗的“训言”上也有这样的话[②]：“如果我的氏族中有人违背札撒上的规定一次，用言语开导他；二次给以申斥；三次把他送到遥远的把勒只兀惕忽勒主儿地方去。当他离开那里回来时要谨慎。如果他还不觉悟，要把他加上镣铐，投入狱中。如果他从那里回来知道改过，并且听话，那就很好；否则，就召集全体亲属决定如何处理。”成吉思汗的叔父，勾结敌人，汗要杀他，战友们对成吉思汗说[③]：“自己的家自坏，如自己的火自灭一般。”

这里再引用《史集》中令人饶有兴趣的一节[④]：“豁罗合惕札儿把阿秃儿和撒儿塔黑把阿秃儿，……是成吉思汗时期的一对亲兄弟。在分封时，他们加入者台那颜那个千户里，并与忙忽惕部落成了亲戚……率领巴儿忽惕部落……在那个时候，他们互相交换誓约

① 《史集》，第 1 卷，第 67 页。［见新译，第 1 卷，第 1 分册，第 112 页：“你不能（这样）斜眼看我，因为你的同族人也不能这样看，而你本人的出身（和你的族人）是一样的。”——译者］

② 《史集》，第 3 卷，第 128 页（见新译，第 1 卷，第 2 分册，第 263—264 页。——译者）；多桑史（对照冯承钧译本，上册。——译者）。

③ 《元朝秘史》，第 242 节。

④ 《史集》，第 1 卷，第 157 页。［见新译，第 1 卷，第 1 分册，第 166 页：“在成吉思汗时代，曾有（大家都知道的）一对亲兄弟，秃鲁合札儿把阿秃儿（Турукаджр-Бахадур）和撒儿塔黑把阿秃儿（Сартак-Бахадур），关于他们前面已经谈过了；在分封时，他们被分到拖雷汗所属的者台那颜（Джида-нойн）的千户里，并成为忙忽惕部落的义兄弟和亲家（андакудā——安答-忽答）……他们率领巴儿忽惕部落，……在那个时候，他们互矢（忠诚），结为（同盟），并交换誓约（道）：‘我们彼此将如同一个氏族（ӯрӯг——兀鲁黑）的人及亲兄弟一般。’”——译者］

道：‘**我们彼此将如亲兄弟和同族之人一样**[①]。’”

在古代蒙古看到的义兄弟制度是属于氏族间相互关系这一范
61 围的。两个人订盟结好，交赠礼物，便成为安答（anda——义兄弟），尽管他们可以有亲近的血缘关系，但通常是属于两个不同的氏族的——这是古代蒙古的习惯。[②]《元朝秘史》提供了如下的例证[③]：“帖木真-札木合说：听得在前老人每言语里说，但凡做安答呵，便是一个性命般不相舍弃，做性命的救护。”实际上，两个安答不必要生活在一起，安答只应互相支援和互相帮助，好像同一斡孛黑（氏族）的成员一样。客列亦惕的王罕和成吉思汗便是历史上两个安答的例子。大家知道，他们的关系甚至以特殊的形式表现出来。王罕收养成吉思汗为子，成吉思汗认他为父。王罕“于土兀剌的黑林行会着成吉思结作父子。初王罕与成吉思父契交，所以呼为父，今次又结为父子”[④]，成吉思称王罕为额赤格（ecige——父亲），而王罕则呼成吉思为可温（kö'ün——儿子）。[⑤]

---

① 着重点是笔者所加的。

② 参阅《元朝秘史》，第96节；汉译与“蒙古语”原文有出入。“蒙古语”原文为：“Yesügei ġan ecige-lü'e Kerei irgen-ü Ong-ġan anda ke'eldüksen aju'u. ecige-lü'e minu anda ke'eldüksen ecige metü bije.”。［客列亦惕部的王罕，与父亲也速该汗在一起，互相称为义兄弟（安答）。对我父亲称为义兄弟的人，也就是我的父亲。］参阅《史集》，第1卷，第101页（见新译，第1卷，第1分册，第132页。——译者）；《史集》，第2卷，第105、106、108—109页（见新译，第1卷，第2分册，第108、110页。——译者）。

③ 《元朝秘史》，第117节。

④ 《元朝秘史》，第164节；参阅《史集》，第2卷，第106页（见新译，第1卷，第2分册，第110页。——译者）；《史集》，第1卷，第103页（见新译，第1卷，第1分册，第133页。——译者）。

⑤ 《元朝秘史》，第177、178节；《史集》，第2卷，第135—140页（见新译，第1卷，第2分册，第127—131页。——译者）。本氏族的额赤格（父亲）的称号，有时也用于其他场合，如蒙力克之所以被尊称为额赤格，是因为他娶了也速该把阿秃儿的

蒙古的传说一般经常讲述着关于养子的故事，这种养子成为各氏族成员的养兄弟。在战争与袭击时，在敌人屯营里所拾得的婴儿，通常都收作养子。[①] 可是，和义子不能加入义父的氏族一样，养子也不能加入养父母和养兄弟的氏族，而仍被认为属于他们被拾得来的那个屯营的氏族。不过，他们却与养弟兄，即养父母的亲生子享有同等的财产权，虽然所获得的可能是较少的份额。[②] 他们主要是获得了安身之所和家庭的保护，因之也就获得了收养他们的氏族的保护。

同时，我们的资料上经常说到，不只是彼此关系疏远的各氏族即札惕，常常处在敌对的关系中，就是亲近的氏族即兀鲁黑，也互相交战，互相袭击。此外，我们还知道，同一氏族-斡孛黑的成员也互相敌对和处于敌对的阵营。兀鲁黑变成了札惕，人们对待他们像 62
对待札惕一样，友谊也失去了效力，从前的安答有时候像最凶恶的敌人一样力求杀死对方。总之，要想在 11—12 世纪的蒙古社会里找到某些民族学家盼望在所谓原始部落里看到的“**个人自由与最密切的团结的和谐**[③]”，是徒劳无益的。成吉思汗本人描述古代蒙古社

（接上页）寡妇，亦即成吉思汗的母亲为妻。参阅《史集》，第 1 卷，第 158 页。（见新译，第 1 卷，第 1 分册，第 167 页。——译者）

① 《元朝秘史》，第 119、135、137、214 节；《史集》，第 1 卷，第 58—59、123、167 页（见新译，第 1 卷，第 1 分册，第 107—108、145、171 页。——译者）。

② 《元朝秘史》，第 203 节，他们呼养父母为额赤格（父）和额客（母），参阅《史集》，第 1 卷，第 58—59 页。（见新译，第 1 卷，第 1 分册，第 107 页。——译者）例如，《史集》以明确的词句说及失吉忽秃忽道：“成吉思汗把塔塔儿部落出身的失吉忽秃忽称为他的第五子。”[《史集》，第 3 卷，第 149 页。（见新译，第 1 卷，第 2 分册，第 278 页。——译者）]

③ 参阅施特恩堡（П. Я. Штернберга），《氏族生活的理论》（Теория родового быта）一文，载《勃洛克豪斯与爱法隆百科辞典》，第 32 卷 A，第 906 页（着重点是施特恩堡加的）。

会的情况时说[①]："子不听父教，弟不从兄教，丈夫怀疑妻子，妻子触犯丈夫……因此(都是)叛逆者、窃盗者、说谎者、叛乱者和掠夺者。这些人的住处太阳不会照临。这也就是说，他们热衷于劫掠，以致他们的马匹和马群永远不得宁静；马匹被骑着到处奔驰，不得休息，自然就不免累得死亡、倒毙、与草木同腐，连骨头都看不到。我认为无秩序无信义的部落，(就是)如此。"拉施特描绘某些蒙古部落，也许用了更加阴暗的调子，例如，据他说，塔塔儿人"不绝地……互相残杀，抢劫和掠夺"[②]。最后，《元朝秘史》实际上就是有关某一氏族、某一家族、某一族系(骨)内部发生的黑暗事件的"秘密"资料。[③]我们在前面已经提到古代蒙古社会有贫者和富者，此外还知道有主人和奴仆，并知道有"奴隶"。

这一切说明了什么？我们的资料说明了什么？11—12世纪的蒙古"氏族"社会到底是什么社会？那些因与本氏族其余成员一起游牧而感到不便的到底是什么人？在围猎时占据最好场所的到底是什么人？反之，追赶野兽和以人口众多的古列延来游牧的是些什么人？汗和"奴隶"是从哪里来的？成吉思汗的"战友"是些什么人？

古代蒙古氏族，11—12世纪的蒙古氏族社会和原始氏族的生

---

① 参阅《史集》，第3卷，第120页(见新译，第1卷，第2分册，第259页。——译者)成吉思汗的训言。《元朝秘史》记载成吉思汗的伴当之一，向汗的儿子叙述往事云："当您未生时，天下扰攘，互相攻劫，人不安生。"(第254节)如果我们没有其他的记录，可能认为这位亲身经历当时生活的人所说的话是有失公平的。

② 《史集》，第1卷，第52页。(见新译，第1卷，第1分册，第103页。——译者)

③ 这些故事，多半为其他资料例如《史集》所证实。蒙古贵族也长久保留着关于此类事情的记忆，萨囊彻辰书及《黄金史》的记事，即是一种证明。参阅萨囊彻辰书，第64—65页；《黄金史》，第83页。也可参阅《苏联科学院报告》丙辑，1930年，第219页。

活状态是距离得很远的。我们的资料所描写的古代蒙古氏族和“氏族”社会，完全是另外一种景象。可以说，在那个时候的蒙古部落 63
里，氏族已经处在瓦解的阶段，它显然走过了冗长的进化路程，关于这一点，我们还没有确切的记载。但可以重说一下，关于12—13世纪的蒙古社会生活，我们已掌握有充分的资料。

首先，我们注意到当时蒙古氏族生活的一个现象。那时，许许多多蒙古氏族生活于同一地域，即每一个这样的氏族在一个公共的地方游牧；但也有一些氏族分散居住，并与异族一起游牧。例如，大家都知道，巴牙兀惕氏族的人是分散居住的，他们的一部分和成吉思汗一起游牧，另一部分则与泰亦赤兀惕部落一起游牧[①]；大家也同样知道，包括各种不同氏族的札剌亦儿人是散处在一些异氏族（札惕）和家族之间的。[②]最后，人尽皆知，成吉思汗所属的孛儿只斤氏族那个分支的人，虽然没有与异族结合，也并不住在一起。[③]资料分析表明，在某种场合，同一现象，是在全然不同的各种因素的影响之下发生的，是各种原因的结果。在一种情况下，一些氏族自发地分支出来，部分氏族可以说是按照自己的愿望分离的；在另一种情况下，一些氏族是为暴力所屈服，无可奈何地离散的。

现在先谈谈第二种情况。正像我们所预料的，氏族的离散是战

① 《元朝秘史》，第120、213节；《史集》，第1卷，第175页（见新译，第1卷，第1分册，第176页。——译者）；《史集》，第2卷，第13、95页（见新译，第2卷，第2分册，第10、87页。——译者）。

② 《史集》，第1卷，第33—34、42页（见新译，第1卷，第1分册，第92—93、102页。——译者）；《元朝秘史》，第120、129、137节。

③ 《元朝秘史》，第88—90、94—96、121—122节；《史集》，第2卷，第50页（见新译，第1卷，第2分册，第48页。——译者）。

争败北的结果。战胜的敌人把各氏族分散，同氏族的成员不得不散居在异氏族的成员中，和札惕们（异氏族成员）在一起。资料也表明，有时候，整个氏族从属于亲族（兀鲁黑）或异族（札惕）的某一氏族，或者甚至从属于某一氏族的分支。但是，我们知道的更多的是：许多蒙古氏族或氏族分支，主要由于战败，或是受了其他事情的影响，沦落到对其他氏族或其分支处于从属关系。拉施特写道[①]："当成吉思汗完全征服泰亦赤兀惕部落时，兀鲁兀惕和忙忽惕部落因为遭受损害和削弱而被征服了，成吉思汗下令歼灭他们的一大部分，而把其余部分全部赏给者台那颜为奴隶……虽然他们是他的亲属，可是按照法令他们还是成了他的奴隶，直到今日兀鲁兀惕和忙
64 忽惕的军队仍是由者台那颜氏族的奴隶组成的。"同样的故事在《元朝秘史》和波斯史家的《史集》里讲得很多，在其他资料中也有一些暗示。但是，记述从属关系最详的莫过于《史集》。

根据贝勒津的译本，正像通常一样，拉施特以笨拙的但不失简练的语言做了如下的记述[②]："当时人们把蒙古人当中的一个部落称

① 《史集》，第1卷，第190—191页。［见新译，第1卷，第1分册，第185页："当成吉思汗完全征服泰亦赤兀惕部落时，兀鲁兀惕和忙忽惕部落由于（自己的）无力和处于绝望的境地，便被（他）镇压住了，他们大部分被屠杀，余下的全数被交与者台那颜为奴（бэбандагӣ），虽然他们是他的同族人，可是根据（成吉思汗）命令，还是做了他的奴隶，直到今天兀鲁兀惕（和）忙忽惕的军队，仍然是者台那颜氏族的奴隶。"——译者］同时，我们知道，拉施特所述的兀鲁兀惕和忙忽惕氏族的一部分，在上述大屠杀之前已归附于成吉思。参阅《元朝秘史》，第170—176节；《史集》，第1卷，第189—190页（见新译，第1卷，第1分册，第184—185页。——译者）。

② 《史集》，第2卷，第11页。［见新译，第1卷，第2分册，第15—16页："目前叫作兀帖古-孛斡勒（утэгу-богол）的蒙古部落，在成吉思汗时代是和这些部落连在一起的，兀帖古-孛斡勒（这个名称）的意思是说，他们（Дарлекин）（上文说凡不属于尼伦部落的蒙古部落即称为Дарлекин［都勒鲁斤］。——译者）是成吉思汗祖先的奴隶和奴隶

为汪古-孛斡勒（ungu boġol），但在成吉思汗时代，这个名称成为这类部落的共同称呼。汪古-孛斡勒的意思是说，他们是成吉思汗祖先的奴隶及奴隶的子孙，他们当中的某些人在成吉思汗时代立过值得褒奖的功劳，获得了牢固的权利。由于这一点，他们便被称为汪古-孛斡勒。关于那些坚决保持汪古-孛斡勒制度的人，将在有关章节分别叙述，现只在这里做一些必要的解释，以便大家了解这个名称的意义。”

这位波斯史家继续说①：“……因为成吉思汗是一位汗，是众星拱卫的巨星，是宇宙的主宰，所以，整个蒙古氏族和部落，不论亲疏，都成了他的奴隶和奴仆，特别是在行动和战争时与敌人合作并与他作战的亲属、叔伯和从兄弟辈，地位比其他的人更低，有许多人变成了奴隶的奴隶。”

拉施特所说的汪古-孛斡勒这一名词乃是蒙古语中的兀纳罕-孛斡勒［unaġan boġol——古老的孛斡勒（boġal）］。凡是世世代代给一个氏族或家庭服役的世袭仆从都叫做兀纳罕-孛斡勒。拉施特在谈到札剌亦儿人所遭到的暴行时说②：“他们的妇孺全部成为莫拿

（接上页）的子孙。（他们中间）的某些人在成吉思汗时代（替成吉思汗）立过值得褒奖的功劳，（因而）确立了（他们的）（接受成吉思汗嘉奖的）权利。因为这一点，他们就称为兀帖古孛斡勒。关于那些牢牢地遵守兀帖古-孛斡勒这种既定习俗的人，将在谈到他们的时候再分别叙述，这里只做一些必要的解释，以便（读者）了解这个名称的意义。”——译者］

① 《史集》，第 2 卷，第 12 页。［见新译，第 1 卷，第 2 分册，第 16 页：“因为成吉思汗是一个汗，是天上的星宿（сахиб-кыран），是宇宙的主宰，所有和他在一起的（其他）蒙古氏族（кабилэ）与部落不论亲疏，都是他的奴隶和奴仆（банлэ карахӣ），特别是在进攻和作战时和敌人联合起来与他作战的父方亲族、叔伯和从兄弟辈，地位比（成吉思汗的）其他同族人更低，他们当中的许多人变成了奴隶的奴隶。”——译者］

② 《史集》，第 2 卷，第 16 页。［见新译，第 1 卷，第 2 分册，第 19 页：“他们的妇女和儿童全都成了这个莫拏伦的儿子海都的奴隶。若干被杀的札剌亦儿人，他们的

伦的儿子海都的奴隶；其中一些儿童被俘并成了这个氏族的奴隶。从那时直到现在，这个札剌亦儿部落成了牧奴，他们作为遗产传给了成吉思汗及其氏族，其中有的人做了高级伯克。”

兀纳罕-孛斡勒一语被译为“奴隶”“牧奴”，这是不妥的。实际上，在拉施特那样熟知东方君主随心所欲地行使无限制的权力的人看来，他们的一切臣民都是“奴隶”。他对于这个词的理解，是与我们截然不同的。古代蒙古的兀纳罕-孛斡勒，就此词的完全意义来说，不是奴隶，他们保有自己的财产，享有一定的个人自由，他们的劳动成果并非全部归他们的主人。首先，兀纳罕-孛斡勒并非指某个人而是指整个氏族或氏族分支(归根结底，这当然都是一样的)处于从属地位。其次，兀纳罕-孛斡勒往往不丧失他们之间的氏族联系，他们过着和他们的领主们同样的氏族生活。服役是他们对领主氏族的主要义务。他们应当帮助自己的领主，在平时和战时为领

65 主们服务，一般地说，他们对领主氏族就像对兀鲁黑一样，不管领主实际上究竟是兀鲁黑还是札惕。兀纳罕-孛斡勒对领主氏族的服役主要是：应当和领主一同游牧，或是依照领主的命令组成古列延和阿寅勒，以便主人经营大规模的畜牧经济。[①] 在围猎时，他们是驱兽者，追赶着野兽。[②] 领主和兀纳罕-孛斡勒间的关系常常缓和到

(接上页)儿子被留下来作为俘虏，并做了家庭的奴隶(бандэи хāнадан)。从那时候直到现在，这个札剌亦儿部落便成为兀帖古-孛斡勒，并根据继承传给了成吉思汗和他的氏族(уруг)，其中有的人还做了大官。”——译者]

① 《史集》，第1卷，第92、94—95页(见新译，第1卷，第1分册，第124、126—127页。——译者)；《元朝秘史》，第15—16、81—87、119—122、128节。

② 《元朝秘史》，第219节；《史集》，第3卷，第129页。(见新译，第1卷，第2分册，第265页。——译者)(间接的表示)

这种程度，就好像是两个有联盟关系的近亲氏族。领主氏族如果是其他的族系（骨），便娶自己的兀纳罕-孛斡勒的女儿为妻，并把自己的女儿嫁给兀纳罕-孛斡勒[①]，领主氏族成员的战友，有一些是从兀纳罕-孛斡勒中间出来的。[②]由这一切看来，可以说领主氏族与兀纳罕-孛斡勒氏族的关系是宗主、领主与属部（крепостной вассал）的关系。古代蒙古的兀纳罕-孛斡勒乃是属部，他们和领主氏族的关系是不能任意解除的。[③]

《元朝秘史》说："成吉思再教对脱斡邻（脱斡里勒）弟说：'我说你做弟的缘故，（因）在前屯必乃、察剌孩领忽二人原掳将来的奴婢名斡黑答，他的子名速别该，速别该子名阔阔出乞儿撒安，阔阔出乞儿撒安子名也该晃脱合儿，也该晃脱合儿子是你。你如今将谁的百姓，要谄佞着与王罕？我的百姓阿勒坛忽察儿必不教别人管。你是我祖宗以来的奴婢。我唤你做弟的缘故如此。'"[④]从这一段可以看出，不只是"自由"的人——一定氏族的成员才有谱系，就是属部的谱系也是很清楚的，虽然从成吉思汗的谈话中还不能看出脱

① 《史集》，第1卷，第175页。（见新译，第1卷，第1分册，第176页。——译者）

② 《史集》，第1卷，第35、169、175页（见新译，第1卷，第1分册，第94、172、176页。——译者）；《元朝秘史》第180节等。

③ 对照法兰西封建制度的有关名词：*servus*（"serf"），*homo de corpore*，参阅吕谢尔（A. Luchaire），《法兰西制度概论》（*Manuel des institutions françaises*），巴黎，1892年，第293—294页。

④ 《元朝秘史》，第180节；参阅《史集》，第2卷，第140页（见新译，第1卷，第2分册，第130页。——译者）及《成吉思汗的故事》第173页，可见此次遣使的故事。以上三书记载，内容完全相同。应当指出，这里所说到的脱斡里勒这个人，当他和成吉思汗的敌人勾结，敌人劝他杀害成吉思汗时，他曾说："不如去掳了他（的）百姓；若掳了（他的）百姓他待如何？"（《元朝秘史》，第166节）这句话是典型的出自叛变的属部口中的话。

斡里勒和他的祖先的整个氏族是否生活于这位未来蒙古汗的家庭-氏族中。

我们的资料上还有一个例证:"成吉思再对忙格秃乞颜的子汪古儿厨子说:'在前你与这脱忽刺兀惕三姓、塔儿忽惕五姓、敞失兀惕、巴牙兀的两种,与我做着一圈子……如今你要甚么赏赐。'汪古
66 儿说:'赏赐教拣呵,巴牙兀惕姓的兄弟每,都散在各部落里有,我欲要收集者。'"[①] 关于这一节里的脱忽刺兀惕,谁都知道,他们是札剌亦儿部落分化出来的分支之一[②],而札剌亦儿部落则是成吉思汗氏族的兀纳罕-孛斡勒;拉施特说,札剌亦儿"成了海都汗的俘虏和奴隶……他的儿子和家属成了成吉思汗的祖先世代相承的遗产。因此之故,那些部落便是他的汪古-孛斡勒"[③]。关于塔儿忽惕,谁都知道它是"森林"部落[④];成吉思汗的祖父把儿坛把阿秃儿的妻子是在这个部落出生的;拉施特也说到了这个分族的情况。这个分族的若干家族原来可能是作为成吉思汗的祖母的"从嫁"(引者)到成吉思的这个氏族里来的,关于"引者",后面将要谈到。

其次,关于敞失乞惕(《元朝秘史》在另一处称为敞失兀惕氏

① 《元朝秘史》,第213节。

② 《史集》,第1卷,第33页[见新译,第1卷,第1分册,第93页(Тохyраyт,新译本作 Тyкараyн。——译者)];参阅第2卷,第248页;《元朝秘史》俄译本,第188节。

③ 《史集》,第1卷,第33页(见新译,第1卷,第1分册,第93页。——译者);第2卷,第92页(见新译,第1卷,第2分册,第85页。——译者)。

④ 《史集》,第1卷,第78页(见新译,第1卷,第1分册,第118页。——译者),塔儿忽惕;参阅《通报》,第27卷,1930年,第1号,第30页伯希和的评论;也可参阅《元朝秘史》,第120节。对照《史集》,第2卷,第192页贝勒津的注释。但毕竟还不够清楚,因为拉施特曾在两处提到塔儿忽惕。

族)，一无所知。[①] 至于巴牙兀惕氏族，大家知道，它的一个分支自古以来便是成吉思汗氏族的兀纳罕-孛斡勒。[②] 关于这个巴牙兀惕的分支的祖先，有如下很富于特点的传说。[③] 有一天，著名的阿兰豁阿的丈夫朵奔蔑儿干外出打猎，遇着一个兀良合惕氏族的人，给予他一些鹿肉。接着他又遇到一个马阿里黑巴牙兀惕氏族的人带着自己的儿子(小孩)走来。这个人是穷人，为了讨点鹿肉把自己的儿子给与朵奔蔑儿干。朵奔蔑儿干把那个孩子带回自己家里做仆役。拉施特就像是给《元朝秘史》做注解似地说道："巴牙兀惕部落的大部分是成吉思汗氏族的奴隶，他们出自那个孩子的氏族。"[④]

可以随便在我们的资料中再举出若干相同的例子。例如，成吉思汗的两个战友的父亲，有一次还搭救过成吉思汗的有名的锁儿罕失剌，乃是泰亦赤兀惕氏族的"家人"之一[⑤]，他是应当随着这个氏族的屯营共同游牧的。[⑥]

《元朝秘史》上有一段引人入胜的故事，说明在古老的传说时代，一些强干的氏族成员们如何掳获别的人来做他们的属部(兀纳罕-孛斡勒)。[⑦] 这故事说，孛儿只斤氏族的祖先孛端察儿，自与他

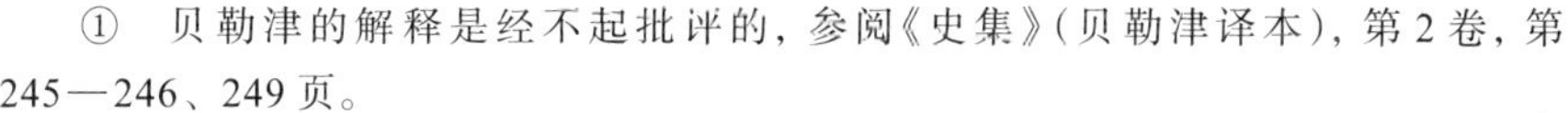

① 贝勒津的解释是经不起批评的，参阅《史集》(贝勒津译本)，第2卷，第245—246、249页。

② 《史集》，第1卷，第176页(见新译，第1卷，第1分册，第175—176页。——译者)；第2卷，第5页。(见新译，第1卷，第2分册，第10页。——译者)

③ 《元朝秘史》，第12—16节；参阅《史集》，第2卷，第5页(见新译，第1卷，第1分册，第10页。——译者)。

④ 《史集》，第2卷，第5页。(见新译，第1卷，第2分册，第10页。——译者)

⑤ 《元朝秘史》，第146节。

⑥ 《元朝秘史》，第81—87节；《史集》，第1卷，第169页(见新译，第1卷，第1分册，第173页。——译者)。

⑦ 《元朝秘史》，第28—39节。

的哥哥们因分配双亲的遗产失和后，沿着斡难河下游走去。他在那
里遇见了一群百姓(bölög irgen——孛劣克亦儿坚)，发现这一群百
67 姓“无大、无小、无歹、无好、不分主从，(都)是一样的”。[①] 当时
他已与他的哥哥们和睦了，便向他们提议掳捕那一群百姓，因为这
一群人是很容易制伏的。他说：“人的身子有头呵好，衣裳有领呵
好。”[②] 兄弟们同意了这点，便进行袭击，由五个人捕掳了那一群百
姓。《元朝秘史》说，他们“到了拥有马群、家畜和人口、仆役而过
活(的地步)”。[③]

根据上述各节(我们资料中的例证)可以得出结论说：人们变成兀纳罕-孛斡勒，或者是由于在袭击和攻略中战败，或者是由于贫困而缺乏生活资料。在12世纪的蒙古氏族社会里，兀纳罕-孛斡勒的地位之所以和领主氏族的状况没有多大的差别，完全不是因为风俗习惯的质朴与单纯。不是的，领主氏族世袭的属部(兀纳罕-孛斡勒)的社会地位和经济地位，本来就是如此。应当以我们资料上的记载来证实这一论断。

根据以上所引《史集》的记载，可以确定札剌亦儿部落的一部分自古以来便是孛儿只斤氏族的兀纳罕-孛斡勒。这里还有一个例证，就是这个氏族的一个成员拙赤答儿马剌，无疑是兀纳罕-孛斡

① 译自“蒙古语”，与汉译稍有区别；参阅《元朝秘史》，第35节。(此节《元朝秘史》旁译为：“大、小、歹、好，头蹄无每，一般每有”；总译为：“无个头脑管束，大小都一般。”——译者)

② 许多蒙古部落直到现在还保存着这种古谚；参阅科特维奇，《卡尔梅克人的谜语和俚谚》，第81页(№.101)。

③ 译自“蒙古语”，与汉译稍异；参阅《元朝秘史》，第39节。(此节《元朝秘史》旁译为：“马群、茶饭处、人口、使唤行、过活、住坐行、到了”；总译为：“因这般头口也有，茶饭使唤的都有了。”——译者)

勒，他拥有马群并以单独的屯营游牧着，这个马群可能是属于成吉思的，他有自己的帮手，能独立行动，所以当札木合薛禅的亲属企图盗马时，便将这个盗马的人杀死，他像成吉思汗的同族人一样受到汗的保护。[①]上述脱斡里勒与孛儿只斤氏族的重要人物和客列亦惕有名的王罕的儿子，好像处于平等地位一样地商谈事情。如前所述，成吉思汗还尊称他为弟[②]，最后，领主氏族可以与自己的兀纳罕-孛斡勒结成亲戚关系，娶他们的女儿为妻，并把自己的女儿嫁给他们[③]，这一切都间接证明兀纳罕-孛斡勒的经济情况是相当不错的。[④]

还有更多资料说到关于锁儿罕失剌的故事。大家知道，他是泰亦赤兀惕氏族的"家人"[⑤]，本人属于速勒都思氏族[⑥]。在泰亦赤兀惕的屯营里，他以自己的阿寅勒过着生活，拥有载着羊毛的幌车，也

拥有属于他个人的牲畜。[⑦]在他的家——禹儿惕（帐幕）里，大概 68
是调制马湩，打马奶子[⑧]，自夜到明。[⑨]后来，成吉思汗为酬答锁儿

---

① 《元朝秘史》，第128节；《史集》，第2卷，第92页（见新译，第1卷，第2分册，第85—86页。——译者）；《成吉思汗的故事》，第153页；雅金夫书，第9页。

② 参阅本书（边码）第65页。

③ 《史集》，第1卷，第175页。（见新译，第1卷，第1分册，第176页。——译者）

④ 参阅本书（边码）第64页；参阅《史集》，第3卷，第126页（见新译，第1卷，第2分册，第262页。——译者）。

⑤ 《元朝秘史》，第164、219节。

⑥ 《元朝秘史》，第81—82节；《史集》，第1卷，第169页（见新译，第1卷，第1分册，第173—174页。——译者）。

⑦ 《元朝秘史》，第85—87节；《史集》，第1卷，第169—170页（见新译，第1卷，第1分册，第173—174页。——译者）。

⑧ 《元朝秘史》，第85节。

⑨ 搅乳，即调制马湩，此事巴拉第·卡法罗夫认为可能是锁儿罕失剌家的赋役。（《元朝秘史》俄译本第180节）巴托尔德认为在此处看到了"极端好客"的生动形象，这种假定无论如何是错误的。《元朝秘史》原文十分明确地说到锁儿罕失剌家庭的特殊

罕失剌的功劳，想给他恩赏，允许他在篾儿乞惕的色楞格地面“自在下营”。[①] 拉施特说，成吉思汗时代速勒都思(或速勒迭思)部落或氏族的禹儿惕，是在以前“森林”部落兀良合惕人住过的森林周围[②]，可见，锁儿罕失剌集聚自己的同族，是为了和他们一起“自在下营”。我们的资料一再重复说到兀纳罕-孛斡勒怎样得以集聚他们的同族，恢复氏族的完整，这就再一次证实他们的被迫分散。分散游牧的有札剌亦儿人、巴牙兀惕人和其他的人。[③]

我们还要提到古代蒙古社会的一种制度，即关于引者的制度。这个名称可理解为领主氏族给本氏族女子当作嫁妆而送出去的人；他们进入此女子的丈夫的氏族中，因而成为从属于该丈夫的人，他们显然处于近似兀纳罕-孛斡勒的地位[④]；而他们的子孙会变成什么样的人呢？例如，大家知道，客列亦惕的王罕的弟弟曾将厨子阿失黑帖木儿连同二百人“赠予了自己的女儿”[⑤]，该女的丈夫成吉思，自行处理这些人，他“将所有斡耳朵、侍童、家人、仆从、财产、马

(接上页)情景，因此帖木真能在深夜里在泰亦赤兀惕人的环营的众多帐幕中，找到了锁儿罕失剌的帐幕：“听得打马奶子声，(帖木真)到他家里入去呵。”(《元朝秘史》，第85节)；参阅巴托尔德，《蒙古入侵时期的突厥斯坦》，第44页。

① 《元朝秘史》，第219节。

② 《史集》，第1卷，第92页。(见新译，第1卷，第1分册，第125页。——译者)

③ 《元朝秘史》，第120、213、218—219节；《史集》，第1卷，第105页(见新译，第1卷，第1分册，第134页。——译者)；《史集》，第2卷，第94—95、169、175页(见新译，第2卷，第2分册，第87、179、272页。——译者)等。

④ 《元朝秘史》，第43节；这一段的“蒙古语”原文为：Xabici ba'atur-un eke-yin inje iregsen(合必赤的母亲之从嫁来的妇人)。

⑤ 《元朝秘史》，第208节；《史集》，第1卷，第194页(见新译，第1卷，第1分册，第186页。——译者)；《史集》，第2卷，第80页。(见新译，第1卷，第2分册，第72页。——译者)

群和畜群全部赠予了哈敦，并将她赠予客歹那颜”[①]；他除留下一小部分外，把所有从嫁的人们——引者——都赠予了他。[②]

在成吉思汗时代，由于战争和侵袭的结果，出现了为数极多的被征服的氏族，他们就被直截了当地称为孛斡勒[③]，但他们不久或是经过几代便转变为兀纳罕-孛斡勒，好像在重复着兀纳罕-孛斡勒的历史。[④]不过，我们在这里也看到有很大的差异，即新的孛斡勒往往不是氏族的属部，而是某一个人的属部，为这个人和这个人的家庭服务。[⑤]关于这一点，下面还要详细叙述。

除此以外，11—13世纪的蒙古氏族社会中还有奴隶、奴仆；即使这种奴隶和定居民族那里的奴隶并不一样，但他们也毕竟和“属部”有所不同。他们称为斡脱列-孛斡勒（ötöle boġol——普通奴隶）[⑥]或札剌兀[⑦]，即“后生”。“后生”这一名称最能说明他们的地位，

① 《史集》，第1卷，第194页。（见新译，第1卷，第1分册，第186页：“将所有的斡耳朵、侍童、家人、仆从、财产、马群和畜群，全部给了妻子，并将她赠与客歹那颜”。——译者）

② 《元朝秘史》，第208节；《史集》也说及此事，虽略有出入，但内容实际上是相同的。

③ 《史集》，第2卷，第11—12、50页（见新译，第1卷，第2分册，第16、48页。——译者）等；《元朝秘史》，第112、185—186、197—198节。

④ 《史集》，第1卷，第57—58、61页（见新译，第1卷，第1分册，第107—108页。——译者）等。

⑤ 《史集》，第1卷，第191页（见新译，第1卷，第1分册，第185页。——译者）；第2卷，第50—51页。（见新译，第2卷，第1分册，第48页。——译者）

⑥ 《史集》，第1卷，第145页。（见新译，第1卷，第1分册，第159页。——译者）

⑦ 《元朝秘史》，第3节（“蒙古语”原文有关的一段）：jalaġu ~jala'u（札剌忽 ~札剌兀）一词，有“奴隶、仆从、奴仆”的意义，是14世纪蒙古文学作品中常使用的名词，参阅《入菩萨行论（入菩萨经）——搠思吉斡节儿蒙古语译本。第1卷原文》，弗拉基米尔佐夫翻印，第25页（Ⅲ，18）。还有其他专门的称呼。

69 他们是在帐幕内供使唤的、动作敏捷的奴仆及马夫等。[①]

《元朝秘史》偶然保存下来关于两个这种“奴仆”的充满着实际生活详情的故事，之所以说是偶然，是因为这种人物，通常是不会被历史关心的。[②]“桑昆……说……：‘咱每早去，围着拿了他(帖木真)……。’阿勒坛弟也客扯连……说：‘如今共议定了，明早要拿帖木真去；若只今有人报与帖木真，不知他怎生赏呵。’……说时，有放马的人巴歹送马乳来，听得(此事)，回去说与同伴乞失里黑。乞失里黑说：‘我再去察听。’到家时，正见也客扯连子纳邻客延，搓箭着说：‘(恰才咱说的话)，这当取舌的家人每的口止当得谁。’……(其后)又对乞失里黑说：‘白马与栗色(两个)马拿来拴着，我要明日早上马。’乞失里黑听得这话，遂去说与巴歹：‘恰才，体审你说的话是实了。今我两个告与帖木真去。’就将两马拿来拴住，至自己房内，杀了一个羔儿，将床木煮熟；见拴的两马，每人骑了一匹，那夜到帖木真的帐房后。”

古代蒙古的孛斡勒、属部和奴仆可能已获得了人身自由，即当时断绝了那颜与孛斡勒之间的关系[③]，“主人”与“奴隶”之间的关系。在这种场合，孛斡勒变成了答儿罕，即“奴隶”出身的自由人。[④]成

---

① 《元朝秘史》，第3、51、219节；对照封建法兰西的*vernaculi*“serfs-domestique”一词，参阅吕谢尔，《法兰西制度概论》，第298—299页。

② 《元朝秘史》，第168—169节；《史集》，第2卷，第131页(见新译，第1卷，第2分册，第124页。——译者)；《成吉思汗的故事》，第168、169页；也客扯连究系何人，我们资料上的记载颇不一致。

③ 《元朝秘史》，第51节。“蒙古语”原文是：Badai Qishilix xoyar darxad-un noyan(从奴隶解放出来的巴歹和乞失里黑官人)。

④ 巴拉第所用的名词，《元朝秘史》俄译本，第169页。应该指出，在“蒙古语”中，darxan(答儿罕)一词还有“铁匠”的意思。

吉思汗说[1]："锁儿罕失剌、巴歹、乞失里黑，教你们自在，出征处得的财物，围猎时得的野兽，都自己取去吧。"[2]

可能只是在保存着传说故事的极远古的时代，蒙古氏族才由单一的同族人（兀鲁黑）来组成，在同族之中"无大、无小、无歹、无好，不分主从，（都）是一样的"。到 12—13 世纪，所谓斡孛黑-氏族，已经是一个复杂的整体了。斡孛黑首先由血亲的同族成员即主 70
人们所组成，其次由属部（兀纳罕-孛斡勒），再次由'普通'奴仆（斡脱列孛斡勒和札剌兀）组成。因为氏族包含了若干个社会阶层，甚至可以说包含了两个阶级：主人们（兀鲁黑）和最显贵最富裕的兀纳罕-孛斡勒属于上层阶级；低等的属部和奴仆、斡脱列-孛斡勒和札剌兀则属于下层阶级。一方面是那牙惕[*]（господа——官人们），另一方面是哈剌抽（xaracu——庶民）[**]和孛斡勒抽惕（boġolcūd——奴隶）。前面曾经指出，成吉思汗称他的一个有势力的兀纳罕-孛斡勒为弟[3]，现在可以注意到，泰亦赤兀惕氏族的兀纳罕-孛斡勒锁儿罕失剌，称泰亦赤兀惕氏族的成员为泰亦赤兀惕可兀惕（Taicj'ud kö'ud——泰亦赤兀惕的儿子们）。[4]兀纳罕-孛斡勒，甚至就是"普通的"孛斡勒都能记住自己的族系（骨）和氏族，但是，他们是遵从

[1] 《元朝秘史》，第 219 节；参阅《史集》，第 2 卷，第 131 页（见新译，第 2 卷，第 2 分册，第 124 页。——译者）。

[2] 后来答儿罕一词，除上述意义外还有一些其他的意义，此点后面再说。

[*] 那牙惕，那颜们。——译者

[**] 《元朝秘史》旁译为"泽下民"。——译者

[3] 参阅本书（边码）第 65 页。

[4] 《元朝秘史》，与汉译相对应的"蒙古语"原文的俄语译文，见俄译本第 42 页。

主人氏族的命令进行游牧，屯营用主人的那个氏族的名字。[①]

但是，属于同一个氏族的血亲的同族成员(兀鲁黑)，也不是平等的，他们中间有贫者和富者，显贵者和卑贱者。我们对于蒙古诸氏族的所谓自发的分裂和扩大的原因，既已进行了分析，现在就可以来研究这个问题了。

总结一下关于11—12世纪蒙古社会下层阶级的叙述，可以指出，这个阶级的处境是颇为困难的。属部、奴仆和"奴隶"被个别氏族或个别家庭、氏族分支奴役，削弱了氏族的联系，因之也削弱了氏族对个人的保护；那颜(官人们)可以随便把这些人据为己有。在游牧生活条件下，在有着宗主氏族存在的氏族制度下，在不断的袭击、掠夺和战争的情况下，穷人和力量薄弱的氏族是很难维持独立地位的。他们不得不被迫接受强有力的氏族和家庭的保护，即成为他们的属部，成为他们的牧人和驱兽者。游牧民习俗的质朴，专门文化的缺乏，'主人'和'奴隶'的生活状况的接近，用一位亚美尼亚作者的话来说，"把同样的食物给予主人和奴仆"[②]，这一切并没有改变复杂关系的本质。而且我们可以看到，平民、庶民、哈剌抽[③]，对于上层那颜(主人)的从属情况日益加深。"奴仆"、孛斡勒

① 《元朝秘史》,第81节;《史集》,第1卷,第169页(见新译,第1卷,第1分册,第183页。——译者),参阅下文。

② 参阅乞剌可思书,第45页;《长春真人西游记》,巴拉第·卡法罗夫译,第289页。

③ 哈剌抽和官人(那颜)的对比,见于《史集》,第1卷,第164页(见新译,第1卷,第1分册,第170页):"成吉思汗说到孛斡儿出那颜道:他的等级比汗低,但是比伯克哈剌抽高"[新译本作"……比异密(амир)和庶民(простонарод)高"。——译者];《史集》中的伯克,蒙古语称为那颜;也可参阅成吉思汗"训言"中的一节,《史集》,第3卷,第126页(见新译,第1卷,第2分册,第262页。——译者);参阅下文。

的地位并无改变，由于成吉思汗的大规模战争和出征，他们的人数只有增加。

2. 草原贵族制

我们的资料一致说到古代蒙古诸氏族的不断分化和新氏族的 71
开始出现。拉施特谈到古代的情况时，说："它们的每一分支开始固定下来，以某种名字和别名，为世所知[①]，并成为兀马黑(umaq)。[②]兀马黑是由一定的族系(骨)和氏族产生出来的。这些兀马黑又重新分支。"孛儿只斤氏族便是这方面一个显著的例子(因为成吉思汗出生于该氏族，它自然而然地引起了东方著作家们更深切的注意)。只要阅览《元朝秘史》俄译本附录的"谱系表"[③]，就足以使人深信这个氏族在经常离析出各种新的分支。[④]直到与成吉思汗时代十分接近的那个时期，新的氏族还在出现。例如，主儿乞(Jürki)氏族便是如此。合不勒汗有一个大儿子斡勤巴儿合黑，也即是成吉思汗的祖父把儿坛把阿秃儿的哥哥。斡勤巴儿合黑的儿子是忽秃黑秃主儿

① 《史集》，第1卷，第136页。(见新译，第1卷，第1分册，第153—154页；"它们的每一分支以一定的名字与名称而知名，并成为独立的斡孛黑，斡孛黑(这一词)，(指的是)属于一定家系和氏族的人们。这些斡孛黑又再一次分支……"——译者)

② 或omaq(斡马黑)，=蒙古语的obaġ ~ oboġ(斡巴克～斡孛黑)，参阅本书(边码)第46页。

③ 《元朝秘史》俄译本，第258页。

④ 《元朝秘史》，第40—56节。拉施特的叙述，与《元朝秘史》上的故事大体上是一致的。拉施特说到蒙古的传说，说到阿兰豁阿的孩子们时，总是慎重地指出："在这点上有许多错综复杂的情况。"[《史集》，第2卷，第5页。(见新译，第1卷，第2分册，第10页。——译者)]

乞,忽秃黑秃主儿乞又有两个儿子,他们组成了主儿乞氏族。[①]最后,成吉思汗的父亲也速该把阿秃儿由自己的同族之中分支出来,他的新氏族叫作乞牙惕-孛儿只斤。[②]氏族的这样分支的情况,也发生在其他的蒙古部落中,只是关于这一方面没有像成吉思汗氏族那样详细的材料而已。[③]

然而,把氏族的分支称为氏族,毕竟是混淆了年代。最初从同族人(兀鲁黑)那里分离出来的,只是独树一帜的家族、家庭,这种家族、家庭很快就变成了"大家族",最后才变成了氏族。在氏族(斡孛黑)和它的分支("大家族")之间划上一条界线是完全不可能的,"大家族"也称为氏族(斡孛黑)。因此,从传说中的祖先孛端察儿出生的这一族系(骨)的整个氏族,被称为斡孛黑[④],而一些单独的氏族如巴阿邻[⑤]以及一些"大家族"如主儿乞,同样被称为斡孛黑。

泰亦赤兀惕这个大家族是从孛儿只斤氏族的共同根源上分支出来的,这个大家族不久也变成了氏族,并且该氏族又有了自己的分支——各个"大家族"。[⑥]

---

① 《元朝秘史》,第48—49、139—140节;《史集》,第2卷,第101页(见新译,第1卷,第2分册,第91—92页。——译者)。

② 《史集》,第1卷,第11、134页(见新译,第1卷,第1分册,第79、153页。——译者);《史集》,第2卷,第49页(见新译,第1卷,第2分册,第48页。——译者)。

③ 《史集》,第1卷,第95—96、139、147、158、182页。(见新译,第1卷,第1分册,第127—128、157、163、167、187页。——译者)

④ 《元朝秘史》,第42—46节;《史集》,第2卷,第10、49页(见新译,第1卷,第2分册,第14、48页。——译者)。

⑤ 《元朝秘史》,第41节;《史集》,第1卷,第195页(见新译,第1卷,第1分册,第187页。——译者)。

⑥ 《元朝秘史》,第46—47节;《史集》,第1卷,第182—187页(见新译,第1卷,第1分册,第180—183页。——译者);《史集》,第2卷,第13、23—24页(见新译,第1卷,第2分册,第16、25—26页。——译者)。

这样不断地分支和形成新氏族，原因何在？这个过程是怎样进
行的？对于这些问题，在我们的资料中已有答案。试举我们业已知
道的主儿乞氏族为例。我们知道，这个氏族是由忽秃黑秃主儿乞这 72
个“大家族”形成的。因此，这个氏族在该氏族创始人的堂兄弟的儿子即成吉思汗的时代，不可能有很多的人。当然，它还只是一个“大家族”，因而它的成员也不会很多。同时我们知道，当时主儿乞“氏族”正应约参战，他们正在进行攻击；成吉思汗不得不和他们的军队作战。[①] 这支军队是从哪儿来的？幸而我们的资料上有明确的回答，无须采用类比的方法去作假定和推断。

《元朝秘史》告诉我们说：“主儿勤种的缘故：(初，)合不勒皇帝有七子，长名斡勤巴剌合(斡勤巴剌合黑)；合不勒因其最长，于百姓内选拣有胆量、有气力、刚勇能射弓的人随从他。但有去处，皆攻破，无人能敌。故名主儿勤。太祖将此种人也服了，又将他百姓做自己的百姓了。”[②] 谜底找着了：原来主儿乞“氏族”并没有多少同族人(兀鲁黑)，但它却有很多的属部，孛斡勒和那可儿(nökör)[③]，关于那可儿，后面再讲。他们有这么多的人，使得主儿乞能够率领他们去作战，而成吉思汗也能吞并这些人做了自己的属众。因此，摆在我们面前的例证是(这一点在前节中已经说过了)：人数不多的氏族，更正确一些说，领主氏族成员所组成的“大家族”，控制着为数众多的孛斡勒、札剌兀、那可儿。主儿乞是主人(那牙惕)，下

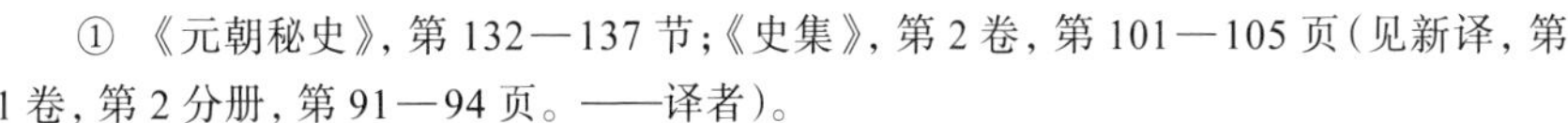

① 《元朝秘史》，第 132—137 节；《史集》，第 2 卷，第 101—105 页(见新译，第 1 卷，第 2 分册，第 91—94 页。——译者)。

② 《元朝秘史》，第 139 节。

③ 即战士，参阅本书(边码)第 87 页。

面是他们的属部，他们的孛斡勒抽惕，这些人和自己的主人虽然没有血缘关系，但他们却在主儿乞的名义下行动着。[①]从 12 世纪蒙古氏族习惯的眼光看来，反正一样，主儿乞的名义包括所有的人，凡是主儿乞氏族的兀鲁黑，他们都要对这个名义负责。我们在资料中又发现一个很好的例证。有一次，成吉思汗在斡难河畔举行宴会，主儿乞氏族的人也作为成吉思汗的同族人(兀鲁黑)来参加了宴会。在这个宴会上发生了口角，甚至引起了械斗，这时，本是孛儿只斤氏族的成员，但以那可儿资格加入了主儿乞氏族的一个名叫不里孛可的人，砍破了成吉思汗的弟弟别勒古台的肩甲。[②]虽然大家都清楚不里孛可不是主儿乞氏族而是其他氏族的成员[③]，但成吉思汗认为主儿乞应负责任。可见，氏族不仅要替本氏族的全体成员负责任，而且要替自己的属部负责任。成吉思汗说："(我们)何故被主儿勤如此做？先在斡难河林里做筵席时，他(们)的人将厨子打了，又将别勒古台肩甲砍破了。"[④]

73　11—12 世纪时代的许多蒙古氏族，例如泰亦赤兀惕，可以说

---

① 对照《史集》，第 2 卷，第 23—24 页。(见新译，第 1 卷，第 2 分册，第 32—33 页。——译者)

② 《元朝秘史》，第 131 节；《史集》，第 2 卷，第 101—102 页(见新译，第 1 卷，第 2 分册，第 92 页。——译者)。

③ 《元朝秘史》，第 50、140 节；《史集》，第 2 卷，第 102 页(见新译，第 1 卷，第 2 分册，第 92 页。——译者)。

④ 《元朝秘史》，第 136 节；对照《史集》，第 2 卷，第 104 页(见新译，第 1 卷，第 2 分册，第 93 页。——译者)："他们以刀砍破了我弟的肩甲。"(新译本作："昨天他们用刀砍伤了我弟别勒古台那颜……"——译者)"厨子也被主儿乞'氏族'的'夫人'打了"，《元朝秘史》，第 130 节；《史集》，第 2 卷，第 101 页(见新译，第 1 卷，第 2 分册，第 91 页。——译者)。

也有着完全相同的情况。人们认为他们人数多[①]，时而称他们为氏族，时而称他们为部落。[②]这一切之所以发生，当然是因为泰亦赤兀惕人实际上既不是“氏族”，也不是“部落”（按部落一词的本义来说）。它是由作为主人们（兀鲁黑）的泰亦赤兀惕和它的属部、兀纳罕-孛斡勒、孛斡勒、那可儿等组成的一个氏族或许多氏族。[③]这样的结合体，似乎可以称为克兰（Клан——大氏族）。

关于主儿乞氏族或主儿乞“大家族”的故事，从另一个角度看来也是颇为重要的。这个故事说明为什么在某些情况下（可能大多数是这样的情况）氏族会分支出来。要知道，传说中讲得很明白，某个氏族的成员因拥有一些“有胆量、有气力、刚勇能射”并善于进行袭击和攻掠的人，于是就分支了。其他氏族的勇士们也情愿归附到这一帮里面来。事实上，我们已知道砍破成吉思汗弟弟肩甲的不里孛可的一些情况。此人是合不勒汗的孙子，也就是说，属于孛儿只斤氏族。[④]《元朝秘史》说[⑤]：“不里孛可将巴儿坛[⑥]子孙行隔越了，却与巴儿合（斡勤巴儿合黑）[⑦]勇猛的子孙行作伴。”分支出来的

① 《史集》，第1卷，第182—183页（见新译，第1卷，第1分册，第180页。——译者）；《史集》，第2卷，第96页（见新译，第1卷，第2分册，第88页。——译者）。

② 《史集》，第1卷，第182页（见新译，第1卷，第1分册，第180页。——译者）；《元朝秘史》，第46—47节。

③ 《史集》，第2卷，第90—91、97—98页（见新译，第1卷，第2分册，第85—86、88页。——译者）；《元朝秘史》，第73—74、81—87节。

④ 《元朝秘史》，第50、140节；参阅《史集》，第2卷，第101页（见新译，第1卷，第2分册，第92页。——译者）。

⑤ 《元朝秘史》，第140节。

⑥ 即也速该把阿秃儿的父亲。

⑦ 《史集》，第2卷，第90—91、97—98页（见新译，第1卷，第2分册，第88，92页。——译者）；《元朝秘史》，第73—74、81—87节。

氏族渴望过着更自由自在的生活，能够更便利地经营游牧经济，并在围猎上获得更好的份额。更富裕的家庭和家族自然分化出来，它们对单独生存没有什么畏惧。[①]但是，只有当分离者拥有足够数量的被保护者(属部和奴仆)时，这样的家族或民族某些部分的独立才有可能。他们不只需要熟练的马夫和良好的牧人[②]，而且需要力能进攻和击退进攻的勇猛战士。

在11—12世纪的蒙古氏族社会一切部落和部族里，除缺少确切材料的“森林之民”外，都可以看到同一过程。到处都有家庭、“大家族”、一般的家族在分离着，它们或者由自己的氏族中分离出来，形成新的氏族社会，并成为新的氏族社会的领导者，或者在旧的氏族中占据着领导的地位。[③]在这种情况下，它们当然也就既要与妄图夺得这种地位的竞争者进行积极的斗争，又要与那些他们力图使其屈服并降居属部和孛斡勒地位的人进行积极的斗争。[④]财产

74 的不平等，是我们所看到的这个过程的基础。富有的和新致富的畜牧者力图确保自己的地位，贫者则反抗他们。但是，贫者常常被迫投靠富有者，做富有者的牧人、仆人，和富有者一起游牧[⑤]，结果就

---

① 经济脆弱的家族，害怕与氏族社会分离；参阅《元朝秘史》，第72—75、79—80节。

② 参阅《史集》，第3卷，第121页。(见新译，第1卷，第2分册，第259页。——译者)

③ 《元朝秘史》，第40—49、66—75、121—123、139、148节；《史集》，第2卷，第11、12、21、27、28、29—30、90—91页(见新译，第1卷，第2分册，第15、16、24、25、28、29、32—33、88页。——译者)。

④ 《元朝秘史》，第12—18、79、112—115、123—127、130—131、132—136节；《史集》，第2卷，第15—17、20页(见新译，第1卷，第2分册，第18—19、22页。——译者)。

⑤ 《元朝秘史》，第14—16节；《史集》，第1卷，第208页(见新译，第1卷，第

变成了那可儿。[①]

另一种现象又在这个基础上发展起来。强有力的氏族、富有者，开始以威胁或者利诱的方法把其他领主氏族的成员或整个分支吸引到自己方面来，于是形成了相当庞大的结合体。

这一全部过程，可以作为草原氏族贵族制形成的特征；这种制度是在个体游牧经济基础上，在和经济地位脆弱的集体不断进行的斗争中成长起来的。所有贵族家庭或氏族都出现了特殊的头目或首领。同时，这些头目并不是以氏族长老、以氏族血统上的长者的资格，而是以最有势力、最能干、最机智、最富有者的资格获得权力的。他们的权力可以称为篡夺者的权力。这种贵族家庭的首领一般被称为那颜（官人）[②]；但是，他们还往往有表示他们是什么人的特殊名号：把阿秃儿（ba'atur——勇士）[③]，薛禅（secen——贤者）[④]，蔑儿干（mergen——善射的弓箭手）[⑤]，必勒格（bilge——智者）[⑥]，孛可（bökö——力士）[⑦]。他们也常常使用从其他民族借来的称号，例

（接上页）1 分册，第 194 页。——译者）；《史集》，第 2 卷，第 99 页（见新译，第 1 卷，第 2 分册，第 90 页。——译者）。

① 关于那可儿，下面还要详细说明，参阅（边码）第 87 页。

② 或译为 сеньер（领主），参阅伯希和，《蒙古与教廷》，第 2 部分，第 306 页；《元朝秘史》第 51 节译为“官人”。

③ 《元朝秘史》，第 2、3、43、45、46、47、48 节；《史集》，第 1 卷，第 148 页（见新译，第 1 卷，第 1 分册，第 163 页。——译者）。

④ 同上。

⑤ 同上。

⑥ 《元朝秘史》，第 47 节。

⑦ 《元朝秘史》，第 41、50 节。

如,从汉族人那里传入的称号:太师(taiishi)、那颜、桑昆(sengün)[①];借自突厥语的称号:的斤(tegin)、不亦鲁(buyuruġ)[②]。他们的妻子和女儿被尊称为哈敦(汗妃)、别吉(公主)[③](这里所列举的远不是全部称号)。

为了说明上述古代蒙古氏族贵族制,试就我们的资料举出如下的例子。且看泰亦赤兀惕氏族。根据并不完全一致的传说[④],这个氏族是由传说中的海都的孙子察剌孩领忽的家族形成的。[⑤]泰亦赤兀惕的人数很多;许多人投奔到他们这里来,其中有他们的亲属、姻戚、兀纳罕-孛斡勒、那可儿等,因此他们便被称为部落,乃至部落联盟或氏族联盟。拉施特说[⑥]:"泰亦赤兀惕是个人数极多的部落……每一部落各有其伯克(бек)和首领,全体互相结成联盟。和

① 《史集》,第2卷,第19、54页。(见新译,第1卷,第2分册,第21、51页。——译者)

② 《史集》,第1卷,第39、109页。(见新译,第1卷,第1分册,第98、137页。——译者)

③ 《元朝秘史》,第165节;《史集》,第2卷,第78页(见新译,第1卷,第2分册,第70页。——译者)。

④ 《史集》,第1卷,第182—184页(见新译,第1卷,第1分册,第180、183页。——译者);《史集》,第2卷,第19、23页(见新译,第1卷,第2分册,第21、25页。——译者)。

⑤ 《史集》称之为Jaraġa-linġum(-linġu)(札剌合领昆或札剌合领忽);贝勒津的标音不确;《史集》,第1卷,第182—183页(见新译,第1卷,第1分册,第180页。——译者)。

⑥ 《史集》,第2卷,第19页。[见新译,第1卷,第2分册,第21—22、26页:"泰亦赤兀惕部落的人数极多,……他们每一个氏族都有自己的异密和首领,所有(这些部落)彼此都是亲睦和一致的。……凡是他们的亲族和附属于他们的(мута'алик)(新译本译者在这里注云:贝勒津在此处补充了'所有和泰亦赤兀惕在一起的札合臣兀儿古思的部落和子孙,他的亲族和属众'等字),都称为泰亦赤兀惕,这正如现在和蒙古人混合、模仿蒙古人的风习、和蒙古人结合在一起的所有部落,尽管不是蒙古人,而毕竟都叫作蒙古人,是一样的。"——译者]

他们结合在一起的这些亲属和姻戚，都被称为泰亦赤兀惕。所有以前和泰亦赤兀惕人在一起的札斡臣兀儿古思[①]的部落和子孙、他的 75
亲族和属众，因为原先都是那个部落的统治者，所以都被称为泰亦赤兀惕，这正如现在和蒙古人混合，变为蒙古人的性格，和蒙古人结合在一起的所有部落，虽然不是蒙古人，却也叫作蒙古人，是一样的道理。"[②]

虽然泰亦赤兀惕人"全体互相结成联盟"[③]，可是它的各分支却又是各种各样的氏族结合体[④]，并且，它的一部分还从属于其他分支（虽是这个氏族的近亲分支）的首领成吉思汗的父亲也速该把阿秃儿。[⑤]也速该把阿秃儿死后，泰亦赤兀惕人便离开该家族[⑥]，立即分成若干分支，每一分支由泰亦赤兀惕的同族人（兀鲁黑）来统率着。[⑦]当他们开始与成吉思斗争时，他们中的若干人，虽是属于旁系的少数，却站到未来的蒙古合罕方面。[⑧]

成吉思汗自身的氏族或家庭的历史是更具有特征的。[⑨]成吉思

① 《史集》，第2卷，第23—24页。（见新译，第1卷，第2分册，第26页，附表，注5。——译者）

② 《史集》，第2卷，第24页。（见新译，卷1，第2分册，第26页，附表。——译者）

③ 《史集》，第2卷，第19页。（见新译，第1卷，第2分册，第22页。——译者）

④ 同上；《史集》，第2卷，第21页（见新译，第1卷，第2分册，第22页。新译本此处译文与引文有出入，参阅本书第144页注⑥。——译者）。

⑤ 《元朝秘史》，第73节。

⑥ 《元朝秘史》，第72—73节；《史集》，第2卷，第90—91页（见新译，第1卷，第2分册，第84—85页。——译者）。

⑦ 《史集》，第2卷，第21页（见新译，第1卷，第2分册，第25页。——译者）；《元朝秘史》，第148—149页。

⑧ 《史集》，第2卷，第95页。（见新译，第1卷，第2分册，第89页。——译者）

⑨ 《元朝秘史》，第54—89节；《史集》，第2卷，第49—50、53—54、86—92页（见新译，第1卷，第2分册，第46—48、50—58、84—94页。——译者）。

的父亲也速该把阿秃儿同本氏族-部落的其他支系分离，组成一个单独的氏族。在他的周围集合了颇多的百姓。他有兀纳罕-孛斡勒和奴仆，若干近亲氏族也来依附他。后来，"他的亲属，即叔伯和堂兄弟都来依附他和服从他"。他是一个什么样的人物呢？在一个有教养的汉族官吏看来，他是"十夫长"。[①] 在拉施特这位给也速该的直系子孙、万能君主充当官内官和大臣的人看来，也速该像一个"皇帝"；实在说来，这位史家是以有些夸张的笔法（虽然并未肯定和明确地）叙述也速该"即……帝位"之事的。那么，蒙古人自己又是怎样说呢？据《元朝秘史》上讲，他既不是"皇帝"，也不是"十夫长"，他就是一个"把阿秃儿"，也就是敢于离开那些妨碍他的人，并能把他所需要的那些人集结在自己周围的草原贵族氏族出身的勇士。[②] 和他在一起的有各种亲属和姻戚，当然，这是指那些承认他做首领，并愿意听从他的命令的人；和他在一起的还有各种远近氏族中服从于他的人；跟随他的有兀纳罕-孛斡勒们；他还有"奴仆"；伴当们（那可惕——nököd）也集合在他的周围。在顺利的情况下，他能进行各种小规模的战争，发动袭击，掠夺骏马和"美女"，并能大规模地经营畜牧经济。他的生活行动准则是这样的：在途中看到美貌的女子，便和兄弟伙去把她夺过来，不须远出娶妻。他和塔塔儿人交战好几次，但无特别的战果。一旦当他俘虏到塔塔儿人的某个首领时，便津津乐道起来。他和客列亦惕的王罕结成义兄弟的联盟，并给予后者以巨大的帮助；当他出外为儿子求婚时，带着一匹从马而

① 参阅瓦西里耶夫译《蒙鞑备录》，第217页。

② 弗拉基米尔佐夫，《成吉思汗传》，第18—19页。

行。他爱好独自一人行事，不要伴当；一旦需要伴当，就让血缘亲 76
属来充当。[1]他善于使被降服的氏族中的代表人物和那可儿倾心于他。他保存着本氏族的传说，并引以为豪和加以珍护。

但是也速该把阿秃儿就这样死了：他一个人出行回来，遇着塔塔儿人正在做筵席，按照草原人的习惯，他不得不停留下来尝尝他们的饮食，而塔塔儿人由于想起了从前的冤仇，便掺了毒药进去。在他死后立刻发生一些重要的事件。这些事件对我们之所以重要，是由于它们暴露出当时蒙古社会中所发生的历史过程的本质。也速该把阿秃儿并未能把他所“收聚了的百姓”留给自己的子孙。显然，一切全靠把阿秃儿个人和近亲们首先是同胞兄弟们对他的协助来维持。因此，等到也速该死去，这些近亲们就不再和他的家庭一块过活了，他们有了离开的机会，并开始组成独立的团体，自营生活了。当也速该还在世的时候，他和这些“收聚了的兀鲁思”之间可能已有一些误会和龃龉，对于这点我们的资料中也有一些暗示。泰亦赤兀惕人现在抬头了，有两个同族的人把他们领导起来。他们拒绝也速该的寡妇参加祭祀，因此加深决裂并分开游牧，并且把也速该把阿秃儿家族相当大一部分“人”带走。也速该的寡妇曾试图反抗，但是无能为力；被她截留下来的一部分人，很快又跟着泰亦赤兀惕人离开了，优势显然在泰亦赤兀惕人这一边。不只是他们离开了，就连他们给也速该看管的牲畜也都被带走了。被撇下的把阿秃儿的家族——他的妻子、幼儿们还有少数在他们帐幕里服役的男女奴仆们，只剩下极少数的牲畜了。不久这个家族只得放弃游牧经

① 此处可能与《元朝秘史》的文体有关。

营，转以猎取小啮齿类动物和渔捞为生。不久，最后一批已故的把阿禿儿的属部和盟友也舍弃了他。原来的一群，现在变成了若干群，其中以泰亦赤兀惕本氏族人为首的一群最大和最有势力，但这一群也并不是统一的，它分为许多分支，每一分支都以单独的屯营进行游牧，并各有自己的头目，和泰亦赤兀惕的各个亲属分支只是处于“联盟”的关系。

可是，被人抛弃的也速该把阿禿儿的家族经过种种灾难之后开始复兴。[①] 长子帖木真是一个雄才大略和坚毅不拔的人，母亲以草原贵族的传统来教育他，并让他记住“泰亦赤兀兄弟们”带给他们的不幸。青年人都到帖木真处来做那可儿，这个氏族原先的属部也聚拢来。随后，孛儿只斤的若干同族人(兀鲁黑)也来归降帖木真。
77 古老氏族得到所有周围人的支持、似乎又重新恢复了旧观：帖木真有了兀鲁黑、兀纳罕-孛斡勒、那可儿与盟友。他以武力征服一些人，其他的人看到他能够恢复自己被侵害的权利，是贵族氏族的真正首领，也被吸引过来。

这就是形成古代蒙古社会草原贵族制的若干贵族氏族中的一个分支的典型历史。在这段历史中，绝无任何新颖的与特别的东西，一切都是大家所熟知的，并且在过去也重演过许多次，所不同的只是一些细节。要知道，人们提到成吉思的祖先之一古代的海都，也曾说过：“他有无数妻子、仆从、马群和畜群”[②]，帖木真——未来的成吉思汗——也绝对没有什么例外的情况。完全相反，帖木

① 《元朝秘史》，第87—93节。

② 《史集》，第2卷，第19页。(见新译，第1卷，第2分册，第21页。——译者)

真只是无数贵族氏族及其分支的代表人物和首领当中的一个，这些人都是在当时以个体畜牧经济和牧场氏族共有为基础的蒙古氏族社会的环境中显达起来的。[①]

同时，不要忘记，当时的蒙古氏族，完全不是原始的血族联盟，而是在社会关系上分为一定的阶层并且血统也复杂的某种集团。

贝勒津在很久以前就已完全正确地指出，在12世纪的蒙古社会当中，我们发现了社会的上层阶级，并指出拉施特曾经把“草原贵族的谱系，以及成吉思汗及其后裔时代的草原贵族的丰功伟绩”[②]告诉了我们。贝勒津还顺便提到了12—13世纪的蒙古贵族制；巴托尔德对草原贵族制的论点做了深入的研究和发展，并说明了这个阶级在古代蒙古社会中的作用。格鲁木-格尔日麦洛后退了一步，他否定随着成吉思汗而来的草原贵族制。他写道：“帖木真的第一个伴当孛斡儿出不是贵族，他后来的一个战友者勒蔑也不是贵族。”[③]但是，我们如果仔细看一看附录在《元朝秘史》俄译本中的“谱系”及《史集》中的有关章节，就足以深信事实与格鲁木-格尔日麦洛的话恰好相反。孛斡儿出是阿鲁剌惕氏族的人，阿鲁剌惕氏族是由海都的幼子[④]这一支发展而来，而海都则是泰亦赤兀惕和孛儿只斤这些贵族分支的祖先；阿鲁剌惕氏族是孛儿只斤氏族的幼子系

① 《元朝秘史》，第69—73、79—88、145—148、137—140节。

② 参阅贝勒津所译《史集》一书上贝氏的序文（第1卷，第11页）；参阅贝勒津，《术赤封地内部组织概说》，第430—431页。

③ 格鲁木-格尔日麦洛，《西蒙古与乌梁海地区》，第2卷，第408页。

④ 《元朝秘史》，第46节；《史集》，第1卷，第9、161页（见新译，第1卷，第1分册，第78、169页。——译者）。

统。者勒蔑则是兀良合惕氏族的人。根据蒙古传说，这个氏族是阿兰豁阿及作为其诸子后代的蒙古氏族时代以前的那些古老的蒙古氏族之一。[①] 因此，兀良合惕氏族便不算是孛儿只斤氏族的血亲氏族。[②] 但是，这丝毫也不意味着这一最古老的氏族不能算是贵族氏
78 族，何况者勒蔑的父亲札儿赤兀歹还是一个富人。首先，他是一个铁匠[③]，其次，他是野物成群栖止的著名的不儿罕合勒敦山自古以来的主人(额者惕)氏族的成员。[④] 札儿赤兀歹能够以在当时说来颇为奢侈的“貂鼠里儿的袄”[⑤] 作为庆贺帖木真成吉思出生的礼物，并不是不要花费的。蒙古人(孛儿只斤人)在女祖先阿兰豁阿时代已与兀良合惕人有了亲睦的关系[⑥]，后来这种关系在孛儿只斤氏族和兀良合惕氏族之间继续维持了好多代。[⑦]

据传说，孛儿只斤氏族的女祖先，关于她在丈夫死后所生的几个小儿子说过这样的话[⑧]：“我生下的这几个儿子是与众不同的，他们长大以后，全民将有君主和汗，那时候你们和其他部落的哈剌

---

① 《史集》，第1卷，第141—144页。(见新译，第1卷，第1分册，第156—160页。——译者)

② 同上书，第134—138页。(见新译，第1卷，第1分册，第152—156页。——译者)

③ 《元朝秘史》，第97、211节。

④ 同上书，第9节。

⑤ 同上书，第97、211节。

⑥ 同上书，第8—9节。

⑦ 雷慕沙，《新亚洲杂纂》(*Nouveaux Mélanges asiatiques*)，第2卷，巴黎，1829年，第89页。

⑧ 《史集》，第2卷，第10页。[见新译，第1卷，第2分册，第14页：“我生下的这几个儿子是特等(人)，他们成人之后，将要做一切人的汗和君主，那时你们和其他部落的哈剌周，就会明白和了解我的情况了。”——译者]

抽[①]就会知道我的真正情况。"《元朝秘史》更简要地说了同样的话："当成为全民的君主时，下民便知道了。"[②]当时肯定存在着关于出身（忽札兀儿）的[③]"好""坏""贵""贱"及"贵人习气"（noyad-un abiri）[④]的观念。《元朝秘史》的开头几页都是贵族氏族的谱系[⑤]，而那些在后来成为属部（兀纳罕-孛斡勒）的人，根本没有被提到。要想探寻札剌亦儿、巴牙兀惕以及其他氏族的谱系，是白费气力的。这一点是非常典型的。

从《元朝秘史》的叙述和拉施特的记载中，可以得出结论说，蒙古草原贵族在其发展道路上遇到了以萨满为代表的反对者，而后者乃是"森林"狩猎生活的残余。[⑥]在这里，我们不禁想到罕加洛夫和克列门茨研究布里亚特人的遗习所得的结论：布里亚特人在古代经历过萨满的寡头统治的时期。[⑦]不过，就是承认这个结论是正确

① 蒙古语 xaracu ~ xaraju（哈剌抽 ~ 哈剌周）是"平民、庶民、下民、贱民"之意；参阅本书（边码）第 118 页。

② 《元朝秘史》，第 21 节。此处译自"蒙古语"原文。（汉译为："久后他每做帝王呵，那时才知道也。"——译者）

③ 《元朝秘史》，第 135 节。

④ 《元朝秘史》，第 46 节。汉译有歧义，此乃译自"蒙古语"。（汉译为："好装官人模样。"——译者）

⑤ 《元朝秘史》，第 1—52 节。

⑥ 《元朝秘史》，第 244—246 节；关于萨满阔阔出（Kököcü）的故事，《史集》，第 1 卷，第 158—160 页（见新译，第 1 卷，第 1 分册，第 167—169 页。——译者）；参阅弗拉基米尔佐夫，《成吉思汗传》，第 87 页。

⑦ 关于罕加洛夫和克列门茨的著作，参阅本书（边码）第 25 页。参阅伯希和，《巴托尔德〈蒙古入侵时期的突厥斯坦〉评注》，第 49—51 页；《苏联科学院报告》丙辑，1930 年，第 163—167 页。

的，也得指出，萨满也和其他宗教代表人物一样[①]，在我们所考察的这个时期，并没有在蒙古社会生活中起过重大的作用。[②]

3. 首领——汗

任何血缘关系也留不住他！

——拉辛，《费德尔》（Racine, *Phèdre*），

第四幕，第一场。

79　按上述意义来理解的，血缘彼此相近的诸氏族，在古代蒙古社会中构成了叫作亦儿坚的部落或部落分支（分族）[③]。例如泰亦赤兀惕诸氏族，合起来形成了一个部落（亦儿坚），包括各部落分支的翁吉剌惕人，也是一个亦儿坚。[④]也可以用部落（亦儿坚）去称呼已分为许多分支、氏族、“大家族”的整个乞牙惕-孛儿只斤。当然，在某些情况下，要严格区分氏族——斡孛黑与部落（亦儿坚），是很困难的，因为，如上所述，氏族本身就是庞杂的，而且经常由不同的血缘成分构成。[⑤]塔塔儿人和客列亦惕人也是亦儿坚，虽然他们当

---

① 《史集》，第1卷，第52—53、142、207—208页（见新译，第1卷，第1分册，第104、156—157、193—194页。——译者）；《史集》，第3卷，第8页（见新译，第1卷，第2分册，第150页。——译者）；《元朝秘史》，第216节。

② 巴拉第·卡法罗夫，《马可波罗北中国旅行记注释》，第16—19、25—27页；伯希和，《中亚和远东的基督教徒》（Chrétiens d'Asie Centrale et d'Extrême-Orient），《通报》，1914年，第623—644页。

③ 《史集》，第1卷，第33、136页。（见新译，第1卷，第1分册，第92、152页——译者）

④ 《元朝秘史》，“蒙古语”原文。

⑤ 参阅《史集》，第1卷，第138页。（见新译，第1卷，第1分册，第156页。——译者）

中包括了一些由若干氏族（斡孛黑）构成的个别部落（亦儿坚）。[①]

部落（亦儿坚）规模的大小是不固定的，而且是组织和结合得异常松懈的。[②]战时，为了集结起来进攻某一部落，或击退敌对部落的进攻，便出现了某种暂时的团结。[③]部落的团结，表现为部落议事会（忽邻勒台 ~ 忽鲁勒台——xuriltai ~ xurultai），参加部落议事会的有氏族首领、显贵人物乃至有势力的属部成员，总而言之，是古代蒙古社会上层阶级的代表人物。[④]各氏族也有同样的议事会；这些由氏族成员即兀鲁黑们举行的氏族或家族会议[⑤]也叫作忽邻勒台或忽鲁勒台，即"商议事情的会议、聚会"。在这样的忽邻勒台里，看不到任何有组织的机构。无论怎么说它既不是国会，也不是议会，而是一种商讨偶然发生的种种事件的氏族成员的家族会议，只有愿意出席和与会务有关系的人才来参加。[⑥]由于这种情况，常常可以看到，同一部落即同一亦儿坚的各个部分，竟处在不同的甚至是敌对的和交战的阵营中。[⑦]部落议事会经常选举首领，特别是

① 《史集》，第1卷，第94—97、113—114页。（见新译，第1卷，第1分册，第128—130、139—140页。——译者）拉施特把氏族和部落译成阿拉伯语 qaum（部落、民族）。

② 参阅《史集》，第1卷，第114页（见新译，第1卷，第1分册，第140页。——译者）；《史集》，第2卷，第21—22页（见新译，第1卷，第2分册，第25页。——译者）；《元朝秘史》，第8—58节。

③ 《史集》，第2卷，第43页（见新译，第1卷，第2分册，第42页。——译者）；《元朝秘史》，第57—59节。

④ 《元朝秘史》，第154、168节；《史集》，第2卷，第45—46、118页。（见新译，第1卷，第2分册，第44—45、116页。——译者）

⑤ 《元朝秘史》，第154节。

⑥ 《元朝秘史》，第154、164、190—191节。

⑦ 《史集》，第2卷，第24页。（见新译，第1卷，第2分册，第25页。——译者）

在战争、大规模围猎等场合，这个被选的人，有时候在平日里还继续留任。[①]他们通常被称为罕。[②]但是他们的权力非常微弱，一切仍决定于选举罕的氏族或氏族集团。我们还可以看到在同一个古代
80 蒙古部落里同时有两个以上的罕。[③]由各氏族的某些分支组织起来的极小的联合体的首领，有时也采用罕的称号。[④]这一切，本身就可以说明11—12世纪的蒙古罕是一些什么样的人。如果根本不能把蒙古部落即亦儿坚当成国家，那就更不能把当时蒙古的罕当成国君、皇帝、汗等等。罕不过是一些不固定的集团的朝不保夕的首领，他们只有一点不固定的权力，这样一点权力还往往会被人夺去。古代蒙古罕的权力是篡夺者的权力；很难想象部落议事会能够举行正当的选举。凡是能够和善于在自己的同族和近亲氏族支持下夺取"权力"的人，便可以成为罕，也就是被"选举"为罕。[⑤]这样的罕很少能够把他的权力传给子孙，他的权力通常总是落到他人手里——这再一次证明了前面所说过的事实。[⑥]

古代蒙古罕的"权力"与"权利"在一定程度上使人想到它往往

---

① 《史集》,第2卷,第43页(见新译,第1卷,第2分册,第45页。——译者);《元朝秘史》,第121—123、141节;《史集》,第2卷,第124页(见新译,第1卷,第2分册,第122页。——译者)。

② 《元朝秘史》, ġa‘an ~ xa‘an。

③ 《史集》,第2卷,第21页(见新译,第1卷,第2分册,第25页。——译者);《史集》,第1卷,第112—113页(见新译,第1卷,第1分册,第139页。——译者)。

④ 《元朝秘史》,第123节;《成吉思汗的故事》,第152页。

⑤ 参阅《史集》,第2卷,第45—46页(见新译,第1卷,第2分册,第45页。——译者);《元朝秘史》,第178—179、180—181节。

⑥ 《史集》,第2卷,第41、42—43页(见新译,第1卷,第2分册,第41、44页。——译者);《元朝秘史》,第52、57—58节。

就是一种匪帮首领的特权。古代蒙古罕被选[1]主要是在战争时期，也就是为了实行袭击、进攻和掠夺。蒙古诸氏族“选举”帖木真成吉思为罕的故事，便是这方面的一个极有兴味的例证。当时率领蒙古诸氏族的是这样的一些贵族氏族的头目：阿勒坛，他是乞牙惕-孛儿只斤各氏族的罕（忽图剌）的幼子；忽察儿，他是孛儿只斤氏族有名的成员捏坤太子的长子；撒察（别乞），他是合不勒长子系统杀人不眨眼的主儿乞氏族的首领，而合不勒在古代曾是乞牙惕-孛儿只斤氏族的罕，并发扬了这个古老氏族过去的光荣。《元朝秘史》说：“阿勒坛，忽察儿，撒察别乞，众人共商量着，对帖木真说：‘（我们）立你做皇帝（罕）。你若做皇帝呵，多敌行（厮杀时），俺做前哨，但虏的美女妇人并好马都将来与你。野兽行打围呵，俺首先出去围将野兽来与你。如厮杀时违了你号令，并无事时坏了你事呵，将我离了妻子财产，废撇在无人烟地面里者！’”[2]巴托尔德说得好[3]，从这段勇士们的“誓言”中，可以看到，蒙古罕几乎只是在部落和各氏族有共同利益的两大重要事业上，即在战争和围猎时[4]，才有权利和

义务。成吉思汗在其必里克（训言）中亲自说过[5]：“我们出发围猎， 81

① 《史集》，第 2 卷，第 43 页。（见新译，第 1 卷，第 2 分册，第 44 页。——译者）

② 《元朝秘史》，第 123 节。

③ 巴托尔德，《成吉思汗帝国的形成》，《俄国考古学会东方部论集》，第 10 卷，1896 年，第 110 页。

④ 勇士们有时也向其合罕提出要听从他们的言语的坚决要求。例如，贵族氏族巴阿邻氏出身的豁儿赤来到成吉思汗处，对他说：“……你若做国的主人呵，怎生叫我快活？……与了我个万户，再国土里美好的子女，由我拣选三十个为妻；又不拣说甚言语，都要听我。”（《元朝秘史》，第 121 节）

⑤ 这是成吉思汗所说的话；参阅《史集》，第 3 卷，第 124 页（见新译，第 1 卷，第 2 分册，第 261 页。——译者）；在原文中为 горный бык（山牛），参阅本书（边码）第 34 页。

杀死许多山鹿；我们出去战争，杀死许多敌人。”“誓言”也只在“厮杀时”，在“平日”“坏了(罕的)事”时，才提到罕的命令。成吉思汗在答复勇士们的话时，套用他们“誓言”的调子说，他将怎样去履行罕的权利和义务[①]，如“我将百姓的许多马群、畜群、帐幕、女子、孩子都取来与你们，在草原狩猎时我为你们整治通道，构筑围场，并把山兽赶到你们方面去”。

当然，拥有这种“权利和义务”的首领，不能称为君主，也不能称为皇帝等等。当时的蒙古还不知道帝制、汗权，因为这一切还只是刚刚产生。客列亦惕有名的王罕始终就不是一个“王”。我们把他提升到这个高位，并把他所从来不曾有过的力量和权势加在他的身上，是受着与王罕这一名号有关的传统联想的影响。[②]如果把有关资料分析一下，情形就完全两样：王罕就不再是一个王国的君主——统治者，而会变成和忽图剌，青年时代的成吉思、札木合等人一样的，一个在当时来说普通的蒙古罕。[③]首先，根据我们资料

① 巴托尔德据《史集》原文翻译，参阅《成吉思汗帝国的形成》，第111页[《史集》，第2卷，第139页(见新译，第1卷，第2分册，第130页。——译者)]，对照《成吉思汗的故事》，第173页的说法。

② 绝不能像巴拉第·卡法罗夫那样，说什么罕的法定继承性，参阅《元朝秘史》俄译本，第190、280页。

③ 的确，他“继承了祖父的”权力，其祖父也是一个“罕”，《史集》，第1卷，第96—102页(见新译，第1卷，第1分册，第127—134页。——译者)；《元朝秘史》称王罕为ġan ~ xan，即“汗”“皇帝”，以便区别于普通的蒙古罕。《成吉思汗的故事》称王罕为“王罕可汗”(Ван хань кэхань)，可汗即汗之意。帖木真成吉思于1206年即蒙古游牧帝国君位时，采用汗(xan ~ qan)的称号，以区别于各部落首领所用之合罕[成吉思从前做部落首领时也用过合罕(xa’an)]的称号(参阅波兹德涅耶夫，《汉蒙文古籍〈元朝秘史〉考》，第18页)。可以指出，13世纪的许多蒙古语原文均一致称成吉思汗为“汗”；其他蒙古皇帝也用过这一称号，但应指出，他们已开始采用xa ‘an ~ xa’ an ~ xagan(可汗)这一称号了。(参阅伯希和，《蒙古与教廷》，第1部分，第18页；《巴托尔德〈蒙古入侵时期

上一致的证明，王罕不是克列亦惕部落卓越的统治者[①]，他不得不向也速该把阿秃儿及青年时代的成吉思那样渺小的首领们寻求援助；就连他的王国，一击之下，就是说，在他的屯营遭受袭击之下，就被消灭了。从所有资料记载来看，他和也速该及青年时代的成吉思、札木合等人并无不同之处[②]；他与这些人实际上几乎处于同等地位，也许只是在财产较多和自金人处得到封号这点上略胜于他的东方邻居。甚至当王罕成为帖木真的义父时[③]，他也没有想过对成吉思要求宗主君的权利。这一切可以说明一件从前不可理解的事实，即王罕 82
怎么能够坐视并容许成吉思汗的兴起。有关王罕的这些叙述，在更大程度上可能也适用于当时其他的“君主”，如乃蛮的塔阳汗。[④]

古代蒙古血缘亲属-氏族（斡孛黑）联盟的瓦解过程，以及由从属的人和属部组成包括有宗主（那牙惕）和属臣（孛斡勒）在内的新克兰的各个家庭分出支系的过程，是以力求巩固个体游牧经济，并以富裕畜牧者需要带着从属于他的马夫和牧人实现更自由和独立的生活为基础的。保障自己牧地免遭袭击的需要，力图以掠夺的手段致富的企图，组织必须由相当多的人参加的围猎的需要，这一切

（接上页）的突厥斯坦〉评注》，第 25 页；加特麦尔书，第 10—15 页，注 10。）

① 《史集》，第 1 卷，第 96—102 页（见新译，第 1 卷，第 1 分册，第 127—134 页。——译者）；《元朝秘史》，第 152、177 节。

② 《元朝秘史》，第 158—159、160—163、170 节。

③ 《元朝秘史》，第 126、162—165 节。

④ 《史集》，第 1 卷，第 112—113 页（见新译，第 1 卷，第 1 分册，第 139—140 页。——译者）；《史集》，第 2 卷，第 111—112 页。（见新译，第 1 卷，第 1 分册，第 112—113 页。——译者）巴拉第·卡法罗夫虽然说到合罕的法定继承，可是，看起来，他对于蒙古合罕应该是一个什么样的人，却是知道得很清楚的。我们在他的译著中可以读到这样的一段话：“像客列亦惕人的王罕及其他人们一样，成吉思被宣告为蒙古氏族的罕、氏族的君主。”后来，他做了草原帝国的君主。（《元朝秘史》俄译本，第 190 节）

使蒙古草原贵族制不得不走向以罕为首的部落联合。在这一点上，围猎起了重大的作用，甚至可能比战争所起的作用还要大。无怪乎贵族勇士们的誓言和罕对他们的回答，都以围猎为词。因此，拉施特所谈的一个故事[①]非常有趣并有典型意义。有一次，成吉思和自己的人举行围猎，遇见了邻近被人认为与泰亦赤兀惕部落结成联盟的某一朱里牙惕氏族或部落的猎人。成吉思在围猎方面给朱里牙惕部落的猎人(约有 400 人)以种种方便。这一点产生了很大的影响，于是，这个部落的大部分人，经过几度犹豫以后，决心归附成吉思汗。他们说："泰亦赤兀惕的别克无缘无故打搅我们，使我们担惊受吓。这位君主帖木真，把自己的衣服脱下来给人穿；下了自己的马把它给人骑。他是有国家、让军队吃得饱，把兀鲁思管得好的人。"[②]这位波斯史家补充说[③]："经过思量和商议后，他们全来为成吉思汗服役，自愿做他的属下，并安身在他的福荫里。"

"安身在"部落罕"的福荫里"，这对于希望为自己的古列延和
83 阿寅勒及自己的畜群得到更安全的生存的草原贵族来说，非常重要；他们需要围猎场所。因此，他们便在自己中间推举罕，从而部落和部落之间便有了经常的斗争，部落或部落的一部分经常从敌对阵营的一方转入另一方，从而引起了诸罕的斗争。这一过程必当导

① 《史集》，第 2 卷，第 96—99 页(见新译，第 1 卷，第 2 分册，第 88—90 页。——译者)；参阅《成吉思汗的故事》，第 154—155 页。

② 《史集》，第 2 卷，第 98 页。[见新译，第 1 卷，第 2 分册，第 90 页："泰亦赤兀惕的异密们无端压迫和虐待我们，(而)这位君主帖木真，脱下(自己的)衣服给人穿，下了自己的马把它给人骑。他是能够照顾地方、关心军队、把兀鲁思管得好的人。"——译者]

③ 《史集》，第 2 卷，第 99 页。[见新译，第 1 卷，第 2 分册，第 90 页："经过思量和商议后，他们全都自愿地归附成吉思汗，服从并托庇于(他)。"——译者]

致蒙古部落实现或多或少具有相当规模的统一，大家知道，这件事情已经发生了。

有着自己的贵族并以贵族出身的罕为首的其他各部落，都走上了这样的统一者的道路，力求实现同样的目标，因此，对于这样的统一者来说，和争霸者进行残酷的斗争，便成为不可避免的了。但是，互相争霸的既可以说是敌人，又可以说是盟友，因为被打败的敌人立刻变成了可靠的盟友；要知道他们所追求的，归根结蒂，就是一个统一。当客列亦惕的王罕战败时，客列亦惕的一些知名的首领都来到成吉思汗处。“这厮杀中，有合答黑把阿秃儿名字的人（对成吉思）说：‘我于正主，不忍叫您拿去杀了，所以战了三日，欲使（王罕）他走得远些，如今教我死呵便死，（若）恩赐教（我）活呵，出气力者。’太祖（成吉思）说：‘……可以（与我）做伴来’，遂不杀（他），教他领一百人，赐与忽亦勒答儿的妻子。”[①] 可能这是一件普通的事[②]，但是这一事件可以说明，其他部落战败的贵族阶级归附于成吉思，事实上与支持孛儿只斤氏族的蒙古罕的亲族组成的那个阶级迅速地融成了一片。[③]

大家知道，巴托尔德认为札只剌惕（或札答剌惕）氏族的一个首领札木合是蒙古民主运动的领袖，这个运动和成吉思汗领导的贵族运动处于对立的位置。[④] 这是一个非常重要的问题，因为我们对于 12 世纪末和 13 世纪初蒙古社会的概念，有赖于这个问题的正确

---

① 《元朝秘史》，第 185 节。

② 巴拉第·卡法罗夫如此设想，《元朝秘史》俄译本，第 212 页。

③ 《史集》，第 1 卷，第 103、108 页。（见新译，第 1 卷，第 1 分册，第 133、135 页。——译者）

④ 巴托尔德，《成吉思汗帝国的形成》，第 111 页。

解决。首先，当时究竟有没有表现为和成吉思的贵族进行公开斗争形式的民主运动？以前，我在这个问题上曾经表示完全同意巴托尔德的意见[①]，现在，我必须在相当程度上改变自己的看法。分析一下在11—12世纪的蒙古所能看到的社会现象，我不得不认为，正如前述，在形成复杂的氏族单位的氏族制度条件下，草原贵族阶级的形成和下层阶级对它屈服的过程，到12世纪末已经完成了。

84 当时，草原贵族是强有力的和成员众多的阶级；正如贝勒津所完全正确地指出的："成吉思汗在草原里遇到的那个贵族阶级足够供他建立君主国家。"[②]我们的资料根本就没有提到过任何具有明显的民主主义性质的运动。大家知道，如果说，蒙古草原贵族曾经推举并支持了成吉思，那么，就应当指出，蒙古社会下层阶级中有许多人是常常追随他并为他忠实效劳的。[③]

人们说成吉思是一个"宽大的君主"[④]，这并不是毫无原因的，这个问题以下还要再讲。现在只需指出，那时候，并没有所谓民主运动。

当然，可能存在过民主的倾向。巴托尔德十分正确地指明了札木合的民主倾向(这个论点是从极其贫乏的资料引申出来的)。不错，札木合可能想到并关心"放羊的、放羔儿的"[⑤]，"喉咙里得吃的"[⑥]；

---

① 弗拉基米尔佐夫，《成吉思汗传》，第41—42页。

② 贝勒津，《术赤封地内部组织概说》，第431页。

③ 《元朝秘史》，第120—121、169、219节；《史集》，第2卷，第99、131页。(见新译，第1卷，第2分册，第90、126页。——译者)

④ 《史集》，第2卷，第98页。(见新译，第1卷，第2分册，第89页。——译者)

⑤ 《元朝秘史》，第118节；巴托尔德，《成吉思汗帝国的形成》；弗拉基米尔佐夫，《成吉思汗传》。

⑥ 同上。

他可能“喜新厌旧”[①]，但也只是这一点而已。最主要的是，巴托尔德认为：“平民，不求财富和荣誉，只是为了日常生计才集结在其他人物，即札木合的周围”；他的这个论点是不能得到证明的。《元朝秘史》列举过那些追随札木合并称他为首领的人。这是各种氏族，部落和“有自己百姓”的个别首领的联盟。这里面也有古老的朵儿边、翁吉剌惕氏族的代表人物，还有乃蛮的不亦鲁黑汗，斡亦剌惕的首领忽都合别乞，有泰亦赤兀惕的诸首领以及有自己百姓的成吉思的亲族等。[②]

可以指出，这个联盟里大多数是乞牙惕-孛儿只斤以外的蒙古氏族和部落的人，但是以此来确定这个联盟的民主性质是不够的，何况泰亦赤兀惕人和诸罕也参加了这个联盟。札木合虽有民主倾向，但是由于缺乏适当的环境和相应的条件，他的民主倾向不可能实现；他只能是当时普通的蒙古罕之一，只能是一帮形形色色的漂 85
泊无定的氏族与部落的一个朝不保夕的弱小首领。虽然根据《元朝秘史》上的记载，可以说札木合有若干民主的倾向，但是《元朝秘

① 《元朝秘史》，第 118 节；巴托尔德，《成吉思汗帝国的形成》；弗拉基米尔佐夫，《成吉思汗传》。

② 《元朝秘史》，参阅波兹德涅耶夫，《汉蒙文古籍〈元朝秘史〉考》，第 16—17 页。我们的其他资料也有关于札木合的同盟的记载，这是非常重要的，参阅《史集》，第 2 卷，第 92、126—128 页（见新译，第 1 卷，第 2 分册，第 85、122—123 页。——译者）；参阅《成吉思汗的故事》，第 153 页。格鲁木-格尔日麦洛已注意到这一点，《西蒙古与乌梁海地区》，第 2 卷，第 409 页。《元朝秘史》的说法与其他各书有所不同，参阅雅金夫书，第 20—21 页，但对同盟的特点，其叙述仍与各书一致。各种资料确切地表明，集合在札木合周围的是各种部落和氏族，而不是附属于成吉思的，不是成吉思的孛斡勒。反之，有的资料指出，从前和札木合在一起的成吉思氏族的兀纳罕-孛斡勒，例如巴牙兀惕人和札剌亦儿人，却归附过来，部分地和成吉思一起游牧；参阅《元朝秘史》，第 120 节。

史》也描写了他的另一面。据《元朝秘史》记载，当札木合被自己的亲信拿住并被押送给成吉思汗时，曾经说过“奴婢敢拿主人”[①]这样的话。

札木合之所以必然成为成吉思的敌人，并不是因为他领导了民主运动，而是因为他成了成吉思努力追逐的罕位的篡夺者、争霸者。必须注意，不管怎样，成吉思不得不与所有的蒙古部落首领们，与王罕、与乃蛮人和蔑儿乞惕人的首领、与斡亦剌惕人的君主们——最后与札木合——处于敌对的关系。同样也要指出，没有一个有名的部落首领和罕归附成吉思。而各贵族氏族的著名首领，孛儿只斤的阿勒坛、忽察儿，主儿乞的撒察别乞，虽然选举成吉思为罕，但是他们都死在成吉思的手下。

对于蒙古草原贵族阶级来说，维持其牧地内部的秩序是重要的和必要的，实行袭击以及和外部敌人的战争对它也是非常有利的，因为由此可以夺得掳获物，既然这种掳获物中有“熟练的牧马者”“好汉子”等等，袭击和战争就当然不是徒劳的。因此，这个草原贵族阶级宁愿要强有力的(合罕)，而不愿要像阿勒坛、忽察儿那样虽然有名但很弱小的首领，或者像撒察别乞那样容易动摇的勇士。在其他的情况下，事情决定于战场；成吉思汗因而成了首领。不过，草原贵族们早就明确地认清了谁是他们的真正首领。[②]当一

① 《元朝秘史》，第200节；《史集》，第1卷，第203页(见新译，第1卷，第1分册，第191页。——译者)。

② 参阅蒙古贵族的代表人物对其首领的预言和评论，《元朝秘史》，第121—123、203—207节；《史集》，第1卷，第176—177页(见新译，第1卷，第1分册，第177页。——译者)；《史集》，第2卷，第122页(见新译，第1卷，第2分册，第119页。——译者)。不应当因为对首领进行评论的人当中有一个是属于兀纳罕-孛斡勒阶层而就感到困惑；正如我在前面所力图说明的，“属部”的上层是属于古代蒙古社会的统治阶级的。

个人能够说出“他的夏季牧场成了欢乐饮宴的地方，而冬季牧场必须是合适的”这样的话的时候[①]，他是能够创建也客忙豁勒兀鲁思(yeke monggol ulus——大蒙古国)的。

我们的资料上有十分明确的记载。例如拉施特说[②]：“当成吉思汗还没有做皇帝而部落之间正在争夺霸权时，这个锁儿罕[③]就说过：
‘想登大位的人、一个是塔塔儿部落的阿斡兰兀都儿，另一个是乞 86
牙惕主儿勤部落的撒察别乞和札只剌惕部落的札木合薛禅，这些人想角逐霸权，争夺大位，但是结果帖木真取得优势，各部落一致拥护帖木真即帝位，因为他有完成这个事业的才干和功绩，所以长生天的气力和皇帝的福荫，明显地降临在他的额上。’”事情果然如他所说的那样。“他是按着蒙古的习惯以押韵的音调和美妙的词句，说了这些话的。”[④]

① 这句话被认为是成吉思汗的自述。[《史集》，第3卷，第121页。见新译，第1卷，第2分册，第260页：“他的夏营地成了游乐和欢聚之处(джӣркамӣшӣ)，而冬营地则是很适宜的(地方)。”——译者]

② 《史集》，第1卷，第177页。[见新译，第1卷，第1分册，第177页：“当成吉思汗还未做皇帝，而每一个不听约束的部落都有(自己的)首领和君主时，这一锁儿罕说：“想登大位的人，一个是塔塔儿部的兀剌合兀都儿(улак-удур)，另一个是乞牙惕主儿勒(кият-юркин)部的撒察别乞，而(第三个)是札剌惕部的札木合薛禅。这些人怀着很大的野心，争夺大位，但结果还是帖木真成为首脑，各部落一致拥戴他即帝位；因为他有成就这种事业的才能和功绩，所以长生天的气力和大皇帝的英武，显耀在他的额角上。”]在其他章节上他也提到此事，见《史集》第2卷，第122—123页；若干固有名词的标音是根据贝勒津自己的写法订正的，参阅《史集》俄译本，第2卷，第286—287页。

③ “巴牙兀惕部出生的”[《史集》，第2卷，第112页。(见新译，第2分册，第119页。——译者)]；“……他(成吉思汗)使他成了长老和被尊敬者，他是一个奴隶的子孙”。[《史集》，第1卷，第176—177页。(见新译，第1卷，第1分册，第173—174页。——译者)]

④ 《史集》，第2卷，第123页。(见新译，第1卷，第2分册，第119页。——译者)

这位史家还有一段记载[①]:他说,在克列亦惕的王罕与帖木真成吉思进行斗争时,一些归附王罕的蒙古贵族,其中包括帖木真成吉思的几个亲属,"大家聚在一起商量道:'我们夜袭王罕,自为君主,既不跟随王罕,也不跟随成吉思汗,不听命于他人'。这个消息传到王罕那里,他便袭击了他们,掠夺了他们……"

我们可以提出这样的假定:上述草原贵族阶级的形成,它所推举和支持的首领(罕)的出现以及部落联合的形成,都是以游牧方式由古列延向阿寅勒的过渡,以及与此有关的围猎组织方法的改变作为基础的。实际上,拉施特叙述蒙古的古列延时便已指出,古列延是"在古老的时代"采用的方法。[②] 可以指出,若干文献使我们了解到,还在成吉思汗的青年和中年时代便已采用阿寅勒方式进行游牧了。[③]

在相当漫长的时间里出现的这个过程,是以蒙古诸氏族、部落和"有毛毡帐裙的百姓"以及部分"森林之民"的统一,并以游牧国家的建立而告终结的。这个游牧国家,一方面是各定居民族的商业资本的同盟者和保护者[④],而另一方面又以一伙匪帮的资格[⑤],长期地和这些民族打交道。

伴当们(那可惕)在蒙古国家的形成过程中,也像在各部落统

---

① 《史集》,第2卷,第142—143页[见新译,第1卷,第2分册,第132页(此段引文中"……我们夜袭王罕……",新译本为"……我们出其不意地袭击王罕……"——译者)];参阅《史集》,第1卷,第107页(见新译,第1卷,第1分册,第135页。——译者)。

② 《史集》,第2卷,第94页。(见新译,第1卷,第2分册,第86页。——译者)

③ 例如,参阅《成吉思汗的故事》,第164页。

④ 参阅巴托尔德,《蒙古入侵时期的突厥斯坦》,第424页。

⑤ 参阅巴托尔德,《兀鲁伯及其时代》,第33页。

一的建立时期一样，起了巨大的作用，并且正与西欧的情况相同，封建关系由此发展起来了。

勇士——草原贵族的形象，在蒙古史诗里曾被鲜明地刻画出来，一些篇章还完整地保存到今天。英雄史诗中的许许多多英雄们，例如漠西蒙古的英雄史诗中的英雄们，在一切方面，甚至在细节上，都令人想起也速该把阿秃儿和青年时代的帖木真成吉思。[1]

① 参阅弗拉基米尔佐夫，《〈蒙古-卫拉特英雄史诗·序文〉翻译》。

第三章　封建关系

第一节　伴当

伴当们在岸边宴饮；
战士们回忆起过去的日子和他们
在一起厮杀的战事。

87 蒙古史的各种资料经常提到伴当，即主要以战士的资格为氏族和部落首领服役的自由人。古代蒙古的伴当在许多特点上，一方面类似古代日耳曼首领们的亲兵，另一方面也类似古代罗斯诸侯们的卫士。和古代日耳曼亲兵与古代罗斯卫士相类似的古代蒙古伴当，叫作那可惕(朋友们)，即那可儿(朋友)[①]一词的复数。

我们发现古代蒙古罕以及各克兰、部落分支和部落的勇士及其他首领，都有伴当，而且还发现一个显著的特点，即伴当多半服务

① 关于此词，可参阅弗拉基米尔佐夫，《蒙古语那可儿》，第287—288页。对照塔西佗的“卫兵制度”(comitatus)。俄语Нукер一词，当然是通过波斯语和突厥语的媒介，自蒙古语的nokür一词演变而来。

于其他氏族的首领，虽然有时也为本氏族的首领服务。例如，有两个人，一个是朱里牙惕部落的人，另一个是兀良合惕部落的人，都“以跟随成吉思汗的弟弟拙赤合撒儿作伴当而著名”[①]。客列亦惕的王罕属下一个名叫忽亦都的伯克，即那颜，“带着他的一个妻子，三岁的儿子，一匹骆驼和一匹晃豁儿（xonggur——枣骝马），离开游牧群，来到成吉思汗处服役”。[②] 后来成为著名人物的别速惕氏族的者别，在青年时代是泰亦赤兀惕氏族某一首领的“家人”。[③] 后来成为成吉思汗战友的阿剌黑和纳牙阿也是如此，最初他们也是泰亦赤兀惕氏族的一个部落首领塔儿忽台乞里勒秃黑的“家人”[④]，他们两人都属于乞牙惕-孛儿只斤氏族的较长的支系——巴阿邻氏族。同样的例子可以随便举出很多来。

自由履行其对主人的义务是伴当的特点之一。在古代蒙古社会里，伴当不是主人即那颜的属下人或佣仆，而是有责任为他的首领尽义务——为他的“正”主服务——的自由战士。成吉思汗想使不久以前相识的、后来成为他的最杰出的战友之一的孛斡儿出做他的那可儿；孛斡儿出是阿鲁剌惕贵族氏族一个富人的儿子，当成吉思汗派人去邀他做伴当（那可儿）时，他甚至没有和父亲商量就立

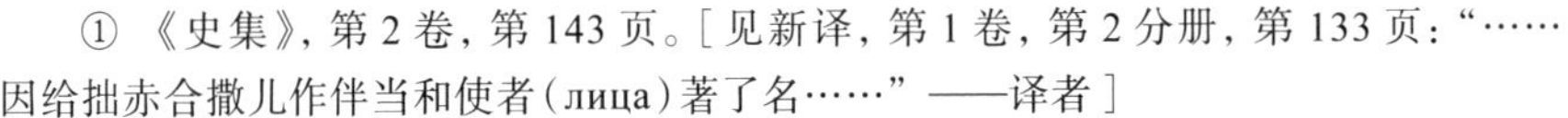

① 《史集》，第 2 卷，第 143 页。[见新译，第 1 卷，第 2 分册，第 133 页：“……因给拙赤合撒儿作伴当和使者（лица）著了名……”——译者]

② 《史集》，第 1 卷，第 105 页。（见新译，第 1 卷，第 1 分册，第 134 页。——译者）

③ 《元朝秘史》，第 146 节；《史集》，第 2 卷，第 99 页（见新译，第 1 卷，第 2 分册，第 90 页。——译者）。

④ 《元朝秘史》，第 146 节；《史集》，第 1 卷，第 196 页（见新译，第 1 卷，第 1 分册，第 187—188 页。——译者）；《史集》，第 2 卷，第 100 页（见新译，第 1 卷，第 1 分册，第 91 页。——译者）。

88 刻动身到成吉思汗那里去了。[①]

关于孛儿只斤氏族的不里孛可[②],有一段故事说他“将把儿坛[③]的子孙隔越了,却与巴儿合[④](即主儿乞氏族)勇猛的子孙们作伴”。当成吉思汗在斡难河畔举行宴会时,不里孛可整治“主儿乞处”的秩序和照管他们的马匹,当时因有人偷缰绳发生了殴打,他砍破了成吉思汗的弟弟的肩甲。[⑤]这事并未妨碍不里孛可对成吉思汗的服务。在主儿乞被破灭后,他出现在蒙古汗处,汗记起宴会时的仇恨,把他杀了。[⑥]

有时父母将儿子送出去做那可儿,甚至当儿子还在襁褓中,父母就决定要他在将来干这一行当。《元朝秘史》上有这么一段故事足以说明。[⑦]“帖木真(自那里)回着到家时,有札儿赤兀歹老人[⑧]自不儿罕山前,背着打铁的风匣,引着者勒篾名字的儿子来,说道:‘你当初在迭里温孛勒答合地面生时,我与了你一个貂鼠裹儿袱有来,者勒篾儿子曾与了来。为幼小上头,我将去养来。如今这儿子教与你,备鞍子,开门子。’后来成吉思记起这件事,想报赏者勒篾,对他说[⑨]:‘此时者勒篾在襁褓内;自那里(他把你)许做了(我的)贴已

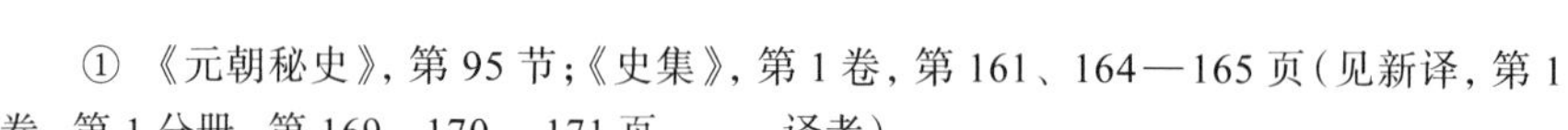

① 《元朝秘史》,第95节;《史集》,第1卷,第161、164—165页(见新译,第1卷,第1分册,第169、170—171页。——译者)。

② 参阅本书(边码)第73页。

③ 即成吉思汗的祖父把儿坛把阿秃儿。

④ 即斡勤巴儿合黑;《元朝秘史》,第136节;参阅《史集》,第2卷,第102页(见新译,第1卷,第2分册,第92页。——译者)。

⑤ 《元朝秘史》,第136节;参阅本书(边码)第72页。

⑥ 《元朝秘史》,第140节。

⑦ 《元朝秘史》,第97节。

⑧ 关于这个人物,参阅本书(边码)第78页。巴拉第的原文作Чжарчиутай,但在后面的第120页上引用了正确的拼法。

⑨ 《元朝秘史》,第211节。

奴婢，一同生长做伴到今，多有功劳，是我有福庆的伴当。(赦他)九次犯罪休罚者。'"

一些氏族和部落首领的伴当，也有从属部——兀纳罕-孛斡勒的上层出身的，这一点证明了前述关于兀纳罕-孛斡勒是属于古代蒙古社会统治阶级的说法。据说[1]："时札剌亦儿种的人，帖列格秃伯颜[2]有三子，教长子古温兀阿将他二子模合里[3]不合拜见太祖，(并给)与了(他)，说：'教(他们)永远做奴婢者！若离了你门户呵，便将脚筋挑了，心肝割了。'又教第二子赤剌温孩亦赤也将自己二子统格、合失拜见(成吉思)，说；'教与你看守金门，若离了时，便将他性命断了者。'又将第三子者卜客与了太祖弟合撒儿。"在解释
《元朝秘史》的这一节时，必须指出，札剌亦儿氏族或部落是乞牙惕 89
孛儿只斤氏族的属部(兀纳罕-孛斡勒)[4]；其次，从伯颜(Bayan——富人)这一称号可以推知，有名的模合里的父亲是一个富人，因此，也是属部的上层。[5]

可以把这一类的话，如"若离了你门户时便……"，"若离了时，便将他性命断了者……"看作是一种"宣誓"或"誓约"(homagium)，那可儿以这种"誓约"和首领-主人缔结关系。[6]但是，那可儿是否

---

① 《元朝秘史》，第137节。

② 在巴拉第的原文中为 Тэлегэту-Баянь，今据"蒙古语"原文订正。参阅《元朝秘史》。Тэргэту-Баянь 乃"帖列格秃富翁"之意。

③ 后来成为成吉思汗的最得力的伴当之一，参阅《史集》，第1卷，第134页。(见新译，第1卷，第1分册，第93页。——译者)(又称木华黎。——译者)

④ 参阅本书(边码)第84页。

⑤ 参阅本书(边码)第88页。

⑥ 参阅者别对成吉思说："我愿(对你)出气力……将深水可以横断，坚石可以冲碎"，《元朝秘史》，第147节。也可以参阅其他勇士的话，《元朝秘史》，第123—124节。

也可以自由离开他所选择的首领呢？可以的，虽然我们的资料对这个问题没有直接的答案。[①] 不管怎样，事实上经常有那可儿脱离首领—主人，并由这一个首领转向另一个首领。但是，类似的行为显然不能视为背叛和变节，尤其是当那可儿离开以前的主人而投到自己这方面来的时候，做主人的更不能有这样的看法。只有直接加害首领的行为才被认为是叛逆。这种叛逆行为，在当时，甚至连他的敌人，即与他相争的其他克兰的首领，也要认为是卑鄙的行为，应该受到斥责和惩罚。根据一些可能带有轶闻性质，但是描写出普遍的社会思潮的传说，成吉思杀死了原来在客列亦惕的王罕之子桑昆处当阿黑塔赤(掌马人)的一个那可儿阔阔出，原因是客列亦惕人破灭后，他忘恩负义地抛弃了和他一块逃走的主人，即阔阔出把桑昆遗弃在荒野里，而他自己却来投靠成吉思。[②] 但是成吉思说："这等人，如何教他做伴？(谁能信任他呢？)" [③] 另一方面，成吉思却对前述客列亦惕的勇士说[④]："不肯弃他主人，教(他)逃命，走得远着，独与我厮杀，岂不是丈夫，可以做(我的)伴来。" [⑤] 在我们的资

① 可以引用下面这一般相当重要的原文。成吉思汗对纳牙说："当初您父子每，将塔儿忽台乞里勒秃黑拿来时，你说：'自己的主人，如何舍弃着(让他)拿去。' 就那里放了，来归顺我。为那般我曾说：'这人省得大道理；久后一件事里委付(他)。'"《元朝秘史》，第 220 节；参阅《史集》，第 1 卷，第 196 页(见新译，第 1 卷，第 1 分册，第 188 页。——译者)；《史集》，第 2 卷，第 100 页。(见新译，第 1 卷，第 2 分册，第 91 页。——译者)参阅下面引用的成吉思汗的札撒。

② 《元朝秘史》，第 188 节。

③ 同上。参阅伯希和，《库蛮考》，第 179—180 页。科特维奇对于这一节翻译所作的订正，我以为绝不能采用，参阅《苏联科学院亚细亚博物馆所属东方学者协会札记》，第 1 卷，1925 年，第 240 页。

④ 参阅本书(边码)第 83 页。

⑤ 《元朝秘史》，第 185 节。

料里经常碰到的类似的故事[1]，当然是在那可儿必须对主人效忠的普遍观念影响下产生的那种东西。成吉思对于虽是抛弃了“‘自己 90
的正主’，另去归附他人，但是未把‘自己的正主’杀死和出卖给敌人的那可儿，说‘这人省得大道理’”。[2]

古代蒙古的伴当（那可儿）的职务究竟是什么呢？前述成吉思汗的一个那可儿，贵族氏族巴阿邻人纳牙阿[3]，申明自己对首领的职责说[4]：“我只一心奉事主人，凡外邦得的美女、好马，要献与主人。”古代蒙古的那可儿，首先是氏族、部落首领的战士；他们是罕、勇士及蒙古草原贵族阶级其他首领，以及这些人的兄弟与能够获得相当地位的其他亲属属下的亲兵。[5]

例如，泰亦赤兀惕的一个领袖塔儿忽台乞里勒秃黑，在袭击也速该把阿秃儿死后所遗下的家族时，率领着守护自己屯营的护卫军（土儿合兀惕——turġa'ud）前来。[6] 拉施特说[7]：“客列亦惕部落的分

① 例如，参阅《元朝秘史》，第149节；《史集》，第3卷，第5页（见新译，第1卷，第2分册，第148页。——译者）。

② 《元朝秘史》，第220节；参阅本书（边码）第89页。

③ 参阅本书（边码）第89页。

④ 《元朝秘史》，第197节。同时不应忘记选举成吉思为罕的勇士们的“誓约”；参阅本书（边码）第80页。

⑤ 《史集》，第2卷，第132页。（见新译，第1卷，第2分册，第126页。——译者）《元朝秘史》，第137节；《史集》，第2卷，第38页（见新译，第1卷，第2分册，第39页。——译者）。

⑥ 参阅《元朝秘史》“蒙古语”原文。关于此词可参阅伯希和，《巴托尔德〈蒙古入侵时期的突厥斯坦〉评注》，第29—30页。在《元朝秘史》相应的地方（俄译本第40节）的译文中，巴拉第·卡法罗夫使用着 товарищ（僚友）一词。

⑦ 《史集》，第2卷，第105页（见新译，第1卷，第1分册，第94页：“董合亦惕（Тункаит）部落是客列亦惕部落的分支之一；他们始终是客列亦惕部首领们的奴隶和

支董合亦惕部落，始终是客列亦惕首领的仆人和战士，哨兵长阿勒赤（Алци）伯克……和他的孩子，都是这个族系（骨）的人……后来，全体都来为成吉思汗服务。”成吉思汗被贵族首领集团推举为罕时，立刻着手组织自己的那可儿（战士）：“成吉思……教孛斡儿出弟斡歌来同合赤温、哲台、多豁勒忽四人（带了弓箭）为箭筒士”①，即为豁儿赤等。据传说，成吉思汗谈到孛斡儿出和者勒篾说②：“我以前无伴当时，您二人首先与我作伴，我心里不忘了。”这两个人首先以战士的资格为自己的首领服务，并参加战争。③蒙古汗像前述回答者别的“誓约”那样④，常常夸奖自己光荣的那可儿们，例如，成吉思对忽必来⑤说：“你将刚硬不服的人服了。你与者勒篾、者别、速别
91 额台⑥四个，如猛狗一般，凡教（你们）去处，（你们便）将坚石撞碎，崖子冲破，深水横断，所以厮杀时教您四人做先锋。”⑦

（接上页）战士，阿博赤图惕合兀勒（Абаци-тутгаул）异密……他的子孙，都是这个家系（骨）的人，……之后，他们全都对成吉思汗表现奴隶式的服从……”——译者）；还可参阅第1卷，第202页（见新译，第1卷，第1分册，第191页。——译者）。

① 《元朝秘史》，第124节。

② 《元朝秘史》，第125节。

③ 《元朝秘史》，第163、170、172、195、209节；《史集》，第2卷，第117页（见新译，第1卷，第2分册，第115页。——译者）。

④ 参阅本书（边码）第89页。

⑤ 忽必来是巴鲁剌思（Барулас）氏族的人，起初充任“带刀”士，《元朝秘史》，第124节；《史集》，第1卷，第199页。（见新译，第1卷，第1分册，第189页。——译者）

⑥ 是成吉思汗手下最能干的一员统将，与者勒篾同样出身于兀良合惕氏族；参阅《元朝秘史》，第120节；《史集》，第1卷，第143页（见新译，第1卷，第1分册，第158页。——译者）。他向成吉思申述自己愿做如下效力，“我如老鼠般收拾，老鸦般聚集，盖马毡般盖护，遮风毡般遮当”，《元朝秘史》，第124节。

⑦ 《元朝秘史》，第209节。者别和成吉思的谈话，正如巴拉第所设想的（《元朝秘史》俄译本，第197节），不是蒙古的格言，而是叙事诗的惯用语。

《元朝秘史》为我们保存了下述关于成吉思汗麾下四员主要军事侍从的叙事史诗的记事："彼时札木合亦在乃蛮处，塔阳问：'那赶来的，如狼将群羊般直赶至圈内，是什么人？'札木合说：'是我帖木真安答用人肉养的四个狗，曾教铁索拴着。那（些）狗，铜额、凿齿、锥舌、铁心，用镮刀做马鞭；饮露骑风。厮杀时，吃人肉。如今放了铁索，垂涎喜欢着来也。四狗，是者别、忽必来、者勒篾、速别额台。'"①

作自己的军事首领侍从的那可儿，首先是作为一个真正的战士，经常准备去战斗；成吉思汗在他的训言中讲述下面的事情②道："在骚乱时必须采取像达儿孩兀合那样的行动。他在骚乱时节，从合答斤部落带着两个那可儿走来。他们从远处看见了两个骑马者。那可儿说：'我们三个人，他们只有两个人；我们去袭击他们。'"《元朝秘史》和《史集》中所列举和提到的成吉思汗的所有伴当，都是他的军事侍从，首先是战士。③

古代蒙古的那可儿（首领们）的军事侍从，和氏族军毫无共同之点，氏族军是在较大规模的战争时期所召集的，这时许多能执弓箭的人（如果说不是所有的人）都离开自己的畜群，组成军队。拉施特在叙述一次战役时说④："他们集合起来同那可儿相对抗，组成

① 《元朝秘史》，第 195 节。

② 《史集》，第 3 卷，第 124 页。［见新译，第 1 卷，第 2 分册，第 261 页："混乱时期在外面行路，应当效法合达斤部落出身的达剌孩兀合（Даракай-ухэ），他在混乱中外出，带着两个伴当。他们从远处看见两个骑马的人。伴当们说：'我们三个，他们（只）两个，我们去袭击他们吧！'"——译者］

③ 参阅《史集》，第 2 卷，第 117 页。（见新译，第 1 卷，第 2 分册，第 114 页。——译者）

④ 《史集》，第 2 卷，第 116 页（见新译，第 1 卷，第 2 分册，第 115 页："他们一

了军队。”当时，一部分伴当变成了氏族军的各部队的指挥者，而另一部分则构成了特殊精锐的部队；从伴当中也培养出了一些团队和‘军’的指挥官。那可儿同自己的首领朝夕共处的这种战斗友谊关系是军队的萌芽和护卫军的萌芽；每一个那可儿都是未来的军官和统将。[①]因此，古代蒙古首领们的侍从队是特殊的军事学校。

民军通常是在战斗中按氏族和克兰分别组成的，即全体氏族成
92 员和他们的孛斡勒一起编成了单独的队伍。以下是一段有关成吉思和克列亦惕的王罕作战的记载[②]：“主儿扯歹[③]说：‘皇帝面前我的兀鲁兀惕忙忽惕[④]做先锋厮杀。’说罢，他两姓的百姓，于成吉思前排阵立了。才立罢，王罕的先锋只儿斤[⑤]冲将来，兀鲁兀惕、忙忽惕迎着冲将去，将他每败了。追去时，被王罕的后援土绵土别干的阿赤黑失仑冲来，将咱忽亦勒答儿刺下马。[⑥]忙忽惕军复翻回于忽亦勒答儿落马处立了。主儿扯歹领着兀鲁兀惕冲去，又将他败了。

(接上页)起抵住了伴当们，整了队……”——译者)；参阅《元朝秘史》，第104、105—108、129、143、144、145、146节；《史集》，第2卷，第92—96、103、126—127页(见新译，第1卷，第2分册，第85—86、92—93、122—123页。——译者)等；第1卷，第203页(见新译，第1卷，第1分册，第191页。——译者)。

① 后来成为有名统将的成吉思汗的主要战友们，全都是从成吉思汗的那可儿中提拔起来的，孛斡儿出、木华黎、者别、速别台等人均是。

② 《元朝秘史》，第171节。

③ 兀鲁兀惕氏族的首领；在巴拉第的译文中，他还被叫作Чжур-Чжудай(主儿-主歹)(《元朝秘史》俄译本，第64节)；《史集》则称之为Кейтей(客歹)[第1卷，第192页(见新译，第1卷，第1分册，第186页。——译者)]。

④ 从乞牙惕，孛儿只斤分支出来的两个古老的氏族。

⑤ 客列亦惕氏族的一个部落。参阅《元朝秘史》，第170节；《史集》，第1卷，第95页(见新译，第1卷，第1分册，第128页。——译者)；《史集》，第2卷，第94、133页(见新译，第1卷，第1分册，第86、125页。——译者)。

⑥ 忙忽惕氏族的首领。

追去间，斡蛮、董合亦惕[①]冲来，主儿扯歹又胜了。失列门太子领1000名护卫军冲来，主儿扯歹又胜了。”[②]可以说，这是从社会观点来描写战争情况的。在这里，有按氏族组成并由氏族首领统率的参加战斗的民军，有“后援”部队，最后，有1000人的部队或护卫军——根据所有资料来看，这就是客列亦惕的王罕的那可儿和那可儿的那可儿。同氏族的人（兀鲁黑）参加战斗，不和其他氏族的成员混合在一起，每一氏族分别在氏族首领，把阿秃儿、那颜、篾儿干、太师等的统率下组成单独的队伍。可是，从各氏族出身的那可儿，或是自己指挥某些部队，或是在自己的军事首领、罕等或为此而专门委任的其他人物的指挥下，前去作战。[③]

但是，古代蒙古的那可儿，除了当战士的义务，还须履行自己首领的其他使命，例如，派遣他们作为急递使臣或使者[④]，他们也从事纯经济的事务[⑤]，当然，也掌管一切有关围猎的事情[⑥]，有时也从事渔捞。[⑦]从那可儿中，不只培养出了一些军官，而且培养出了一

① 客列亦惕氏族的两个部落的名称，《史集》，第2卷，第299页。（见新译，第1卷，第2分册，第129页。董合亦惕部仅见于第129页，第299页疑误。——译者）

② 参阅《史集》，第2卷，第132—133页（见新译，第1卷，第2分册，第125页。——译者）关于同一战役的故事。

③ 《元朝秘史》，第191—192、208—210、224—225节；《史集》，第2卷，第116页（见新译，第1卷，第2分册，第115页。——译者）。

④ 《史集》，第2卷，第143页。（见新译，第1卷，第2分册，第133页。——译者）参阅《元朝秘史》，第184节。

⑤ 《元朝秘史》，第124节。

⑥ 《元朝秘史》，第232—233节；《史集》，第3卷，第129页（见新译，第1卷，第2分册，第265页。——译者）。

⑦ 《史集》，第1卷，第162页。（见新译，第1卷，第1分册，第169页。——译者）

些“统治者”。[1]

根据我们资料中的个别说法与暗示，可以判定，那可儿在平时实际上是首领屯营内的“家人”，从事种种家务，与普通奴仆和家仆区别不大。[2] 这种情况，在弱小首领的屯营内，大概是极其经常地发生的。例如，大家知道，者勒篾在成吉思汗屯营“居北边”杀牲牛[3]；大家也知道，他的父亲要他到成吉思这里来备鞍子和开门子。[4]
93 后来成为成吉思汗第一流战友的模合里，他的祖父在把自己的儿子和孙子送到成吉思汗处服役时说：“教永远做奴婢者。”[5] 当然，“奴婢”一词，不应当按照我们今天的意义，而要从这一词古代蒙古语的意义去理解它。[6]

那可儿和奴隶——孛斡勒、札剌兀等，在地位上的差别毕竟是很大的。那可儿是自由民，往往是贵族氏族的成员，并且能够和主人断绝关系；而孛斡勒则永远受自己的那颜的束缚，只有在做了“从奴隶中解放出来的人”即答儿罕时，才能够断绝关系。[7] 古代蒙古首领的那可儿，与首领共同生活，同患难，共安乐，是他们的家人(按这一词完整的意义)。拉施特记述年轻时代的成吉思汗的十三翼(古列延)时指出：“十三翼是按照这样的方式划分

① 《元朝秘史》，第205—207节。

② 人们都知道，中世纪初期的西欧及古罗斯均有此种现象。

③ 《元朝秘史》，第214节。

④ 《元朝秘史》，第97节；参阅本书(边码)第88页。

⑤ 《元朝秘史》，第137节；参阅本书(边码)第88页。

⑥ 参阅本书(边码)第88页。

⑦ 札撒载：“凡有人发现逃脱的奴隶或潜逃的俘虏，如不即时拿获并送交其主人，则此人即应处以死刑”，参阅里亚赞诺夫斯基，《蒙古部落(蒙古人、布里亚特人、卡尔梅克人)习惯法》，第43页。

的……[1]第二，成吉思汗，他的儿子们，他的那可儿……第十，忽图拉合罕的儿子拙赤汗……他的部下和伴当们……’”据《元朝秘史》记载，成吉思汗曾以叙事诗的语调说到他的侍卫，即他初称罕时的那可儿[2]：“您宿卫的，于大雨雪的夜里，或晴明的夜里，或敌人纷扰厮杀的夜里，在我帐房周围宿卫，使我身心皆安。”在这方面，古代蒙古的那可儿，类似他们的欧洲中世纪的同僚。[3]可以说，11—12世纪的蒙古首领，把阿秃儿、太师、那颜、罕等一生中从未和他们的那可儿分离过，始终有不等数目的那可儿扈从他，组成他的侍卫。在自己首领的屯营里，那可儿是仆役；在战争或袭击时，他是战士；在围猎时，他是助手；他总是照管某种事情，充当侍从，他也是自己首领的最亲密的僚友和咨询者。[4]因此，人们以亦纳黑（inaġ——密友）这个名词来称呼这种被亲信的那可儿。[5]据传说，成吉思汗本人曾指出孛斡儿出和模合里作为咨询者的功劳，他对他的战友（伴当们）说[6]：“你（又）与木合黎（木华黎）将合可行的事，助我教行，不可行的事，谏我教止；所以得到这大位子里。”成吉思汗在其必里 94

① 《史集》，第2卷，第94—95页。［见新译，第1卷，第2分册，第87—88页：“兹将这些古列延详细列举如下：……第二，成吉思汗及其诸子和伴当们……第十，忽图剌汗的儿子拙赤汗，……他的属下（атба̄‘）和信从者们（ашйа‘）……”——译者］

② 《元朝秘史》，第230节。

③ 参阅巴甫洛夫-西里旺斯基（Н. П. Павлов-Сильванский），《罗斯侯国的封建关系》（Феодальные отношения в удельной Руси），圣彼得堡，1901年，第4页。

④ 《元朝秘史》，第233—234节；《史集》，第1卷，第163页（见新译，第1卷，第1分册，第170—171页。——译者）；《史集》，第2卷，第143、102页（见新译，第1卷，第2分册，第133、93页。——译者）；《史集》，第3卷，第24、129页（见新译，第1卷，第2分册，第261、265页。——译者）。

⑤ 《史集》，第1卷，第62、163页（见新译，第1卷，第1分册，第109、169页。——译者）；加特麦尔书，第50页，注84；贝勒津，《术赤封地内部组织概说》，第425页。

⑥ 《元朝秘史》，第205节。

克里对其主要伴当作了如下评述(我引用贝勒津的“别具风格”的翻译):“彼等在我前后,甚得其力,彼等善挽强弩,控奔马之缰,臂猎鸟,牵猎犬。”[①] 古代蒙古那可儿的职责,几乎全部列举出来了。

现在考察一下首领对自己的那可儿的义务。首领对那可儿应当采取什么态度呢?首先,首领应该庇护自己的军事随从——伴当。据《元朝秘史》记载,成吉思汗提到他的旧伴当-侍卫时说[②]:“久后我子孙将这护卫的想着,如我遗念一般,好生抬举,休教怀怨。”[③] 大家知道,在斡难河畔举行的著名宴会上,有合答斤氏族的人来偷缰绳。[④] 这个人是主儿乞的那可儿[⑤],特别是在斡勤巴剌合黑[⑥]“勇猛子孙处”当军事随从的不里孛可的那可儿。这个偷缰绳的那可儿受到不里孛可的庇护。据拉施特说[⑦],不里孛可“与撒察别乞一致行动,庇护了那个人”。同时,不应忽视,不里孛可和被拿获的窃贼属于完全不同的氏族,并服务于另外的一个氏族(家庭),即主儿乞氏。

古代蒙古的首领必须赡养他们的那可儿,供给他们以住所、食物、衣着和武器。那可儿们自然乐于投奔到像成吉思汗那样的人物那里去服务,他们说,“他是奴隶的主君、赡养者和军队的拥有

---

① 《史集》,第3卷,第129页。(见新译,第1卷,第2分册,第265页。——译者)

② 《元朝秘史》,第231节。

③ 成吉思汗派遣其以前的那可儿,现任统将的速别额台出征,并对速别额台说道:“若有违号令者,我认得的,便拿将来,不认得的,就那里典刑了。”这里所谓认得的,首先可能就是那可儿。成吉思然后又补充说:“你虽然离的我远,如在近一般行呵。”《元朝秘史》,第199节。

④ 《元朝秘史》,第131节;《史集》,第2卷,第101页(见新译,第1卷,第2分册,第92页。——译者)。

⑤ 《史集》,第2卷,第102页。(见新译,第1卷,第2分册,第92页。——译者)

⑥ 《元朝秘史》,第140节;参阅本书(边码)第88页。

⑦ 《史集》,第2卷,第102页。(见新译第1卷,第2分册,第92页。——译者)

者”[①]，“君主帖木真把自己的衣服脱下来给人穿；下了自己的马把它给人骑。他是有国家，让军队吃得饱，把兀鲁思管得好的人”。[②]成吉思汗本人也谈到罕的义务，当然，这不只是对某些伴当，实际是对全体“部下”的义务，他说道：“我想，如果我是帝王，并是许多国家的军队的先锋，那么，我一定对部下尽义务，将许多马群、畜群、帐幕、女人、孩子和百姓都取来与你们，在草原狩猎时，我与你们整治通道、构筑围场，并把山兽赶到你们方面去。”[③]克列亦惕的王罕的儿子桑昆的一个那可儿的妻子，谴责其背叛主人的丈夫说[④]：“当你穿着金衣时，当你吃着美味时，我的阔阔出[⑤]呀，难道你说过 95
这样的话吗？”物质上陷入极端困难境地的青年人，常常跑到各种首领处去当那可儿[⑥]，因此，对那可儿的供养是首领和罕等的义务，这对许多人来说常常是美好的钓饵。这种状况是有重大意义的，但也不应忘记当时大部分蒙古部落普遍贫困和生产力十分低下的情况。

古代蒙古社会里的伴当（那可儿），和追随某个首领、某个罕及诸如此类有权势者的贵族、领主、官人、把阿秃儿与那颜辈的主要差别在于那可儿由他们所侍奉的首领来供养。罕或把阿秃儿的显贵的战友们虽然在其首领的指挥下参加战争、袭击与狩猎，但他们

① 《史集》，第 2 卷，第 97 页。[见新译，第 1 卷，第 2 分册，第 89 页：“（真的），他是一个挂念（自己）的部下（бандэпарвар），关心军队的主君。”——译者]

② 《史集》，第 2 卷，第 98 页。（见新译，第 1 卷，第 2 分册，第 90 页。——译者）

③ 《史集》，第 2 卷，第 139 页。（见新译，第 1 卷，第 2 分册，第 130 页。——译者）

④ 参阅《元朝秘史》，第 188 节；伯希和，《库蛮考》，179—180 页。我的翻译与伯希和教授的翻译稍有不同。

⑤ 即这个那可儿的原名。

⑥ 例如，回忆者别的情况，参阅本书（边码）第 87 页。当孛斡儿出到成吉思处服务时，从父亲的富裕的家庭出来，只取一件衣服和一匹马。参阅《元朝秘史》，第 95 节。

却以自己的屯营古列延和阿寅勒单独生活，并且有自己的伴当。至于伴当(那可儿)，他们首先是军事随从，并和自己的首领、罕、把阿秃儿、那颜生活在一起，成为他们的“家人”，靠他们供养。“勇士们”是和本氏族的成员共同生活的；伴当们却大多与本氏族分离，而与异氏族的人共同生活。

依靠自己首领供养的伴当，决定了首领的行动。军事首领为了掳获物，必须突击邻人，并组织围猎，掠夺“美女妇人并好马”，在这类突击和围猎中，他本人取得较好的部分。氏族的军事首领和他的伴当们一道变成了危害四邻的人物，他自己则成为掠夺的帮伙的首领。主儿乞氏族的撒察别乞、也速该把阿秃儿及其子帖木真成吉思汗、札木合薛禅等人，就都是历史上著名的这类富于掠夺性的伴当们的首领。伴当制度标志着氏族生活方式的进一步瓦解和对平民的奴役，而平民归根结底又必须支持这一贵族的帮伙。成吉思汗在训言中述说自己的行事道[①]：“智勇兼备者，使之典兵。活泼矫捷者，使之牧马。愚钝之人则付之以鞭，使之看守牲畜。”巩固和组织军事随从(那可儿)，是古代蒙古首领们，特别是罕最重要的事业，因为拥有那可儿，往往就可以制止好战的邻人的袭击。因此，可以
96 看到罕怎样把军事随从组成常备的队伍，组成正规的亲卫[②]，以及最后，进而至于登峰造极地把他们组成王罕和成吉思手下那样的“护卫队”[③]；(“护卫队”同样有自己的历史，因为它是逐渐成长和发展起

① 《史集》，第 3 卷，第 121 页。(见新译，第 1 卷，第 2 分册，第 259 页。——译者)

② 《元朝秘史》，第 170、171、208—209 节；参阅伯希和，《巴托尔德〈蒙古入侵时期的突厥斯坦〉评注》，第 300 页。

③ 《元朝秘史》，第 124、191—192 节；参阅巴托尔德，《蒙古入侵时期的突厥斯坦》，第 410—415 页。

来的）[①]。同时，还可以看到那可惕怎样变成了军事领主——那牙惕。

由于军事首领篡夺了部落或一个至几个氏族（克兰）的权力，又有出身于不同氏族、主要是贵族氏族的军事随从（伴当）随侍在周围，他们的出现，对于处在游牧的自然经济条件下、少量生活必需品的生产率发展还异常低下、物物交易还只是刚刚产生的古代蒙古社会，是有极大意义的。随着氏族制度的进一步瓦解，向封建关系发展的倾向逐渐显露出来。我们现在可以转入对封建关系的研究。

第二节　家臣制

而是希望你搭盖禹儿惕（帐幕）。

——《古俄罗斯文库续》（Прод. Дрёвн. Росс. Вивл.），第 9 卷，第 12—13 页

我们已在前面的某一节中研究了在古代蒙古社会里出现的属部关系，这种关系表现为某一氏族对另一氏族处于属部的地位（兀纳罕-孛斡勒）。[②] 当时也曾指出，兀纳罕-孛斡勒制度已开始消失，而属部也已逐渐和那些只从属于某一贵族首领、罕、把阿秃儿、那颜辈的其他"自由"的氏族没有什么区别。现在让我们来考察家臣制。家臣制是在人们以那可儿或部下的资格，愿意承认罕、那颜等的权力和某些权利，从而为军事首领服役的基础上产生的一种制度。

① 《元朝秘史》，第 223—233 节；伯希和，《巴托尔德〈蒙古入侵时期的突厥斯坦〉评注》，第 27—30 页。

② 参阅本书（边码）第 89 页。

我们的资料里有相当多的材料涉及成吉思汗帝国时期发生的家臣制，但关于这个时期以前的情况则几乎绝未提及，关于在其他蒙古汗国例如在乃蛮人、客列亦惕人那里出现的类似情况，也同样没有提到。不过，由于成吉思汗通常并没有建立过什么新的制度，而在资料上又可以找到关于某些部落出现家臣制倾向的一些个别暗示，可以设想，早在成吉思汗时代以前，凡是有了适当条件[1]的各
97 蒙古部落，都已出现了在为罕和那颜服役的基础上发展起来的家臣制，即新的家臣制。

古代蒙古的一切氏族、氏族分支和部落联合体，就其隶属于首领、罕、那颜、太师、把阿秃儿等的观点看来，都叫作兀鲁思，即“人民（领地）”“人民（分地）”。例如，被看作是一些血亲克兰（氏族）的泰亦赤兀惕人，本身就是亦儿坚，即“氏族分支”或“部落”。[2]然而，在某一首领，例如在塔儿忽台乞里勒秃黑统率下结合起来的泰亦赤兀惕人，甚至是他们的一部分，则是一个兀鲁思，即这个首领的“人民（分地）”“领地”。[3]由此看来，兀鲁思一词，在一定限度内可以译作“分地、领地”；不过，作为纯粹游牧民的蒙古人，更喜欢把兀鲁思理解为人，而不理解为领土；事实上，兀鲁思一词的原始意义也本来是“人”。因此，兀鲁思一词也可以译作“人民”，即“人民（分

① 《史集》，第1卷，第95页（见新译，第1卷，第1分册，第127—128页。——译者）；《史集》，第2卷，第105—106、113页（见新译，第1卷，第2分册，第134、139页。——译者）；参阅《元朝秘史》，第165—167节。

② 参阅本书（边码）第79页。

③ 例如，《元朝秘史》有如下的一节：“Temüjin-i Tarġutai-Kiriltux abcu odcu ulus irgen-dür-iyen jasaġlaju.”。[塔儿忽台乞邻勒秃黑将帖木真拿去于他（自己的）百姓（即组成其分地的全部自己人民）内传了号令。]参阅《元朝秘史》，第81节；帕特卡诺夫，《根据亚美尼亚资料阐述的蒙古史》，第2卷，第138页。

地）”，“联合在某一分地里或建立分地（领地）的人民”。到后来，兀鲁思又有“人民-国家”、“形成国家（领地）的人民”和“国家”的意义了。

我们的资料，如《元朝秘史》、拉施特的《史集》及其他等，极经常地说到成吉思汗建立分地，把某一个克兰、某一个氏族分支颁赐给某一人物领有，作为忠诚服务的报酬。例如[①]：“将客列亦惕百姓屈服，成吉思把它分与了自己的伴当。因孙勒都歹种的人塔孩把阿秃儿，太祖处有恩的上头，与了一百只儿斤百姓。……太祖再于巴歹，乞失里黑（二人行），将……管器皿的人，尽数与了，又将客列亦惕汪豁真姓的人就与他两个……于是将客列亦惕诸姓每都分与众伴当。”成吉思教客列亦惕的一个勇士“领一百人，与忽亦勒答儿的妻子，永远做奴婢使唤”。[②]成吉思的养子失吉忽秃忽向他请求赏赐[③]说：“若恩赐呵，于土城内住的百姓与我”，得到了汗的同意。拉施特讲述成吉思汗父亲的弟弟答阿里台斡惕赤斤的故事说[④]：“他的部落和氏族中有许多人被歼灭了。他有一个儿子，名叫泰亦纳勒-毕（Тайнал-Биэ），是继承人和代理人。成吉思汗把他连同他的部下两百个人，赏给了自己的侄子亦勒赤歹那颜（Илчидай-

① 《元朝秘史》，第186—187节。

② 同上书，第185节。

③ 同上书，第203节。

④ 《史集》，第2卷，第50—51页。［见新译，第1卷，第2分册，第48页：“他的部落和兀鲁黑大部分被歼灭了。他有一个儿子名叫大纳耶耶（Тайнал-ее），做了（他的）继承人和代理人。成吉思汗把他连同他的部下两百个男人，赏给了自己的侄子阿勒赤歹那颜（Элджидай-нойон），他们于是沦为他的奴隶（Дар мартабэ）。直到现在，他的兀鲁黑还和阿勒赤歹的兀鲁黑在一起。（从前，）这个部落和他的兀鲁黑当中有一个不儿罕（буркан）……他的儿子中有名叫古鲁黑（курух）的，是一个千户长，不儿罕的位置（后来）传给了他。”——译者］

Нойон），他们于是落到他的奴隶的地步。直到现在，他的氏族和亦勒赤歹那颜的氏族处在一起。他的那个部落和氏族中有一个不儿罕（Бурхан）……他的儿子中有个名叫古鲁克（Куруг）的，是一个千户长，不儿罕的职位传给了他。”

98 同样的故事还有很多。[①] 这一切证明兀纳罕-孛斡勒制度在成吉思汗时代，甚至在他的游牧国家建立时还仍然存在。从上面的例子还可以看出，前述兀纳罕-孛斡勒的定义，仍可适用于更晚的时期。在成吉思汗时代，兀纳罕-孛斡勒不是“奴隶”，而是“属部”，它能易于得到尊崇的地位，例如，成为千户长（那颜）。[②] 拉施特在一个地方明确地说道，类似上述的关系，在成吉思汗时代是“主人”和“属部”（兀纳罕-孛斡勒）的关系。这位波斯史家还说道，塔塔儿部落的大部分已被成吉思歼灭，偶然残留下来的人，都被分配给各个贵族家庭。在这些塔塔儿人当中，“不论是在成吉思汗时代或是在后来，有些人做了高级的和可尊敬的伯克，他们是斡耳朵（帐殿）的管理者，并具有世袭属部（兀纳罕-孛斡勒）的身份”[③]。

---

① 例如，参阅《史集》，第1卷，第38、190—191页（见新译，第1卷，第1分册，第97、185页。——译者）；《史集》，第2卷，第11—12页（见新译，第1卷，第2分册，第15—16页。——译者）；《元朝秘史》，第198—199节。

② 伯（伯克）和异密＝那颜。（《史集》及其他作家著作中的“伯克”是突厥语，＝阿拉伯语的“异密”和蒙古语的“那颜”。）参阅巴托尔德，《兀鲁伯及其时代》，第13页；德弗里麦里（M.C.Defrémery），《突厥地区和中亚河中地区蒙古汗国的历史，摘自洪德米尔〈传记之友〉，译自波斯文并附有注释》（Histoire des Khans Mongols du Turkistan et de la Transoxiane, extraite du Habibessiier de Khondémir, traduite du persan et accompagnée de notes），《亚细亚学报》，第4卷，第9号，1852年，第284页。

③ 《史集》，第1卷，第57—58页。［见新译，第1卷，第1分册，第107页：“不论是在成吉思汗时代或后来，有些人当了可尊敬的大异密和在（地位崇高的蒙古人的）帐殿里受委托管理国事的人；他们的地位相当于汪古-孛斡勒。”——译者］

成吉思汗继续遵循极古老的游牧传统，在统一许多蒙古部落和建立自己的游牧帝国（忙豁勒兀鲁思——Monggol ulus——蒙古国）以后，立即把分地（兀鲁思）分封给自己的儿子和近亲们。据《元朝秘史》上说，获得分地的有成吉思汗的正妻孛儿帖所生的四个儿子，他的母亲及弟弟合撒儿和别勒古台（大家知道，别勒古台并非成吉思汗的母亲所生，而是也速该的另一个妻子所生的）；蒙古汗的幼弟与其母共同获得了分地；由于成吉思汗的弟弟合赤温这时已不在人世，所以把这项分地给与其子阿勒赤歹。[①]据拉施特说，成吉思汗的别妃忽兰所生的儿子也获得了分地[②]；除此以外，成吉思汗的幼弟似乎还领有不和他母亲在一起的单独的分地。[③]根据这两种资料的证明，显然可以看出，成吉思汗分予分地，只限于本家族即乞牙惕-孛儿只斤氏族的成员[④]，也就是也速该把阿秃儿活着的子孙。成吉思汗的幼子拖雷除父亲在世时所获得的分地外，还应当以斡惕赤斤额毡的资格获得汗父死后所遗的基本兀鲁思（分地）[⑤]，也客兀鲁思（yeke ulus——大兀鲁思）[⑥]。长子拙赤第一个获得了分地[⑦]。

---

① 《元朝秘史》，第239、242—244、255节。

② 《史集》，第3卷，第146—147页。（见新译，第1卷，第2分册，第277页。——译者）

③ 《史集》，第3卷，第147—148页。（见新译，第1卷，第2分册，第277—278页——译者）但根据以前几次说到的蒙古习惯，母亲的分地，死后归其幼子，即斡惕赤斤，参阅本书（边码）第49页。

④ 例如，成吉思汗的伯父忙格秃乞颜之子并没有享得诸王的权利，参阅《史集》，第2卷，第47页（见新译，第1卷，第2分册，第46页。——译者）；《史集》，第3卷，第137—138页（见新译，第1卷，第2分册，第270—271页。——译者）。

⑤ 《史集》，第3卷，第132、143、149页。（见新译，第1卷，第2分册，第267、270—271页。——译者）

⑥ 《史集》，第3卷，第95页。（见新译，第1卷，第2分册，第231页。——译者）

⑦ 《元朝秘史》，第132节。参阅本书（边码）第51页。

99 分地的分配，根据下述的原则："国家"(兀鲁思亦儿坚)乃是建立帝国、即了汗位的这位人物的全氏族的财产[①]；正和氏族或氏族分支领有一定地域(其成员即兀鲁黑在此共同游牧)同时又领有作为世袭属部(兀纳罕-孛斡勒)的人的情况完全一样，现在这个汗的氏族成为住在一定地域(嫩秃黑)的人民[国家(兀鲁思)]的领主。于是，氏族所有制的概念开始转用于更大的范围，即人民(国家)的范围。[②]从这个观点看来，凡是包括在成吉思汗蒙古帝国以内的一切部落和各族人民，都成了成吉思汗及其氏族的兀纳罕-孛斡勒。照拉施特说[③]："因为成吉思汗是一位汗，是众星拱卫的巨星，是宇宙的主宰，所以整个蒙古氏族和部落，不论亲疏，都成了他的奴隶和奴仆。"因此，忙豁勒兀鲁思获得了"蒙古氏族的人民(国家)"的意义。成吉思汗的氏族对它的兀鲁思即对它的人民(国家)的权力表现在，本族即阿勒坛兀鲁黑[altan uruġ(urux)][④]的成员之一，在全族成员的议事会(忽邻勒台～忽鲁勒台)[⑤]上被选为统治整个帝国的皇帝、汗(罕)。氏族的其他成员，主要是它的男性子孙[⑥]则被承认为拥有分地(兀鲁思)的世袭使用权的诸王(可卜温～可卜昆——

① 参阅巴托尔德，《七河史概述》，第41—42页；弗拉基米尔佐夫，《成吉思汗传》，第70—72页。

② 参阅巴托尔德，"成吉思汗"条，《勃洛克豪斯和爱法隆百科辞典》，第38卷A，第843页。

③ 《史集》第2卷，第12页。(见新译，第1卷，第2分册，第16页。——译者)

④ 即用以称呼成吉思汗氏族的"黄金氏族"；参阅《史集》，第1卷，第147页。(见新译，第1卷，第1分册，第161页。——译者)

⑤ 服役的贵族也参加忽鲁勒台，参阅《元朝秘史》，第269节。

⑥ 寡妇有时也获得分地，公主则获得引者；《史集》，第1卷，第80页(见新译，第1卷，第1分册，第119页。——译者)；乞剌可思书，第60—62页；瓦西里耶夫译《蒙鞑备录》，第126页。

köbeün ~ köbegün)，这个词原为“儿子”的意思。[1]

这样，一切可卜温都享有分得分地，即分得共有财产的一部分，分得人民（国家）的一部分的权利；而最幼的王子还可获得其父亲的基本分地，例如，成吉思汗的幼子继承了也客兀鲁思（大兀鲁思），即继承了蒙古部落的基本人众以及他们游牧的地域。成吉思这位氏族首领和帝国的建立者，是皇帝、是汗、是基本的蒙古兀鲁思的领主，因为他在生前便把分地分给了诸王（可卜温）。在他死后，他的儿子或孙子中的每一个王都可以做皇帝[2]；因此，领有非基本的蒙古兀鲁思的王也能成为蒙古汗，实际上也是如此。

诸王，即分地的领主，都是蒙古皇帝的藩臣，他们凭借合罕讷 100

速突儿（xaġan-u südür），即“皇帝的福荫”[3]进行统治。每一个分地（兀鲁思），其中包括“大兀鲁思”，都应以一个王为首，就像帝国应以一个皇帝为首一样。据《元朝秘史》记载，成吉思汗宣称[4]：“合撒儿、阿勒赤歹、斡惕赤斤和别勒古台四个弟的位子里，他的子孙各教一人管，我的位子里教一个子管，我的言语不差，不许违了。”但是，分地（兀鲁思）的第一代领主的子孙-宗王们，也获得分地，成

① 参阅伯希和，《蒙古与教廷》，第2部分，第323页；《史集》，第2卷，第94页（见新译，第1卷，第2分册，第87页。——译者）；马加乞牙书，第30页；值得注意的是，现代蒙古族，即组成也客兀鲁思的古代蒙古人的后裔，几乎全然不用可卜昆这一词来表示“儿子、孩子”的意义；不过，在卫拉特人和布里亚特人当中，仍普遍保持此词的古义。蒙古语的 köbeġün，相当于突厥语的 oġlan ~ ulan；参阅贝勒津，《术赤封地内部组织概说》，第426页；但是贝勒津并没有弄清楚 oġlan 与 beg（伯克）= 那颜之间的区别。

② 《元朝秘史》，第255节。

③ 参阅伯希和，《蒙古与教廷》，第2部分，第320页；《史集》，第3卷，第150—151页（见新译，第1卷，第2分册，第278—279页。——译者）。

④ 《元朝秘史》，第255节。阿勒赤歹并不是成吉思汗的弟弟，而是他弟弟的儿子。

为藩臣的藩臣。成吉思汗氏族很快地繁衍起来，例如，在拉施特的时代，宗王、藩臣、陪臣的人数已达到非常大的数字。①

在诸王分地之内有定居人民的文化区域，最初由汗-皇帝管辖，通过特任的地方长官（达鲁合臣——daruġacin*）实行统治；诸王只从这些土地享用岁收，而自己却无权征收赋税。② 因此，诸王是自己分地内的军事封建主，其权力只能及于分给他们的蒙古人民（兀鲁思）从事游牧的嫩秃黑-禹儿惕，而从定居人民的土地上，他们只能获得大汗所设置的达鲁合臣直接处理的收入的一部分。应当指出，这种状态并不能长久维持下去，在蒙古帝国西部，诸王很迅速地变成了半独立的君主，后来变成了完全独立的君主——独立汗国的统治者。至于在蒙古帝国东部，则可以看到另一种完全不同的现象，关于这点，以后再述。

虽然蒙古皇帝是绝对的专制君主，但他是氏族会议（忽里勒台）“选举”出来的，按照成吉思汗的遗命，他不应专制地处罚“黄金氏

① 例如，参阅《史集》，第 2 卷，第 60、61、63 页。（见新译，第 2 卷，第 2 分册，第 60、61、62 页。——译者）诸王的分地，也可以称为引主或引只（injü 或 inji）（参阅贝勒津，《术赤封地内部组织概说》，第 426 页），兀鲁思及嫩秃黑乃是它的组成部分。参阅巴托尔德，《七河史概述》，第 4 页。还可参阅《史集》，第 1 卷，第 178 页（见新译，第 1 卷，第 1 分册，第 177—178 页。——译者）；多桑史，第 2 卷，第 7 页（对照冯承钧译本，上册，第 183 页。——译者）；贝勒津，《汗的敕令》（Ханские ярлыки），第 1 卷，喀山，1850 年，第 59—60 页。

* 达鲁花赤。——译者

② 《元朝秘史》俄译本，第 149、155、255—256 页［巴拉第・卡法罗夫的注解］；巴托尔德，《七河史概述》，第 42—43 页；《长春真人西游记》，巴拉第・卡法罗夫译，第 304、408 页［巴拉第・卡法罗夫的注释］；布雷特施奈德，《根据东亚史料的中世纪史研究》，第 1 卷，第 288、293 页。

族”[1]成员的犯罪者。氏族观点，即也速该把阿秃儿和成吉思汗氏族全体成员共同领有帝国的原则[2]，在这些规定里表现出来。但是，这 101
些原则实行得并不久，诸王开始内讧，对本族人进行暗算和杀害，“黄金氏族”迅速地瓦解了。

分地的领有是通过大汗举行的某种仪式来实现的。例如，成吉思对他的长子拙赤说：“我儿子中你最长，今日初出征去，不曾教人马生受，将他林木中百姓都归附了，我赏与你百姓。”[3]成吉思从所征服的百姓中，分一部分与母亲、弟弟和诸子，并说：“共立国的是母亲，儿子中最长是拙赤，诸弟中最小是斡惕赤斤。”[4]

诸王——兀鲁思的领主——去世时，他们的继承者，儿子、孙子或其他近亲们，再由蒙古汗通过某种仪式、恩赐分地[5]和规定陪臣。

另一方面，诸王则行臣事之礼，即，自认隶属于主君。正像在古代封建罗斯[6]那里一样，表现为跪拜（木儿古忽——mörgükü）的

① 参阅上文。

② 大家知道，成吉思汗还是把蒙古（Monggol——忙豁勒）这一名称给予以前称为乞牙惕-孛儿只斤的也速该把阿秃儿的后裔的这个氏族，后来，这个名称又转用于成吉思汗的兀鲁思及他的帝国。参阅弗拉基米尔佐夫，《成吉思汗传》，第71—73、76页；马可波罗书（第311页）：“成吉思汗奠定了帝国的始基并且首先征服了世界的一部分，所以我说‘成吉思汗的氏族或皇室。’”这种传统保持得很久，甚至在蒙古帝国的西部也是如此。在察合台语词典Абушка中，qi'yat（= 蒙古语的quiad ~ xiyad）一词被解释为“汗的氏族的后裔”，参阅维拉米诺夫-泽尔诺夫，《察合台-突厥语词典》（Словарь Джагатайско Турецкий），圣彼得堡，1868年，第331页。

③ 《元朝秘史》，第239节。

④ 《元朝秘史》，第242节。

⑤ 参阅多桑史，第2卷，第204页（对照冯承钧译本，上册，第182页。——译者）；乞剌可思书，第87页；加特麦尔书，第12—13页；德弗里麦里，《突厥地区和中亚河中地区蒙古汗国的历史，摘自洪德米尔〈传记之友〉，译自波斯文并附有注释》，第91、93页。

⑥ 参阅巴甫洛夫-西里旺斯基，《古罗斯的封建制度》（Феодализм в древней Руси），第2版，1923年，第125页。

形式。[1]

成吉思的幼子拖雷回答父亲的询问，他将怎样对待斡歌歹继承父亲作蒙古汗的事情时说[2]："父亲，指名说的，兄跟前忘了的提说，睡着时唤醒他，差去征战时，即行。"[3]这是一种效忠（fidelitas）的宣誓。

汗（皇帝）如有足够的力量，可以按照自己的意愿削减诸王的分地，如认为他们有罪，甚至可以完全剥夺他们的采邑；兀鲁思的领主也能以同样方法对付他们的藩臣（王子），并且也曾经是这样做的。[4]

分地是由兀鲁思（百姓、人民），即由一定数量的蒙古游牧民和嫩秃黑（禹儿惕）——这些"百姓"所能游牧的地域组成的。[5]兀鲁思（分地），一方面取决于阿寅勒即牧户的数目[6]，另一方面取决于它所能提供的战士（扯里克——cerig）的数目。[7]

102 现在可以提出一个极重要的问题。我们既然知道这个时代的

---

① 参阅贝勒津，《术赤封地内部组织概说》，第424页；柏朗嘉宾书，第55页；多桑史，第2卷，第10—11页（对照冯承钧译本，上册，第184页。——译者）；参阅伯劳舍注释《史集》，第2卷（"吉伯纪念丛书"，第18卷，第2册），图4（窝阔台即位图——据波斯小型彩画）。

② 《元朝秘史》，第255节。

③ 参阅《元朝秘史》，第272节（拖雷记起了自己的"宣誓"）。

④ 参阅《元朝秘史》，第244节；《史集》，第2卷，第61—62页（见新译，第1卷，第2分册，第60、61页。——译者）；在关于蒙古帝国史的所有著作中可找到许多例子。

⑤ 参阅巴托尔德，《七河史概述》，第42页；《蒙古入侵时期的突厥斯坦》，第422—423页。

⑥ 《元朝秘史》，第242、243节。

⑦ 《史集》，第3卷，第132—149页。（见新译，第1卷，第2分册，第267—278页。——译者）

蒙古是分为部落、部落分支、克兰和氏族来过活的，那么，这样一些必须提供一定数量军队的兀鲁思、分封的领地，又是怎样组成的呢？要回答这个问题，必须考察一下在那可儿和“亲兵”为汗与那颜服务的基础上所发生的封建关系和藩属关系。

《元朝秘史》记载成吉思在破灭客列亦惕人后[①]对乃蛮人备战时说，“将自己军队数了、立千、百户、牌子头……其选护卫时，于千、百户并白身人内子弟，有技能、身材好者充之”[②]，说到护卫兵的组织时，《元朝秘史》又补充道：“那管的千、百户……，也各委付了。”[③]成吉思的军队由此获得了使它转变为常备军的新的组织。以前，成吉思的军队，即氏族民军，是按古列延来召集和区分的。[④]

最后，成吉思在1206年即汗位（即做皇帝）后，把全部人彻底区分为千户，并任命了那颜（千户长）。[⑤]

按十户、百户等来区分，这件事情本身当然未含有什么新颖的东西，这是远自许多世纪以来中亚细亚游牧民极古老的习惯，在成吉思汗的组织中，新颖的只是把长期过程中建立起来的东西，即和以战士资格为首领服务的情况有联系的家臣关系，加以整顿和巩固，使之成为严格的制度。

---

① 即1204年。

② 《元朝秘史》，第191节。

③ 《元朝秘史》，第192节。

④ 《元朝秘史》，第124节；《史集》，第2卷，第94—95、103页（见新译，第1卷，第2分册，第87—88、93页。——译者）。

⑤ 《元朝秘史》，第202—224节；波兹德涅耶夫，《汉蒙文古籍〈元朝秘史〉考》，第17—19页。拉施特常提到成吉思汗“把伯克和军队分与诸王”[《史集》，第1卷，第187页（见新译，第1卷，第1分册，第193页。——译者）]，但是没有给出准确的时日。

《元朝秘史》曾经指出，罕或其他首领的家臣(百户长和千户长)，在以前，甚至在上述对乃蛮人的出征以前就已经存在。[①] 这部著作提供了很多关于这个问题的材料和记载，但所记载的都属于1206年，即宣布帖木真为蒙古帝国的成吉思汗那一年的事件。在这种场合，正如在其他场合一样，必须考虑到《元朝秘史》的体裁。《元朝秘史》的叙述，几乎完全可在拉施特的书中找到确证。[②]13世纪初期在蒙古发展着的家臣关系，主要可以依据这些资料描绘出如下的轮廓。

古代蒙古的那可儿由于为他的军事首领服务而从后者获得一定数量的游牧阿寅勒作为份子(忽必——xubi)，于是他们成了阿寅
103 勒的主人和统治者，同时，他们也获得了能与自己百姓共同游牧和狩猎的足够数量的土地。自古以来存在着的兀纳罕-孛斡勒制度，似乎是业已形成的家臣关系发展的准备阶段。不过，那可儿虽然领有百姓，但是并未和他的首领断绝关系。反之，他们领有百姓，却使他们必须连同一定数量的战士继续对首领承担军役和其他杂役，而这一定数量的战士是他们领有的阿寅勒所能提供的。[③]

同样的情况，也完全出现于草原贵族阶级的代表人物，尤其是附属于罕的草原贵族的代表人物中。罕们从贵族中选择和提拔最适当的人或选定业已显达的把阿秃儿、那颜和其他首领，以便把一

① 《元朝秘史》，第121—122、137节；巴拉第·卡法罗夫的注解，同书俄译本第189页。

② 这当然是指此一具体问题而言。

③ 《史集》，第3卷，第132—154页(见新译，第1卷，第2分册，第267—281页。——译者)；《元朝秘史》，第202—204节。

定数量的阿寅勒、氏族或部落分支交他们管理，从而在他们的率领下服役，首先是服军役。[1] 在成吉思汗的新兴游牧国家内发生的这一切，后来在其他各汗国内可能也发生过，不过，也许没有采取这样的规模和具有如此严密的组织；总之，关于这方面的记载是十分缺少的。[2] 在成吉思的兀鲁思里可以看到下述的情况：成吉思广泛利用早已存在着的那可儿制度，以便来组织负担军役的藩臣关系的正规体制；成吉思汗天才地洞察了当时已在蒙古社会中进行的封建化过程，并且利用了最活跃和最重要的力量——那可儿，来达到自己的目的。贵族首领完全只有走上这样一条道路，即做罕们的尤其是成吉思的“伴当”。

按照孛儿只斤“黄金氏族”为首的成吉思汗帝国所确立的制度，对首领有过某种功劳的那可儿或隶属于罕的草原贵族——不应忘记大多数那可儿也是草原贵族出身的——按其功绩和作用如何，

① 《元朝秘史》，第 121 及 207 节，127 及 206—210 节。在蒙古语中，分地-封地，即军事领主所领有的封地中的一定数量的百姓，称为忽必，即“分地”“份子”之意。参阅伯希和，《巴托尔德〈蒙古入侵时期的突厥斯坦〉评注》，第 39—40 页。参阅《史集》中下列的叙述：“在成吉思汗时代，必速仑哈敦提出请求说：‘忽鲁那颜（Хулу-нойон）及其弟忙格秃兀合（Монггэту-уха）成了首领，率领部下，受到信任；他们的亲族和部落中的一些人散在各个地方。如果下一道命令，就可把他们收聚起来。命令颁布了，剩下的塔塔儿人，全都聚集拢来并归附了他们，虽然这些人和他们没有亲族关系，却开始成为属于他们的人了。’”（《史集》，第 1 卷，第 63—64 页）［此段引文在新译，第 1 卷，第 1 分册，第 110 页。新译人名及译文均略有不同之处：“在成吉思汗时代，也速仑哈敦（Есулун-хатун）说：‘忽里那颜（Кулинойон）及其弟忙古兀合（Менгу-уха）成了首领，率领部下，在事业上得人信任；他们的年长、年幼的兄弟们和百姓们散在各个地方。你瞧，如果下道命令，他们不就收聚起来了！命令（颁布了），所有剩下的塔塔儿人都被收聚拢来，他们虽与（忽里那颜和忙古兀合）没有亲族关系，但都归附了他们，并开始成为属于他们的人了。”——译者］

② 参阅上文。

104 能获得一般可以出百名或千名战士、在极少场合可以出万名战士的不同数量的游牧阿寅勒作为封地。与此相应，所有蒙古部落，所有部落分支、氏族、克兰，被分为“十户”(arban——阿儿班)、“百户”(ja’un ~ jaġun——札温)、“千户”(mingġan——敏罕)、“万户”(tümen——土绵)，即分为能够提供十名、百名、千名等战士的阿寅勒集团。[①] 当然，这种区分是非常概略的，远不及数学那样精确。任意脱离这个领袖归附那个领袖是以死刑的威胁来禁止的。[②] 人民按千户、百户来区分，即分给“千户长”和“百户长”是登入特置的簿册中的。[③]

百户长、千户长、万户长的职衔是世袭的；带有这种职衔的人获得那颜这一共同的称号，即“官人”“领主”“军事领主”的意思。大家都知道，很早以前，草原贵族氏族的首领们便带有这个源于汉语的称号。[④] 至于把那颜的称号转用于军事的藩臣——封建主，是值得注意的。获得“百户”“千户”“万户”作为世袭封地的每一那颜，首先是拥有由蒙古帝国分裂出来的某一分地-兀鲁思的诸王的

① 除前述资料外，可参阅柏朗嘉宾书，第 24、27、40 页；马可波罗书，第 89—90 页；鲁布鲁克书，第 69 页；札撒，参阅里亚赞诺夫斯基，《蒙古部落(蒙古人、布里亚特人、卡尔梅克人)习惯法》，第 45 页。

② 参阅巴托尔德，《蒙古入侵时期的突厥斯坦》第 415 页上术外尼的话。

③ 《元朝秘史》，参阅伯希和，《巴托尔德〈蒙古入侵时期的突厥斯坦〉评注》，第 39—40 页。关于属部制度，柏朗嘉宾比别人更明确地说道：“一切首领对百姓都具有同样的权力，百姓就是被分配于各首领的鞑靼人等等。”(柏朗嘉宾书，第 24 页)大家知道得很清楚，柏朗嘉宾和其他许多作家一样，把“鞑靼人”理解为蒙古人。

④ 在蒙古帝国时代，诸王也有这一称号，例如拖雷被称为 yeke noyan(也客那颜，即大那颜)；参阅本书(边码)第 98 页；对照巴托尔德，《蒙古入侵时期的突厥斯坦》，第 414 页。

家臣[①]，其次是蒙古皇帝——帝国元首和蒙古军队统帅的藩臣。[②] 同时，百户长几乎总是千户长的家臣，而千户长则常是万户长的家臣。藩臣和陪臣的序列是相当严格整齐的，它构成了家臣关系的体制。这些关系可以概括地表述为如下的形式：

皇帝（汗）→诸王（亲王）——分地-兀鲁思的领主→万户长→千户长→百户长 ═ 罕

→可卜温

→那颜

上述情况可以在《元朝秘史》和《史集》中得到验证。例如，拉施特在叙述蒙古的军队时说，“长子拙赤汗的分地……有昆古儿（Гунгур）千户……现在他的子孙中有一个名叫扯儿黑思（Черхес）的，……他像父亲一样管理着千户。”[③]“者歹那颜千户，他是忙忽惕部落的人。后来，在忽必烈汗时代，他的位置归其孙子蒙忽歹 105
（Mönкэдай）[④] 所有”，等等。这位波斯史家还举了一个例子：“那些

① 参阅《元朝秘史》，第 208、210、242—243 节；《史集》，第 3 卷，第 132—154 页（见新译，第 1 卷，第 2 分册，第 267—281 页。——译者）。

② 《史集》，第 3 卷，第 150、151 页。（见新译，第 1 卷，第 2 分册，第 278、279 页。——译者）

③ 《史集》，第 3 卷，第 144 页。[见新译，第 1 卷，第 2 分册，第 274 页：“长子术赤部分……有忙古儿（Мунгур）千户……现在他的子孙中有一个名叫扯儿客思（Черкес）的……他走着父亲的道路。”——译者]

④ 《史集》，第 3 卷，第 134 页[见新译，第 1 卷，第 2 分册，第 268 页：“者台那颜（Джэдай-Нойн）千户。他是忙忽惕部落的人。后来，在忽必烈可汗时代，他的位子归他的孙子忙忽台（Мангутай）所有。”——译者]；还可参阅《史集》，第 1 卷，第 163 页（见新译，第 1 卷，第 1 分册，第 170 页。——译者）。在波斯史家的著作中有很多同样的叙述。

伯克的儿子全都成了万户长、百户长和千户长。因为，如果这些人在成吉思汗时代当过高级伯克，其氏族曾经为旭烈兀汗服务过，每个人都担任自己的原来的上述职务的话，那么，直到现在，最初的氏族及其子孙便常被任命以和他们父亲相同的职务。"①其次，还有一个例证：拉施特在列举"千户"时，提到"忽亦勒答儿薛禅千户"说："他以前是尼伦族(Нирун)分支忙忽惕部落的人。"②同时，关于忽亦勒答儿，大家都知道他曾率领自己的忙忽惕氏族离了札木合去归附成吉思汗。③他在与客列亦惕的王罕交战时受了伤，不久因参加围猎不慎，致伤重而死，人们"将他骨殖就于合而合水的斡而讷兀山的半崖上葬了"。④忽亦勒答儿不是在生前做了"千户长"，就是在他死后被授予这一职位，后来，这职位由他的儿子来继承。不管怎样，忽亦勒答儿的寡妻确实"统治"着一个被称为"忽亦勒答儿的千户"。因为大家知道，成吉思汗在破灭客列亦惕人后，曾教客列亦惕的一个勇士"领一百人与忽亦勒答儿的妻子永远做奴婢使

(接上页)必须指出，拉施特在若干场合把万户(土绵)也称为千户。例如，第3卷，第132、136、137、139、140、142页(见新译，第1卷，第2分册，第266、269、270、272、273、275页。——译者)；有时候《史集》对此情况也有直接的说明[第1卷，第163页(见新译，第1卷，第1分册，第170页。——译者)]；《史集》，第3卷，第136页(见新译，第1卷，第2分册，第269页。——译者)，但研究者们往往未注意到这一点。

① 《史集》，第3卷，第153页。[见新译，第1卷，第2分册，第280页："所有这些异密的子孙都成了万户长、千户长和百户长。因为，在成吉思汗时代当过大异密，其氏族曾经为旭烈兀汗服役过的大多数人的子孙，每个人都(经历了)担任一定职务(的途径)，所以，到现在，他们的氏族和子孙的绝大部分，仍然被任命以和他们父亲相同的职务。"]

② 《史集》，第3卷，第140页。(见新译，第1卷，第2分册，第272页："以前是尼伦族的分支，忙忽惕部落的人。"——译者)

③ 《元朝秘史》，第130节。

④ 《元朝秘史》，第171—175节。

唤”。[①]后来，当成吉思即汗位，分配官职和恩赏时，他想起了并且似乎承认了已故战友的权利。[②]

据《元朝秘史》所述[③]，“成吉思对察罕豁阿的子纳邻脱斡邻说：‘你父我眼跟前谨慎。于……斯杀，被札木合废了。如今你请受孤独的赏赐者。’脱斡邻说：‘我的兄弟捏古思散在各部落内，“我欲收集咱”。’成吉思许他收集，教他子孙世袭管者”。拉施特也提到由捏古思氏族构成的脱斡邻的千户。[④]

那颜们——所谓的万户长、千户长和百户长——由大汗通过一种封地仪式确定下来，还获赐了敕书（札儿里黑——jarliġ）。[⑤]我们可以引下文为例[⑥]：“成吉思（再）对豁儿赤说：‘我年小时，你曾说先兆的言语，与我辛苦作伴。……这投降的百姓内，好妇人女子从 106
你拣三十个。再将三千巴阿里种，又添塔该、阿失黑二人管的阿答儿乞种等百姓，凑成一万，你做万户管者。顺额儿的失水[⑦]林木内百姓地面，从你自在下营，就镇守（这片领土）者！凡那里百姓事务，皆禀命于你，违了的就处治者。’”

---

① 《元朝秘史》，第185节。

② 《元朝秘史》，第217节。

③ 《元朝秘史》，第218节；所引的这一节之中，有若干固有名词，其写法与巴拉第的原文稍异，我曾根据“蒙古语”原文和巴拉第·卡法罗夫标音的一般原则做过订正。

④ 《史集》，第3卷，第146页。（见新译，第1卷，第2分册，第276页。——译者）

⑤ 《史集》，第1卷，第163页。（见新译，第1卷，第1分册，第171页。——译者）后来，那颜们被赐予一种叫作牌子的特殊的勋章。参阅马可波罗书，第114、115页；裕尔书，第1卷，第350—355页；瓦西里耶夫译《蒙韃备录》，第229页；贝勒津，《术赤封地内部组织概说》，第443—444页。

⑥ 《元朝秘史》，第207节（若干固有名词的标音已加以订正）。

⑦ 即额尔齐斯河。

那颜们，即千户长们，也和诸王一样，向宗主行臣事之礼，以叩拜之礼(木儿古忽)来表示对藩属关系的承认。[1]

蒙古汗及诸王对那颜个人可以完全支配，即剥夺他们的分地或恩赐新的分地。[2] 在剥夺分地时，一般将千户、百户等的分地转予被剥夺者的近亲。[3] 那颜与从前的那可儿及蒙古帝国形成以前的部落罕的贵族"伴当"不同，无权任意离职，抛弃颁赐给他的分地或改事另外的宗主君。成吉思在其训言中说[4]："凡是不能治理其自己的十户的伯克[5]，我们将连同他的妻和子一并治罪，并从这十户中另挑一人来做伯克；对于作百户、千户、万户长的伯克亦同。"拉施特在说到旭烈兀汗分地中的"伯克"时指出，出仕于伊兰*的其他兀鲁思的伯克们的子孙，"都成了显贵人物和军事长官，除了少数人由于心怀异志遭受挫败而成了罪人，才丧失了伯克的职位。但是他们还存在"[6]。

许多蒙古那颜处于诸王藩臣的地位。据拉施特说，成吉思汗对

---

① 参阅本书(边码)第 101 页。

② 《史集》和其他资料中有许多例证。

③ 例如，参阅《史集》，第 1 卷，第 211—212 页。(见新译，第 1 卷，第 1 分册，第 196 页。——译者)

④ 《史集》，第 3 卷，第 122 页[见新译，第 1 卷，第 2 分册，第 260 页："凡是不能使自己的十户出战的十户长，我们将连同他的妻和子一并治罪，并在这十户中另挑一人来做十户长；对于百户、千户、万户长也同样(对待)。"——译者]；《史集》，第 1 卷，第 77、167 页(见新译，第 1 卷，第 1 分册，第 116、166 页。——译者)。

⑤ 此处所说的 бек，只是"首长"的意思，与《元朝秘史》中的 harbad-un noyad(合儿巴敦那牙惕)相同。

* 今作伊朗。——译者

⑥ 《史集》，第 3 卷，第 153 页。[见新译，第 1 卷，第 2 分册，第 280 页："他们(所有的人)全都是有势力的人物和军队的长官，除非极少数人不幸因有无益的念头，损害了忠诚，犯了罪，才丧失了异密的职位，但(可惜)这样的人还不是没有。"——译者]

宗主和藩臣的地位是这样规定的[①]：“我把这些伯克给你们，但是，你们全是年轻的孩子，而他们的前程是远大的。如果他们有谁犯了过错，不要随意杀害他们，要先和我商议，然后你们互相商议，该罚的便罚。”成吉思汗还根据这个理由对他们作了如此的训诫：“目前那些高级的伯克们还存在，他们忠于职守，如果他们犯了罪，你们应好好商议，查明其罪，使他们不致怀恨，并使他们确信并认识
到他们的被罚是因为有罪，而非出于泄愤或一时意气。”[②] 成吉思在 107

① 《史集》,第3卷,第148—140页。[见新译,第1卷,第2分册,第277—278页:“我把这些异密给你们,但(要记着)你们还是年轻的孩子,而他们(这一生)的前程是远大的。如果他们有谁犯了过错,不要随意杀害他们,要先请示我,请示以后,再经过你们互相商议,依法处治。”——译者]参阅多桑史,第2卷,第6—7页(对照冯承钧译,中华书局1962年版,上册,第182页。——译者)。

② 贝勒津认为只有获得千户长职位的人,才成为“伯克”和“那颜”。(参阅《术赤封地内部组织概说》,第431页)但他本人又指出,《史集》是把百户长也算作“伯克”的。下引《元朝秘史》中的一段,不惟证实了贝勒津的见解,并且正确地指明蒙古封建贵族到底是哪一种人。《元朝秘史》第269节云:“成吉思既崩……右手大王察阿歹,巴秃,左手大王斡赤斤,同在内拖雷等诸王驸马,并万户、千户等……大聚会着。依成吉思遗命,立斡歌歹做皇帝。将成吉思原宿卫护卫的一万人并众百姓每,就分付了。”这一节中的“大王”“诸王”,当然是指皇子(可卜昆),即汗的家庭成员;驸马(古列干)是指汗的女婿,即成吉思的女婿。不过,需要做一种保留,这种保留将大大改变问题的实质。拉施特常常说到“百户长”,并以这样的措辞提到他们:说他们虽未加入高级封建贵族行列,但是不能怀疑他们是属于那颜、领主这个阶层的。据拉施特所述,成吉思汗曾说:“前来听朕意旨的万户长、千户长、百户长(伯克)。”[《史集》,第3卷,第121—122页。(见新译,第1卷,第2分册,第260页。——译者)]这类百户长无疑是蒙古封建社会里占着高级地位的护卫军[参阅《史集》,第3卷,第133页(见新译,第1卷,第2分册,第267页。——译者)];《元朝秘史》,第227—228节。同样也可引证《元朝秘史》的这一节(第224节):“当初共立国的人,合作万户,千户,百户的……”不应忘记,那颜一词,不只有“军事长官、主人”的意义,而且有“首长”的意义(鲁布鲁克将那颜一词表述为Capitaneus,即“首长、首领”之意),因此,十户长亦称为合儿巴敦那牙惕(《元朝秘史》),参阅《史集》,第3卷,第122页(见新译,第1卷,第2分册,第260页。——译者)。[正文中此段引文见《史集》新译本,第3卷,

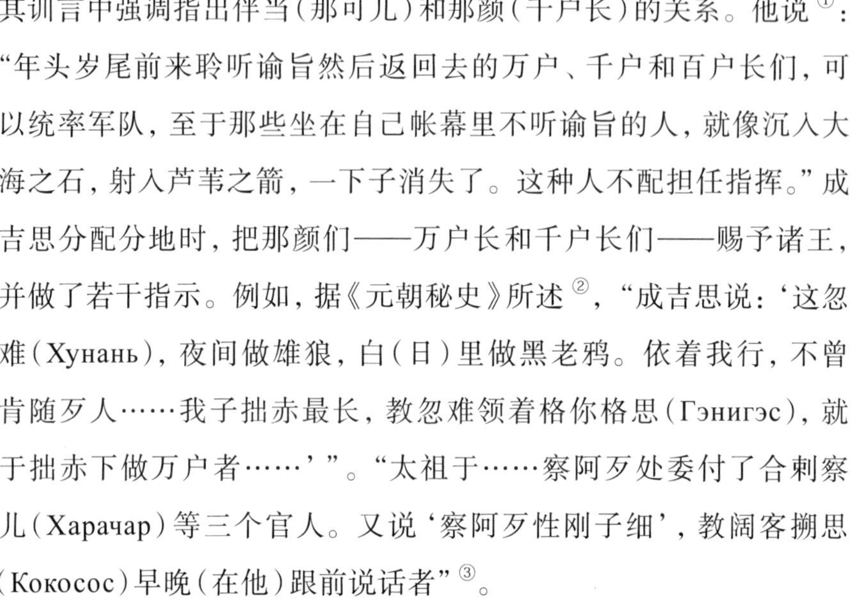

其训言中强调指出伴当(那可儿)和那颜(千户长)的关系。他说[①]:“年头岁尾前来聆听谕旨然后返回去的万户、千户和百户长们,可以统率军队,至于那些坐在自己帐幕里不听谕旨的人,就像沉入大海之石,射入芦苇之箭,一下子消失了。这种人不配担任指挥。”成吉思分配分地时,把那颜们——万户长和千户长们——赐予诸王,并做了若干指示。例如,据《元朝秘史》所述[②],“成吉思说:‘这忽难(Хунань),夜间做雄狼,白(日)里做黑老鸦。依着我行,不曾肯随歹人……我子拙赤最长,教忽难领着格你格思(Гэнигэс),就于拙赤下做万户者……’”。“太祖于……察阿歹处委付了合剌察儿(Харачар)等三个官人。又说‘察阿歹性刚子细’,教阔客搠思(Кокосос)早晚(在他)跟前说话者”[③]。

在若干场合,万户长有权自选千户长,但要经汗认可。这种事情通常在归附成吉思的某一克兰的代表人物组成“万户”时才会发生。例如,拉施特讲到纳牙阿那颜,说道:“他从前是巴阿邻部落的人,他的军队也全都出于这个部落。因为他是一个高级的伯克,诚

(接上页)第278页:“既然这些高级的异密尽忠职守,不怀二心,即使犯罪,也应当面晓喻他们,使其知罪,以便他们真正了解(罚当其罪),而非出自愤怒与轻率,从而(对于处罚)不能心怀怨愤。”——译者]

① 《史集》,第3卷,第121—122页。[见新译,第1卷,第2分册,第260页:“只有那些年头岁尾前来聆听成吉思汗训言(必里克)然后回去的万户长、千户长和百户长,才能做军队的首领。至于那些坐在帐营里不听训言的人,就像沉入深水之石,射入芦苇之箭,(而)都无影无踪地消失了。这种人不配担任指挥。”——译者]

② 《元朝秘史》,第210节;参阅《史集》,第1卷,第178页(见新译,第1卷,第1分册,第177—178页。——译者);《史集》,第3卷,第144页(见新译,第1卷,第2分册,第275页。——译者)。

③ 《元朝秘史》,第243节;固有名词的标音稍有改正。

心归附，屡立辉煌战功，所以成吉思汗委他统率巴阿邻人的军队。他自行委派千户长，而经（成吉思汗）批准。”[①] 108

服从成吉思汗节制[②]的两个部落首领，斡亦剌惕人的“主君”[③]及汪古惕人的“主君”[④]，他们和“伴当们”（蒙古草原贵族的首领们）处于完全同样的地位。成吉思汗使斡亦剌惕和汪古惕的主君成为自己的藩属（那颜），并把他们自己的部落赐给他们作为分地。斡亦剌惕人和汪古惕人的“主君”在成吉思汗帝国里变成和者别、豁儿赤等人同样的那颜（千户长）。考察出来的这种情况再一次证明，蒙古汗的“千户长”“万户长”等，不是军事官员，而是藩臣，他们与自己的汗是以封建时代存在于主君与藩臣之间的那种关系维系起来的。拉施特说到[⑤]“斡亦剌惕部落的千户。他们组成了四个千户，

① 《史集》，第 3 卷，第 144 页［见新译，第 1 卷，第 2 分册，第 272 页：“他从前是巴阿邻部落的人，他的军队也全部出于这个部落。因为他是一个大异密，全心全意服从（成吉思汗），并（为他）立下了赫赫的功勋，所以成吉思汗让他指挥巴阿邻（部落）的军队。他自己斟酌任命千户长，仅（将此事）报告（成吉思汗）。”——译者］；第 3 卷，第 136、139、143 页（见新译，第 3 卷，第 2 分册，第 269、272、274 页。——译者）。

② 斡亦剌惕的首领经过好几次战争以后才归附成吉思汗。

③ 参阅《史集》，第 1 卷，第 78—85 页。（见新译，第 1 卷，第 1 分册，第 118—121 页。——译者）

④ 参阅《史集》，第 1 卷，第 114—118 页。（见新译，第 1 卷，第 1 分册，第 140—143 页。——译者）

⑤ 《史集》，第 3 卷，第 136 页。［见新译，第 1 卷，第 2 分册，第 269 页；“由斡亦剌惕部落组成的千户。他们（本来是）四个千户，但（其）详情不清楚。他们的异密和首脑（Пāдимāх）是忽秃合别乞（Кутука-Беки），当他归附（成吉思汗）时，所有斡亦剌惕的军队按照（既成的）习惯，都确认归他统率，而千户长也是他所要的人。后来（这个千户）传给了他的子孙们，他们曾是义兄弟——亲家（анда-кудэ）。”］关于汪古惕的军队可参阅同书第 137 页。（见新译，第 1 卷，第 2 分册，第 270 页。——译者）大家知道，贝勒津认为“百户长”不能归入贵族的行列”（《术赤封地内部组织概说》，第 431 页），但无论《元朝秘史》或《史集》都有一些明确的记载，是与这种看法相反的；参阅《元朝秘

但其区分的情况不清楚。忽都合别乞是他们的伯克和主君，当他归附时，所有斡亦剌惕的军队按照习惯确认归他统率，他想要的人都是千户长。后来他的子孙们都担任了指挥，他们曾是亲家和安答(义兄弟)”。

在这颇有趣味的一节里，有一句提到“斡亦剌惕的军队按照习惯，都确认归他统率”。这是值得注意的。事实上，在氏族观念里熏陶出来的成吉思汗，经常以某一部落-氏族的代表人物来组成“千户”，并任命该氏族的那颜作千户长。这就是说，成吉思不过是接管了已形成为一个单位的某一部落分支或某一克兰，即拥有兀纳罕-孛斡勒的贵族氏族，例如忙忽惕克兰(氏族)，保留了它已有的首领，例如忽亦勒答儿；然后，根据大略的计算，把克兰(氏族)宣布为“千户”(敏罕)，并把它赐给忽亦勒答儿作为分地。忽亦勒答儿“千户”或由忙忽惕军队组成的“千户”[1]于是代替了忙忽惕氏族或克兰。在类似情况下，成吉思不过是把在社会关系的发展过程中早已形成的东西加以巩固和组织而已。不过，就是在这一具体场合，也可以看到若干复杂情形。大家知道，忽亦勒答儿的寡妇获得了一个客列亦惕的把阿秃儿做家臣，这个人是作为百户长给她的[2]；可以想到，“百户长”不仅一人，而是有若干“人”——

(接上页)史》，第185—186、191、223—224节；《史集》，第1卷，第123、208页(见新译，第1卷，第1分册，第145、194页。——译者)；《史集》，第3卷，第133页(见新译，第1卷，第2分册，第267页。——译者)；马可波罗书，第115页。

① 参阅《史集》，第3卷，第140页(见新译，第3卷，第2分册，第273页。——译者)；《元朝秘史》，第128—129节。

② 参阅本书(边码)第105页。

客列亦惕人，这些人现在在他的百户中成为他的必须承担军役的家臣。其次，大家知道，赐给忽亦勒答儿的不是整个忙忽惕克兰 109
（氏族），构成忽亦勒答儿那颜的“千户”的，只是那些与他一同离开札木合而归附成吉思的忙忽惕人。[①]大家知道，其他的忙忽惕人组成了者台那颜的“千户”[②]，者台是在很早以前就已归附了成吉思的。[③]

“千户”的形成，在其他场合，是极其复杂的。在我们的资料中，有许多地方说到，蒙古汗的“千户”，经常由不同部落-氏族的代表人物组成。例如，据《元朝秘史》上说[④]：“分管百姓时，木匠古出古儿[⑤]管的百姓少了。（为补充他的百姓，成吉思）就于各管下百姓内抽分着，教他与札答剌种的木勒合勒忽一同做千户（管者）。”“再教牧羊的迭该[⑥]将无户籍的百姓收集着做千户者。”[⑦]拉施特曾提及[⑧]“忽沙兀

① 《元朝秘史》，第128—129节。

② 《元朝秘史》，第120节；《史集》，第1卷，第189—191页（见新译，第1卷，第1分册，第185页。——译者）。

③ 《史集》，第1卷，第189—191页；《史集》，第3卷，第134—135页（见新译，第1卷，第2分册，第268页。——译者）。

④ 《元朝秘史》，第223节。

⑤ 别速惕氏族出身。参阅《元朝秘史》，第120节；《史集》，第1卷，第212、213页（见新译，第1卷，第1分册，第196页。——译者）。

⑥ 也是别速惕氏族出身，参阅前注。

⑦ 《元朝秘史》，第222节。

⑧ 《史集》，第3卷，第142页。［见新译，第1卷，第2分册，第273页：“忽沙忽勒（Кушакул）和主速黑（Джусук）的千户。他们以前是尼伦族的分支，札只剌惕族的人，彼此是兄弟。当攻下乞塔和女真地方时，成吉思下令从每十个蒙古人中征调两个人。因为成吉思发现他们是勇敢的卫士（Туркāк），于是把这支（为数）三千人的军队交给他们，并指派他们守卫这个边境。”——译者］

勒(Хушаул)[①]和札速黑(Джасук)的千户。他们是尼伦族的分支札只剌惕族的人,彼此是兄弟。当攻下乞塔和主儿扯地方[*]时,成吉思汗下令从十个蒙古人中征调两人。因为成吉思发现他们是机敏的人,便把那支军队交给他们,并委任他们管理三个千户和那处边境"。斡惕赤斤的分地由五个"千户"组成,其中有"乞邻黑古惕-兀里兀惕(Килинкгут-Уряут)部的千户,亦速惕(Исут)部[②]的千户,其余千户由各部落组成,但其中有若干千户是由札只剌惕部组成的"。[③]成吉思之侄阿勒赤歹的分地的三个"千户"是这样收聚起来的:"若干出自乃蛮部,若干出自其他各部"[④],这些例子足以说明成吉思汗的各"千户"是怎样构成和怎样"收聚起来"的。我们还经常看到,那颜(千户长)属于和其"千户"中的"人们"完全相异的氏族。[⑤]

在成吉思汗帝国的这些基本单位即"千户"形成之际,蒙古氏族、部落分支和部落的这种混合,对氏族制度是有十分重大影响的,

① Qosha'ul。

* 这是指金朝统治时期的中国北方。——译者

② 《史集》中的"亦速惕"(Йисут)即"别速惕"。

③ 《史集》,第3卷,第147页。[见新译,第1卷,第2分册,第277页:"其中两个千户由乞邻古惕(Килингут)部落组成,一个千户由亦速惕(Йисут)部落组成,其余的千户则由各部落和札只剌惕部落的一部分组成。"——译者]

④ 《史集》,第3卷。第148页。[见新译,第1卷,第2分册,第277页:"(他们的)一部分出自乃蛮部落,一部分出自其他各部落。"——译者];《史集》,第2卷,第59—60页。(见新译,第1卷,第2分册,第55页。——译者)

⑤ 《元朝秘史》,第203、206、207、219—223节;《史集》,第1卷,第106、150、157页(见新译,第1卷,第1分册,第135、165、166页。——译者);波兹德涅耶夫,《汉蒙文古籍〈元朝秘史〉考》,第19页。

氏族制度因此不可避免地要发生剧烈的变化并消失。其次，“千户”的区分，分地的分配，意味着一系列古代蒙古的大部落如塔塔儿、蔑儿乞惕、札只剌惕、乃蛮、客列亦惕等的彻底离散，它们的残余，大多分散在各兀鲁思和各分地（千户）中。[①] 受成吉思汗新的“千户”组织的影响最少的，是若干“森林”之民，其中最主要的是斡亦 110
剌惕人。[②]

在成吉思的帝国里，现在出现了以“千户”的名称来代替氏族名称和部落名称；这些千户常常冠着从前的氏族名称[③]，但是也常常冠着它的那颜[④]，即主君-千户长的名称。一些那颜、万户长、千户长、百户长[⑤]、贵族的及平民出身的显贵的那可儿的子孙的家庭兴起了，代替了贵族家庭和氏族。

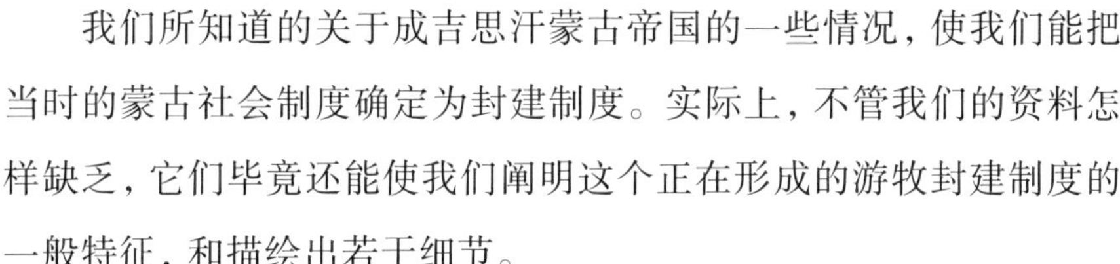

我们所知道的关于成吉思汗蒙古帝国的一些情况，使我们能把当时的蒙古社会制度确定为封建制度。实际上，不管我们的资料怎样缺乏，它们毕竟还能使我们阐明这个正在形成的游牧封建制度的一般特征，和描绘出若干细节。

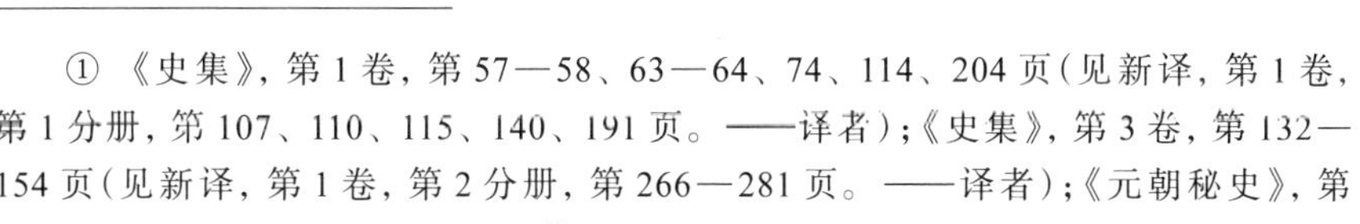

① 《史集》，第 1 卷，第 57—58、63—64、74、114、204 页（见新译，第 1 卷，第 1 分册，第 107、110、115、140、191 页。——译者）；《史集》，第 3 卷，第 132—154 页（见新译，第 1 卷，第 2 分册，第 266—281 页。——译者）；《元朝秘史》，第 186、187、198—199、208—209 节。

② 参阅波兹德涅耶夫，《汉蒙文古籍〈元朝秘史〉考》，第 19 页；《史集》，第 3 卷，第 136 页（见新译，第 1 卷，第 2 分册，第 269 页。——译者）。

③ 《史集》，第 3 卷，第 136、137、147、150 页。（见新译，第 1 卷，第 2 分册，第 269、270、277、278 页。——译者）

④ 《史集》，第 3 卷，第 132—154 页。（见新译，第 1 卷，第 2 分册，第 266—281 页。——译者）

⑤ 散见在《史集》第 1 卷各处。

第三节 封建制度的基础

为什么他是可做大汗的人。

——马可波罗

在13世纪，即在蒙古帝国时代，除了极少的例外，蒙古人仍然是游牧民，甚至是游牧-狩猎民。[①]他们照旧经营着自然经济，尽管由于战争的成功，货币及其他民族的生产品都流到他们这里来，商旅队也接踵而至，但是并未使自然经济有所改变。新兴的商业资本没有创造新的生产方式，也没有改变自然经济的基础。畜牧和狩猎仍是主要的生活资料，因此，任何人不能没有牧地和适于狩猎的场所。[②]

现在可以提出这样的问题：在这个时代，牲畜属于什么人，什么人是牧地和猎场的主人？我们的资料使我们能对这些问题做出回答；不过不应忘记，这里所谈的是游牧和畜牧经济，而非农业和定居经济。对于经营粗放的自然经济的游牧民来说，重要的不是占有
111 或多或少的一定地段和地方，而是能够使用便于一年四季周期移牧

---

① 例如，参阅鲁布鲁克书，第73—76页。

② 还得回想一下，阿寅勒的游牧方式，显然后于古列延的游牧方式[参阅本书(边码)第86页]。其次，可以指出，蒙古的“首领”们，力求扩大牧场。例如，若干“森林的”狩猎民地区，为游牧民所住满[参阅本书(边码)第68页]。在13世纪中叶窝阔台统治的时代，曾采取了这样的决定：“川勒(cöl——旷野)地面先因无水，止有野兽，无人住。如今要散开百姓住坐，可教察乃、畏吾儿台两个去，踏验中做营盘的地方，教穿井者。”(《元朝秘史》，第279节)

的广阔地带，能够选择良好而便利的屯营地。

现在，在蒙古帝国里，谁是适于游牧的土地的主人呢？我们的资料明确地指明，嫩秃黑（禹儿惕），即足够一个游牧单位维持生活的地面，是属于主君-那颜或诸王-可卜温所有的。要知道，一切蒙古人，贵族与非贵族，那颜与孛斡勒抽惕都“隶属于”某一领主（那颜），也就是诸王（可卜温）或千户长、百户长。既然领主有了百姓，自然也就领有了百姓赖以生活和游牧的土地。因此，每一个领主在获得对于兀鲁思（人民、百姓）的领有权或者甚至支配权时，便必然获得一定的禹儿惕-嫩秃黑，即适于他所领有的游牧民维持生活的土地。分地（忽必）是由一定数量的游牧家族（兀鲁思）和足资他们生活的牧地与猎场（嫩秃黑）这两部分构成的。游牧民的注意力当然集中在人的方面，因为嫩秃黑还能在别处找到；正由于这一点，兀鲁思一词便意味着分封给某人的分地本身。[①] 因此我们的资料时常说到“成吉思将收捕了的百姓分与”其亲族[②]，却很少提到禹儿惕。

从前嫩秃黑的领有者是氏族，后来是首领、把阿秃儿、罕等等，在蒙古帝国时代，禹儿惕-嫩秃黑的领有者则是领主、那颜、可卜温。年轻的帖木真成吉思被称赞是“有人民、有国家、让军队吃得饱，把兀鲁思管得好的人”。[③] 拉施特讲到蒙古贵族时指出：“斡惕赤斤（幼子）是灶和禹儿惕的主人”[④]，“额毡的意思是留守家里和屯营（禹

---

① 参阅《元朝秘史》，第 206—207、241—242 节。

② 《元朝秘史》，第 241—242 节。

③ 《史集》，第 2 卷，第 98 页。（见新译，第 1 卷，第 2 分册，第 90 页。——译者）

④ 《史集》，第 2 卷，第 60 页。（见新译，第 1 卷，第 2 分册，第 55 页。——译者）

儿惕～嫩秃黑)里的幼子，即灶和禹儿惕的主人”。[①] 这位波斯史家在叙述蒙古军队和蒙古军事领主时，还顺便说道[②]：“成吉思汗军队的中军、右翼、左翼都是他的财产。在他以后，则属于拖雷汗所有。拖雷汗是基本屯营和住处的主人。即是千户和万户的主人……”[③]

蒙古游牧领主的土地占有就其对家臣的关系来说，表现得和在定居农业民族那里所通常见到的情况完全不同；因此，这种关系往往不能被理解，并且经常有人重复着这样一种主张，说什么游牧民
112 无论是过去和现在都不知道土地所有制形式，不知道土地占有。

在古代蒙古社会中，在帝国时期，游牧民的土地占有表现为如下的情况：那颜(封建主)、诸王或“千户长”掌管着隶属于他的百姓(兀鲁思)的游牧，随意指挥他们，分配良好的牧地(别勒赤格儿～别勒赤额儿——belciger～belci’er)[④]，并指定驻营在他所领有的嫩秃黑(禹儿惕)里一定的地域。封建领主实际上是牧地的领主、额毡、管理人。精细的观察者鲁布鲁克似乎指出了当时蒙古生活中的这个特征，例如，他说[⑤]：“……每一个首领根据自己管理下人数的多少，都知道自己牧地的境界，以及春、夏、秋、冬应该在何处牧

① 《史集》，第 2 卷，第 60 页。(见新译，第 1 卷，第 2 分册，第 55 页。——译者)

② 《史集》，第 3 卷，第 143 页。[见新译，第 1 卷，第 2 分册，第 274 页：“成吉思汗军队的中军、右翼、左翼都是他的财产(x̌āccə)，但在他死后则属于拖雷汗所有，拖雷汗是基本的(蒙古的)屯营和帐殿，也(正是)上述千户和万户的主人。”——译者]

③ 参阅格罗杰科夫(Н. И. Гродеков)，《锡尔河地区的乞儿吉思人和哈剌乞儿吉思人》(Киргизы и каракиргизы Сыр-Дарьинской области)，塔什干，1889 年，第 102—108 页，附录第 158—169 页。

④ 《史集》，第 2 卷，第 113 页。(见新译，第 1 卷，第 2 分册，第 113 页。——译者) 此词在科瓦列夫斯基和戈尔斯通斯基的辞典中不正确地写作 bilcigir。

⑤ 鲁布鲁克书，第 69 页；参阅《元朝秘史》，第 279 节。

放自己的畜群。”在柏朗嘉宾那里也有若干材料，他谈到蒙古的情况时说[①]：“如果没有皇帝的命令，无论什么人都不得驻留在任何地方。首领们[②]驻留在何处，由皇帝本人下命令，首领们则给千户长指定场所，千户长给百户长指定场所，百户长给十户长指定场所。”

蒙古治下的土地都属于汗的氏族（阿勒坛兀鲁黑），所以，它的管理者是汗（皇帝），汗（皇帝）分封分地[③]（忽必）给其氏族的诸王（可卜昆）及其忠实臣下和伴当（那可儿、那颜）。

其次，蒙古游牧领主可以任意把本嫩秃黑的一定地段“封禁起来”建立所谓“封禁地区”（豁里克——xoriġ）[④]，作为汗的氏族人员的墓地[⑤]或指定作领主的猎场。[⑥]顾名思义，这类“封禁地区”自然绝不允许任何外人进入。必须指出，古代蒙古部落首领、罕，有时已有这样的“封禁地区”。[⑦]

至于说到狩猎，蒙古游牧封建领主在围猎时无疑地占据着最好的场所，他们可以随意猎取野兽，并享受猎获物的最好份额。狩猎对他们来说，不但是一种娱乐，而且是收入的来源；而对隶属于他

---

① 柏朗嘉宾书，第 23 页。

② 柏朗嘉宾称蒙古诸王（可卜昆）为“首领们”。

③ 参阅巴托尔德，《蒙古入侵时期的突厥斯坦》，第 421—423 页；《七河史概述》，第 41—42 页；《突厥文化生活史》，第 86—89、91 页。

④ 参阅巴托尔德，《突厥人和蒙古人的葬仪问题》（К вопросу о потребальных обядах турк.и монг.），《俄国考古学会东方部论集》，第 25 卷，1921 年，第 62—64、66、69、75 页。

⑤ 同上书，第 62、69—70 页；《史集》，第 1 卷，第 144—145 页（见新译，第 1 卷，第 1 分册，第 159 页。——译者）。

⑥ 马可波罗书，第 141 页。

⑦ 巴托尔德，前引文，第 63 页。

们的百姓来说，围猎往往是被迫参加的，有时还是沉重的劳役，而
113 且未必能够增加他们的财富。[①] 成吉思汗解放两个家仆，使他们成为答儿合惕(darxad)时对这两个人所说的几句话，绝不是毫无原因的。他说："教你每自在，出征处得的财物，围猎时得的野兽，都自要者。"[②] 这就是说，给予他们权利，允许他们在战时获得的战利品和围猎时捕得的野兽，不拿出来分，完全归他们自己所有。[③]

战利品"则以分数均之，自上及下"[④]，同时常把一定份额献予没有亲自参加出征的蒙古汗、诸王和高级那颜。[⑤] 显然，并非所有的那颜都能在这种情况下获得战利品的份额，能得到份额的只是参加出征者和高级那颜，可能就是万户长。

现在可以转到牲畜和畜群问题的研究了。帝国时代，蒙古的牲畜归什么人所有？谁是畜群的实际主人？我们的资料对此没有直接的说明。但是，根据已往知道的关于13世纪乃至更早时代蒙古的情况，可以想到，所有蒙古人民——自由民、普通战士、蒙古的"庶民"、

① 参阅马可波罗书，第138—142、135页；多桑史，第1卷，第404—406页，第2卷，第85页(对照冯承钧译本，上册，第130、203页。——译者)；《元朝秘史》，第281—282节；《史集》，第3卷，第129页(见新译，第1卷，第2分册，第265页。——译者)；里亚赞诺夫斯基，《蒙古部落(蒙古人、布里亚特人、卡尔梅克人)习惯法》，第45页(札撒)；巴托尔德，《蒙古入侵时期的突厥斯坦》，第415页(引了术外尼的话)；还可参阅阿布尔-哈齐书，第166—167页。

② 《元朝秘史》，第219节。

③ 《元朝秘史》，第187节。

④ 赵珙的话，参阅瓦西里耶夫译《蒙鞑备录》，第225页。

⑤ 《元朝秘史》，第252、260节；瓦西里耶夫译前引书；乞剌可思书，第64—65页。

家臣们全都拥有用以从事游牧的私有牲畜。[①]由此可以得出结论说：封建领主、诸王、那颜并不是他们的百姓所占有的牲畜的主人。不过，必须做若干极重要的说明，这样，情况就大不一样了。

首先，蒙古平民既然必须依照其领主的安排进行游牧，领主命令他留在那里就得唯命是从，而转移新的牧地也要以其领主的意志为转移，那就可以说，与其说他是经营独立经济，倒不如说他更像是放牧他人的畜群。除此以外，一切蒙古平民的家族必须向封建主缴纳许多实物贡赋。

这些贡赋首先表现在提供宰食用的小牲畜和按期把一定数量
的乳畜——主要是牝马送到封建主的屯营，以便屯营中可以享用畜
乳。[②]这样的贡赋称为失兀孙或速孙（shi'üsnün ~ shūsün——粮赋、
分例）。[③]这项粮赋无疑早已存在，古代的罕和把阿秃儿就曾经取给 114
于它，不过，暂时还弄不清楚，征收粮赋有无什么限制，一般地说，
蒙古牧户（阿寅勒）所负担的这种粮的数额如何，例如：大家知道，
成吉思为了在一个时期供养客列亦惕的王罕，“遂使百姓供给（他
的粮食）”。[④]

① 例如，参阅《史集》，第 3 卷，第 126 页（见新译，第 1 卷，第 2 分册，第 262—263 页。——译者）；“平民，即庶民出身的人，如耽于饮酒，势将丧失其马，畜群和全部财产，以至成为赤贫之人。”（成吉思汗训言）

② 参阅柏朗嘉宾书，第 23—24 页；对照《元朝秘史》，第 279 节（说到在忽鲁勒台举行领主会议时，分配挤乳用的骒马）。

③ 参阅伯希和，《巴托尔德〈蒙古入侵时期的突厥斯坦〉评注》，第 37—38 页。

④ 《元朝秘史》，第 151 节；《史集》也同样述及这段插话：“成吉思汗的心中，对他起了怜惜，他命蒙古人供他食物，款留他在自己的古列延和斡耳朵中，并在自己的牧地上供养他。”［《史集》，第 2 卷，第 110 页。（见新译，第 1 卷，第 2 分册，第 110 页；新译本在“……款留他在自己的古列延和斡耳朵中……”后接“并对他予以应有的尊敬”句即止，缺“……在自己的牧地上供养他”句。——译者）］

在成吉思汗的继承者斡歌歹(窝阔台)汗时代，曾经试图调整对大封建领主，即蒙古汗(皇帝)和诸王[分地(兀鲁思)的领主]的粮赋，规定“百姓羊群里，可每年只出一个二岁羯羊，做汤羊；每一百羊内，可只出一个羊，接济本部落之穷乏者”。[①] 根据汉文记载，斡歌歹“敕蒙古民有百马者输牝马一，牛百者输牸牛一，羊百者输羒羊一”。[②] 但是就连在斡歌歹的继承者时代，蒙古“首领”对自己百姓的诛求，也使来自远方的一个西欧人产生了这样的印象，关于这种情形，此人特别着重地做了如下的记述[③]：“简单地说来，皇帝和首领们对百姓的全部财产想索取多少就索取多少，同样，他们对百姓的人身爱怎样支配就怎样支配。”“这些鞑靼皇帝对全体人民拥有不可思议的权力。”[④]

根据以上所述，可以得出这样的结论：在13世纪蒙古帝国时代，蒙古“首领”、汗、诸王和那颜把游牧自然经济的一切生产工具都握在自己手里，并且支配着“自己的百姓”；这些百姓受着“首领”们的束缚，但拥有一定财产和人身自由，他们能够经营个体经济，把剩余价值奉献给自己的主人。

但是，还有一种工具已经落在这些封建主，往往是大领主、汗和诸王的手中，有时也落在大那颜的手中。

正像前面所说的，封建主们按比例分享战利品。[⑤] 从被征服的

---

① 《元朝秘史》，第279节。《成吉思汗的故事》，第196页；多桑史，第2卷，第63页(对照冯承钧译本，上册，第197页。——译者)。

② 参阅雅金夫书，第149页；多桑史，第2卷，第14页(对照冯承钧译本，上册，第185页。——译者)。

③ 柏朗嘉宾书，第24页。

④ 同上书，第23页。

⑤ 参阅本书(边码)第113页。

地区所获得的收入在蒙古帝国里也完全按照同样办法处理。[①]蒙古汗们在完成征服以后，便把这些领地-分地连同定居的农业居民，分封给诸王和那颜。但是这些领地只是他们的收入的来源，因为蒙古 115
领主本人既不能亲自统治这些领地，又不能亲自征收租税和贡赋。[②]蒙古封建主对领地收入的一部分征取实物，例如从中原领地上获得黍和面粉，而这些收入使他们明显地超越了其余的战士（家臣）——他们的百姓。精于观察的鲁布鲁克很好地指出了这种情况，他说[③]：“老爷们在南方有领地，他们冬天从那里运来黍和面粉。穷人则以羊和皮革交换这些东西。”

但是，除此以外，其他民族的各色工匠都被看作是极重要的收入来源。因此，在所征服的地方，主要是在城市里，工匠被俘获并被分配给诸王，作为汗的氏族总战利品中的一种份额。诸王也任意把他们安置在自己领地中的某个地点，安置在城市里或指定特别的居住地，强迫他们替自己劳动。农民（tariyacin——塔里牙臣）[④]也

① 参阅巴托尔德，《七河史概述》，第 42—43 页。

② 雅金夫书，第 260、264—265 页；巴托尔德，《突厥文化生活史》，第 89 页；贝勒津，《术赤封地内部组织概说》，第 461 页。

③ 鲁布鲁克书，第 75 页。大家知道，在蒙古帝国的西方诸兀鲁思里，汗和诸王把“世袭使用”（soyurxal——莎余儿合勒，即“恩赐”之意）的土地，赐给各色人等，这再一次确切证明了作为地主和土地管理者的封建领主的地位。参阅贝勒津，前引书，第 428 页；加特麦尔书，第 143 页（加特麦尔不正确地把这一蒙古语标音为 siourqal；贝勒津则将此语译为“世袭租地”）；马加乞牙（Магакия）书，第 18 页。

④ 《长春真人西游记》，巴拉第·卡法罗夫译，第 293、404 页；鲁布鲁克书，第 104—105、122 页；《13 世纪前半期中国人张德辉的蒙古旅行记》，巴拉第·卡法罗夫译注，第 583—585 页；巴托尔德，《七河史概述》，第 45 页；柏朗嘉宾书，第 36—37 页；《蒙古游牧记》，第 383 页；巴托尔德，《蒙古入侵时期的突厥斯坦》，第 58 页；加特麦尔书，第 309 页。

被当作这类工匠（urad ~ uracūd——兀剌惕 ~ 兀剌抽惕）看待。这里面也有专门制造武器的技师。[1]蒙古汗-皇帝也获得这样的工匠，并把他们安置在属于他的“基本屯营地”中。要知道，蒙古汗不只是“黄金氏族”和帝国的首领，而且是某一兀鲁思（分地）的领主。[2]

在“黄金氏族”“诸王-皇族成员（可卜昆）、驸马（忽儿干 ~ 古儿干）、那颜（主君）、万户长和千户长的大会（忽鲁勒台 ~ 忽邻勒台）上被推戴出来的蒙古皇帝（汗），是封建帝国的首领。[3]诸王（分地-兀鲁思的领主）是真正的封建领主。正如皇帝是帝国的君主、是帝国的统治者和主人、是也速该把阿秃儿家族——成吉思领主氏族（黄金氏族）的首领和代表者一样，诸王也是赏赐给他们作为份额（忽必）[4]——作为封地的某一领地——兀鲁思的主人、领主。分地

116 （其中也包括汗-皇帝的分地）是他们的财产，他们把它当作自己的领地来实行统治，只受一定程度的限制，并执行审判。”[5]

甚至还可以指出，诸王以这种领主资格，享有某种程度的豁免

① 《13世纪前半期中国人张德辉的蒙古旅行记》，巴拉第·卡法罗夫译注，第584页。

② 《长春真人西游记》，巴拉第·卡法罗夫译，第293、404页。

③ 《元朝秘史》，第269节；参阅本书（边码）第99页。

④ 《元朝秘史》，第239—255节；《史集》，第3卷，第149—154页（见新译，第1卷，第2分册，第278—282页。——译者）；《史集》，第2卷，第77、81页（见新译，第1卷，第2分册，第69、72页。——译者）。

⑤ 例如，参阅《史集》，第3卷，第149、152页（见新译，第1卷，第2分册，第278、279页——译者）；贝勒津，《术赤封地内部组织概说》，第422页；乞剌可思书，第73—76页；马加乞牙书，第34—35页；马可波罗书，第332—333页；在马可波罗书里，可以读到讲述诸王纳牙阿的值得注意的句子，他以“封建时代的文体”这样表述道：“彼乃大汗之家臣，应如其祖先然，自大汗处获得土地。”（这一节不见于米纳耶夫的译本，并未证明何以不见的原因；我是根据波提埃和裕尔本翻译的；还有裕尔的注解，第1卷，第27页，注2，亦可参阅）；瓦西里耶夫译《蒙韃备录》。

权。例如，窝阔台汗因“取斡（惕）赤斤叔叔百姓的女子”[①]而自责。拉施特告诉我们[②]：“窝阔台合罕在位时，曾在拖雷汗死后按照自己的意思，不和诸王与伯克们商量，把属于也客那颜（大那颜）[③]诸子的军队给与其子阔端（Кутэн）……”成吉思汗的高级伯克们……以及其他万户长和千户长们异口同声说：“这支速勒都思和速你惕（Сунит）军队是属于我们的，现在窝阔台合罕给了自己的儿子阔端。既然这是成吉思汗赐予他的斡耳朵的，我们怎能违背成吉思汗的命令把它交出去呢？我们应当把这种情形在窝阔台合罕的面前奏明。”我们要记住前面说过的成吉思关于犯罪的汗的氏族成员（诸王）[④]的教令。

至于那颜，万户长、千户长、百户长，他们似乎没有享受豁免权，不只是汗能轻易地更换、擢升和黜降他们，甚至褫夺他们的特权，就是诸王（兀鲁思的领主们）也能这样对待他们。[⑤]总之在考察蒙古

① 《元朝秘史》俄译本，第159、258页。［巴拉第·卡法罗夫的注解］

② 《史集》，第3卷，第149—150页。［见新译，第3卷，第2分册，第278页：“因为窝阔台做了汗，他就按自己的意思，不和诸王与异密们商量，把属于也客那颜之子的军队给予其子阔端（Кутан）……成吉思汗的高级异密们……以及其他万户长和千户长们（这样说），这支速勒都思和速你惕军队是属于我们的，现在窝阔台汗（把它）给了自己的儿子阔端。既然这个斡耳朵是成吉思汗赐给我们的份额，我们怎能（把它）交给（别人）而违背他的命令呢？我们应当把这种情形在窝阔台汗面前奏明，以便他（听从）成吉思汗的命令。”——译者］

③ 即拖雷，大家知道，他拥有也客那颜（大那颜）的称号。

④ 《史集》，第3卷，第128页（见新译，第1卷，第2分册，第123页。——译者）；参阅本书（边码）第100页。

⑤ 参阅多桑史，第2卷，第98页（对照冯承钧译本，上册，第207页。——译者）：因夺取其叔父斡惕赤斤兀鲁思中的女子而自疚的窝阔台，却毫不留情地掠夺了斡亦剌惕人的许多妇女，而斡亦剌惕的领主也是“驸马”和万户长。也可参阅《史集》，第1卷，第45、211页（见新译，第1卷，第1分册，第99、196页。——译者）；

帝国里的那颜时，可以指出，他们对其宗主是处于半封建主、半臣仆的地位。人们或许想把他们只看作军官或其他官吏，但是封建化的过程不可避免地使他们转变为封建领主，臣属于兀鲁思领主及蒙古汗，并且首先要以万户长、千户长、百户长的资格服军役。[①]

蒙古那颜在其千户、百户内显然是一个专制主君，一般地依照
117 札撒和习惯法对属下人民执行审判。[②]在汗的屯营里虽设有特别审判官[③]，但是在“草原里”，一切审判事件，似乎都是由那颜（千户长）来裁决的。顺便说明一下，封建制度所特有的私法原则和公法原则的矛盾表现于那颜的妻子在其夫患病或发生其他事故时，能够执行其夫的职务。[④]

这就是说，在我们面前出现了蒙古封建社会的两个集团。一个是大领主即诸王（蒙古汗）的藩臣；另一个是小领主即那颜、驸马、万户和千户的领主（蒙古汗）的藩臣或隶属于诸王的陪臣。值得指出的是，在蒙古帝国创立初期，无论是大领主还是小领主都一律称

（接上页）关于“拜住（Байджу）那颜的身世”，参阅同上书，第46页（见新译，第1卷，第1分册，第100页。——译者）；关于“万户长蔑力克沙（Мелик-шах）的身世”，参阅同上书，第82—83页（见新译，第1卷，第1分册，第120页。——译者）；同上书，第106页（见新译，第1卷，第1分册，第134页。——译者）；同上书，第118—119页（见新译，第1卷，第1分册，第143页。——译者）；《史集》，第3卷，第140—141页（见新译，第1卷，第2分册，第273页。——译者）。不过，关于成吉思汗派遣其一员统将出征时，吩咐此人不可处决他所认识的犯罪者，这一点是提到了的。《元朝秘史》，第199节。

① 参阅《史集》，第1卷，第158—161页（见新译，第1卷，第1分册，第167—169页。——译者）；《史集》，第3卷，第136、139、142页；《元朝秘史》，第202—224节；马可波罗书，第114—115页。

② 《元朝秘史》，第206—207节，对照《元朝秘史》，第203节；乞剌可思书，第49页。

③ 《元朝秘史》，第153、203节；《史集》，第1卷，第39—40、59页（见新译，第1卷，第1分册，第98—99、108页。——译者）；加特麦尔书，第122页。

④ 乞剌可思书，第61—62页；参阅瓦西里耶夫译《蒙韃备录》，第221页。

为那颜,即"主君、军事领主"。[①] 事实上,这都是一个集团,一个阶级,即和蒙古社会的其他阶级十分鲜明地对立的封建主阶级。[②]

至于"百户长",根据其财产状况和其百户的重要性如何,或者属于封建主阶级,或者是处在封建主及最下层阶级之间的一个中间集团。[③] "从奴隶中解放出来的自由人",答儿合惕也处在同样的地位。不过,由于"家人"通常都是因为建树了某种重大的功绩而获得了解放,所以,特别是在成吉思汗时代,答儿合惕不只能得到"自由民"的地位和豁免赋役,而且能登上各种级位,并由此进入了封建领主的圈子。[④]

正像所有那颜、千户长等被列为兀鲁思的领主[⑤]一样,所有蒙

① 参阅加特麦尔书,第76页;巴托尔德,《蒙古入侵时期的突厥斯坦》,第414页;巴托尔德当时错误地说:"成吉思汗的兄弟们的子孙中,只有拙赤合撒儿的子孙得享诸王的权利。"其实,别勒古台合赤温和斡惕赤斤的子孙,也完全处在像合撒儿的子孙同样的地位。例如,参阅《史集》,第2卷,第59—63页(见新译,第1卷,第2分册,第54—57页。——译者);《元朝秘史》,第242、255节。

② 汗的驸马,即古列干,其地位在上述两个集团之间,参阅《元朝秘史》,第280节;《史集》,第1卷,第80页(见新译,第1卷,第1分册,第119页。——译者);第3卷,第136、137页(见新译,第1卷,第2分册,第269、270页。——译者)。

③ 参阅《史集》,第1卷,第48—49、65页(见新译,第1卷,第1分册,第101、111页。——译者);参阅本书(边码)第107页。

④ 《元朝秘史》,第187、219节;《史集》,第1卷,第166、177页(见新译,第1卷,第1分册,第171、177页。——译者);《史集》,第2卷,第165—166页(见新译,第1卷,第2分册,第163页。——译者);波兹德涅耶夫,《汉蒙文古籍〈元朝秘史〉考》,第19页(巴歹、乞失里黑部分)。巴托尔德认为答儿合惕是"军事贵族阶级",伯希和教授十分正确地指出,巴托尔德对于答儿罕(复数为答儿合惕)一词的解释失之过于广泛。参阅《通报》,第27卷,1930年,第32—33页。那颜有时候也取得答儿罕的身份,而答儿罕即表示犯罪不罚之意。参阅《史集》,第3卷,第130页(见新译,第1卷,第2分册,第265页。——译者);《元朝秘史》,第205—216节。

⑤ 《元朝秘史》,第243—244节;《史集》,第3卷,第148—149页(见新译,第1卷,第2分册,第277—278页。——译者);柏朗嘉宾书,第24页。

古平民也被分别固定在某一千户长的管辖之下，凡是任意从某一那颜治下转到另一那颜治下的平民，都要被处以死刑。[①]这些蒙古
118 平民、属下人(战士)组成了13世纪帝国时代蒙古社会里的如下阶级——在这种情况下，又可以分为若干集团。

"普通战士"[②]，即巴拉第·卡法罗夫由汉语总译中译出的所谓"白身人"[③]，处于最高的地位。从其出身来看，他们是没有列入草原贵族行列的各蒙古氏族的成员，是自愿追随成吉思及成吉思氏族的"自由民"和兀纳罕-孛斡勒。十户长出自他们这些人之中[④]，在很稀少的场合也出些百户长。

"平民"——哈剌抽或哈剌抽惕，即"平民出身的人"[⑤]属于第二个集团。可以想见，属于这个阶层的人是出自被征服的部落或氏

① 参阅巴托尔德，《蒙古入侵时期的突厥斯坦》，第415页(术外尼的话)。

② 《史集》，第3卷，第126页。(见新译，第1卷，第2分册，第262页。此语被认为是成吉思汗本人所讲的。——译者)

③ 《元朝秘史》，第191、224节；düri-yin gü'ün(都里因-古温)。

④ 《元朝秘史》，第224节；参阅《史集》，第1卷，第76页(见新译，第1卷，第1分册，第117页。——译者)。

⑤ 《史集》，第3卷，第126页(见新译，第1卷，第2分册，第262页。——译者)；此语被认为是成吉思汗在其"训言"中列举各个社会集团时所说的，这几个集团是：1. 君主；2. 伯克；3. 普通战士；4. 平民，即平民出身的人；5. 仆役。《史集》第1卷第164页(见新译，第1卷，第1分册，第170页。——译者)也提到：1. 汗；2. 伯克；3. 哈剌抽等集团。哈剌抽(哈剌周)一语有时不只意味着与贵族(那颜)相对的"普通人"，而且意味着与汗及宗室相对的一切社会集团(参阅多桑史，第2卷，第365页)。因此，在这种场合，哈剌抽和孛斡勒乃是同义语，并以若干的转义被使用着[参阅本书(边码)第78页]。关于哈剌抽>哈剌赤(xaracu > xaraci)这个词义的进一步演化，可参阅维拉米诺夫-泽尔诺夫，《卡西莫夫诸帝及诸王子的研究》(Исследоване о Касимовских царях и царевичах)，第2卷，《俄国考古学会东方部论集》，第10部分，圣彼得堡，1864年，第411—437页(尤其是第419页)；不过，本书作者所引用的此词的词源部分，是绝不可信的。

族的兀纳罕-孛斡勒，以及“本族”和异族的各种孛斡勒。总之，根据成吉思自己所说的话，这一集团的代表人物是拥有私有财产的“普通人，即平民出身的人，如耽于饮酒，必将丧失其马、畜群和全部财产以至成为赤贫的人”。[①]在帝国时代初期，平民、哈剌抽是处于蒙古封建主、万户长、千户长、百户长以及十户长、答儿合惕和“白身人”的孛斡勒与兀纳罕-孛斡勒的地位的。[②]

完全隶属于自己主人而没有任何私人财产的奴隶、“奴仆”[③]，属于13世纪蒙古社会的第三阶级。这主要是在战争中成为俘虏的各族人民，其中也有蒙古游牧民。可以想见，蒙古游牧民，在大多数场合，如果不是马上，也会在经过若干时期后，例如在第二代，便转入属下人、孛斡勒、兀纳罕-孛斡勒的地位，而不再与“平民”（哈剌抽）有什么区别[④]，有时候他们的地位也能够上升。出自其他各族，尤其是定居民族的俘虏，却处于另一种地位。[⑤]不过，必须指出，在游牧生活的各种条件下，奴隶劳动主要使用在人数众多和富有的大领主的屯营中。小封建领主和“普通战士”未必能够赡养相当数 119
目的奴隶（奴仆）。根据欧洲旅行家的记载，我们知道，在蒙古社会，

① 《史集》，第3卷，第126页。（见新译，第1卷，第2分册，第262页——译者）

② 参阅上文，并参阅《元朝秘史》，第224节。

③ 《史集》，第3卷，第126页（见新译，第1卷，第2分册，第262页。——译者）；在蒙古语中他们被称呼为下列的各种名称：bogol（孛斡勒）、muxali（木华黎）、kitad（乞塔惕）、jalağu（札剌忽）、arad（阿拉特）、nekün（捏坤）、sibegcin（昔别克臣）。

④ 《史集》，第1卷，第57—58页（见新译，第1卷，第1分册，第107页。——译者）；《元朝秘史》，第154—157节；柏朗嘉宾书，第37页。

⑤ 据《元朝秘史》第266节记载，成吉思在其晚年，曾“……赏孛斡儿出、木华黎财物……又对二人说：‘全国的百姓，不曾分与您，如今有金国的主因种，你二人均分。凡好的儿子教与你擎鹰，美的女子，教与妻整衣。已前金主曾倚仗着他做近侍，将咱……祖宗废了。你二人是我近侍，却收他每来使唤者。’”

奴隶的处境是十分悲惨的。[①]

工匠也是奴隶，但是他们的地位完全不同，这一点已在前面讲过了。[②]

根据成吉思汗的札撒所规定的封建制(氏族制)的原则，汗氏族的全体成员、诸王及其高级家臣(封建主)，都应当为蒙古汗服务，主要是以战士资格为蒙古汗服务[③]，其次，是给汗出主意即出席忽鲁勒台[④]和襄助公共事务，如设立驿站(札木——jam)[⑤]、提供车辆运输工具(兀剌阿、兀剌合——ula'a、ulaġa)等[⑥]，亦即要尽"参议与辅佐"(*cousilium et auxilium*)的义务。

① 柏朗嘉宾书，第36—37页；参阅鲁布鲁克书，第75、79页。

② 参阅本书(边码)第115页。

③ 参阅本书(边码)第103页。参阅《元朝秘史》，第224节；《史集》，第3卷，第123、128页(见新译，第3卷，第2分册，第260、262页。——译者)；瓦西里耶夫译《蒙鞑备录》，第224、226页；里亚赞诺夫斯基，《蒙古部落(蒙古人、布里亚特人、卡尔梅克人)习惯法》，第1卷，第44页(札撒)。一切蒙古男子都有服军役的义务。在拉施特看来，没有蒙古居民，只有"蒙古军"，例如，参阅《史集》，第3卷，第151页。(见新译，第3卷，第2分册，第279页。——译者)

④ 多桑史，第2卷，第8—15、60—63、195—204、246—260、345、505—507(对照冯承钧译本，上册，第183—184、197、210—211、234—238、250—252页。——译者)；《元朝秘史》，第202、265、269节。诸王自己的兀鲁思中也召开忽鲁勒台。

⑤ 《元朝秘史》，第269—281节；参阅《苏联科学院报告》丙辑，1929年，第290—295页；《通报》，1930年，第192—195页；雅金夫书，第194页；《成吉思汗的故事》，第196页；马可波罗书，第147—150页；《13世纪前半期中国人张德辉的蒙古旅行记》，巴拉第·卡法罗夫译注，第582—586页。

⑥ 《元朝秘史》，第280节；《史集》，第1卷，第122页(见新译，第1卷，第1分册，第144—145页。——译者)；第3卷，第132页(见新译，第1卷，第2分册，第264页。——译者)；伯希和，《巴托尔德〈蒙古入侵时期的突厥斯坦〉评注》，第37—38页。《元朝秘史》第279节这样质朴地叙述着窝阔台时代所制的一项法令："诸王驸马等聚会时，每每于百姓科敛，不便当，可教千户每，每年出骒马并牧、挤的人，其人马以时常川交替。"

此外，蒙古的那颜及其“千户”，有义务为成吉思创立的皇帝（汗）的贵族护卫军（怯薛——keshig）[1]提供装备和派出一定数量的人员。这种护卫军是从前的那可儿和部落罕的亲兵队的直接继承者，它变成为正规的组织，再一次着重显示出它的封建的和贵族的 120
特征：它是蒙古汗手中有力的工具，正因为汗有这一工具，他才超出诸王（兀鲁思领主）之上。后来，诸王也自置护卫军，不过，它是根据一些不同的方式组织起来的。[2]

关于这种组织，在《元朝秘史》中有着很好的说明[3]，我们可以直截了当地把它摘录下来：“成吉思说：‘在前我只有八十人做宿卫，七十人做护卫、散班[4]，如今天命众百姓都属我管，我的护卫、散班等，于各万户、千户、百户内选一万人做者。拣选时，于各官[5]并白身人[6]儿子内，选拣有技能、身材壮的，教我跟前行。若是千户的子，每人带弟一人，带伴当十人；百户的子每，带弟一人，伴当五

① 参阅《通报》，1930 年，第 27—31 页，伯希和的注释。巴托尔德最先指出了蒙古护卫军的贵族特征，参阅《蒙古入侵时期的突厥斯坦》，第 412—414 页。还可参阅巴拉第·卡法罗夫，《马可波罗北中国旅行记注释》，第 40—41 页。《史集》，第 1 卷，第 65、122 页（见新译，第 1 卷，第 1 分册，第 110、145 页。——译者）；《史集》，第 3 卷，第 132—133 页（见新译，第 1 卷，第 2 分册，第 264—265 页。——译者）对于成吉思护卫军的记述，有许多不正确及矛盾之处。《元朝秘史》提供了更有价值的材料：第 124、191—192、234 节。参阅加特麦尔书，第 309—311 页；瓦西里耶夫译《蒙韃备录》，第 230 页。

② 马加乞牙书，第 35 页；裕尔书，第 1 卷，第 379—391 页；德弗里麦里，《突厥地区和中亚河中地区蒙古汗国的历史，摘自洪德米尔〈传记之友〉，译自波斯文并附有注释》，第 275—277 页。

③ 《元朝秘史》，第 224 节。

④ 汉字‘散班’，蒙古语作 keshiġ（客失克）。[“散班”的蒙古语为 turkak（秃儿合黑），非 keshiġ，见《元朝秘史》第 226 节。——译者]

⑤ 那牙惕。

⑥ 都里因-古温，参阅本书（边码）第 118 页。

人；牌子并白身人子每，带弟一人，伴当三人。其千户的子伴当十人，所用马匹，于本千、百户内科敛、整治与他，与时，除父分与的家财，并自置财物、人口外，照依原定例与者。其百户子伴当五人，牌子、白身人子伴当三人，所用马匹，只依前例与他。若千、百户、牌子、多人，有违者，加以罪责。若宿卫时躲避不来者，别选人补充，将那人发去远处，若有人愿要充做，诸人休阻当者。’成吉思还说[①]：‘我的护卫、散班、在在外千户[②]的上。护卫、散班的家人，在在外百户、牌子的上。若在外千户与护卫、散班做同等相争斗呵，将在外的千户要罪过者。’”

从这段引文中可以看出，护卫军的补充和护卫军人员的装备，应由那颜(封建主)及其“家人”——同族人和兀纳罕-孛斡勒——共同负责，同时，“千户”即那颜们的战士-家臣也应负责。护卫军显然不是只由贵族组成的；这一点是很明了的，因为贵族青年、那颜的儿子们的手下必然有从事杂役的人们；而且贵族护卫军已不像往日的那可儿。全部护卫军都遵守极严格的纪律，但同时也享受到
121 各种特权，从而使他们处在完全特殊的地位。[③]然而，这些规则可能被认为主要适用于社会上层阶级出身的护卫军。例如，成吉思颁布敕令道：“掌管护卫的官人不得我言语，休将所管的人擅自责罚者。”[④]

---

① 《元朝秘史》，第228节。

② 即普通的千户长，也可以说是军队的千户长。

③ 《元朝秘史》，第228、233—234、269节。《史集》，第1卷，第122页(见新译，第1卷，第1分册，第144页。——译者)；《史集》，第3卷，第132页(见新译，第1卷，第2分册，第264页。——译者)；巴托尔德，《蒙古入侵时期的突厥斯坦》，第413—414页。

④ 《元朝秘史》，第227节。

第 二 编

中期（14—17世纪）蒙古社会制度——封建制度的兴盛

真正的科学必须消灭许多愚昧。

——伯希和

我们是草原的居民；我们既没有珍奇的东西，也没有贵重的物品；我们的主要财富是马匹，它的肉和皮可供我们作美好的食物和衣服，而对我们最可口的饮料则是它的乳和以马乳做成的马奶酒；在我们的土地上，既没有花园，也没有房屋；观赏在草原上放牧的牲畜——这便是我们游玩的目的。

——《拉失德史》(Ta'rīkh-i-Rashīdī)

第一章　中期的蒙古及其经济

成吉思汗蒙古帝国的成立，对蒙古社会制度来说，乃是一种革命，虽然蒙古世界帝国这一庞大建筑物赖以建成的一切要素，在此以前早已存在。不过，无论是蒙古帝国也好，蒙古社会也好，都不能长久停滞在原来的状态中。

当然，就蒙古社会制度而言，新的时期大约是从 13 世纪后半期开始的，当时"黄金氏族"发生了内讧，帝国的首都由哈剌和林迁到大都(汗八里)[①]，而蒙古的大汗也在同时作了中国的皇帝，即新的元朝(13 世纪后半期建立)的皇帝。

正像前面已经说过的，翻阅一下资料和参考书，就可知关于这个时期蒙古社会制度发展过程的记载是不大充足的，这也就使我们不能够对它的演变做出多少称心如意的完整的描述。老实说，我们比较熟悉蒙古世界帝国极盛时期，即大约相当于成吉思汗的继承者 124
窝阔台汗[②]的统治时期的蒙古社会状况，我们也知道一些 17 世纪蒙古的社会制度，当时蒙古社会已经准备进入自己发展的新阶段。[③]

① 即今日的北京。

② 参阅巴托尔德，《七河史概述》，第 43 页；《蒙古入侵时期的突厥斯坦》，第 500 页。

③ 我们手头不仅有历史资料，而且还有蒙古法典。

这就是说，我们比较熟悉开始和终结的时期；根据这两个时期的材料，或者利用后一个时期即17世纪的资料，我们应当能够判断过渡时期所发生的情况。

进一步封建化的过程，在成吉思汗“宾天”后的蒙古帝国中很快就出现了：帝国分裂为若干不等的部分，结果由此产生了几个国家，或者更正确一些说，产生了几个封建联合体。[①] 在“蒙古统治下的”元朝，我们发现有一些承认“驻跸”在大都和上都的拥有大汗权力的成吉思汗系的[②]半独立的藩王及宗王。

而且，大家知道，蒙古帝国的分裂是把帝国看作氏族共有财产的当权氏族的分裂。[③] 这种论点是正确的，不过是不全面的，还需要作许多的补充。首先必须指出，成吉思汗的各分支，很久就把自己看作是一个家族[④]，而成吉思的幼子拖雷的子孙直到现在仍保持着血亲联合的“氏族”关系，他们无权与这一族女子结婚，并且是以祭祀仪式联系起来的。其次，尽管我们的资料十分缺乏，但是仍可指出，甚至在诸王内讧期间，“黄金氏族”成员在公共的氏族共

① 例如察合台和窝阔台的兀鲁思。

② 他们袭用汉族人的“王”(vang ~ ong)这一称号，见《元史》各处，阿鲁克(Aruġ)的石碑(弗拉基米尔佐夫，《蒙古书面语与喀尔喀方言比较语法》，第35页)；沙畹，《元代中国公署碑文与告示》，《通报》，1908年，第376页，第19图，第3行；《苏联科学院报告》丙辑，1930年，第187—188、221页。

③ 参阅巴托尔德，《七河史概述》，第43页；《突厥文化生活史》，第87页。

④ 值得指出，据萨囊彻辰所说，在15世纪中叶，某一蒙古王公，拖雷的后裔，把术赤的后裔钦察汗(Toġmaġ-un xan)当作自己的亲族(törül——图鲁勒)，并希望得到他的庇护，参阅萨囊彻辰书，第162页；《黄金史》，第71页。在西方，在前蒙古帝国遥远的边区，成吉思汗系诸王，并未与当地的贵族相混合，在(喀山、西伯利亚、卡西莫夫等地的)鞑靼人里，还严格遵守着皇族血统人员即汗和算端与王公(伯克)之间的区别。(维拉米诺夫-泽尔诺夫，《卡西莫夫诸帝及诸王子的研究》，第2卷，第225页)

有财产中应享的权利，和实现其权利的可能性也没有遭到否认。[①]

蒙古帝国之所以分裂和必然要分裂为各个独立的部分，主要是因为它不仅以氏族原则而且以封建原则作为基础。

由成吉思汗建立并经其继承者们大加拓展的帝国，其首脑应当 125
是作为也速该把阿秃儿的子孙们这一领主氏族代表人物的汗（皇帝或领主和专制君主），这个君主之所以强有力，正是因为得到“黄金氏族”成员们的支持和无条件的服从。但是这个帝国在 13 世纪后半期已变成为一般的封建国家，并且只是一个封建的联合体。蒙古帝国仅在名义上继续存在。成吉思汗氏族的蒙古诸王率领着不等数量的蒙古游牧军“驻”[②]在各自的国家中，形成广大的领地，他们一会儿承认，一会儿又不承认“大汗”的权力。而在远东，在“蒙古”世界极边“坐着的这位最伟大的汗”，曾经有个时期实在是最伟大的，现在却变成了像成吉思汗系诸王那样的大封建领主之一。只是他的领地较大，在他指挥下的蒙古军较多[③]，所以他还是元朝皇帝。

① 参阅伯希和，《青册考》(Les kökö däbtär）等，《通报》，1930 年，第 195—198 页。

② 蒙古人使用 saġu-, degere saġu-［“坐”，“（封建领主）登坐”］一词，此词也用来表示大汗即位和在位的意思，见《元史》各处；参阅《完者都算端的敕令》(Грамота Öljeitü sultan'a），令第 13；萨囊彻辰书，第 194、204、206 页；马可波罗书，第 204 页（“大汗的十二王之一君临此城”）。

③ 《史集》，第 3 卷，第 151 页（见新译，第 1 卷，第 2 分册，第 279 页——译者）。大家知道，帝国西部兀鲁思的领主（诸王），早在 13 世纪就已开始自称为汗和算端，当诸王表示愿意承认大汗的宗主权的时候，就在文书上写着：“在大汗的福荫里”（xaġan-u sü-dür），参阅伯希和，《蒙古与教廷》，第 2 部分，第 316—321 页；《苏联科学院报告》丙辑，1926 年，第 29—30 页。伯希和说得很对，在 13 至 14 世纪时，这套公文用语中的主要蒙古语词，不是发音为 sü，而是发音为 su 的。（《在 13 及 14 世纪蒙古语中今日送气音 *h* 置在字头的词语考》，第 374 页）但是，可以指出，这样的发音，只限于若干中部蒙古方言，参阅科特维奇，《额尔德尼召的蒙古碑铭》(Мокгольские надциси в

在这种情况下，内讧，更正确一些说，“封建”战争，不可避免地要爆发。事实上也正是如此，好几十年内，几乎在蒙古帝国全境内都燃起了可怖的烽火。

为数极多的蒙古游牧军队，即带着家属、牲畜和财产的战士们，被诸王带到了西方，带到了窝阔台和察合台的兀鲁思，带到了金帐汗国和波斯。

还有更大量的军队分别驻屯在中原、中国东北和朝鲜的一部分
126 地区。[①] 蒙古没有一定的疆界，尤其是在西北隅，在那里，大汗领地和其他诸王领地之间的疆界，由于军事行动的结果，经常由东到西、由西到东地变动着。

迁到西方的蒙古人很迅速地突厥化了，总之是融入了周围与他们或多或少接近的各民族之中了。但是，他们在中亚细亚吸收伊斯兰文化的过程，较在波斯进行得更慢，因为在中亚细亚，他们中的一部分是处在人种上接近于他们的突厥游牧民之中的。[②] 在阿富汗

(接上页)Эрдэни-дзу)，《苏联科学院人类学及民族学博物馆汇刊》，第5卷，1917年，第211页。

① 《史集》，第3卷，第151页(见新译，第1卷，第2分册，第279页。——译者)：“他把汉人和主儿扯边境，及邻近此边境的蒙古境内冬夏游牧场所，无限制地赐给那些军队中的另外一些人(即诸王)。军队的人数极多，他们侵夺汉人、主儿扯人和蒙古人的全部草原、山岳和冬夏驻营场所，并且占而有之。”[此段引文新译本为：“他把位于金国边境和靠近(金国)边境的蒙古禹儿惕毫无限制地给予这些军队中的另外一些人，作为冬夏游牧场所。他们(是)一支庞大的军队，占据在那里的汉人、主儿扯人和蒙古人的草原，山岳及冬夏驻营地”。——译者]

② 15世纪前半期的阿拉伯作家乌马儿(al'Omarī)出色地说明了蒙古人与突厥人及钦察人融合的过程：“……钦察人变成了他们(即蒙古人)的臣民。后来，他们(鞑靼人)与他们(钦察人)接近了，混合了，由于蒙古人(及鞑靼人)移住到钦察人的土地上，与他们通婚并留在他们的土地上生活，于是土地就征服了他们(鞑靼人)的自然的和种族的性质，他们全都变成了钦察人，好像他们(与钦察人)是一个氏族一样”，蒂森豪森

的蒙古人后裔，大家知道，直到现在还存在，并保持着自己的语言。[①]西部各兀鲁思里蒙古民族特点的消失是从统治阶级开始的，尤其是在各蒙古封建领主改宗伊斯兰教并逐渐吸收了伊斯兰城市文化的时候。[②]

蒙古人的绝大多数留在蒙古本土和汗（皇帝）治下的中原。根据我们所能得到的资料，要十分详细地叙述住在中国城市例如大都（北京）和各镇戍地的蒙古人的情况是有困难的。马可波罗书[③]中有一段颇有价值的叙述，透露了一些线索[④]："在乞塔惕和蛮子的全部地区[⑤]以及其余领地中，有颇多叛徒和谋逆者酝酿作乱，因此必须在大都市和人民众多的地区，驻扎军队。军队驻扎在城外四里或五里之地；为了不妨碍军队的进入，城市不许设置城墙和城门。大汗把军队和其统将每隔二年调换一次……军队不只赖大汗从各地税收中所规定的薪给来维持，也赖自己的许多牲畜和畜乳来生活，即

（接上页）（Тизенгаузен）译《金帐汗国史资料集》（Сборник материалов, относящихся к истории Золотой Орды），第1卷，圣彼得堡，1884年，第235页。参阅巴托尔德，《兀鲁伯时代》，第8—9页；《17世纪乌孜别克汗的宫廷礼仪》（Церемониал при дворе узбецких ханов в XVII в.），《俄国地理学会民族学部札记》，第34卷，第293—308页；《海塔克人的起源问题》（К вопросу о происхождении кайтаков），《民族学评论》，第84—85卷，1910年，第37—45页。

① 参阅本书（边码）第3页。

② 参阅巴托尔德，《兀鲁伯时代》，第8页；《突厥文化生活史》，第90—95页。

③ 赖麦锡（Ramusio）本。

④ 马可波罗书，第109页；裕尔书，第1卷，第336页；《马可波罗行记》，沙海昂（Charignon）本，第2卷，第7—8页；对照巴拉第·卡法罗夫，《马可波罗北中国行纪注释》，第37页；多桑史，第2卷，第483页（对照冯承钧译本，上册，第329页。——译者）；也可参阅马可波罗书，第216—217、229—230页；《元朝秘史》俄译本，第200—201节[巴拉第·卡法罗夫的注释]。

⑤ 即华北与华南。

卖出牲畜和畜乳，买入必需的生活资料。军队驻屯在各地，30天、40天、60天不等。”[1]

127 当然，蒙古平民卖出畜乳，这证明了他们的地位并不是特别高贵的。认为元朝即蒙古人统治的时代，住在中原的任何蒙古人都处于主人的地位，这是完全错误的。处于主人地位的只是蒙古领主、包括百户长在内的各级那颜、贵族护卫以至诸王。[2]

因此，根据我们所掌握的颇为贫乏的资料，可以判断，元朝一代，蒙古地区和蒙古人的繁荣，特别是和成吉思及其三个继承者时代相比较，是剧烈地衰退了。不断的封建战争，对保卫帝国所必需的庞大军队的给养，消耗了国力。[3] 同时，在伊斯兰世界的商人和汉人商人手中的高利贷资本和商业资本，没有也不可能创造新的生产方式。在蒙古新建设起来的城市似乎并没有繁荣起来[4]；前面谈到的最初多次试图引进蒙古地区的农业也并不曾得到发展。从我们所有的各方

---

① 马可波罗说，可能驻屯军中不仅有蒙古人，还有突厥人出身的各色游牧民，参阅《元史》，第3卷，第33页。

② 《元史》;《元朝秘史》俄译本，第227页[巴拉第·卡法罗夫的注释];沙畹，《元代中国公署碑文与告示》，《通报》，1904年，第429—432页。

③ 《元史》。

④ 哈剌和林的碑铭，至少没有证明这个城市的繁荣和发展；参阅科特维奇，《额尔德尼召的蒙古碑铭》，第205—214页；鲍培，《1926年夏鄂尔浑河旅行报告》(Огчет о поездке на Орхон петом 1926 г.)，《“蒙古及图瓦人民共和国与布里亚特蒙古苏维埃社会主义自治共和国调查委员会”资料》，第4卷，列宁格勒，1929年，第15—22页(对照《苏联科学院报告》丙辑，1930年，第186—188页；《通报》，1930年，第228—229页)。哈剌和林何时彻底荒废及毁灭，无从知悉。但此城在一段时间内仍存留在蒙古民族的记忆中，他们有时甚至仍旧呼它的本名，而不称其汉名(和宁、和林)；例如，萨囊彻辰有一次提到这座城市，即呼之为 Xornm-xan…balgad(萨囊彻辰书，第144页。汉译本无此名称。——译者)；参阅施密特(萨囊彻辰书，第404页)及伯希和(《亚细亚学报》，1925年，第1卷，第372—375页)的注解。

面的资料来看，当忽必烈汗停止从中原向哈剌和林供应粮食时，哈剌和林及其附近地区便发生了饥馑，就足以证明这一点。[①]

蒙古平民必须为汗（皇帝）和其他封建领主的官邸花费巨大的力量。因此，在旱灾和其他灾害时，穷困的蒙古平民有时不得不把自己的孩子卖作奴隶，这是不足为奇的。《元史》就有这样的记载。[②]

元朝灭亡后，回到草原和山区的蒙古诸部，比成吉思汗以前时期更陷于孤立状态。这种状态，当然可从它的经济方面来全面地加以说明。尽管我们的资料不足，但它毕竟还能使我们断定，蒙古和其他文明的贸易，当时几乎完全停顿了。商路荒废了，商旅往来绝迹了。从前工匠和农民的居住地也完全消失了[③]，交易地点被匪盗

占据。蒙古部落彼此劫掠，并劫掠邻近的游牧民和定居民。[④]掠夺 128
性的袭击已成为真正的行业。

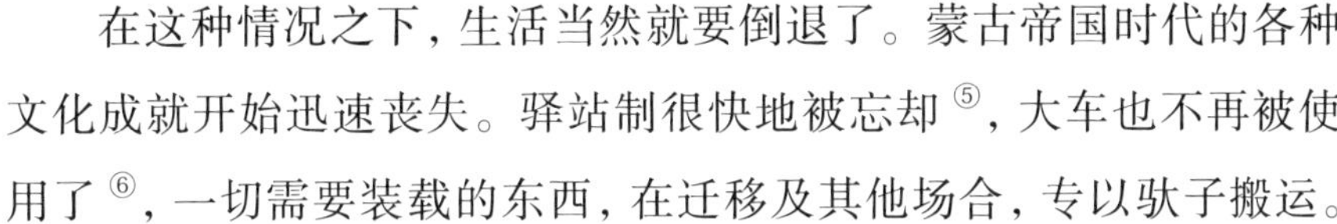

在这种情况之下，生活当然就要倒退了。蒙古帝国时代的各种文化成就开始迅速丧失。驿站制很快地被忘却[⑤]，大车也不再被使用了[⑥]，一切需要装载的东西，在迁移及其他场合，专以驮子搬运。

---

① 参阅德弗里麦里，《突厥地区和中亚河中地区蒙古汗国的历史，摘自洪德米尔〈传记之友〉，译自波斯文并附有注释》，第91页；多桑史，第2卷，第34页（对照冯承钧译本，上册，第290页。——译者）；巴托尔德，《七河史概述》，第53页。

② 《元史》，第9卷，第30页。

③ 我们的资料对此完全不置一词，因此我不得不做出这样的结论。

④ 波科齐洛夫的著作几乎全篇都记述着这类故事；萨囊彻辰书和《黄金史》亦记载得相当多，此两书还偶然有关于出征突厥游牧民的记事，《黄金史》，第72页；萨囊彻辰书，第210、214、216页。

⑤ 参阅《苏联科学院报告》丙辑，1929年，第290—294页；伯希和，《驿站制度考》（Sur *yam ou ǰam*, relais postal），《通报》，1930年，第192—195页。

⑥ 蒙古资料没有关于大车的记载。虽然萨囊彻辰书和《黄金史》在其关于成吉思汗以前和其帝国时代的故事中曾经提到过它。不著撰人（恐是利波夫佐夫编纂的）的

关于元代以后的蒙古为什么抛弃了幌车及各种大车，我们不得不承认还缺乏可供判断的材料，只能猜想这种情况的发生是出于普遍贫穷的缘故。

关于元代以后蒙古部落重新采取以很大的集团来游牧的方法，我们的资料上也有一些暗示。在不断战争和袭击的影响下，他们开始以数千人之多的大屯营或野营游牧，名曰豁里牙（xoriya——野营、屯营）①，它和古代蒙古古列延的根本不同在于，它不是近亲血族的屯营。虽然我们几乎全然不知道这些豁里牙［~ xoruġā(n) > xorō——和噜噶（和噜干）>哈罗］② 的生活情况，但是可以想见，这种游牧方法对畜牧者是不利的，并且是没有吸引力的。③ 因此，贫者和富者，特别是富者，便竭力舍弃豁里牙方法，重新采用阿寅勒的游牧方法。④

129 对明朝产品，主要是食品、织物以及金属制品的需要，推动蒙古从掠夺和袭击转向与明朝建立贸易关系。由此可以看出，当时的蒙古生活中有一个重大的矛盾：一方面，他们企图以掠夺和袭击手

（接上页）《大明历代皇帝纪》，在说到1414及1422年明朝人深入蒙古地区远征时，曾述及"装载财产的大车"（第393页），"货车队"以及"家用的幌车""大车及幌车"（第425页）。可以想见，从15世纪起已无蒙古大车。以诙谐的文体引述六个蒙古"兀鲁思"的记载的《拉德洛夫史》（相当晚出的资料），在谈到鄂尔多斯时，曾着重提到"保存下来的大车"。（xasaġ tergen-i xadaġalaġsan）（第160页）

① 萨囊彻辰书，第206—252页；乌斯品斯基，《库克淖尔或青海地方，附录卫拉特人及蒙古人简史》，第98—99页；波科齐洛夫，《明代东蒙古史，1368—1634年》，第109、145页。［豁里牙，《元朝秘史》旁译作院子，《卢龙塞略》《华夷译语》均有豁里颜（xoriyan）一语，释作院落。——译者］

② 参阅弗拉基米尔佐夫，《蒙古书面语与喀尔喀方言比较语法》，第201页。

③ 关于豁里牙内部可能有争执的暗示，参阅萨囊彻辰书。

④ "东部"蒙古人实际上没有任何地方保留下豁里牙的游牧方法。

段从明朝获得必需品[①]；另一方面又力求与明朝建立正常的商品交换关系，并为此派遣使节，请求向北京输送马匹和在边境[②]开辟巴咱儿(basar——互市)[③]的权利。这种矛盾一般对蒙古生活是有重大影响的。

关于15—16世纪蒙古或卫拉特和中亚各民族的贸易关系，我们几乎一点材料也没有。这种关系被人注意乃是后来的事情。

还须指出，蒙古仍旧是从事狩猎和牧放牲畜的民族。但是狩猎显然不再起以前那样巨大的作用。他们此时已由游牧狩猎民变成纯粹的游牧民，狩猎不过是一种副业或者仅供游戏而已。[④]大规模的围猎显然也和其他许多东西一样，已经成为传说。[⑤]

① 波科齐洛夫，《明代东蒙古史，1368—1634年》，各处。

② 同上书，第20、38、62、64、65、99、108、115、142(关于16世纪初蒙古以马易茶事)、169、193页；巴克尔，《成吉思汗王朝以后清朝以前的蒙古》，第93页。关于互市，可参阅波科齐洛夫，前引书，第108—109、182—194页；萨囊彻辰书，第210页；乌斯品斯基，《库克淖尔或青海地方，附录卫拉特人及蒙古人简史》，第104、106页；巴克尔，前引书，第94页；胡特，《蒙古佛教史》，第57页；波克罗夫斯基(Покровский)，《彼特林的……旅行》(Путешествие... Петлина)，《俄国科学院俄罗斯语言与文学部通报》，第18卷，第4部分，1913年，第286页；也可参阅波兹德涅耶夫，《新发现的明代蒙古文献》，第367—387页(阿勒坦汗的书)；《咱雅班第达传》，第7—8页；《内齐托音传》，第9页。

③ 土默特阿勒坛汗国书中的用语。

④ 我们的资料，萨囊彻辰书及《黄金史》，常常说及狩猎，但从上下文看来，多数是统治阶级作为消遣，或是在非常困难的情况下为获得食物所举行的狩猎。参阅萨囊彻辰书，第138、234、236、282页；《黄金史》，第55、71页。

⑤ 萨囊彻辰还说到自己在17世纪前半期，由其主济农赐以“围场则居中行走”(yeke abadur töb-tür yabuxui darxa soyurxaġad)的特权；萨囊彻辰书，第282页。《蒙古-卫拉特法典》提到围猎(第17页)并立下整顿围猎及规定惩罚犯规者的许多条例。相反地，《喀尔喀三旗法典》则只提及副业性的小规模的个人狩猎(第46、47、81页)。其(接上页)他资料也有提到围猎的，例如，参阅《内齐托音传》，第6卷，第26—27页；弗拉基米尔佐夫，《喀尔喀绰克图台吉的摩崖碑铭》，第1255—1257、1263页。

可以看到，从16世纪中叶起，蒙古（在这种场合只可说是东蒙古）的物质条件已有若干改善。但也必须指出，由于资料缺乏，我们还不能肯定判明这种改善的原因。与明朝内地贸易的日益发展，与此有关的大批蒙古人民向南方中原王朝边界的移住，以及最终进
130 入河套（即鄂尔多斯）和漠南蒙古若干其他地方[①]，这一切或许都对物质条件的改善起了一定的作用。看来，他们又成功地采用了阿寅勒的游牧方法了。[②]

16世纪后半期，蒙古，特别是蒙古封建主，计划建设城市[③]，建筑宫殿和佛寺。[④]除明朝中央政府外，他们开始与西藏和青海地方发生关系。[⑤]到17世纪初叶，与蒙古发生贸易和交换关系的周围地区及邻近各族人民的范围日益扩大。[⑥]

各地的蒙古民众开始与相互之间差别很大的各定居民族地区建立贸易关系，这是当时状况的特点。由于他们的广泛分布，他们

① 波科齐洛夫，《明代东蒙古史，1368—1634年》，第23、90—91、102、104—106、117、120—124、141—212页。

② 根据各有关资料一般的上下文意，可以得出这样的结论。

③ 拜甡城（库库和屯或归化城。即今天的呼和浩特。——译者）；参阅波科齐洛夫，前引书，第173、184页；波克罗夫斯基，《彼特林的……旅行》，第287页；萨囊彻辰书，第236页；据汉语资料说，“甚至还企图使游牧民习惯于定居生活，耕种于城郊”（波科齐洛夫，前引书，第173页）。

④ 波科齐洛夫，前引书，第180—181页；巴克尔，《成吉思汗王朝以后清朝以前的蒙古》，第93页；萨囊彻辰书，第202、226、230、236、238页；胡特，《蒙古佛教史》。

⑤ 萨囊彻辰书，第210—212、224—226、258页；科特维奇，《关于蒙古人和畏兀儿人关系的新资料》（Quelques donnéés nouvelles sur les relations entre les Mongols et les Ouigouts），《东方学年鉴》，第2卷，1925年，第240—247页。

⑥ 参阅科特维奇，《关于17、18世纪俄国与卫拉特人的外交关系档案》；《咱雅班第达传》，各处。

拥有互相隔绝的市场。后金在历史舞台上的出现，清帝国的建立和随之而来的对中亚影响力的增强以及汉族商业资本的发展，这些都对蒙古社会制度产生了巨大的影响。我们可以看到，蒙古游牧封建制度逐渐衰落，蒙古社会开始了一个新的时期。

第二章　鄂托克和土绵

由划分“千户”[①]而引起的蒙古各氏族和部落的混合，领地由率领蒙古军队永远去到西方的各宗王分别占有，元代的封建战争以及与此有关的封建主间的重新分配人民，这一切都对蒙古社会制度产131 生了极大的影响。[②]而元朝的崩溃及从中国内地退出，属于不同的

---

① 《元朝秘史》使用 mingġala[敏罕剌(组成千户，分为千户)]这一特殊名词。

② 大多数古代蒙古部落虽然已参加到新的蒙古部落集团中，但毕竟仍然保持着他们的原状。例如，札剌亦儿部加入到东南部蒙古人[《蒙古游牧记》，第 7—8 页；施密特，《蒙古民族史，作为对其民族和王室史的贡献》(*Die Volksstämme der Mongolen,als Beitrag zur Geschichte dieses Volkes und seines Fürstenhauses*)，圣彼得堡，1834 年，第 425 页]和被称为喀尔喀的新的部落联合体中，参阅萨囊彻辰书，第 182、196、206 页；《拉德洛夫史》，第 221 页。在成吉思汗时代遭到彻底击溃和瓦解的塔塔儿部落之一，察罕塔塔儿加入到察哈尔的部落中，参阅萨囊彻辰书，第 204 页；我们还在鄂尔多斯(工布查布书，第 44 页 b 面)和克什克腾(波塔宁，《中国的青海-西藏边区》，第 1 卷，第 103 页)看到他们。应该指出，在蒙古帝国时期，显然有许多异部落群已经蒙古化了。事实上，我们发现有一些蒙古部落，冠着分明与蒙古不同民族的名称，或者甚至冠着他们所知不同宗教信仰的名称。例如，我们知道，下列部落和部落分支即属于此种情况：(1)阿苏特人(Asud ~ Asūd)，即属于蒙古氏族右翼的阿斯人(As)或阿兰人(Alan)(参阅萨囊彻辰书，第 144、152、168、200、204 页；《黄金史》，第 80、94 页；戈尔斯基书，第 103 页)；(2)厄尔呼特人(Erkegüd)，即加入了喀尔喀人(《拉德洛夫史》，第 234 页)及乌珠穆沁人(工布查布书，第 14 页 b 面)中的“景教徒”；(3)克呼古特人(Kergüd)，即乞儿吉思人[参阅萨囊彻辰书，第 56、142 页；《拉德洛夫史》，第 222、234、239 页；《察罕拜甡的碑铭》(*Die Inschriften von. Tsaghah Baišin*)，胡特撰，莱比锡，1894 年，第 36 页]，他们加入了卫拉特人和喀尔喀人；(4)萨囊塔郭勒人[撒儿塔兀勒人(Sartaġul)]，即“‘萨尔特人’(сарты)、花剌子模人、中亚细亚的伊斯兰教徒(突厥人

社会集团的大量蒙古民众，或者死亡，或者留在明朝的势力范围内而逐渐汉化，这对蒙古的社会制度以及对部落分支与部落的混合，影响尤其重大。

必须认定，我们虽然还不清楚这个变化的过程，但是对于它的最后结果多少有些了解。顺便说一下，发生变化的结果表明，他们中的大多数人脱离了氏族制度，脱离了"千户"的区分。实际上，我们在资料中并未发现有关蒙古氏族即斡孛克[①]的叙述，也没有在任何处所发现成吉思汗的"千户"即敏罕。大多数现代"东"蒙古人，当然不知道有氏族制度。之所以必须提及是"东"蒙古人，是因为在"西蒙古人"即卫拉特人那里还可以看到一种相反的现象：卫拉 132

(接上页)及伊兰人)"，加入了喀尔喀人，这个名称作为一个西喀尔喀旗(和舜)的名称一直保留到今日，参阅萨囊彻辰书，第 168 (174) 页；《黄金史》，第 66、85 页；《拉德洛夫史》，第 222 页；工布查布书，第 48 页；(5)唐古特人(唐古惕人——Tangġud)，即唐兀惕人，加入了喀尔喀人(工布查布书，第 47 页；波兹德涅耶夫，《蒙古史册〈宝贝念珠〉》，第 96 页)、乌拉特人(萨囊彻辰书，第 206 页)、鄂尔多斯人(波塔宁，《中国的青海-西藏边区》，第 1 卷，第 103 页)；这里还得提一下拉施特关于唐古特的叙述[《史集》，第 1 卷，第 122—123 页(见新译，第 1 卷，第 1 分册，第 144—145 页。——译者)]；成吉思汗从那里带来了许多俘虏，后来这些俘虏的一部分变成了蒙古的那颜，即伯克。

① 所说的当然是现象而不是字面。斡孛克一词，在一切蒙古部落中几乎都保留下来，除了表示"氏族、克兰"的概念，还有"家族"的意思。波塔宁说："鄂尔多斯的蒙古人仍旧记住了自己的氏族名，或者像他们所称的"斡木黑"(омок)之名。(《中国的青海-西藏边区》，第 1 卷，第 103 页。)波塔宁同时在注解中说："斡木黑与阿尔泰人的苏克(сеок——骨，家系)相同。"这种说法的正确性不能无疑。首先，可以确切证明这种说法的蒙古资料，一条也没有；其次，波塔宁在列举鄂尔多斯的"斡木黑"这一名称时所引用的，大多数是我们所熟知的各种蒙古资料首先是萨囊彻辰书和《黄金史》中的鄂托克(оток)的名称。同样，波塔宁在叙述喀尔喀的某一旗(和舜)及若干其他漠南蒙古地区的"氏族称谓"时，他所引证的实际上是鄂托克名称，而非氏族(斡木黑)名称。非常可能，波塔宁是纯粹偶然地把"俄语"草书体的非常相似的 омок(斡木黑)和 оток(鄂托克)混为一谈了。

特部落保存了实行族外婚的氏族制度。这一点可以从我们所掌握的有关中期的资料[①]和从对于各地卫拉特人的现状的观察[②]中得到证实。

从15世纪开始，我们在蒙古看到了一种新的联合体，即鄂托克（otoġ），它代替了前述古氏族（克兰），代替了世界帝国时代的“千户”。现在可以探讨一下蒙古的鄂托克是什么，这个词在当时是怎样理解的？要回答这个问题，必须探索各种各样的资料，因为现代蒙古族保存着的这个词经过了长期的演变，表示各种不同的现象。

在我们所研究的这个时代可以看到下述的情况，“东”蒙古人和西蒙古人（卫拉特人）都分为部落（兀鲁思），同时可以指出，这些兀鲁思的规模也各不相同。但是一般地说，大部落集团称为兀鲁思，也可以使用另一名词土绵即“万户”[③]来表示。

① 《咱雅班第达传》，第2页。卫拉特人的“氏族，即血统的族外婚联合体”，往往以牙孙（骨、家系）一词表示，参阅本书（边码）第47页。但同时，牙孙一词也意味着对于某一部落的隶属。因此，“氏族的概念，没有特别的词语来表示，人们便直接用氏族团体的专名，例如，《咱雅班第达传》第2页即云：“yasun inu xoshūd，otoq inu gōrōcin，gorōcin dotorōn shanggas amui”（他们的家系和硕特，他的鄂托克是科尔沁，在科尔沁人中间有一个尚噶斯（氏族）〕；参阅戈尔斯通斯基编《卡尔梅克敦都克-达什为伏尔加河畔卡尔梅克人编纂的1640年蒙古-卫拉特法典及噶尔丹洪台吉的增补法令和法典》，第121页（不大正确）。

② 和托郭伊图（хотогойту）部落还保持着氏族制度，他们现在虽然要算是喀尔喀人，并在某种程度上已经喀尔喀化，可是仍与卫拉特人有关系；参阅《乌巴什洪台吉的故事》，第204页；《水晶鉴》（Bolor toli），第3卷，第188页；这两种著作，彼此全无关系。其次，纯粹的氏族制度，在北布里亚特人，即外贝加尔布里亚特人中，一般说来，在与成吉思汗组织没有充分接触的所有蒙古部落集团中，仍然可以看到。参阅下文。

③ 萨囊彻辰书，第138、202页：jirġuġan tümen и jirguġan ulus（济尔固罕图们和济尔固罕兀鲁思）——组成蒙古民族的“六万户”和“六兀鲁思”。汗的分地称为也客兀鲁思（大兀鲁思），参阅萨囊彻辰书，第170、200、280页；《黄金史》，第80页：“Ongniġud-un sayid Muulixai-ong-i yeke ulus-un törü toġtaba...gebe.”。（翁尼郭特的赛

然而，像“千户（敏罕）”那样的名词已经完全不用了，“土绵（万户）”一词保留了下来。

现在我们再继续探讨一下：某一游牧阿寅勒集团是由各个阿寅勒在自己分散游牧时占据了一定的地域的基础上联合起来的，它是从兀鲁思或万户（土绵）中分解出来的集团，这种集团被称为鄂托克。当时的鄂托克是基本的社会和经济单位。每一个人必须属于某一鄂托克，通过这种组织参加到具有各种社会经济联系和关系的一定集体中去。很有趣味的是，蒙古的鄂托克正是以地域单位为基础的。在一定地域内游牧并使用其牧地的、数量不等的阿寅勒集团，组成了鄂托克。在军事行动及其他事故的影响下，地域也可能 133
变化，可是，在新的游牧区里，关系却仍旧不变。由语源方面看，鄂托克一词与游牧占用的地区有密切的关系。[①]

鄂托克这一蒙古语来源于更古的形式斡塔克（otaġ），此词属于中亚细亚语群，是从粟特（Согд）文化中的词语演变而来的；在公元后一千年间流行于中亚细亚的伊朗语系之一的粟特语中，我们知道有斡塔克（ōtāk）一词，它有“国家、疆域”的意义。[②] 后来，这个词

（接上页）德们对摩里海王说：大兀鲁思的统治巩固了。）（《黄金史》）也客兀鲁思的概念有时可能与齐尔固罕兀鲁思相同。

① 参阅萨囊彻辰书，第 166、182、190、194、196、200、204、208、280、284 页；《黄金史》，第 66、84、85、104、106 页；雅金夫书，第 130—135 页；《蒙古-卫拉特法典》，第 3、4、12、20、22 页；《喀尔喀三旗法典》，第 6 页；参阅巴拉诺夫，《蒙古专门名词词典》，第 2 卷，第 171—172 页；《新蒙古则例》，第 6 卷，第 21 页；波兹德涅耶夫，《蒙古及蒙古人》，第 1 卷，第 38 页；列昂托维奇，《卡尔梅克法典，第一篇，1822 年法典（原文）。解说——法典的构成、法典来源及一般性质，从卡尔梅克法典所见的社会生活状态》，第 208—209 页。

② 参阅萨列曼，《摩尼教研究》（Manichaica），第 5 卷，《俄国科学院通报》，1913 年，第 1131 页；季托夫（Е. Н. Титов），《通古斯语-俄语词典》（Тунгусско-русский словарь），伊尔库茨克，1926 年，第 124 页。

以各种形式出现在突厥语、蒙古语、通古斯语的各种方言中，表示它与场所、地域等的关系。[①]

在军事方面，蒙古的鄂托克同样表示一定的单位，鄂托克的兵丁组成叫作和舜（xoshūn——和锡衮～和锡温——xoshiġun～xoshi'un）的独特部队。[②]因此，鄂托克及和舜两个名词，往往互相混用。例如，喀尔喀兀鲁思或喀尔喀土绵，即"喀尔喀部（喀尔喀部落集团）"，或"喀尔喀万户"系由"七鄂托克"或"七和舜（旗）"组成。[③]总之，鄂托克对和锡衮的关系，可以说正如兀鲁思对土绵的

① 例如，突厥语中克里米亚鞑靼语、鄂斯曼语的oda（房间、住宅、家、住在一室里的士兵）；畏兀儿语的otaġ（家、房间）；察合台语的otaq（棚子、天幕）；硕尔语、萨盖语、科依巴尔语的odaġ（棚子、野营）；铁列乌特阿尔泰语的odū（棚子、野营）；雅库特语的otū（棚子、屯营、游牧地）；通古斯语otok（屯营、野营）。在现代的若干蒙古语方言中，otoġ（鄂托克）一语意味着："屯营地"（布里亚特波罕部），"棚子"（布里亚特阿剌儿部），"居住和游牧在一个地区的同一家系的阿寅勒集团"（卫拉特拜特部）；在伏尔加河畔的卫拉特里，"与异族分开而由一个氏族来游牧的土地称为鄂托克"（科斯添科夫，《关于卡尔梅克人的历史与统计资料》，第31页；涅博利辛，《和硕特兀鲁思卡尔梅克人的风俗习惯概述》，第8页。可以断言，所有蒙古部落，甚至是住在青海和西藏边区的那些蒙古部落，几乎全都知道鄂托克一词（参阅马达汉，《撒里和西喇尧乎尔访问记》，第34页），只有北布里亚特人，即伊尔库茨克地方的布里亚特人，其鄂托克一词大概是从突厥语借来的。

② 萨囊彻辰书，第166、258、282页；《黄金史》，第65、81页；《蒙古-卫拉特法典》，第4、21页；《喀尔喀三旗法典》，第2、4页。

③ 另一个喀尔喀人集团是由五个鄂托克构成的；关于喀尔喀鄂托克，可参阅《苏联科学院报告》丙辑，1930年，第201—205页。我们已掌握相当多的这类资料。例如，察哈尔人分为八个鄂托克萨囊彻辰书，第190页，后来又分为八旗（《理藩院则例》，第47卷，第8页）；但是如果认为现在的每一个蒙古的旗就是从前的鄂托克，当然是完全错误的。蒙古的鄂托克和土绵，在不同的地方和不同的时代，都发生过很多的变化，因此，在每一种具体情况下，必须对于目前这种旗的来源进行特殊的调查。在《咱雅班第达传》中，"喀尔喀"一词是用dolōn xoshūn（七旗）来代替的，见该书第4页：dolōn xoshūn ġurban yeke xan（喀尔喀及喀尔喀人的三位大汗）。

关系。蒙古人民是被区分为鄂托克（和锡衮）及兀鲁思（土绵）的。 134

我们大概可以设想，当时的鄂托克并非别的，乃是蒙古世界帝国时代原来的“千户”。实际上，鄂托克恰好填补起应该由“千户”空出的位置。我们可以把关于蒙古帝国西半部，更正确一些说关于蒙古[①]“千人部队称为和舜”的记述[②]，作为上述假说的印证。但同时可以指出，人数更少的从50人到100人的军队，在马凡兰纳儿（Мавераннахре）也称为“和舜”。[③]可以推想，敏罕的名称之所以变为鄂托克，是因为从前应当提供“千人”的联合体，久而久之不能做到这一点，于是就开始提供较少量的战士了。

正如各氏族和部落的代表人物得以加入“千户”的情形一样，鄂托克也远不是由同一血族集团组成的。[④]地缘关系是构成鄂托克的最重要的条件，这一点现在是可以看出来了。因此，在若干地方可以看到进一步的演变，看到在鄂托克中出现地缘亲族关系，即不是以血缘纽带、而是以地域接近为基础的亲族关系[⑤]，这种亲族关系具有由此而产生的各种后果，包括族外婚制在内。

布里亚特编年史证明，塞楞琴斯克布里亚特人的所谓波特郭罗

① 即孛罗赤（Пуладчи）与脱黑鲁帖木儿（Туклук-Тимуром）所建立的国家，这个国家北起也儿的石河、业密立河至天山，还拥有巴尔库尔至巴勒哈什湖之地。（也儿的石河，今作额尔齐斯河。业密立河，今作额敏河。巴勒哈什湖，今作巴尔喀什湖。——译者）

② 参阅巴托尔德，《兀鲁伯时代》，第24页。在鄂斯曼语和察合台语里，有从蒙古语借来的qoshun一词，其意义有：“派驻城邑或地方的兵员；出征的军队、部队”（察合台语）；“军队、部队”（鄂斯曼语）等。

③ 巴托尔德，《兀鲁伯时代》，第24页。

④ 参阅《咱雅班第达传》，第2页。

⑤ 关于地缘关系问题，可参阅彼特利的小册子（《北布里亚特人的氏族关系因素》，伊尔库茨克，1924年）。参阅本书（边码）第137页。

特纳鄂托克(Подгородный оток)是由不同的克兰(家族)的联合而组成的，而这些克兰(家族)是在不同的时代来到它们现在居住的地方的；克兰-家族(牙速-斡木儿～爱马克-牙孙——yasu-omoġ～ayimaġ-yasun)的数目，在20以上。[①]又据一条实际上是十分晚出的汉语资料[②]证明，卫拉特人的鄂托克是由两个或更多的部落分支组成的[③]。

135 在这一时期，蒙古的鄂托克通常都冠有一个名称，这个名称显然是加入到某一鄂托克里来，因某种原因占统治地位或名义上有地位的克兰或集团的名称，而且，这个名称往往表示这一鄂托克和哪些兀鲁思(土绵)有关系。[④]例如，察哈尔呼拉巴特鄂托克(Caxar Xulabad otoġ)是属于察哈尔[兀鲁思(土绵)]的呼拉巴特鄂托克[⑤]；卫拉特巴噶图屯巴噶尔观鄂托克(Oyirad Baġatūd-un Baġarxun otoġ)是属于卫拉特(部落)巴噶图特[Багатут(巴图特——Bāтут)]兀鲁思的巴噶尔观鄂托克[⑥]。

① 参阅亚细亚博物馆收藏的布里亚特史稿本(编目，F. 7)，第62、66页："Monggol jüg-ěce urida xojis iregsen olan omoġ-un ulus bi bayinam. teden-i nigedkeji nigen ayimaġ-otoġ bolji bolxu kemēn. medegülegsen-dü，jöbsiyeji xori ġarun ayimaġ yasun-u ulus aġsani nigedkegsen tula，Podġorodna kemēn nere aldarsiġsan... tere otoġ... erte caġ-tu otoġ boluġsan xori ġarun yasa omoġ-āca..."。

② 指《钦定新疆识略》(清朝徐松撰，署当时边疆大吏松钧名，共十二卷。——译者)。关于此书可参阅科特维奇，《关于17、18世纪俄国与卫拉特人的外交关系档案》，第810—811页。

③ 雅金夫书，第130—135页。

④ 萨囊彻辰书，第166、182、186、190、204页；《黄金史》，第84、104页。

⑤ 萨囊彻辰书，第166页；《黄金史》，第84页。

⑥ 萨囊彻辰书，第182页；参阅同书第194、204页。

成吉思汗时代，全部“蒙古军”，亦即全体蒙古人民，根据旧日草原的习惯，分为两翼：左翼（沼温合儿～沼昆合儿——je'ün～jegün ġar）和右翼（巴剌温合儿～巴剌昆合儿——bara'un ġar～baraġun ġar）。[①]元朝以后，这种区分仍旧保留下来，那就是在元朝崩溃以前存在的四十（都沁——döcin）万户中，保存下来的还有六万户（土绵）[②]，其中三万户属于左翼，三万户属于右翼。[③]四万户的卫拉特人不算入上述四十万户内[④]，因此，整个蒙古人民便分成两部分：（蒙古人的）六万户[⑤]和（卫拉特人的）四万户[⑥]。在当时以及后来根据传说，人们都这样说：都沁、都尔本二部——四十四万户（Döcin Dörben xoyar），意即“全体蒙古人（及卫拉特人）”。[⑦]

通常，大部落集团组成为土绵，即“万户、万人军团”并以其名

① 《史集》，第3卷，第132、134、138页（见新译，第1卷，第2分册，第266、268、270页。——译者）；《元朝秘史》，第205—206、269节。蒙古语ġar，直译为“手”。

② 萨囊彻辰书，第178页；对照同书，第70、198页；《黄金史》，第49页。因此，都沁（四十万户）一词，成为称呼全部“东”蒙古人的名称，并被长期保存下来，参阅戈尔斯通斯基编《卡尔梅克敦都克-达什为伏尔加河畔卡尔梅克人编纂的1640年蒙古-卫拉特法典及噶尔丹洪台吉的增补法令和法典》，第2页。

③ 萨囊彻辰书，第184、188页（jegün tümed——沼昆土默特，即“左翼万户”），同书，第190、192、196页；《拉德洛夫史》，第159—162页；工布查布书，第45页；《黄金史》，第103、104、106、108页。

④ 或许因为他们的军队没有进入过中国内地，也可能因为早在成吉思汗时代他们的地位已经有点特殊。Dörben Oyirad（都尔本卫拉特）一词，应该理解为“卫拉特人四万户（土绵）”；此名称的起源问题，可以如此解决。此名称与jirguġan Monggo（济尔固罕蒙郭）等名称是完全并行的。《黄金史》，第91页；参阅本页注⑥。

⑤ 萨囊彻辰书，第184、194页；工布查布书，第55页；《黄金史》，第110页。

⑥ 萨囊彻辰书，第142、148页；《黄金史》，第57页［该书直截了当地说及dörben tümen（四万户）］。

⑦ 萨囊彻辰书，第150、154、160页；戈尔斯通斯基，前引书，第2页；参阅本页注②。

为名。[①] 例如，乌梁海土绵(Uriangxan tümen)，即“‘乌梁海万户’或兀鲁思”[②] 之意。由于土绵大小不一，其中又有一些难于分割的基本单位——鄂托克，兀鲁思(土绵)的范围是不稳定的，它们有分有合；旧的消灭之后，新的又代之而起。[③] 我们不应忘记，在成吉思汗时代，土绵的范围比“千户”变化得更剧烈，因此，在元朝以后的蒙古土绵(兀鲁思)里去找成吉思汗时代的“万户”是很困难的。

136 关于加入土绵的牧户(阿寅勒)数目和各土绵可以派出的兵丁数目，我们没有确切的材料。但是，我们可以设想，鄂托克既已与“千户”不符，元朝以后的蒙古土绵也不根本意味着它们就应当提供一万人(即使是近于此数)的兵额。这个时期的土绵与另一名词兀鲁思一样，只是指包括若干鄂托克在内的大部落集团。[④]

可以想见，尽管蒙古鄂托克是很难分割的单位，但毕竟还不是固定不移的东西。战争、把领地划分给封建主们、遥远的移牧，这一切都会影响加入到鄂托克里的阿寅勒的成分和数目。看来，非常庞大的鄂托克分裂了，形成了若干新的鄂托克。参照以下的情况，可以得出这样的结论。大家知道，喀尔喀人、北喀尔喀人曾分为七个鄂托克，后来又分为七个和舜。[⑤]17世纪后半期，虽然人们根据

---

① 萨囊彻辰书，各处。

② 参见萨囊彻辰书，第194页。

③ 萨囊彻辰书，第194页；在萨囊彻辰书第149、190页及其他资料(《拉德洛夫史》，第159—162页)中，最初不在土绵之列的科尔沁人，后来形成为土绵或者被称为土绵(萨囊彻辰书，第196页)；《黄金史》，第104页。

④ 在西部的兀鲁思里可以看到同样的情况，例如，Тимуре-Тамерлане(帖木儿-跛帖木儿)统治下的兀鲁思，参阅巴托尔德，《兀鲁伯时代》，第24页。

⑤ 参阅《苏联科学院报告》丙辑，1930年，第201—203页；《咱雅班第达传》，第4页。

传统仍旧说有“七个鄂托克”，但实际上，鄂托克的数目远远超过此数。事实上，旧的鄂托克（和舜），只是作为“新”的和舜，即作为原有王公（宗主）的特殊分地而保存下来，至于作为社会经济联合体的鄂托克，则大大超过了这个数目。[①] 在喀尔喀的每一新和舜中出现了若干新的鄂托克，这显然是由于旧鄂托克的分化而产生出来的。[②] 在适当的条件下，某种类似的情况是很可能在其他地方发生的。[③]

大家知道，兀鲁思（土绵）除被分为鄂托克外，还被分为爱马克。爱马克是什么？它与鄂托克有什么区别？在中世纪的蒙古，游牧于同一地区的同族阿寅勒集团被称为爱马克[④]；爱马克乃是部落分支，更正确些说，就是胞族（фратрия）。[⑤] 爱马克和鄂托克的主要不同 137

① 《喀尔喀三旗法典》，第 6 页；波兹德涅耶夫，《蒙古史册〈宝贝念珠〉》，第 96 页；《拉德洛夫史》，第 221 页。例如《黄金史》（第 66 页）曾经提到萨尔塔郭勒（《元朝秘史》等作撒儿塔兀勒。——译者）鄂托克，后来大家知道，格埒森札（Geresenje）的一个儿子，继承了那样的鄂托克，作为喀尔喀鄂托克之一，再后来大家又知道在喀尔喀有一个萨尔塔郭勒的大和舜（旗），参阅波塔宁，《西北蒙古概说》，第 2 卷，第 22 页。

② 其后，乌梁海土绵中的几个鄂托克，大概归了喀尔喀，这个乌梁海土绵被战败，并为达延汗的其他土绵所瓜分（参阅萨囊彻辰书，第 194 页）；无论如何，我们的资料已明确地说到乌梁海加入喀尔喀兀鲁思的事情，参阅《拉德洛夫史》，第 221—222 页；工布查布书，第 48 页；波兹德涅耶夫，《蒙古史册〈宝贝念珠〉》，第 96 页；波科齐洛夫，《明代东蒙古史，1368—1634 年》，第 40、47、61—63、90、118 页；布雷特施奈德，《根据东亚史料的中世纪研究》，第 2 卷，第 175 页；《蒙古游牧记》，第 1 页，弗拉基米尔佐夫，《库伦城及库伦地区和肯特山区民族学与语言学方面的调查》，第 20—21 页。

③ 布里亚特人的新鄂托克的形成，参阅本书（边码）第 134 页。

④ 戈尔斯通斯基，《卡尔梅克敦都克-达什为伏尔加河畔卡尔梅克人编纂的 1640 年蒙古-卫拉特法典及噶尔丹洪台吉的增补法令和法典》，第 2、3、6、18、19、21、22 页；《喀尔喀三旗法典》，第 12、16、83 页；《黄金史》，第 74 页。蒙古语爱马克一词的基本意义是“集会，任何一种相近事物的结合”。

⑤ 即彼此有亲族关系的氏族集团、家族或氏族的联盟。正如大家所知道的，雅库特人在民族成分和语言中有许多蒙古因素，他们当中，就有这样的情形。参阅柯契涅夫（Д. А. Кочнев），《雅库特人的法律习惯概述》（Очерки юридического быта якутов），

之点在于：凡是属于一个爱马克的人都被认为是属于同一的亲族集团。[①] 爱马克的大小很不一致。因此，几个爱马克可能加入一个鄂托克；有的时候，爱马克的规模也可能与鄂托克没有差别。[②] 其次，可以设想，由于地域的连接，两个或更多的爱马克可能合并起来，那时就形成为一个新的鄂托克，若干布里亚特的鄂托克就是这样的例子。[③]

为了清楚起见，必须强调指出，爱马克并不是氏族，即并非血族的特殊联盟。中世纪蒙古的爱马克是近亲家族的结合，是部落分支，并可能由属于不同氏族(牙孙～族系～骨)但都源于一个共同祖先的人们结合而成。由此可见，爱马克是互有亲族关系的家族，从古代氏族(斡孛克)的分裂中产生出来的不同分支的联盟或结合体。在这种情况下，鄂托克和爱马克这两个名词可能容易被混淆；事实上，在若干场合，这两个名词已开始被交替使用了。[④] 爱马克

(接上页)《喀山大学考古学历史学民族学研究会通报》，第 15 卷，1899 年，第 49、63—66 页；Э. К. 佩卡尔斯基(Э. К. Пекарский)，《雅库特语辞典》(Словарь якутск. яз.)，第 40 页。还可参阅关于中亚突厥化蒙古的各种资料，参阅巴托尔德，《17 世纪乌孜别克汗的宫廷礼仪》，第 302 页；阿布尔-哈齐，《突厥世系》，第 33 页；还可对照桑热耶夫，《满语和蒙古语的比较》(Манчжуро-монгольские языковые праллели)，《苏联科学院通报》，1930 年，第 616 页。关于爱马克词义的进一步演变，参阅下文；为了确定这一词的含义，对它后来的意义也必须予以注意。

① 《蒙古-卫拉特法典》，第 18、19、21、22 页；《喀尔喀三旗法典》，第 12、16 页；《黄金史》，第 74 页；《内齐托音传》，第 8 页；在我们的资料中，鄂托克一直是与爱马克有区别的，对照《咱雅班第达传》，第 7、34 页。

② 雅金夫书，第 130—133 页(雅金夫·比丘林把爱马克称为宰桑领导下的氏族，同上书，第 131 页)。

③ 关于这些新的鄂托克已在前面说过了，参阅本书(边码)第 134 页。

④ 例如，某一布里亚特编年史上说："urida xojis iregsen olan omoġ-un ulus bi bayinam. teden-i nigedkeji nigen ayimaġ otoġ bolji bolxu."(前后到来的许多氏族的人

的古代形态在伏尔加河畔的卫拉特-卡尔梅克人中，保存得最为完整，直到19世纪后半期还存在着。[①]

特别值得指出的是，对于爱马克，也正如对鄂托克一样，地域连成一片，具有很大的意义。爱马克一定要有一个嫩秃黑-牧地，没有这个条件，某一个集团便不能称为爱马克。据《黄金史》记载，某
一贵妇要想拯救受她庇护的孩子，劝孩子说如下的话："因在幼小 138
的时候就被俘虏，因此既不知道双亲（父和母），也不知自己故乡的牧地-爱马克。"（ecige eke，nutuġ ayimaġ-iyan baġa-du abtaġsan-u tula ülü medem.）[②]

（接上页）民，如果把他们集结起来，便能形成一个爱马克-鄂托克），参阅上文；对照《蒙古-卫拉特法典》，第3页。

① 参阅帕拉斯，《蒙古民族历史资料汇编》，第1卷，第190—191页；涅博利辛，《和硕特兀鲁思卡尔梅克人的风俗习惯概述》，第8页；科斯添科夫，《关于卡尔梅克人的历史与统计资料》，第31页；别列尔，《阿斯特拉罕省的游牧和定住的异民族》，第21页。必须指出，在记载卡尔梅克的文献中，关于爱马克的概念时常遇到十分矛盾的叙述，这是不足为奇的。参阅戈尔斯通斯基，《卡尔梅克敦都克-达什为伏尔加河畔卡尔梅克人编纂的1640年蒙古-卫拉特法典及噶尔丹洪台吉的增补法令和法典》，第103页（戈尔斯通斯基的注解）。

② 《黄金史》，第74页（有脱文），北京版第84页（此版原文较完整）。

第三章 封建领主

以世袭领主（额毡）[①]和军事领袖[②]资格而居于鄂托克，有时居于兀鲁思[③]的领导地位的人，一般都拥有太师[④]、宰桑（jaiisang）[⑤]、太保（daiibu）[⑥]等汉族称号。他们更经常被尊称以旧有的蒙古称号，

---

① 《喀尔喀三旗法典》，第1卷，第16页；萨囊彻辰书，第186页。

② 《喀尔喀三旗法典》，第1页；《黄金史》，第81—82页；《咱雅班第达传》，第7页。

③ 萨囊彻辰书，第184页。

④ 由汉语"太师"一词译来。参阅伯希和，《巴托尔德〈蒙古入侵时期的突厥斯坦〉评注》，第44—45页；参阅伯劳舍注释《史集》，第2卷，第451页；萨囊彻辰书，第144、146、168、178、188、284页；《黄金史》，第59、60、61、63、65、78、88页；《蒙古-卫拉特法典》，第13页。

⑤ 由汉语"宰相"一词译来。萨囊彻辰书，第234、266页、各处；《喀尔喀三旗法典》，第1页；《水晶鉴》，第3卷，第147页；对照伯希和，前引书，第45、51页；雅金夫书，第131页。

⑥ 也写作daiibun，由汉语"太傅"一词译来。参阅萨囊彻辰书，第166、168、182页；《黄金史》，第55、56、59页；《水晶鉴》，第3卷，第147页；在蒙古文版《元史》中，daiibu与taiivu ~ tailiu有区别，而taiibu是由汉语"太傅"转来的。但是同时可以假定，蒙古语daiibu，是混淆三个表示元朝高官称号的汉语"大夫""太傅""太保"而产生的一个语词。参阅伯劳舍注释《史集》，第2卷，第450—453页；瓦西里耶夫译《蒙鞑备录》，第222页；顺便说一下，此词在蒙古语中并无一定的拼法，参阅《黄金史》，第55页；萨囊彻辰书，第138页。我们的资料还指出若干称号，如"观津、观沁"[ġonjin ~ xonjin ~ ġoncin（萨囊彻辰书，第212、228、230、232、234、276页）；《拉德洛夫史》，第276页；翁里郭特 > 翁尼郭特[ongliġūd > ongniġūd（萨囊彻辰书，第234页；

如巴图尔、把阿秃儿（英雄、勇士）[①]、墨尔根、篾儿干（善射者）[②]、彻
辰、薛禅（贤者）[③]、乌尔鲁克（örlüg——勇士、英雄）[④]等。有时则仅 139
称为和锡郭齐或和硕齐（xoshiġuci ~ xoshi'uci），即“和舜-鄂托克
的首长”[⑤]、“和舜的军事领主-首领[⑥]”。鄂托克-和舜的首领一般就

（接上页）《黄金史》，第 58 页）］。如果说翁尼郭特这一名词的来源已经得到了说明（参阅《苏联科学院报告》丙辑，1930 年，第 218—223 页），那么，现在由于缺乏必要的资料，还难以想象冠着这个称号的究竟是不是领主。波塔宁给我们提供了一项颇有价值的报告，他说，在鄂尔多斯，有一种叫作达尔哈特的，专门负责看守成吉思汗帐殿（斡耳朵）的特殊的人户，他们中间，直到今天还有袭用旧日蒙古称号的官员，如宰桑……太师、太保、太保沁［daiibucin 或 daiibu 的阴性形］；参阅萨囊彻辰书，第 94、166 页（《黄金史》，第 74 页），扯儿必（cerbi——《元朝秘史》及《史集》中经常提到的旧日蒙古官名），阔阔（kökö——不悉何义？），观津等，参阅波塔宁，《中国的青海-西藏边区》，第 1 卷，第 122 页；《成吉思汗的祭祀》，第 305 页。上述许多称号，在现代蒙古族里还被保存着，关于这些称号，下面将要谈到。也有若干称号如翁尼郭特、观沁、太保等，已完全不用，并被忘却了，对照《水晶鉴》，第 3 卷，第 147 页。我们的资料上又有 sigüsi（实固锡）一词，这大概也是一种封建称号（参阅萨囊彻辰书，第 182 页；《黄金史》，第 102 页），但其意义目前还无法阐明。波塔宁又云，鄂尔多斯称往女家迎亲的新郎为“观津”。（《中国的青海-西藏边区》，第 1 卷，第 115—117 页）还可参阅科瓦列夫斯基，《蒙古文选集》，第 1 卷，第 502 页。（“鄂尔多斯成吉思帐殿里的台吉——太保”）其次，我们的资料还有一个 sigecin（锡格沁）的称号。（萨囊彻辰书，第 216、280 页；《黄金史》，第 97 页；《拉德洛夫史》，第 214 页；《喀尔喀三旗法典》，第 56、26 页。）

① 萨囊彻辰书，第 188、190 页。

② 萨囊彻辰书，第 168、184 页；《黄金史》，第 58 页；参阅维拉米诺夫-泽尔诺夫，《卡西莫夫诸帝及诸王子的研究》，第 1 卷，第 214— 215 页。

③ 萨囊彻辰书，第 206 页；《黄金史》，第 63、65 页。

④ 萨囊彻辰书，第 178、184 页；《黄金史》。

⑤ xoshiġu 加接尾语 ci。此词通常片面地，不完全确切地表示“先锋官”的意义。

⑥ 萨囊彻辰书，第 192、214、258、260、266 页；《黄金史》，第 85 页；《蒙古-卫拉特法典》，第 4 页；对照费舍尔《从西伯利亚发现起到俄军征服此地止的西伯利亚史》，第 257 页；波兹德涅耶夫，《蒙古史册〈宝贝念珠〉》，第 99 页；此称号直至今日仍保存于鄂尔多斯，参阅《济农法令》（Jinong-un dürim），第 9 页 b 面。必须指出，台吉也常用“和硕齐”称号，例如，参阅萨囊彻辰书，第 220 页。

是赛特(Sayid),兀鲁思-土绵的首领,有时也称善人、贵人[①]。他们的妻子一般地被称为阿哈(aġa——夫人)[②]、太保沁(太保之妻)[③],或更普遍地,被称为格儿该或格儿根(gergei ~ gergen——妻子)[④]。

爱马克的首领是封建领主,是大主君的较小的藩臣。我们的资料没有提到他们的称号,只是单纯地称他们为“首领”(阿合 ~ 阿哈拉克齐——axa[⑤] ~ axalagci[⑥])、统领(札萨克——jasaġ)[⑦]或官员(图锡默勒——tüsimel)[⑧]。可以想见,在我们所研究的这一时代的后半期,爱马克首领是宰桑。总之,类似的情况在此后的时期里在卫拉特人方面也可以看到。[⑨]

波科齐洛夫,可能是效法明朝作者,称这种鄂托克首领为“族长”。[⑩]他之所以不恰当地使用这一名词,是因为他设想当时存在氏

① sayin(赛音——善人、正人)的复数读法。赛特一语还有“贵人、名门出身的人”的意义;参阅《善说宝藏经》老蒙古语译本(参阅弗拉基米尔佐夫,《〈五卷书〉中的蒙古故事集》,第44页),此书的蒙古语sayid相当于藏语的dam-pa(贵人、善人);新蒙古语译本采用另一译法,如degedü(上人)。萨囊彻辰书,第144、174、184、266、286页,各处;《黄金史》,第61、81、97页。

② 伏尔加河畔的卫拉特人,直至今日仍用此词,其他卫拉特部落也知道此词,如在咱哈契部落,aġa有“夫人”“福晋”的意义。参阅萨囊彻辰书,第148、168、178、188、208页;《黄金史》,第60、72、91、92、97页。

③ 萨囊彻辰书,第166页;《黄金史》,第74、109页。

④ 萨囊彻辰书,第178页。

⑤ 《蒙古-卫拉特法典》,第18页;《喀尔喀三旗法典》,第12页。

⑥ 《蒙古-卫拉特法典》,第20—22页;鄂托克的首领也如此称呼。

⑦ 《喀尔喀三旗法典》,第16页。

⑧ 《蒙古-卫拉特法典》,第3页。

⑨ 宰桑,卫拉特人称zayisang。参阅下文。

⑩ 波科齐洛夫,《明代东蒙古史,1368—1634年》,第37—84页,但也使用其他类似“首长、领袖”等意义不确定的名词;适合于蒙古首领(封建主)的“族长”这一名词,其他东方学者也常常使用,例如波兹德涅耶夫(参阅《蒙古史册〈宝贝念珠〉》,第99页)。

族制度和统率自己的血缘亲属的氏族长老，其实完全不是这回事，当时的情况完全不同，蒙古的鄂托克决不是血族的联盟，而其统率者太师等也决不是氏族长老。

因为每一个蒙古爱马克和鄂托克是一个经济单位，有着拥有世袭权利［“世袭分地”[①]——忽必、鄂木齐（ömci）］的领主（额毡），又因为鄂托克可以加入到诸王的分地中去，或者甚至本身就可以成为这种分地（忽必、鄂木齐），[②] 所以，我们对于鄂托克（及爱马克），140
就像对于游牧封地（*feodum*）一样，可以把它当作游牧领地，或当作基本的封建领地单位。因此，要把鄂托克或爱马克分割开来便有困难：蒙古的鄂托克也好，爱马克也好，首先都是维系加入到它里面的所有成员（其中也包括领主家族）的经济关系的纽带。[③] 正如西欧封建主冠以自己领地的名称一样，中期蒙古的鄂托克领主，通常也以其鄂托克或部落名称作为自己的名称，他们的称号则往往

---

① 萨囊彻辰书，第 206 页；工布查布书，第 37、40 页；《喀尔喀三旗法典》，第 9 页。

② 萨囊彻辰书，第 204、206 页。

③ 参阅萨囊彻辰书，第 196、198 页；《黄金史》，第 106、110 页；《蒙古-卫拉特法典》，第 20、22 页；被敌人捕获的某一赛特云：“Alcudai-yin ötülügsen xoron, Alaġci'ud-un tarxaġasan xoron.”。（阿勒楚岱年老力衰的不幸，也就是使阿勒噶察特人遭到溃败的不幸。参阅《黄金史》，第 110 页。）阿勒噶察特鄂托克（参阅萨囊彻辰书，第 156、178 页；《黄金史》，第 64、91、92、103 页）成为漠南蒙古安罕人（Anxan）的一部分（工布查布书，第 43 页）；“Badma-yuġan ulus-i bide yakin xubiyamui Banjara-yin Dorji-yi dörben otoġ deġere saġulġaya.”。（萨囊彻辰书，第 208 页：“焉能分占我巴特玛之属众？因令班札喇之子多尔济占据四鄂托克”——三兄弟-诸王决定。（16 世纪）当回到自己屯营时，（卫拉特的彻辰汗）召集各鄂托克的宰桑和特穆齐（demci），对他们说道：“我想去西藏游历，命你等征集一万头骟马，以便把它们卖给汉人。”他征集了一万头骟马，委派百人，命蒙古的罕津喇嘛率领他们前往（汉地）。（《咱雅班第达传》，第 7 页）］

不为人们所提到。例如，和尔拉特的萨岱(Xorlad-un Sadai)[1]；鄂尔多斯(土绵或部落)的哈尔噶坦[Ordus xarxatan-u Bayan-coxur darxan——鄂托克(的领主)拜音珠固尔达儿罕][2]；土默特(部落)杭金鄂托克(的领主)阿勒楚赉阿固勒呼(Tümed Xanggin-u Aljulai-Aġulxu)。[3]

在鄂托克的领主管辖下，也有一些官吏[4]，这些官吏大概也是世袭的，一方面，他们掌管战争、攻略、防卫、行政和司法事务；另一方面则照料征税事务。这种官吏称为札萨固勒(jasaġul——执事官、巡检)[5]；达鲁噶(daruġa——首长)[6]；特穆齐(佐、协理)[7]；实乌楞格或舒楞格(shiülengge ~ shülengge——收税官)[8]；额勒赤(使臣、急递使、差役)[9]。在不同的时代和不同的鄂托克里，上述的官吏们起

① 萨囊彻辰书，第178页；对照《黄金史》，第91页。

② 萨囊彻辰书，第184、192、194页。

③ 萨囊彻辰书，第194页。自然，蒙古编年史萨囊彻辰书及《黄金史》等当中充满了类似的说明。

④ 蒙古语图锡默勒(tüsimel)<图锡(tüsi)，有“凭倚、根据、应该、信托、依赖”之意)，参阅伯希和，《关于成吉思汗的传说》，《通报》，1930年，第343—344页。

⑤ 胡特，《察罕拜甡的碑铭》，第36页；《喀尔喀三旗法典》，第93页；《布里亚特编年史》。

⑥ 《喀尔喀三旗法典》，第3、6、25、97页，各处；《蒙古-卫拉特法典》，第109页；维拉米诺夫-泽尔诺夫，《卡西莫夫诸帝及诸王子的研究》，第1卷，第29—30页；《水晶鉴》，第3卷，第164页。

⑦ 《蒙古-卫拉特法典》，第6、8、20页；《喀尔喀三旗法典》，第97页；《布里亚特编年史》；《咱雅班第达传》，第7页。

⑧ 《蒙古-卫拉特法典》，第6、8页；《喀尔喀三旗法典》，第63、74、97页；《布里亚特编年史》。值得指出，满语shule一词有“征税”之意，由它派生了shulegen ~ shulexen(贡赋、租税及人口税)一词。

⑨ 萨囊彻辰书，第176页；《黄金史》，第56、61页；《蒙古-卫拉特法典》，第5、6、17、18页；《喀尔喀三旗法典》，第5、26、39、83—84页；《咱雅班第达传》，第32页。

着或大或小的作用，而这些官职也可能并不总是全部设置的。

现在可以提出一个问题，太师、宰桑、和硕齐等等，出身如何？141
他们来自哪些社会集团？对于解答这个问题，我们的资料中有足够的材料。把这些材料考察一下，就可看到，元代的蒙古高官，都拥有这类尊崇而具有实权的称号，并执行着与其称号相应的职务。在元朝的蒙古显宦中，我们可以看到丞相（cingsang——大臣）、太师、太保[①]、宰桑[②]。关于丞相，前面没有说到；但是，现在可以指出，在中期，即元朝以后的蒙古可以经常见到这个称号。拥有这个称号的人，多半不是各鄂托克的领主，而是由汗从赛特（封建主）或多少有名的部落集团的领主选拔出来的统治者。[③]但是，无论在任何情况下，丞相往往并非成吉思汗“黄金氏族”的人。[④]

确定了以上的事实之后，就可得出结论说，元代的蒙古高官，如所周知，全都出身封建贵族阶层出身那颜（千户长）、万户长及贵族护卫集团，在元朝崩溃，蒙古由中原退出以后，他们被迫放弃首

① 伯劳舍注释《史集》，第2卷，第451—454页，《元史》；瓦西里耶夫译《蒙韃备录》，第222页；裕尔书，第1卷，第423页；加特麦尔书，第178—179页；《成吉思汗的故事》，第197页。

② 萨囊彻辰书，第136页，参阅本书第248页注⑤；瓦西里耶夫译《蒙韃备录》，第223页，第10页。

③ 可是，大家知道，在卫拉特人当中，丞相是一个鄂托克的领主，参阅萨囊彻辰书，第182页；关于卫拉特人的“丞相”，将在后面论及此称号在“东”蒙古人中的进一步变化时，详加阐述。可以指出，我们的资料有时也提到“东”蒙古人的“丞相”，它似乎只是一个鄂托克的领主，例如，参阅萨囊彻辰书，第168、194页；《黄金史》，第82页：Tümed-ün Engkegűd otoġ-un Coruġ-bai Temür cingsang［图默特乌鲁思（兀鲁思）的恩克古特鄂托克的丞相绰噜克拜特穆尔］。

④ 萨囊彻辰书，第120、122、136、138、142、152、168、174、182、194、268页；《黄金史》，第57、59、63、78、82页。

都的城市生活，放弃了在中原的领地，退回到蒙古草原深处自己的“千户”里。但是，现在的千户已经变成了鄂托克，而那颜（千户长）则变成了宰桑和太保等。

在若干情况下，甚至有可能深入考察个别蒙古那颜家庭的遭遇。我们且看一下成吉思的著名战友博郭尔济（孛斡儿出）[Boġurci（Bo'orci）]那颜的情况，他出身于阿鲁剌惕贵族氏族，从青年时代起就充当成吉思-帖木真的那可儿。[①]他的后裔伊拉呼（Ilaxu）*，在元朝末帝妥欢帖睦尔时代，拥有丞相的名称。[②]以后我们又发现他的后裔，阿鲁剌惕的赛特，名叫穆兰（Moulan）的，曾充达延汗的统将。[③]又其后，博郭尔济那颜的子孙，负责看管成吉思汗的斡耳朵和遗物的，亦即前述鄂尔多斯达尔哈特鄂托克的首领们，就拥有太师和宰桑的称号。[④]

142 在元代，很多的那颜（千户长）离开了他们直接领有的千户（分地），迁居到中国内地的城市，主要是大都（北京）和上都，充任帝国的文武要职，也在宫廷服务和出仕于获有分地的诸王的府邸。[⑤]那颜们就任“大臣”和其他高级官位，虽说是遵照汗（皇帝）的意旨，但从《元史》上的记载看来，这些职位一般是父子相传的；几乎一切要职都掌握在少数封建贵族集团的手里。

---

① 参阅本书（边码）第95页。

* 《元史》作木剌忽（mulaxu）。——译者

② 萨囊彻辰书，第122、132页；对照《黄金史》，第45、49页（Ilaġu）。

③ 《黄金史》，第97页。

④ 《水晶鉴》，第3卷，第92—93页；参阅波塔宁，《中国的青海-西藏边区》，第1卷，第122页。

⑤ 《元史》本纪，各处。

护卫是蒙古汗的扈从，所以贵族护卫在极大程度内享有那颜（大官）的同样待遇。对他们中的大多数人说来，护卫（客失客赤～客失克秃——keshigci ~ keshigtü）的称号只是一种荣誉，并不须执行任何职务。[①]

封建贵族和官僚贵族同他们的基本分地（千户）有着怎样的关系，这一点很难阐明。但从元朝崩溃后，做了高官的封建主回到草原，仍然充当其封地（鄂托克）的首领这一事实来看，可以得出结论说，他们和自己分地的关系在元代并未断绝。像坐在大都的蒙古汗（皇帝）向哈剌和林派遣其继承者统治游牧的蒙古地区和守护帝国的西北境一样，那些身任高官的封建主很可能也是通过其近亲仍然支配着他们的分地。

不能说城市生活和中原文化对蒙古贵族没有影响。如果说，蒙古的统治者曾经强迫汉人学习蒙古语，并强令汉人仿照蒙古国书，以特殊的汉语白话体而不准用古典的汉语来写作，那么，从另一方面说，有许多蒙古那颜，甚至是诸王都能理解汉籍，学会了书写古典汉语，将汉语译成了蒙古语。甚至可以说，蒙古知识分子也开始产生了。[②]但是这些知识分子，只是一些出身于封建主阶级的人，人数少，力量弱，与蒙古广大人民毫不相干。因此在随着元朝崩溃而来的破坏时期中，知识分子本身和知识分子的文化事业便迅速地消失了，几乎毫无踪影。

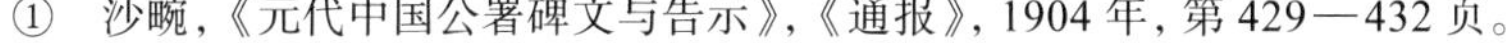

① 沙畹，《元代中国公署碑文与告示》，《通报》，1904 年，第 429—432 页。

② 《元史》；波提埃，《八思巴字》（De l'alphabet de Pa'-Sse-Pa），《亚细亚学报》，1862 年，第 1—47 页；巴赞（Bazin），《元代》（Le siècle des Youên），《亚细亚学报》，1852 年 5—6 月号，第 436 页。

现在转过来说封建阶级的最上层，即成吉思汗系拥有分地的诸王。他们在元代已经不叫可卜昆，而是称为借自汉语的台吉
143 (taiiji)[①]了。这个称号直到现在还保存着完全相同的意义，这使我们往往能够辨认出蒙古编年史和蒙古故事的原文。只有阿勒坛兀鲁黑(黄金氏族)的真正成员，即也速该把阿秃儿和成吉思汗的后裔才能称为台吉，其他任何人无论如何都无权使用这个称号。[②]此外，合撒儿(Xosar)和成吉思汗其他兄弟的后裔，在元朝以后的时代常袭用王(蒙古语为 ong < vang)的称号。[③]在元代只有皇太子才能使用的鸿台吉(xong-taiiji)的称号，当时得到了广泛的使用。[④]回到"草原"以后，许多宗王开始用这个称号来显示他们领地的广大和权势的强盛，而这个称号直到现在还是被保存着的。[⑤]

在蒙古王朝时代，皇太子通常总是被派遣到哈剌和林去，并获得亲王(jin-vang ~ ong)[⑥]的称号，在元以后的蒙古地区我们发现了

① 出自汉语"太子"，参阅伯希和，《蒙古史书〈元朝秘史〉》(Le titre mongol du Yuan-tch'ao pi che)，《通报》，1913年，第140页。

② 后面将提到，这种习惯在后世全被违反。

③ 萨囊彻辰书，第170、174、178、190、196页；《黄金史》，第73—75、80、81、83、84、91、93、94、95、103—110页；《拉德洛夫史》，第229页；参阅《苏联科学院报告》丙辑，1930年，第187、211—222页。在元代，"王"的称号，通常被认为是以分地统治者的资格坐镇中国内地各行省的诸王，元代以后，拥有这个称号的只是成吉思兄弟的后裔。以后，"王"这个字在蒙古书面语和口语中已经不用，但在若干方言里倒还被保留着，参阅《苏联科学院报告》丙辑，1930年，第187页。

④ 出自汉语"皇太子"。(又作洪台吉、黄台吉、珲台吉等。——译者)参阅伯希和，《蒙古史书〈元朝秘史〉》，第140页。

⑤ 萨囊彻辰书，第138、140、264页；《黄金史》，第56页；《蒙古-卫拉特法典》，第21页。关于 xонг 变为 xун，可参阅《苏联科学院报告》丙辑，1930年，第221页。

⑥ 出自汉语"亲王"(汉语亲王 > 蒙古语 jin-ong > jinong)，参阅弗拉基米尔佐夫，《蒙古书面语与喀尔喀比较语法》，第183页；此书把这一词过分审慎地写作 jinung；卫拉特方言作 jonong 或 jonom；巴克尔的解释(第89页)是颇难令人同意的。

济农(jinong)这个特殊的称号。宗王和济农,是蒙古汗的近亲之一,是汗的副王,是奥古斯都时代的恺撒,他统治着蒙古人民的右翼(巴剌昆合儿)。[①] 根据萨囊彻辰书上的记载,某一蒙古宗王称述汗和济农说:

上天日月,下土汗济农。[②]

蒙古的可汗和济农也和其他许多大封建主(鸿台吉、台吉、王) 144
一样,拥有由几个兀鲁思-土绵或同一兀鲁思的一个或几个鄂托克所构成的领地(忽必),并且汗被认作全体封建领主(诸王)及陪臣(太师、宰桑等)的领袖(宗主),汗专治蒙古人民的左翼(沼昆合儿),而济农则除自己的分地(忽必)外,并管理右翼。[③]

诸王、各级台吉都是亲族;他们全是同一氏族和族系(骨)(乞牙惕牙速惕——Kiyad yasutu,孛儿只斤斡孛克秃——Borjiġin

① 萨囊彻辰书,第154、156、160、174、176、184、192、264、266页;《黄金史》,第63、68页;《蒙古游牧记》,第48页。

② 萨囊彻辰书,第160页:"degere kökeregci-de naran saran xoyar doura körüsü-tü-de xaġan jinong xoyar."。这句话似乎是从一向在蒙古人和汉人中流行的"天无二日,民无二王"的谚语转化而来的(参阅《元朝秘史》俄译本,第100—101页及第214页巴拉第·卡法罗夫的注释)。此谚语有各种不同的说法,在蒙古史书里时常可以发现(例如,参阅《水晶鉴》,第3卷,第48页),在改编自汉语作品的历史小说里也可以看到[例如,参阅 Baraġun Xan ulus-un bicig(巴喇衮汗兀鲁思的文书),第8卷,第38页,第9卷,第54页],还可对照库图克台彻辰鸿台吉的话,萨囊彻辰书,第232页:"lama... xaġan xoyaġula kökë oġtarġui-dur naran saran xoyar nigen-ē urġuġsan metü saġumui"(喇嘛与……汗二人如日月并照于天。——译者),对照胡特《察罕拜甡的碑铭》,第31页。

③ 萨囊彻辰书,第156、184、192页。

oboġtu)[①] 的成员(兀鲁克),因此,在任何场合都不能与这个氏族的女子结婚。蒙古的台吉和汗们,常把自己的女儿[②] 下嫁于封建贵族的代表人物,下嫁于太师和宰桑,并嫁到成吉思汗以前时代因相互通婚而建立联系的"驸马"(古列干)家里。[③] 不过,当时"皇帝和诸王的驸马已不再称为'古列干',而和诸王同样,获得了塔布囊(tabunang)这个更堂皇的称号"。[④]

兹将元朝以后时期蒙古封建社会的等级制度图示如下:

可汗　　　　　　　　太师

济农　　　　　　　　丞相

鸿台吉,王　　　　　　太保

台吉　　　　　　　　宰桑

翁尼郭特(ongniġūd)

塔布囊

(观津)

① 萨囊彻辰书,第62页;《黄金史》,第9页。

② 他们袭用公主(günji)和阿巴海(abaxai)即后来的阿拜(abai)等称号,参阅萨囊彻辰书,第176、194页;《喀尔喀三旗法典》,第29页。

③ 参阅本书(边码)第48页。

④ 18世纪蒙古史家工布查布关于封建称号的论述独具卓见,他指出(第34页):"jinong, kitad vang kemegsen üge."("济农是汉人对'王'的称呼。")他甚至知道(第16页):"ong kitad-un vang kemēgsen üge."。("'ong'是汉人称呼'王'的词语。")关于台吉和塔布囊,他写道(第46页):"mongġol xad-un nuġun üre-yi taiiji kemēmüi; abaxai öggügsen kürgen, tabunang kemēn daġudajuxui."。("蒙古诸王的男性子孙称为台吉,娶了公主的人即驸马称为塔布囊。")塔布囊一词,似乎出自汉语,但此刻还不能说明它的语源。大家知道,古列干的称号,曾被西方各兀鲁思采用,并且这个以阿拉伯字母写成的蒙古词,在波斯语的发音上读若gurgan。

全体“黄金氏族”（阿勒坛兀鲁黑）的成员，即成吉思系的台吉
和诸王——他们有时称为合惕（xad——君汗、王公、诸王）[1]，不论其
相互关系如何，他们总是父系的宗法氏族，这个氏族不只是由亲族关
系的意识和各种传统结合起来，而且是由只有他们才能参加的特殊
祭祀仪式结合起来的。祭祀的对象是成吉思汗[2] 及其遗物，即他的帐 145
殿[3] 和他的纛［秃黑（速勒达）——tug（sülde）］，依照蒙古的传说，
成吉思汗的灵魂（su、sür）凭依于这个纛上，因此它就变成了该氏族
和其属下蒙古人民的守护神（撒乞兀勒孙——sakiġulsun）[4]。以后才开
始举行对女祖先、孛儿只斤氏族祖先、古代的阿兰豁阿[5] 以及元帝国

---

① 萨囊彻辰书，第 56、182、184、200、202、206、234、244、278 页；《黄金史》，第 55 页。

② 即便是更早的时候，即蒙古帝国时代，蒙古人，首先是蒙古贵族，便已定下了成吉思汗的祭祀，参阅多桑史，第 2 卷，第 323 页（对照冯承钧译本，上册，第 183—184 页）；雅金夫书，第 331 页；《元史》。

③ 雅金夫书，第 331 页；萨囊彻辰书，第 148、150、184、192、280 页；《黄金史》，第 75 页；弗拉基米尔佐夫，《喀克喀绰克图台吉的摩崖碑铭》，第 1276、1278 页。

④ 萨囊彻辰书，第 192 页［xara sülde（哈喇速勒迭，即“黑纛”。——译者）］；据蒙古的传说，哈喇速勒迭直至今日仍保存于鄂尔多斯，参阅波塔宁，《中国的青海-西藏边区》，第 1 卷，第 129—130 页；查姆察拉诺的报告，第 48 页。《元朝秘史》曾说到 yesün költü caġā'an tuġ（也孙阔勒秃察合安秃黑），“九脚白旄纛”（参阅伯希和，《巴托尔德〈蒙古入侵时期的突厥斯坦〉评注》，第 32 页）；根据蒙古的传说，直到今日它仍被保存在西北喀尔喀的老郭赛特旗，每隔三年举行一次对纛的祭祀（sülde senggenem）：1931 年，我凑巧参加了这种祭祀，记下了祭祀的仪节，拍下了照片，并写成了一部祭祀小册子。这个纛至今仍称为察罕秃黑（白纛。——译者）；参阅弗拉基米尔佐夫，《成吉思汗传》，第 72 页；《元史》，第 8 卷。

⑤ 她被尊称为额锡哈屯（esi-xatun，即“元始的夫人”之意。——译者），参阅萨囊彻辰书，第 180 页；《黄金史》，第 92—94 页；查姆察拉诺的报告，第 47 页。关于额锡（esi）一词，可参阅白鸟库吉，《可汗及哈敦的称号考》（A Study on the Titles Kaghan and Katun），《东洋文库纪要》，第 1 号，东京，1926 年，第 8 页。

诸王和汗们的祖先、成吉思的幼子拖雷[①]的祭奠。

当然，台吉或合惕们极力保持自己特殊的地位，绝不容许外人进入自己的行列。我们就没有见过任何一个与成吉思汗氏族毫无血统关系的人，曾经采取某种方式加入诸王的行列而成为“黄金氏族”的成员。[②]不过，当时养子制度是大家所知道的，并且是很流行
146 的。台吉们为了得到合法的继承人，必须把自己的任何远房亲族，即其他台吉的儿子收作养子。[③]就是合撒儿和成吉思汗其他兄弟的子孙，有时也要遭到轻视，有时似乎不完全承认他们享有同成吉思汗嫡系的真正台吉平等的权利。[④]太师、丞相和宰桑，不管他们如何有力量，也不能梦想加入成吉思的氏族；台吉必须是生来如此的，妻方亲戚无权成为台吉。[⑤]

① 雅金夫书，第309页；查姆察拉诺的报告，第48页。

② 身为领主王公的萨囊彻辰把在蒙古非常流行并有许多译本的萨迦班第达(Saskya-paṇḍita)所著的《善说宝藏经》的一节，引用在自己的著作中。他借妥欢帖睦尔可汗的一位亲信之口，称引该书如下的一节，作为对皇帝所进的忠言：

öber-ün nöküd dayisun bolbāsu, tusatu；

eteged dayisun nökür bolbāsu, xourtu,

(原来的伴当虽然变成敌人结果还是有利，外来的敌人即使成了伴当，也将带来害处，)

但是，藏语原文《善说宝藏经》各版及许多蒙古语译本(Sayin üge–tü erdeni-yin sang)，在此处的文字稍有出入，据藏语版，这一节表述如次(第6卷，第8页)：

phan-byed dgra-bo yin-yang bsten,

gñen-yang gnod-na spad-bar bya

(有利的虽然曾是敌人，也要信任；有害的，虽然是亲属，也要离弃。)

可以想见，这种意思不拘的译文(不知是否出于萨囊彻辰)是受着当时流行在蒙古社会的封建氏族观点和看法的影响而产生的东西。

③ 参阅萨囊彻辰书，第178页；《黄金史》，第90—91页。

④ 萨囊彻辰书，第178—180页；《黄金史》，第91—93，80页。

⑤ 值得指出，萨囊彻辰把满族王子(beiile——贝勒)称为太师［萨囊彻辰书，第

因此，君临全蒙古的蒙古汗，只能是为自己和自己的氏族建立帝国的成吉思汗的子孙；只有他一人才能做成吉思汗系诸王（封建领主）的首脑；同样，只有诸王才能做太师、宰桑及其他封建主和可汗的陪臣（藩臣）的首脑。① 台吉们认为事情应该就是这样的。

蒙古编年史记载着权势极盛的卫拉特太师托欢企图篡夺蒙古汗位的很有趣的故事。他和有名的帖木儿-帖木仑*一样，是“皇室的驸马”。② 作为成吉思汗系当权王公的蒙古史家，借托欢之口说了这么一段话（仿佛托欢想为自己的篡位企图寻找根据）：“他胆敢以剑击成吉思汗之帐殿而言曰：‘尔乃有福者（即皇帝）之白色帐殿，而我，托欢，则为有福者（即皇后）之子也。’”③

这位蒙古史家继续说：“托欢太师见众人坚持，乃决照蒙古汗之仪式即汗位。但于致祭成吉思之帐殿时，骤觉不可目见之利矢穿刺其身，众人皆见帐殿中成吉思箭壶内之一矢带有血迹。”④ 托欢 147

（接上页）284 页］，根据萨囊彻辰所云，有名的阿噜克台太师（Aruġtai-taiishi）自称为“属下之人”：“xaracu kümūn nadur yaġun? Ajai-taiiji tngri-yin üre bölüge.”［“属下之人于我何有？惟阿寨台吉乃天子之裔。”（萨囊彻辰书，第 146 页）］。

① 我们的资料指出，汗位的继承权并不属于成吉思兄弟们的子孙。参阅萨囊彻辰书，第 170、178 页；《黄金史》，第 91—93 页；但是，大家知道，据萨囊彻辰书（第 146 页）所述，成吉思汗幼弟的后裔阿岱台吉却即了汗位。卫拉特的太师们不但没有服属于蒙古汗，还篡夺了汗位。

* 跛帖木儿。——译者

② 他出身于旧的古列干氏族，他的母亲萨穆尔公主是额勒伯克汗的女儿，参阅萨囊彻辰书，第 142、146、148 页。

③ 萨囊彻辰书，第 150 页：“ci sü-tü-yin beye caġan ger bolōsa，bi sü-te-yin（sü-tei-yin）üre Toġān genem”。《黄金史》几乎也以同样的话述及托欢（第 75 页）：“ci sütü boġda bolosa，bi sütei xatun-u üre.”。（尔乃“有福荫之人”之天子，而我乃有福荫者之汗妃之子。）

④ 萨囊彻辰书，第 150 页；对照《黄金史》，第 75 页。

临死时说："有福之男子自成其为男子；有福之妇女则不能呵护（一人），当余向母后呼吁之时，彼尊严之君主乃如此令余就死。"[①]

"草原"故事表明了蒙古封建主对这一问题的态度，即只有成吉思汗氏族出身的人才能做汗。

但是，卫拉特的托欢太师的这种阴谋是从那里产生的呢？托欢太师不仅比成吉思汗系的诸王更有势力，而且还想篡夺成吉思汗系的大位，原因何在？这是怎样做到的？不仅如此，我们还知道更多的情况；我们知道，托欢的儿子额森（也先）太师做了蒙古的可汗[②]，也知道蒙古的太师和宰桑们曾经不止一次地篡夺了成吉思汗系的权力。这种纷争的原因何在呢？

① 萨囊彻辰书第150页的原文：
ere sütü ere-yügen edügülbei;
eme sütei öberidün ese cidabai;
eke sütei-dür erin yabuġsaġar,
ejen boġda-dur eyin kigdebei.
对照《黄金史》第75—76页的原文：
ere boġda ere-ben medegülbei,
eme sütei-yin köbegün Toġan bi ükübe.

② 萨囊彻辰记述他蓄意根除成吉思汗的氏族，即孛儿只斤氏族：yerü Borjigin-u ürei-yi tasulaya（萨囊彻辰书，第166页）。这位自己也是成吉思汗氏族出身，并且是贵族领主的蒙古史家，甚至提及这样一个流行着的蒙古传说：凡是加害孛儿只斤氏族成员的人，上天必定降下各种灾祸以示惩罚［萨囊彻辰书，第158页："Borjigin-ā maġu kibēsü genüger bolumui."（若害及博尔济锦，罪莫大矣。——译者）；萨囊彻辰书，第170页："Borjigin-i maġu kigsen-ü genüger buyu."（是害博尔济锦之报也。——译者）］；参阅萨囊彻辰书，第186页。

第四章　封建战争

分析封建名词是阐明许多事件真相的关键。观察一下我们的资料，就会确信，元朝崩溃后的百余年间，在蒙古发生的不断的残杀，汗的频繁废立，普遍的衰落与贫困，都是大小领主间、成吉思汗系的封建主（诸王）与蒙古草原贵族氏族，帝国“千户”及元朝高官出身的小封建主间所进行的残酷斗争的结果。这是同一封建阶级内的两个阶层的长期斗争，即台吉与赛特的斗争。[①] 当时蒙古内部那么多的战争和冲突，都由这一基本原因而起，卫拉特人对东蒙古人的顽强斗争[②]，左翼和右翼的纷争[③]，也正是由此发生的。 148

在离开中国内地以后，蒙古的封建化过程开始有了更迅速的发展。他们退到北方，部分人甚至退到戈壁境外，他们和对外市场，一般地说，和其他文明隔离了，当然，这种情势应该影响到仍处在很低的发展阶段的蒙古经济状况：他们仍旧经营着主要以原始畜牧业为基础的自然经济。自从离开中国内地之后，广大市场，对他们

---

① 同样的斗争也发生于蒙古帝国的西部兀鲁思：伯克（那颜）与成吉思汗系的诸王进行斗争，并在大多数兀鲁思里取得了胜利。“每一氏族的首领便是这个地方的领主，他们都是受突厥语族民族影响的蒙古氏族成员。”（巴托尔德，《兀鲁伯时代》，第 10 页）

② 即赛特与诸王的斗争。

③ 最初，诸王和可汗掌管着蒙古民族的左翼。右翼在混乱前皆由赛特治理，在当时则由诸王统治。

来说已经封闭起来，蒙古本土的城市生活也完全衰落和停止了，因此，经济上的割据状态一定会特别强烈地表现出来：

> 额尔克图彻辰汗创立之宝贝岱都，
> 虽历冬夏而无郁闷！[①]

离开中国内地以后，蒙古汗的权力立刻没落和衰微了，他丧失了自己的护卫，自己的金宝、玉帛、宫殿，丧失了自己的军队和统将。逃离京城，那一切都听天由命的君主，还能有什么权威呢？

> 我愚顽之大名，众庶之君汗！[②]

诸王也无法避免与其氏族领袖同样的命运。有的在和明朝人作战时阵亡了；有的无力支配其分地，因为在那里，日益跋扈的小封建主们开始抬头了。“黄金氏族”开始衰微，诸王的数目一直在减少。

然而，回到自己“千户”(现已成为鄂托克)的小封建主即赛特们却迅速地意识到自己的权力。经济的和封建的割据状态，很快地使他们变成了几乎是独立的王公。[③]许多赛特，成了若干鄂托克的

① 萨囊彻辰书，第136页；妥欢帖睦尔汗所说的话。

② 同上。

③ 东方学家提及西方兀鲁思的贵族时，常称成吉思汗的子孙为“诸王、汗、算端”，称伯克(那颜)为“王公”。既然在蒙古学家的文献里称呼成吉思汗的子孙那颜们为“王公”早已成为习惯，那么，我们就使用着与此有关的名词。因此，我就效法蒙古资料上的办法，把太师、宰桑等一律称为赛特。

首领，如果机会合适，甚至成为几个兀鲁思的首领。[①]

现在，可以断言，赛特们不仅开始意识到自己的力量，而且意 149
识到和大领主、可汗、济农、台吉们对立时他们利害的一致。他们懂得自己能够取代大领主的地位。蒙古史家曾述及两个赛特讲过这样有代表意义的话[②]：“我等之上，何用管主？我等行事，自作主宰可也！我等其杀此阿巴海！”

卫拉特的赛特们处在特别有利的地位。大家知道，卫拉特人比其他蒙古部落更少受到成吉思汗“千户”制度的束缚。成吉思汗在那里组织了四个万户，但没有派自己的人去统治他们。卫拉特的首领们只是做蒙古汗的藩臣，并以万户长资格，在必要时提供一定数量的军队，而军队却由自己统率，千户长也是由自己指派的。[③]此外，他们还是“皇室的驸马（古列干）”。

在 14 世纪末和 15 世纪初，卫拉特人移居到新的地方，这里在蒙古帝国时代里根本没有卫拉特人。他们从故乡的森林出来，到了草原，开始在阿尔泰和邻近的草原与高原地带游牧。[④]因此，他们

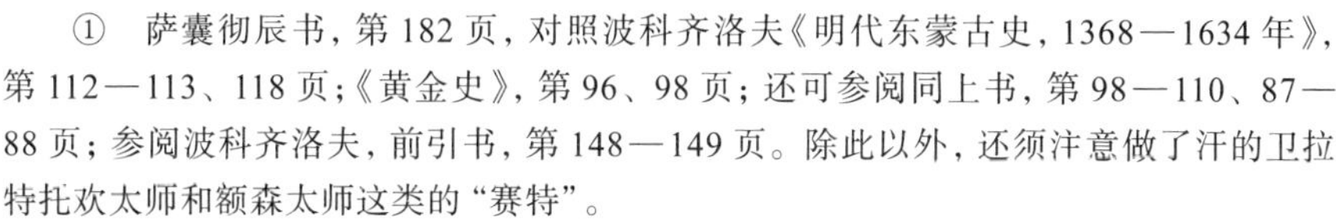

① 萨囊彻辰书，第 182 页，对照波科齐洛夫《明代东蒙古史，1368—1634 年》，第 112—113、118 页；《黄金史》，第 96、98 页；还可参阅同上书，第 98—110、87—88 页；参阅波科齐洛夫，前引书，第 148—149 页。除此以外，还须注意做了汗的卫拉特托欢太师和额森太师这类的“赛特”。

② 萨囊彻辰书，第 184 页；对照《黄金史》，第 101 页：“bide degere-ben noyan abxu manu yaǵun? öber-ün terigü-ben öbesü-ben medejü yabuxu bui-ja! ene abaǵai-yi edüge tebciyel!”［右翼的两个赛特这样谈论着，关于达延汗的儿子，他的继承者（阿巴海），被立为济农的事情。（参阅萨囊彻辰书同处，对照波科齐洛夫，前引书，第 143—145 页）］。

③ 参阅上文。

④ 参阅布雷特施奈德，《根据东亚史料的中世纪史研究》，第 2 卷，第 161、167—168 页；波科齐洛夫，前引书，第 32 页。

在经济生活上经历了巨大的变化，他们从半狩猎半游牧的“森林之民”变成了今日的草原游牧民。经济方面的这种变化必然会加强成吉思汗在他们那里建立起来的封建制度。15世纪时，居于卫拉特封建等级首位的是太师和对他有封建隶属关系的两个丞相①，从这类名词与称号也可以得出结论，卫拉特的贵族阶级就其起源来说，和“东”蒙古人的情况并没有什么不同。

但是，卫拉特的贵族们处于更有力量和更有利的地位。他们以“皇室驸马”（古列干）为首领，不受封建领主-诸王的统治，直接隶属于可汗。② 他们统治着一个刚迁到“草原”来的年轻民族分支，在帝国的战争和诸王间的封建内讧时期，这些部落较其他蒙古部落保存得更好。

卫拉特太师很快感觉到从属于蒙古汗是一种负担。据蒙古史

150 家的叙述③，当蒙古汗额勒伯克擅自任命服侍卫拉特太师的家仆巴图拉为卫拉特丞相时，卫拉特太师愤然说道：“既有我在，而令我属人巴图拉管辖四卫喇特耶！”

卫拉特太师和依赖他的封建主们，似乎在重演蒙古的历史；他们企图重走成吉思汗的老路。但是，如果社会经济条件推动他们去和蒙古封建主进行斗争，而这同一的条件却未给予他们以统一蒙古

① 萨囊彻辰书，第160、168页。卫拉特人与东蒙古人同样分为两翼：巴剌温合儿（右翼）及沼温合儿（左翼）。丞相为各翼的首领。他们的类似的制度，可能并不总是由于模仿东蒙古人而产生的。

② 可汗的势力，在元朝灭亡之后不久尚未完全丧失，卫拉特人还不得不感受到它的影响；参阅次段脚注。

③ 萨囊彻辰书，第142页；《黄金史》第57页所述的一些故事，与此略有不同，但对我们来说，这种不同，无关重要，因萨囊彻辰书和《黄金史》指出同一个主要的现象。

全部或大部的可能性。他们所依靠的只是自己属下的一些封建主，并没有控制住能够支持他们的足够强大的社会阶级，所以这种基础的脆弱性很快地就暴露出来了。卫拉特太师甚至能够登上成吉思系的宝座，成为蒙古可汗，也能够进入中国内地，可就是不能够保持他所取得的地位。卫拉特封建战争的浪潮，既推动他们向上勃兴，也使他们遭到了淹没。[①]

东蒙古的赛特们继续对蒙古汗做斗争。他们进行战争，似乎不是觊觎可汗大位，而只是为了个人利益和自己的独立。[②]但是，他们既互相混战，也与卫拉特人作战，也与成吉思汗系的诸王作战。[③]诸王对于他们反对赛特们的利害的一致性，还远远地不是能够经常理解和认识的。相反地，他们有时却起来反对可汗，并互相敌对。[④]有时甚至连妇女也兵戎相见。[⑤]

值得指出的是一件藩臣否认对宗主的隶属关系（*désaveu*）的事例。有一个济农，因可汗拿捕他的掌马人（阔帖赤——köteci）而深表不满，他愤然说："我不认尔为主上矣（cimai-yi axa gejü ülü sanam bi kemēged ama aldaju）！"[⑥]

封建领地内的交换不发达，必须去寻求掳获物，这更加助长了

① 萨囊彻辰书，第168页；《黄金史》，第78—79页。

② 萨囊彻辰书，第158、170、178、182、184、188、190、194页；《黄金史》，第87—89、96—108页。

③ 《黄金史》，第108—110页；萨囊彻辰书，第178页。

④ 萨囊彻辰书，第170、172、174、176、178页；《黄金史》，第66—68、81—84页。

⑤ 萨囊彻辰书，第170、174、180、182页；《黄金史》，第94页。

⑥ 《黄金史》，第64页。

蒙古封建主之间的混战。①总之，作为封建制度特征的狭隘的、割
据的利益，左右着一切。呈现在我们面前的是一幅典型的封建战争
151 的图画。②甚至封建主的会议(ciġulġan ~ cūlġan)也常以战斗或厮
杀终场。③当时出现了如下的谚语并不是没有原因的④：

> 侯死盟会，犬死栅栏。

与蒙古帝国废墟上形成起来的西方各兀鲁思中所发生的事情相反，在“真正”的蒙古，上述的封建主的战争是以可汗和台吉的完全胜利结束的；作为封建领主的赛特，只是在大部分卫拉特人中得以保全，但是在蒙古世界的周围却只存在于一个地方。

蒙古的封建战争，一般与欧洲中世纪的封建战争十分类似，其特点在于，这种战争基本上表现为封建阶级两个阶层之间的斗争。这一情况，在 15 世纪末和 16 世纪初尤为显著，当时这种战争是以成吉思汗系的完全胜利而终结的。巴图蒙克达延汗(Batu-Möngke-Dayan-xaġan)的敌人实际上是什么人？他与谁交战？我们资料上的

---

① 蒙古编年史充满了关于某一封建主掠夺和洗劫另一封建主的记载，如：伊斯满太师[Isama(Ismayil)-taiishi]往袭济农，“掠其人畜”(ulus mal-i inu dauliju abuġad)，见萨囊彻辰书，第 176 页；福晋满都海彻辰(Manduġai-secen)，加兵于卫拉特，“虏获无算”(yeke olja talxa abubai)，见萨囊彻辰书，第 180 页。还可参阅萨囊彻辰书，第 170、258 页；《黄金史》，第 77 页。在袭击时所夺得的贵族妇女，胜利者通常都据之为妻；萨囊彻辰书，第 144、176、182 页；《黄金史》，第 59 页。

② 萨囊彻辰书与《黄金史》对于上述情况叙述得相当明确。

③ 萨囊彻辰书，第 160、162 页；《黄金史》，第 68—69 页。

④ “noyad-unükül cūlġan-du, noxai-yin ükül xana-du.”(《黄金史》，第 69 页)；贡普耶夫对这个谚语所做的解释(第 65 页)完全没有根据。

记载，一致断言他的敌人是太师、丞相及其他蒙古赛特，他们当中的若干人在当时很有势力，并且是好多鄂托克的首领[①]，因此，有些赛特也变成了像台吉那样的强大领主。

很难说明，可汗和成吉思汗氏族在长期的战争中是出于什么原因而终于取得了胜利的。看来，可汗得到了下述这些人的支持，即
当时为数极少的台吉，特别是合撒儿的后裔[②]，以及若干赛特——很 152
可能是小领主，他们这些人保持对蒙古汗的宗主关系是要比处在大领主（赛特）的权力之下更为有利。可是，台吉和赛特也并不是毫不犹豫就支持可汗的。[③]有若干理由可以使我们设想，平民也部分地支持了可汗和成吉思汗氏族，他们希望旧主人的胜利可以使封建

① 萨囊彻辰书，第182、184、186、188、190、192、194页；《黄金史》，第95—107页；波科齐洛夫，《明代东蒙古史，1368—1634年》，第113—117页（波科齐洛夫以太师们属下的“衰弱”及对明朝人取得胜利的“狂喜”来解释他们的失败）；第143—144、147—150页。

② 合撒儿的子孙科尔沁的领主鄂尔多固海王，比其他的人更坚决地支持达延汗，参阅萨囊彻辰书，第190、196页；《黄金史》，第103、106、107页，对照《黄金史》，第109—110页；甚至还出现这样的谚语（《黄金史》，第110页）：

Xasar-un üre
xaġan-u üre-dü nigen tusa kürgebe
（合撒儿的子孙，一再帮助汗——成吉思汗——的子孙）

从成吉思汗诸弟的子孙和达延汗的子孙同样保持封建统治的事实（参阅《蒙古游牧记》，第27、38、40、330页；《苏联科学院报告》丙辑，1930年，第219页；工布查布书，第52页），可以得出结论，达延汗时代的王公至少不是蒙古可汗的敌人。

③ 不应忘记萨囊彻辰书和《黄金史》上朴素的故事：合撒儿的后裔科尔沁部（更正确一些应是鄂罗郭特部）的乌讷博罗特王向做了寡妇的福晋满都海彻辰哈敦求婚，如果她答应嫁给他，那么，他就可以得到成吉思汗系的汗位了，参阅萨囊彻辰书，第178页；《黄金史》，第91页。某些赛特时而支持达延汗，时而公开反对他，而最后终于成为达延汗的下属，参阅萨囊彻辰书，第184、190、192页。（哈尔噶坦的拜音珠固尔）可在萨囊彻辰书，第169页里找到人民向背的暗示，还可参阅萨囊彻辰书，第152页（蒙古的百姓叛离了成为蒙古可汗的额森太师）。

主们受到抑制。

但是，蒙古可汗对封建主（赛特们）取得胜利似乎主要是基于同明朝的关系。16世纪的形势是，一方面要作战，另一方面要通商，两种行动的顺利进行都需要有一个统一的领导中心和某种程度的秩序。蒙古各社会集团的福利，在很大程度上依赖于与明朝的这两种关系，而明朝也需要蒙古的市场。[①]

在组织对富裕而定居的邻人的战争方面，蒙古汗比其他封建主（赛特们）更为有效。看到了但不理解在蒙古发生的各阶级的斗争的明朝人，理会到了情况的变化；蒙古的进犯，“已经不能认为是偶发的掠夺性的侵寇，而是严密计划的和正规组织的军事行动”[②]。此外，由于蒙古汗的名号在明朝人心目中的声望颇高，他们比其他封建主更易于和明朝缔结贸易关系，虽然这种贸易关系采取的是交换礼物的形式。[③]这种关系，必然对掌握它的人——在这一场合，
153 即对可汗——非常有利，可汗的藩臣在这种关系中则处于依赖可汗的地位。可汗仿佛成了明朝的市场和明朝的战利品的分配人。

① 波科齐洛夫，《明代东蒙古史，1368—1624年》，第113—124、141—150页。

② 同上书，第123页；对照巴克尔，《成吉思汗王朝以后清朝以前的蒙古》，第89—90页。

③ 波科齐洛夫，前引书，第117—118页。明朝人根据旧的传统称这种贸易协定为朝贡，反之，在蒙古可汗的游牧民和其他的人看来，这是他们渴望获得的非常有利的商品交换。据汉语资料所述（波科齐洛夫，前引书，第117页），“塞外领袖们十分注意用蒙古语所写的朴质文体的表文”。明朝人称达延汗的国书为“表”，达延汗在国书中自称为“大元可汗”。（波科齐洛夫，前引书，第117页；巴克尔，《成吉思汗王朝以后清朝以前的蒙古》，第88—89页）

第五章　可汗与台吉

在达延汗的子孙均分蒙古土绵和鄂托克(鄂木齐、忽必牙儿温——ömci, xubiyar-un)并成为封建领主时，可汗和成吉思汗氏族的胜利大为巩固了。[①] 但这只是表明对迅速降落到官员地位的赛特们的胜利；台吉仍然是名实相符的封建领主。

赛特们早在元代就和他们的氏族失掉了联系，他们当中有很多人的贵族出身已被人忘却了。由于得不到同氏族人的支持，他们丧失了实力，变为哈剌里克(xaraliġ)，即成为“属于黑骨的平民”[②]，台吉却属于察罕牙孙(caġān yasun)，即“白骨”。蒙古赛特们最初变为小封建主，后来又变为官员(图锡默勒)。不过，未被可汗和台吉征服的卫拉特赛特，仍保持了封建主的资格，并且有许多人从16世纪后半期起采用了台吉与洪台吉的称号。因为他们很有势力，谁也没有对这一点表示惊讶，谁也不敢议论卫拉特的那颜是“黑骨”。

封建化的过程并没有因可汗的胜利而终止，只是转了一个新

① 萨囊彻辰书，第196、198、204、208页。

② 有名的土默特部阿勒坦汗说：“ta arban xoyar Tümed-ün noyad sayid... minu metü xad, tan-u metü xaraliġ-ud ken möngkerelügei.”(尔，十二土默特之诺延、赛特等……似我之汗，似尔等之属众，又有谁人常在，谁人享寿百年耶？)，萨囊彻辰书，第244页；参阅上文。

的方向。蒙古可汗在其胜利以后也不敢破坏封建制度，来尝试建立基于专制政治原则的帝国。没有可以这样做的前提。蒙古资料也清楚地指出了这一点，尽管其对于已发生的事情所做的评价有些天真。

建立一种专制政体的意向，可以在达延汗及其孙子兼继承人博迪阿拉克(Bodi-Alag)周围的亲信人员当中看到。根据蒙古资料上的记载，合撒儿的后裔，科尔沁王及可汗的亲信的藩臣们，最初向达延汗，在达延汗死后又向其继承者建议，取消“右翼”，把“右翼”诸鄂托克和“左翼”诸鄂托克混合起来，然后并入“左翼”，并分配给各封建主，而以大部分分配给汗，使汗成为一个特别的土绵(万
154 户)——察哈尔的封建主。[①] 有的甚至建议干脆把“右翼”消灭掉。[②]

达延汗对此建议做了在我们看来像是十分有趣的答复[③]，他说：“伊巴哩、满都赉二人之恶，业已败露[④]，若将此四十万户蒙古所余之六万户人尽灭之，岂得为人主之功乎？”但是，在博迪阿拉克汗时代，有一些关于解散右翼万户的建议的言论还更值得注意。反对这个计划的人直截了当地指出[⑤]，右翼鄂托克和万户的封建领主是达

---

① 萨囊彻辰书，第196页；《黄金史》，第106—108页。

② 萨囊彻辰书同处：“Baraġun ġurban ken-dür sayitu ulus bölüge. esebēsü dobtulju abun tarxaġaya; esebēsü xarin jisijü, jegün tümen-lüge neyilegülün xolidxan xubiyaya.”。(“右翼三兀鲁思原系强干之俦，或征掠以离散之，或酌入左翼万户以均分之。”——译者)

③ 萨囊彻辰书，第196、198页：“ulus Ibiri Mandulai xoyar-un maġu-yi üjebei, erten-ü döcin tümen Monggġol ulus-āca ülegsen，enegüken jirġuġan tümen ulus-i ebdebēsü, xamuġ-un ejen xaġan boluġsan-u xabiya minu yaġun bui?”。

④ 右翼的两个赛特(其中之一为太师)是达延汗的主要敌人；前面已经提到过他们。

⑤ 萨囊彻辰书，第196—198页插入了博迪阿拉克汗母后所说的这一段话。

延汗的儿子巴尔斯博罗特赛音阿拉克(Bars-Bolad-Sayin-Alaġ)济农的后裔，他们不经战斗是不会将自己的财产拱手让人的。“今若相残，能之，固善；如不能，则人已皆致骚动矣！”[①] 他们就是这样结束了自己的话。

在这些谈话中，表露出对于可汗无力消灭封建主-台吉的事实的明确承认。因此，在16世纪后半期，蒙古可汗很迅速地变成了万户中的一个普通的首领，这是不足为奇的。[②] 可汗的权力，更正确些说，可汗的宗主权，已经衰微到使他不再能够成为蒙古唯一的汗。在许多分地(土绵)中，封建主——他的亲族们——都纷纷自称为可汗[③]，而在若干分地中，模仿过去，也产生了与可汗并列的济农。[④] 如果强调这些已发生的变化，强调“蒙古的”大汗已与其他诸汗没有任何区别，那么，人们有时已不称大汗为蒙古汗，而开始称之为察哈 155

① 萨囊彻辰书，第198页。

② 正是察哈尔汗。察哈尔土绵(Caxar tümen)或察哈尔兀鲁思(Caxar ulus)是蒙古汗的世袭分地(即忽必)，参阅萨囊彻辰书，第182、196、254、256页；《黄金史》，第98、106、92页。

③ 例如，土默特部有名的阿勒坦便做了汗，并把汗的称号传给其子孙(萨囊彻辰书，第200、246页)；《黄金史》，第110—112页，喀尔喀的三个台吉使用了汗的称号(萨囊彻辰书，第254页)；《钦定外藩蒙古回部王公表传》，第45卷，第5页；《蒙古游牧记》，第56、87、102页)其中土谢图汗还由达赖喇嘛赠予了汗号。鄂尔多斯的博硕克图济农(萨囊彻辰书，第263、264页)则自西藏某一大喇嘛处接受了济农可汗的奇怪称号(萨囊彻辰书,第264页)而成了汗。晚出的蒙古资料《水晶鉴》十分确切地说：“当时在我蒙古地方，有许多自称为可汗的那颜”(第3卷)。《黄金史》亦云：“达延汗第三子巴尔斯博罗特赛音阿拉克曾在某一时期自称为可汗”(第107页)，萨囊彻辰书也直截了当地说他是可汗。(第206页)汉语资料也提到王公领地数量甚多，中央权力极为薄弱。(参阅波科齐洛夫，《明代东蒙古史，1368—1624年》，第211—212页)

④ 例如在喀尔喀方面，参阅《钦定外藩蒙古回部王公表传》，第45卷，第13页。

尔汗了。[①] 由此可见，蒙古已分裂为若干汗国[②]，这些汗国，只是在它们的首领觉得有利可图和愿意联系时，才彼此发生联系。[③] 但是，就是每一个这样的蒙古汗国，哪一个也不是由一个唯一统治者——汗实行独裁统治的国家。16世纪末和17世纪的一些蒙古汗国，都是像所有"蒙古兀鲁思"那样的封建联合体。[④] 只有一个汗国内部的各封建领地才是较为密切联系和紧密团结的。[⑤]

每一个这样的蒙古汗国，无论是鄂尔多斯，或土默特部，或是出现三个汗的喀尔喀部，还是察哈尔，汗们最后都是把分地分给了自己的子孙；那些人按着传统办事，于是，随着汗的氏族，整个"黄金氏族"的繁衍，分地也就无限地增多起来。可以指出，由于汗国的形成，土绵(万户)这个概念开始消失[⑥]，鄂托克这个概念也发生变化了。

在正式的封建主中间，赛特现在是没有地位的，他们迅速地变成为普通的官吏，虽然一些人也能世袭，并且拥有少数隶属于他们

① 萨囊彻辰书，第254、256、258页。基于这个原因，我们晚出的资料时常说及某某兀鲁思已"承认察哈尔政权"云云，例如，参阅《蒙古游牧记》，第29、48页；《钦定外藩蒙古回部王公表传》，第53卷，第4页。

② 为了区别起见，晚出的蒙古资料皆称大汗的直系子孙为törü-yin yeke xaġan，即"有权力的大汗"。(《水晶鉴》，第3卷)

③ 最后的大汗林丹汗，想使近亲封建领主们服从自己的宗主权，大家知道，他的这种企图完全没有实现，不过，也有拥护他的人，如喀尔喀的某些封建主，参阅弗拉基米尔佐夫，《喀尔喀绰克图台吉的摩崖碑铭》，第2卷，第232—238页。

④ 萨囊彻辰书，第196、200、204、206、208、242页。

⑤ 例如，参阅萨囊彻辰书，第264、268、270、280、282页。

⑥ 根据记忆，17世纪时此词只用作"修饰语"，参阅萨囊彻辰书，第273页；胡特，《察罕拜甡的碑铭》，第31页。后来土绵一词有"人民大众、万民"的意义。

的人。[①]这标志着所发生的变化——他们逐渐地不再被称为那颜了；这个称号，几乎没有例外地开始成为正式封建领主，即台吉、洪台吉、济农和汗的称号。在许多地方，赛特最古老的称号，如太师、太保、丞相等等，则已被人忘却了。[②]

至于在卫拉特人那里，情况就不相同了。他们没有被蒙古的台吉和汗征服。以前的封建贵族阶级照旧保存下来。卫拉特的赛特们（太师、宰桑等）仍是封建领主。但在卫拉特人当中也可看到极似东蒙古人那里所发生的变化。显然，蒙古游牧社会的封建化过程，由于各地的情况非常近似，互有影响，所以到处都有着多少同样的经历。

---

① 赛特的地位的这种变化，自然是逐渐地产生并且随着地域的殊异而有所不同的。我们有些材料可以证明，甚至在18世纪初期，喀尔喀还有旗的宰桑，即领主（额毡），参阅《喀尔喀三旗法典》，第1页。在17世纪，喀尔喀还存在着noyad-un keb-tü boluġsan（与那颜同等者）的制度，并且喀尔喀法律也确认他们的权力："在三个旗里，以前与那颜同等的赛特，与其亲族一起继续享有那颜的地位（《喀尔喀三旗法典》，第89页）。关于小的赛特（封建主），可参阅《布里亚特编年史》。喀剌沁爱马克是以前的赛特们保持真正的封建领主与旗的首领地位的唯一地方，这里是由兀良合惕氏族出身的、成吉思汗的伴当兼统将者勒篾的后裔统治着，参阅施密特，《蒙古民族史，作为对其民族和王室史的贡献》，第427—428页；《蒙古游牧记》，第13页［成吉思统将的名字波波夫未予还原，而是写作只儿马（Цзирма）］。此外，在东土默特的一个旗里也有同样的情形，参阅施密特，前引书，第429页；《蒙古游牧记》，第16页。在上述诸旗里，还有古代塔布囊的氏族，参阅《蒙古则例》，第2卷，第10页；《水晶鉴》，第3卷，第59页；对照雅金夫·比丘林，《蒙古志》，第2卷，第204页。在《蒙古文选集》的序文中（第10页），波兹德涅耶夫所述的事实际上发生于科尔沁，而非发生于喀喇沁，劳费尔也根据他的话重复了同样的错误（参阅他的《蒙古文学概述》俄译本，1927年，第48页）；科尔沁的王公和台吉及阿噜科尔沁的王公才是合撒儿的后裔，喀剌沁的王公和台吉并非合撒儿的后裔（参阅《钦定外藩蒙古回部王公表传》及《蒙古游牧记》等书）。

② 这些称号，大概是作为尊称，在蒙古的赛特们中一直保存到17世纪中叶，参阅萨囊彻辰书，第268页；弗拉基米尔佐夫，《喀尔喀绰克图台吉的摩崖碑铭》，第2卷，第220—222页（丞相）。宰桑的称号到今天还保存着。

我们可以在卫拉特人那里看到以几乎是各自独立的较小封建主为首的部落集团为基础的大游牧领地的形成。也可以看到，卫拉特的大封建主，不以从前的称号为满足而开始自称为洪台吉和台吉。[①]其中有些人终于采用了汗或济农的称号[②]，而这些称号并不表示，凡是冠有此类称号的人就是全卫拉特的最高君主。例如，与喀尔喀部同样，在卫拉特人当中同时可能有数个这样的汗。[③]卫拉特的宰桑们多半是爱马克[④]和鄂托克[⑤]的领主。

要探索蒙古和卫拉特的封建领主谁承认“大汗”的“政权”，谁不承认这个政权以及因此似乎脱离蒙古而独立起来，这是徒劳无益的。我们也不能把有着太师和汗的卫拉特部当作独立的国家。[⑥]

① 就我所知道的而言，直到 16 世纪，没有一个卫拉特领主不称为台吉。但从 16 世纪后半期开始，台吉(卫拉特方言为 tayiji)及洪台吉的称号，在卫拉特人当中和“太师”称号一样的普遍，“太师”称号一直保存到 19 世纪，俄语 контайша 乃蒙古-卫拉特语“鸿台吉”及“太师”的混合语。

② 噶班沙喇布(Ġabang Sharab)书，第 3—4 页；《咱雅班第达传》，第 34 页。

③ 例如，参阅《蒙古-卫拉特法典》，第 1—2 页。大家知道，卫拉特部之一的和硕特部封建领主，是成吉思汗的弟弟合撒儿的后裔，参阅噶班沙喇布书，第 3—4 页；《巴图尔图们》(Батур-Тюмень)，第 26—27 页；雅金夫书，第 25—26 页。

④ 雅金夫书，第 131 页；帕拉斯，《蒙古民族历史资料汇编》，第 3 卷，第 241 页。

⑤ 《咱雅班第达传》，第 7 页。

⑥ 顺便必须指出，欧洲的东方学家多次提到所谓“卫拉特联盟”，实际上这种联
盟从来没有存在过。无论如何，蒙古和卫拉特的资料一次也没有提到过它。“卫拉特联
157 盟”这一概念之所以产生，大概是由于把 oyirad 一词十分错误地理解为“近亲”亦即“联
盟者”的影响。绝不能因为有“卫拉特四部”(Dörben Oyirad——都尔本卫拉特)这一名称，就得出有所谓“卫拉特联盟”的结论。都尔本卫拉特(卫拉特四部)这一名称的发生和存在，与其他蒙古部落许多类似名称如“十二土默特”(arban xoyar Tümed)、“八察哈尔”(nayman Caxar)、“四十蒙古”(döcin Monggol)等并无二致。此处的数字是表示鄂托克或土绵的数字。“都尔本卫拉特”也是如此，即意味着“有四个土绵的卫技特”，亦即“卫剌特四万户”之意。事实上，据拉施特所述，我们已知卫拉特人在成吉思

所有东蒙古和卫拉特的封建主，都是统治着蒙古人民的各分地（忽必）处于不同等级和拥有不同势力的领主。但在全体封建主之上有一个最高的宗主——大汗。封建主们，为适应各种不同的需要，时而承认大汗的宗主权，时而又拒绝它，甚至还对其他国家建立半藩属的关系。但是，这一点并未使情况有任何的改变，因为大封建主可以再度承认大汗，或是与一个或几个和自己同样的蒙古或

（接上页）汗时代已被分为四万户，即四个土绵。诚然，拉施特在此处如在其他许多处所一样，所说的是“千户”而非“万户”［见《史集》，第3卷，第136页（见新译，第1卷，第2分册，第269页。——译者）］，但前面早已说过，拉施特往往是把“千户”和“万户”混为一谈的。从《史集》的此处上下文看来，其意思十分明白，如说卫拉特人处“豁秃合别乞是他们的长官和主人。在他出征的时候，斡亦剌惕全军都坚决地跟着他，他所中意的人都做了千户长”。（《史集》，同处）不应忘记，鄂托克和土绵的数字，随着时间的推移，可能不再与实数相符，我们有许多例证足以说明，表示鄂托克和土绵数目的旧名称，一直到显然已与实际情况不符的时候，仍然保存着。就都沁蒙古（Döcin Monggol）一例来说，人们都熟知蒙古的四十万户早已不复存在，萨囊彻辰书，第138、198页，可是，这个名称在17世纪仍然使用着。（《蒙古-卫拉特法典》，第2页）都尔本卫拉特的名称也发生了同样的情形，所不同的是，随着时间的推移，卫拉特人的数目大大多于成吉思汗时代与元朝时代。可是若干东方的（新进的）学者极力从事各种各样的拼凑，以便求得数字四，而欧洲的作者们则讨论着谁真正加入了“四部联盟”的问题。实际上，卫拉特人也与东蒙古人同样，是组成封建领地的土绵和鄂托克的各种部落（兀鲁思）联合体。最初，这个封建游牧联合体似乎有一个主君（太师，参阅前述），但后来，卫拉特人并无一个统一的首领，正与17世纪的东蒙古人之无一个统一的首领是相同的。许多关于卫拉特人、关于“联盟”乃至关于17世纪曾有一个统一的首领等十分错误的观点，是由不正确的、充满谬误说法的雅金夫·比丘林的有名著作《从15世纪至今的卫拉特人或卡尔梅克人历史概述》开始的。可以注意，那些直接与卫拉特人接触的人，观察事物的真实状况是要精确得多的，例如，1722—1724年曾在卫拉特人地方居住的温可夫斯基上尉写道：“这些卡尔梅克人，在博什图哈诺夫（即博硕克图汗）以前，领地里没有统一的政权，但有许多各自为政的太师统治着这些人民；博硕克图汗则把许多人诱至自己的领地内……”（《1822—1824年炮兵上尉伊凡·温可夫斯基出使准噶尔洪台吉策旺拉布坦处及其旅行日记，文件，刊本附载H. H. 维塞洛夫斯基的序文和注释》，第195页）

卫拉特领主勾结起来。

158 16—17世纪，整个蒙古兀鲁思形成为具有非常脆弱的中央政权的典型封建国家，最后中央政权脆弱到如此地步，以至于可以说完全不存在了。与此同时，出现了由几个汗来代替一个汗的局面。但是，作为封建游牧联合体的“蒙古兀鲁思”仍以自然经济为基础而继续存在着，其内部的各个区域互相隔离，商品交换发展迟缓，并局限于固定的和情况极不相同的地区。

自然，在这样的“联合体”内，冲突的因素要大大多于联合的因素；并且，它不可避免地要迅速转到其自身发展的另一阶段。蒙古史家在叙述企图恢复可汗权势的最后一个蒙古汗即林丹汗（17世纪）时说[①]：“……遂分为六大国而称君焉。达延汗之子孙及汗族属民众，因背道违理，肆意而行，（故不能身享太平）。”

① 萨囊彻辰书，第202页；参阅《拉德洛夫史》，第105页。

第六章　封建制度

第一节　下层阶级：阿勒巴图——属民、家仆与奴隶

在论述中期的封建制度时，必须再一次指出，就我们所掌握的关于 17 世纪即关于我们所研究的这个时期末期的资料，要想相当圆满地恢复封建生活的图景，目前还是不可能的。

在中世纪的法兰西，人们提出了一个表明封建关系特征的口号：没有无领主的土地（*nulle terre sans seigneur*）。15 世纪末期，在元朝以后的蒙古，也曾有这样的谚语：众庶无主，难以行事。[①] 实际上，在封建的蒙古，一切平民、非特权阶级的民众，即哈剌抽、哈剌里克、阿拉特（庶民、平民）等，都有自己的主人-领主（额毡-那颜）。[②] 蒙古封建贵族不同于阿拉特阶级最重要的地方，就是他们世袭地领有自己的百姓。蒙古封建主是此一或彼一群人的世袭领主

① 萨囊彻辰书，第 186 页。

②《喀尔喀三旗法典》，第 16、79 页。

（额毡），所以被认为是主人（那颜）：汗是“大兀鲁思”的领主[1]；大封建主是土绵（万户）的领主[2]；小封建主是鄂托克［和舜（旗）］的
159 领主[3]，最小的封建主是阿寅勒的领主[4]。每一领主，于其所属之人来说，不论是王、赛特或阿拉特，都是主人（额毡）。[5]

属民对其领主——各级封建主——的最大义务是提供阿勒巴、阿勒班［alba（n）］即“服役贡赋”。[6] 阿勒班是蒙古封建社会的纽带，相当于中世纪欧洲的“服务与忠诚”（*hominium et fidelitas*）。[7] 因此，属民常称为阿勒巴图［负担赋役义务的人、纳贡的人（vassalus，feodatus）］。[8] 最普通的平民阿拉特是其领主的阿勒巴图，而领主自身，甚至诸王，对其额毡、可汗的关系，也可称为阿勒巴图。[9]

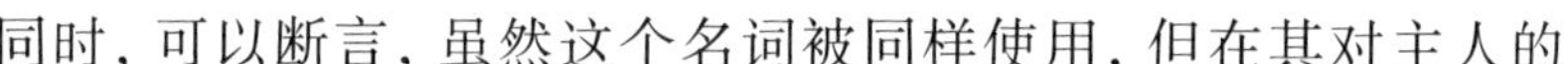

同时，可以断言，虽然这个名词被同样使用，但在其对主人的

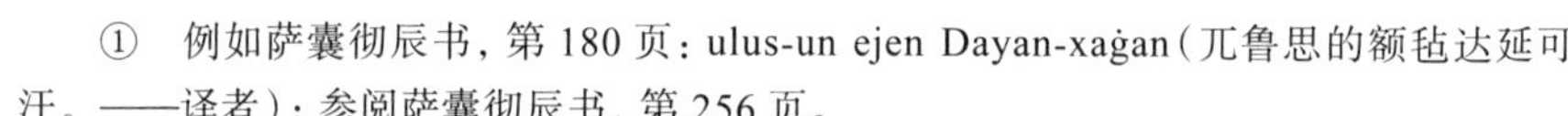

① 例如萨囊彻辰书，第 180 页：ulus-un ejen Dayan-xaġan（兀鲁思的额毡达延可汗。——译者）；参阅萨囊彻辰书，第 256 页。

② 例如胡特，《察罕拜甡的碑铭》，第 31 页：“Xalxa tümen-ü ejen boluġsan（Jalayir xong-taiiji.”）［（札赉尔洪台吉）是喀尔喀土绵或喀尔喀兀鲁思（人民）的世袭领主。］

③ 例如《喀尔喀三旗法典》，第 2 页。

④ 例如《喀尔喀三旗法典》，第 115 页：“nigen jaġun erüke-ēce doruġsi albatu-tai noyad.”。（属民不足一百户的那颜们。）

⑤ 参阅萨囊彻辰书，第 146、148、150、184、200 页；《黄金史》，第 75 页；《喀尔喀三旗法典》，第 16、18、79 页。

⑥ 蒙古语 alban，由语根 al-（取、夺之意）而来，必须指出，在含有许多蒙古语成分的雅库特语中，alban 一词有“强求，勒索”的意义（参阅佩卡尔斯基，《雅库特语辞典》，第 69 页）。

⑦ 来朝见达延汗的右翼赛特们顺便对达延汗说：jirġuġan yeke ulus alban xubcixui yosutu（六大兀鲁思之贡赋必须永治之。）见萨囊彻辰书，第 184 页，alban 还有从本义引申而来的“赋税”的意义。

⑧ 蒙古语的 albatu-nar，相当于中世纪欧洲的 *homines de corpore*。（市民。——译者）

⑨ 萨囊彻辰书，第 172 页：成吉思汗系的王自称为 albatu boluġsan Muulixai-ong（作为“大汗的”藩臣或属下的摩里海王）。

关系上，作为封建主的阿勒班与作为阿拉特（平民）的阿勒班，有着极大的差别。

首先，这种差别在于：大封建主之所以称自己的主君（包括可汗）为“额毡”，不过是表示尊敬和遵从传统的习惯。他们绝不是主君的“从属”，他们和主君的关系，只是像氏族的青年成员对同族长老的关系一样。在封建主看来，他们的主君不过是一个长者——阿合。[1] 不满其主君的封建主，如果拥有一定的实力，可以与之斗争[2]，拒绝从属于他[3]，脱离他而到远方去游牧。[4] 怀有不平的封建主，最后也可以呼吁同辈予以援助，可以寻求其他领主的庇护。[5]

出身于阿拉特群众的阿勒巴图，则处于完全不同的地位。阿拉特首先“属于”自己的领主，是领主的“属民”（*servus*）。封建领主拥有阿勒巴图，像拥有牲畜和其他财产一样。[6]

① 参阅萨囊彻辰书，第 156 页；《黄金史》，第 64 页。

② 参阅上文。

③ 萨囊彻辰书，第 156 页，《黄金史》，第 64—65 页。

④ 参阅波兹德涅耶夫，《蒙古史册〈宝贝念珠〉》，第 102 页；《黄金史》，第 65、83 页［negüjü garbai（移牧而去）。——译者］；《咱雅班第达传》，第 16 页。

⑤ 《蒙古-卫拉特法典》，第 3 页；《黄金史》，第 83、100 页；萨囊彻辰书，第 166 页。

⑥ 我们的蒙古语原文资料在述及封建主的财产时，往往将牲畜和人民（兀鲁思，阿勒巴图）相并提出，例如，ulus mal-i inu dauliju abubai（掳其人畜），见萨囊彻辰书，第 168、176 页，卫拉特的赛特（那颜）命令掌马人阔帖赤说：ayil kümün，ajarġatu aduġu medegülsü（着你管理百姓的阿寅勒和种马的马群），见《黄金史》，第 85 页；xan kümün nököceji ömügerebēsü，tabin ger kümūn，niġe jagun xuyaġ，niġe jaġun temege，nige jaġun adaġu（如王公附和和袒护“侵犯僧院之人”，得没收其人民五十户，铠甲百身，驼百头，马百匹），见《喀尔喀三旗法典》，第 120 页；“如大那颜（大领主）引诱（他人）临阵逃脱时，应没收铠甲百身，驼百头，人民五十家（örökö），马千匹”，见《蒙古-卫拉特法典》，第 3 页；对照同书，第 3—4 页；xan ba xaracu ijaġur-un ejen... öggügsen ed mal kümūn（由汗或原来的领主赐予平民的财产、牲畜和人民），见《喀尔喀三旗法典》，第 21 页。

160 蒙古的阿拉特平民，一定要属于某一封建主：“众庶无主，难以行事。”

阿拉特对于封建主的人身隶属，主要基于几乎一切生产工具都公开地或隐蔽地为领主所掌握。现在观察一下领主领有的生产工具的主要形式。

一、土地、牧场和各种牧地、游牧用的嫩秃黑，都归封建领主领有和支配。正像在早期帝国时代一样，人民(兀鲁思)和土地，即人民用以游牧的牧场(嫩秃黑)，都属于领主。乌讷博罗特王(Üne-Bolad-ong)向寡居的汗妃求婚时，形象化地表示：“我将守护你的灶，指示你以牧地。”(ġal-i cinu sakiju ögsü，nutuġ-i cinu jiġaju ögsü.)[①]这个简短的词句是值得注意的，因为它表明了对牧民来说最重要的事情，即有可能支配和指挥游牧。谁有可能按照自己的意见来支配牧地，那么，在牧民看来，谁就是游牧地面(嫩秃黑)的主人(额毡)。[②]

由于封建领主具有这样的权力，他们能够指使自己的百姓转移到新的地方，给予新的牧地(嫩秃黑)[③]；能够划出某部分地面用于各

---

① 即他成了她的丈夫和“户主”。《黄金史》，第91页；贡菩耶夫版的原文有脱漏，北京版亦同(第102页)，但此两版的脱误之处并不一致。

② 参阅萨囊彻辰书，第196页；《黄金史》，第106—108页。参阅本书(边码)第111页。同样的情况，在后一时期的蒙古也可以看到，参阅下文。描写过去生活状态的蒙古英雄史诗，曾指出游牧封建主是嫩秃黑，即游牧地的领主(额毡)，例如，参阅弗拉基米尔佐夫，《蒙古民间文学粹篇》，第133页：öndr bayin Altā Xanggā nutugīn ezen bolāt töröksn sain ere(成了崇高和富庶的阿尔泰山及杭爱的游牧区的领主的光荣武士)，见“拜特英雄史诗”。也可参阅该书第160页。《蒙古-卫拉特法典》明确地说道：“游牧区的领主，游牧地的领主”(nutugiyin ezen)，见第16页；戈尔斯通斯基对于这一部分的翻译很不正确，参阅其所编书第53页。

③ 《蒙古-卫拉特法典》，第21页；《咱雅班第达传》，第19、30、31页。

种不同的目的，如狩猎、耕种等等[①]；还能够规定游牧场所，如驻冬、驻夏及其他宿营地等。[②]非常值得注意的是，“嫩秃黑”（卫拉特方言为 nutuq）一词，过去和现在始终意味着“牧地、同族的牧地”，此 161
词在卫拉特语中，除上述意义外，还用来代替“兀鲁思”（编入某人领地的人民），例如：“杜尔伯特部混都楞乌巴什兀鲁思（人民），在额尔齐斯河下游游牧，而阿巴赉兀鲁思则在上游游牧，向僧院方面行去”——《咱雅班第达传》，第 19 页（Dörböd Köndölöng-Ubashiyin nutuq urui nū̆ji, Abalayin nutuq Ercis ōdo sümēn temeceji nū̆qsen）；“彻辰汗……率领其大兀鲁思（嫩秃黑）在伊犁河上流游牧”——《咱雅班第达传》，第 31 页（Cecen-xan... yeke nutuġ-ān abci Ili ōdö nūbei）。

欧洲文献有时说到游牧民尤其是蒙古游牧民不关心土地和牧地，这自然是非常谬误的。不言而喻，在我们所研究的这个时代，他们异常关心自己的嫩秃黑（牧地），蒙古封建主尤其如此。不过，游牧民对自己的嫩秃黑的态度，和定居农民对自己耕地的态度，完全不同。对游牧民来说，有可能利用可供冬夏及平时移牧的广阔地面，具有极大的意义。因此，游牧民都很清楚，嫩秃黑，即这一个社会经济单位（鄂托克、爱马克等）游牧的全部地面，对他们有着怎样的意义。由此可以非常明白地得出结论，嫩秃黑的实际主人，乃是那些能够支配牧地、移牧和甚至能够强制别人改换嫩秃黑的人。

① 如下各词，用作表示“禁止”的概念：xori-（禁止、禁制），xoriġul、xoriġ（禁地）。参阅《蒙古-卫拉特法典》，第 6、33 页；《喀尔喀三旗法典》，第 13、122、52 页。例如：“keyid-ün sakiġulcin，nutuġ-iyan noyad-un örgüge baġuxu ġajarāca bisi xoriġul ügei，ali taġalal-tu ġajar-tu nutuġlaxu bui.”。（除王公帐幕所在地外，并不禁止寺庙住持使用同族的牧地；他们可在他们喜欢的其他任何地方游牧。）也可参阅《喀尔喀三旗法典》，第 11、13 页。

② 《蒙古-卫拉特法典》，第 21 页；《咱雅班第达传》，第 19、30、31 页。

我们的资料表明，封建领主和“首领”们对嫩秃黑，对游牧用的、狩猎用的，一般地说，对各种用途的地面，非常注意。例如，喀尔喀封建主们的首领，在承认清朝皇帝的宗主权时请求说：可否恩赐水草丰美的土地(belciger usu-bar sayin ġajar ögkü ajiyamu)。[①]蒙古赛特们跑到当时的俄罗斯帝国境内，希望获得永久使用的土地连同与他们一起去的人民(möngke ejelebüri ġajar)。[②]

在若干场合，封建蒙古的法律鉴于人们付出了劳力而承认土地的所有权，这是值得注意的。例如，《喀尔喀三旗法典》规定，新
162 掘成或修整好的井归筑井者所有，主人应对过往的疲劳马匹义务供水；法典还规定，毁坏他人所占有的水源(如图谋使之污秽等)，应处以罚款(马一匹，小牡牛一头)。[③]

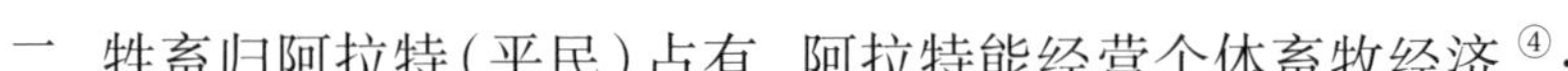

二、牲畜归阿拉特(平民)占有，阿拉特能经营个体畜牧经济[④]；

① 《蒙古史册〈宝贝念珠〉》，第28页。喀尔喀的嫩秃黑当时(1688年)被卫拉特人占领。

② 布里亚特编年史，亚细亚博物馆所藏手稿，F. 7，第2页。蒙古游牧民爱好自己游牧的嫩秃黑像定住民爱好自己的故乡一样：某武士战死时，请求释放他的马，说，“nutuq-tu zanggi orūltuġai”(让它把消息带到本族的牧地去！)，见《乌巴什洪台吉的故事》，第210页。

③ 《喀尔喀三旗法典》，第81—82页：“basa kümūn-dü sine uxuġsan jasaġsan usu-yi buliyalduju kereldübēsü, nigen kijālan mori ögkü. usulaju degürci bayiji ese ögbēsü, mön mori ögkü. xajaġar morin-du usu ese ögbēsü, sidülen xoni abxu. unuġsan morin-āca bisi-yi xaġurcu usulabāsu, mön xoni abxu. medeġe bayiji shoġ-iyar usu bujarlabāsu, sidülen mori üker xoyar-i ögkü, ujegsen gereci-dü üker-i ögkü.”。[又，如谋争夺供人用之新掘或新修井水者，课四岁马一匹予(井主)。如其马饮水毕不与(他人之马饮)者，得没收其马。如不与衔辔之马以水者，课三岁羊一头。所乘之马不欲饮水而强使饮水者，得征此人之羊。有人戏弄水使之污浊者，课三岁马及牛各一匹，给见证人牛(一头)。——译者]

④ 对于此点，《蒙古-卫拉特法典》和《喀尔喀三旗法典》都有精确的记载。阿拉特占有的世袭财产和牲畜等称为ömci ~ önci(鄂木齐~翁齐)，参阅《喀尔喀三旗法典》，第8页；《蒙古-卫拉特法典》，第7页。

但这种占有是相对的，与其说是阿拉特占有，不如说是以隐蔽的形式归领主所有。实际上，当领主遭受罚款时，其所属的阿勒巴图就得以牲畜代为赔偿。① 其次，阿拉特在其主人有花费的一切重要场合，如向宗主君纳贡、召集会议、转移牧地、其家族有婚事时，除纳通常的赋税和实物税外，还得向主人提供牲畜。②

三、阿拉特对私有财产的处理，如把财产分给儿子③、和外人（俄罗斯人与汉族人）缔结信用交易契约④、入寺为僧⑤、举办婚事⑥，都得受封建领主的监督和控制。

领主们为了实现自己的封建“权利”和享受自己的特权地位，必须依靠一种可以为他们提供压制其属民的手段的力量。因此，领主便拥有一批官吏，这就是前面已说过的达鲁噶、扎萨固勒、特木齐、舒楞格等。⑦ 虽然官吏的职位有时可能是世袭的，但图锡默勒与那颜关系密切，并完全受其支配。⑧ 其次，在封建领主们之下，有显然是依靠他们来生活的各种等级的仆役，其中特别突出的有掌马

① 《喀尔喀三旗法典》，第 4 页。

② 《蒙古-卫拉特法典》，第 6—7 页；对照《喀尔喀三旗法典》(6)：“alba barir-ā irekü, ciġulġan ciġulxu, nutuġlan negükü ökin ögkü beri baġulġaxu jerge-yin kereg-tü jaġun ger-ēce degegsi arban ger-ün doturāca nige mori, nige üker-ün terge abtugai.”。（来征税时，召集会议时，移牧时，送嫁时，娶妻时，如百户以上，每一户得征马一匹，牛车一辆……——译者）还可参阅《咱雅班第达传》，第 7 页（参阅上面所引）。

③ 《喀尔喀三旗法典》，第 54—55 页。

④ 同上书，第 85 页。

⑤ 同上书，第 16 页；《咱雅班第达传》，第 4 页。

⑥ 《蒙古-卫拉特法典》，第 9 页；《喀尔喀三旗法典》，第 52 页。

⑦ 参阅本书（边码）第 140 页。

⑧ 对照《蒙古-卫拉特法典》，第 3—4、12、20—21 页；萨囊彻辰书，第 142、258 页；《黄金史》，第 61 页；《喀尔喀三旗法典》，散见各处。

人(阔帖赤);按其地位来说他们是主人的亲信[1]和心腹(亦纳黑)[2],
163 经常扮演重要的角色;有领主帐中的“轮值人”,即宿卫(客昔古臣——kesigücin)[3];还有急递使(额勒赤),他还执行着法警[4]的任务。再次,在那颜之下,还有守卫或副官(奇雅——kiya)。[5]

此外,根据我们资料中的若干暗示,可以想到强大的封建领主有时也拥有某种军队,这类亲卫军或护卫军是从勇猛的青年人(札剌忽思[6]——jalaġus,把阿秃儿——勇士)[7]等当中挑选出来的。

最后,封建主们手上还掌握着作为防卫或进攻工具的理事厅

① 萨囊彻辰书,第 140、148、156、162、164、166 页;《黄金史》,第 90 页;《喀尔喀三旗法典》,第 36 页。

② 或是那可儿(伴当),参阅《黄金史》,第 64、69 页;萨囊彻辰书,第 162、164、166 页。

③ 此词在词源学上无疑近似 kesig(客失克——轮班,宿卫)一词,用以称呼帝国时代的旧近卫军。关于客昔古臣,可参阅《喀尔喀三旗法典》,第 68 页。

④ 萨囊彻辰书,第 176 页;《黄金史》,第 56、61 页;《喀尔喀三旗法典》,第 5 页及其他各处;《蒙古-卫拉特法典》,第 5、6、17、18 页;《咱雅班第达传》,第 32 页。

⑤ 卫拉特方言作 kā,参阅萨囊彻辰书,第 214、280 页;《蒙古-卫拉特法典》,第 4、6、8 页;《喀尔喀绰克图台吉的摩崖碑铭》,第 1 卷,第 1256、1257、1259、1260 页;第 2 卷,第 221 页。我们的资料还述及与 kā 同等的 erketen(《蒙古-卫拉特法典》,第 4 页);这个职名亦见于他书[《喀尔喀三旗法典》,第 10 页;《布里亚特尤穆舒内依编年史》(Бурятская Хроника Юмсуней),第 108 页],但是,这个 erketen(按字面翻译为“有权力者、有势力者”)执行着什么职务却弄不清楚。可以设想,erketen 一词,一方面可理解为赛特的别称,另一方面也可理解为领主帐幕中的“亲卫兵,侍从”,参阅列昂托维奇,《论俄国的异民族法制史。古代蒙古-卡尔梅克或卫拉特的处罚条例》,第 74、156—157 页;涅博利辛,《和硕特兀鲁思卡尔梅克人的风俗习惯概述》,第 21—22 页。

⑥ 《乌巴什洪台吉的故事》,第 199、203—204、209—210 页;参阅萨囊彻辰书,第 214 页;《黄金史》,第 73 页(那可儿——伴当);《咱雅班第达传》,第 30 页(xoshūcin——和硕沁)。

⑦ 萨囊彻辰书,第 192 页。

(jargu),理事厅由他们自己管理[①],并由他们颁布根据封建主阶级利益的观点编成的纯“封建”法律。[②]理事厅和在诉讼程序上起着十分重要的作用的宣誓者,是按照“每人应受同辈之裁判”(chacun doit être jugé par ses pairs)[③]的原则组成的。法典很明显地表示出统治的领主们的特权及阿勒巴图对领主的隶属的意图。[④]

阿勒巴图对其领主的人身隶属,在于主人(那颜)可以任意处置自己的属民,但是,在17世纪,不经裁判,主人毕竟无权为所欲为地剥夺属民的生命。首先阿勒巴图是牢固地隶属于领主的,所以他无权离开领主另行游牧;离开领主(额毡),就要被看作是逃亡;逃亡者[博斯哈固勒~博斯乎勒(bosxaġul ~ bosxūl)]应立即被追回交其主人处置。[⑤]其次,封建领主可将自己的阿勒巴图出让或赠送他人。[⑥]如果是女牧奴,那么便可将她嫁与自己领地内或其他领

① 萨囊彻辰书,第190页;《喀尔喀三旗法典》,第53—54页。

② 如上所述,《喀尔喀三旗法典》及《蒙古-卫拉特法典》两书,对这方面正是非常注意的。

③ 吕谢尔,《休·加佩王朝直系当政时期的法国制度手册》(*Manuel des institutions françaises, période des Capétiens directs*),巴黎,1920年,第202页;参阅《喀尔喀三旗法典》,第78—74页。

④ 《喀尔喀三旗法典》;《蒙古 卫拉特法典》,各处,详见下文。

⑤ 《黄金史》,第61、64页;《蒙古-卫拉特法典》,第3、17页;《喀尔喀三旗法典》,第42—47页。

⑥ 《喀尔喀三旗法典》,第21页;《蒙古-卫拉特法典》,第3页。蒙古领主通常把一定数量的阿勒巴图赠给女儿作inji ~ inza(引只~引札,即从嫁的人。——译者);参阅《蒙古-卫拉特法典》,第8页;《喀尔喀三旗法典》,第30—31页。《丁香帐》这一藏语-蒙古语辞典(关于此辞典可参阅《苏联科学院报告》丙辑,1926年,第27—30页)译作:inji inu xatun-u nöker(引只乃哈敦侍者、婢仆),见北京木刻版,第13页。在若干场合,蒙古领主还以其家人的家族偿付罚款;例如,参阅《喀尔喀三旗法典》,第31、120页;《蒙古-卫拉特法典》,第3页;还可参阅《咱雅班第达传》,第19页。

164 地的人。[1] 当阿勒巴图犯重罪损害了其他领主的利益，甚至是该阿勒巴图的领主的主君的利益而须偿付罚款时，其本人仍留在自己原来的领主(uġ-tu noyan)处，如果这个阿勒巴图无力缴纳罚款或应付任何处罚，其领主须代为偿还[2]；在某些情况下，领主可以不偿付罚款的全部，而以其自己的阿勒巴图作为赎金[蒙古语为卓里克(joliġ)，卫拉特方言为多里克(doliq)]。[3]

平民负担的阿勒班，实际上包括其对封建领主的下列关系：一、缴纳牲畜及畜产品的实物税(alban xubciġur siġüsün)[4]；二、在领主帐幕里服役，主要是拾取燃料(干粪)等(arġal tegükü)[5]；三、在领主的军队中服役和参加围猎(ayan aba)[6]；四、在驿站出官差，即供应驿站马匹和对领主的急递使供应食粮(ulaġa shigüsü)[7]；五、以证人(ġereci)[8] 和宣誓者(sixaġa)[9] 的资格参加理事厅的诉讼。

① 《喀尔喀三旗法典》，第31—33、52页；同书第52页："ükügsen kümūn-ü eme–yi noyan ni kümūn-dür ögbēsü..."。(如果领主把寡妇嫁出去时……)

② 《喀尔喀三旗法典》，第25、42、75页。

③ 同上书，第58页。

④ 萨囊彻辰书，第236页；《蒙古-卫拉特法典》，第7、33页；《喀尔喀三旗法典》，第9页。

⑤ 《喀尔喀三旗法典》，第68、69、84页；参阅萨囊彻辰书，第144页。

⑥ 萨囊彻辰书，第236页；《蒙古-卫拉特法典》，第4页；参阅《喀尔喀三旗法典》，第92—93页。显然，一切能执武器的人都被征去服军役；年满十三岁的便算作成年人；参阅萨囊彻辰书，第166、202、258页；《黄金史》，第83、112页，《乌巴什洪台吉的故事》，第207页。

⑦ 《喀尔喀三旗法典》，第4—7、26—27、37、41页；《蒙古-卫拉特法典》，第5、6、17页。

⑧ 《喀尔喀三旗法典》，第10、14、37、59、65、71、77、86—87页；《蒙古-卫拉特法典》，第3、12、18页。

⑨ 《喀尔喀三旗法典》，第5、6、11—12、15、27、55、64页；《蒙古-卫拉特法典》，第5、12、18页。只有18世纪编纂的蒙古语原文流传于世。(Monggġol caġaja)

阿勒巴图依其领主的意愿可以免缴赋役的全部或一部分[①]，但平民的阿勒巴图只在极稀少的场合才得以对领主免缴阿勒班及免除对领主的人身隶属。被豁免赋役的人称为答儿合惕（答儿罕的复数），被免除对封建领主的人身隶属的人称为“没有领主的人”（noyan-ügei）或“不纳贡赋的人”（alba-ügei）。[②]这种人也称为“大答儿合惕”（dai darxad）。[③]答儿合惕和大答儿合惕两词，使用时似乎没有什么区别。

16 世纪末，佛教僧侣开始免缴阿勒班和其他赋役[④]，享受此种 165
待遇的大概就是当时传入蒙古的格鲁派僧侣[⑤]，不过，免税的仅以封建主允许入僧籍者为限。[⑥]佛教僧侣成了“被豁免阿勒班和赋役的人”（alban xubciġur ügei）[⑦]和“不对领主纳贡及服役的人”［noyad-ṫu tatalġa ġabiya ügei（《喀尔喀三旗法典》，第 16 页）］。[⑧]然而，资料告诉我们，僧侣犯罪或破戒律时，仍会被降到阿勒巴图的地位。[⑨]

① 萨囊彻辰书，第 182、184 页；《黄金史》，第 56、105、106 页；《喀尔喀三旗法典》第 7、37、42 页；《蒙古-卫拉特法典》，第 4 页；《咱雅班第达传》，第 26、34 页。

② 萨囊彻辰书，第 188、194、236 页；《黄金史》，第 105、106 页。

③ 萨囊彻辰书，第 188、194 页。

④ 萨囊彻辰书，第 236 页；《喀尔喀三旗法典》，第 16—26 页；《蒙古-卫拉特法典》，第 5 页；《咱雅班第达传》，第 26、34 页。

⑤ 此时以前，未闻佛教僧侣有免税之事；16 世纪末以前，还有若干地方在此以后，蒙古曾流行一种所谓的宁玛教派。

⑥ 《喀尔喀三旗法典》，第 16 页：“ker-be ejen ba ecige eke-ēce boshig ügei toyin bolxula, toluġai-ben bü medetügei.”。（若未经领主及双亲同意而为僧侣者，本人不能做主。）

⑦ 萨囊彻辰书，第 268 页。

⑧ 该法典第 21 页还补充规定：“alba kiged neng ulaġa sigüsü ügei.”。［不（对领主）纳贡，也完全不负担供应站马及粮食的义务。］

⑨ 因此，僧侣也受其原来领主的司法管辖。参阅《喀尔喀三旗法典》，第 17 页：

哈剌抽(黑民)、阿拉特(平民)、哈剌里克(黑骨的平民),都属于蒙古平民即非特权阶级,他们可以拥有直接隶属于自己的人。这些人或者称为乞塔惕(奴隶)[①]或者称为默德勒或默德勒图(medel ~ medeltü——属下人)[②];也可称为默德勒-可卜温(medel köbegün——属下小厮,属下童仆)[③],简称为可卜温(小厮、童仆)[④];还可称为默德勒-孛斡勒(medel boġol——属下奴隶)[⑤]或简称为孛斡勒或孛勒(boġol ~ bōl——奴隶)。[⑥]凡是隶属于阿拉特、哈剌抽出身的平民的人,从未见我们的资料中称他们为阿勒巴图,在若干场合可以看到仅仅是这样的称呼:兀鲁思[⑦]、库蒙(kümū̃n ~ kümün——人,卫拉特方言)。[⑧]佛教僧侣也能拥有属下人。[⑨]

实际上,在我们所研究的这个时代,蒙古的阿勒巴图与其领主是以阿勒班,即以"服务与忠诚""提供赋役"这条锁链联结起来的。至于属于阿拉特这一阶层的"人",则处于半奴隶、半仆从的地位。蒙古社会的封建关系,在把贵族领主(额毡、那颜)的阿勒巴图

(接上页)"busu ġajar oduġad, sakil-iyan ebdebēsü, uġ-tu noyan inu nekejü abtuġai." [若(僧侣)去到别的地方,并破了戒,其原来领主可追踪他,并加逮捕];萨囊彻辰书,第234页。由此可知,封建传统是何等强烈,平民出生的佛教僧众,当然处在准自由民的地位。进一步的演变恰好证实了上述的情况。参阅下文。

① 《喀尔喀三旗法典》,第27、32、49、59页。

② 同上书,第17、22页。

③ 同上书,第87页。

④ 同上书,第4页。

⑤ 同上书,第87页。

⑥ 《蒙古-卫拉特法典》,第7页。

⑦ 《喀尔喀三旗法典》,第75页。

⑧ 《蒙古-卫拉特法典》,第4页;《喀尔喀三旗法典》,第49页。

⑨ 《蒙古-卫拉特法典》,第3页;《喀尔喀三旗法典》,第17、20、21、25页。

（属民）和阿拉特（哈剌抽）的"属下人""百姓"做一下比较时，就表现得特别清楚。谁拥有地地道道的阿勒巴图，谁就是封建领主，如果说阿勒巴图是以阿勒班（贡赋）和主人发生关系的话，那么，封 166
建领主对自己的属民也负有各种责任。因此，我们的资料从来没有一般地用阿勒巴图这一词称呼从属者，例如从属于高官或官吏的人："如果王公（领主）说自己的属民或童仆犯了盗窃行为，就无异于官吏说自己的百姓，父亲说自己的儿子盗窃一样。"（yerü noyad albatu köbegün-iyen, daruġa anu ulus-iyan, ecige anu köbegün-iyen xulaġai kigsen daġudaji ġarġaxula...）[①]

"属下人"可以分为两个集团：一个是真正的奴隶（乞塔惕[②]、孛勒）[③]，另一个则处于家仆的地位。[④]不过，由于游牧生活条件，两者之间的差别往往几乎看不出来。封建领主也有自己的奴隶（乞塔惕）和"属下的"家仆（medel boġol, köbegün, ger-ün kumū̃n）。[⑤]封

① 《喀尔喀三旗法典》，第74—75页。依上下文为转移，有时可以遇到相反的情况，即把阿勒巴图称为"人"（kümū̃n），例如："kümū̃n-iyen ögkü dura-ügei bolbāsu, noyan anu ene mal-i güicegeji ög-."。[若主人（领主）不欲交出他的人时，那么，便把这笔聘礼的牲畜全部交出。]见《喀尔喀三旗法典》，第75页。

② 《喀尔喀三旗法典》，第27、32、49、59页。

③ 《蒙古-卫拉特法典》，第7页。

④ 《喀尔喀三旗法典》，第4、35、64页；ger-ün kümū̃n，köbegüd（格仑库蒙、可卜温）。

⑤ 正如在古代一样，当时蒙古的孛斡勒（孛勒）和合剌抽两词，有时在极广泛的意义上，用来表示与汗或领主处于对立地位的百姓。例如，据萨囊彻辰书第146页所云，阿噜克台太师自称为"属下之人"；满都海彻辰哈屯向成吉思氏族的女祖先祈祷时，自称为孛斡勒别里（boġol beri——"奴媳"），参阅萨囊彻辰书，第180页。关于封建主的奴隶和家仆（可卜温、格仑库蒙），可参阅《喀尔喀三旗法典》，第4、35、64页。

建领主既是自己的阿勒巴图的主人(额毡),因之也是阿拉特的“属下”之人的主君。[①]

从上述种种可以看到,中世纪蒙古的阿勒巴图尽管隶属于那颜,但其所处的地位比“属下人”和奴隶要好一些。“属下人”和奴隶由于游牧生活条件虽然也能置有一定的财产,但在法律上它得不到保障,因此它不属于他们所有[②]:“接受离婚妇女和属下奴隶的(任何物件)是有罪的。”(gegegsen eme medel boġol xoyar-āca abula gekü yala-tai bui.)[③]

167 从以上所述也可以得出结论说,中世纪蒙古的哈剌抽、阿拉特群众、平民,还不是一个同类的集团。他们十分明显地被分为若干阶层。我们的资料也明确说到哈剌抽群众的这种阶层,我们只需引用这些资料就行了。

在我们所研究的这个时代,蒙古社会中不属于那颜即封建领主的所有人,根据他们的物质状况以及与此有关的社会地位,可以分为三个集团。其一,赛音库蒙(sayin kümūn)[④],直译为“善人”,属

① 参阅《喀尔喀三旗法典》,第27、82、49、59页。

② 哈剌抽杀死其默德勒,应付牲畜300头(包括大畜150头,小畜150头)的巨额罚款[anju(安主),见《喀尔喀三旗法典》,第25页]之一半,不再处以任何刑罚。(《喀尔喀三旗法典》,第87页)但若杀死普通人,则应罚贵重物品30件,牲畜300头,赔偿属下之人一人,如无属下人,可易以壮健骆驼及大马各一匹,鞭一百下,并交与分地内(即旗内)最下等的人作奴隶。(《喀尔喀三旗法典》,第49页)《蒙古-卫拉特法典》则规定,杀死男奴(孛勒)者罚牲畜五九,杀死女奴(额篾孛勒)者罚牲畜三九。(第7页)但如果杀死中等人,便应罚贵重物品80件,牲畜300头(第12页);如杀死下等人(adaq),则罚贵重物品一件,牲畜十五九。(同页)

③ 《喀尔喀三旗法典》,第87页。

④ 卫拉特方言为sayin kümün;《蒙古-卫拉特法典》,第10、19页;《喀尔喀三旗法典》,第78页;《乌巴什洪台吉的故事》,第198、199、202页。

于上层集团。这是拥有大量牲畜和家仆，有时也拥有奴隶的富户。[①]汗及王公的驸马即塔布囊[②]，各等级的赛特、官吏[③]，总之，所有叫作雅木布图（yambu-tu——高官）[④]的人，都出身于这个阶层。前面已经说过，在达延汗以后，诸王获得胜利，许多非成吉思系的东蒙古以前的封建主，都（包括）在这一集团之内。可以想见，答儿罕，即被豁免赋役的人，属于这个阶层[⑤]；取得答儿罕即"自由民"身份的，以赛音库蒙这类人居多，因为他们在战争及其他场合比其他下层阶级更易于为封建领主所赏识。[⑥]

第二，并非官吏（yambu-ügei）[⑦]但拥有一定财产的哈剌抽（黑民）属于中间集团（都木达～敦达库蒙——dumda ～ dunda kümün）[⑧]，他们在战时均有很好的装备。鲁卜齐图（lübcitü——铠甲兵、骠骑

① 《蒙古-卫拉特法典》，第8、10、14、19页；《喀尔喀三旗法典》，第42、71页；必须指出，有时sayin kümün这一名词有"善人"的意义，一般为贵人的意义，尤其是在赛特尚为封建顿主的时代，恰好是用来称呼赛特的，参阅《黄金史》，第60、90页。

② 《蒙古-卫拉特法典》，第3—4、7—8页；《喀尔喀三旗法典》，第4、43、44页（eng-ün yambu-tu——普通官吏）。

③ 参阅本书（边码）第139页。

④ 《蒙古-卫拉特法典》，第2、7页；《喀尔喀三旗法典》，第31、49页；萨囊彻辰书，第234页，卫拉特方言为yamu-tu。

⑤ 《喀尔喀三旗法典》，第42页："törü barigsan sayid... tabunang, darxad-nar tasulbasu, ġurban boda."。[若赛特、王公、塔布囊和答儿合惕停止（供应驿站站马）时（得罚）大畜三头。]

⑥ 参阅《黄金史》，第105—106页；萨囊彻辰书，第188、194页；《拉德洛夫史》，第90页。

⑦ 《蒙古-卫拉特法典》，第10、14、19页；《乌巴什洪台吉的故事》，第198，199、202页。

⑧ 卫拉特方言为yamu-ügei；《蒙古-卫拉特法典》，第2页；《喀尔喀三旗法典》，第31、49页。

兵)，都乌勒噶图(du'ulġatu——戴盔兵)，德格赉呼雅克图(degelei xuyaġtu——胄甲兵)，都由这种阿拉特(平民)来担任。[①]除极少例
168 外，他们中间似乎没有属下人。[②]他们中间有时可能(包括)一些小吏及使者等；关于这点，我们尚无确切的资料。

最后，贫民、绝对的平民属于最低级的下层集团。他们被人轻蔑地称为哈剌库蒙(xara kümǖn——黑民)[③]、恩滚库蒙(eng-ün kümǖn——普通人)[④]、吗固(穆)[maġu(mu)——坏人][⑤]、阿达克[adaq(卫拉特方言)——下等人][⑥]。在战争时，他们也被武装起来，但主要只是携带弓矢和刀剑。[⑦]

从我们资料上的所有说法，特别是从《喀尔喀三旗法典》中的规定看来，可以得出结论说，在我们所研究的这个时代的后半期，蒙古人的阿勒巴图已被分为两个阶级。那些社会地位既高而又富裕，被称为赛音库蒙、雅木布图、赛特的人属于第一个阶级。当然，

① 《蒙古-卫拉特法典》，第4页。

② 《喀尔喀三旗法典》预料到在yambu-ügei中可能会有自己的属人："ken kümǖn-i öslejü... alabāsu... yambu-ügei kümǖn bolbāsu，kümǖn-iyer；kümǖn-ügei bögēsü jalaġu temege，soyōlan mori-ber oru bosxaġad；jasaġ inu nigen jaġun tasiġur janciġad，xoshigun-u dotura kitad-un kitad-tu bariji öggüye."。[若因复仇而杀人，……犯人并非官吏，(应以)属人(赔偿)；如无属人；应以壮健之骆驼及大马赔偿，同时鞭打百下，并交与旗内最下等的人(作奴隶的奴隶)。]

③ 《蒙古-卫拉特法典》，第4页。

④ 或是eng-ün xaracu ~ arad(恩滚哈剌抽~阿拉特)，《喀尔喀三旗法典》，第10、42、71、87页，《内齐托音传》，第41页。

⑤ 《蒙古-卫拉特法典》，第10、14、19页；《乌巴什洪台吉的故事》，第198、199、202页；《喀尔喀三旗法典》，第71页，把"坏的"一词用作"贫穷"的意思；《咱雅班第达传》，第19页。

⑥ 《蒙古-卫拉特法典》，第8、19页。

⑦ 同上书，第4页。

塔布囊和许多答儿罕也是这个阶级中的人。由于这个阶级拥有隶属于他们的“家仆”和奴隶，因而可以把他们看作“平民”中的小封建领主。事实上，在很早以来保有宰桑、太保和其他老赛特即老领主的卫拉特人那里，小宰桑们，也可以说拥有小块领地的小宰桑们的状况，和塔布囊及其他新兴的赛特们的状况，并没有什么不同之处。[①]另一方面，在后期的蒙古，没有获得分地-和舜（旗）的大多数台吉，已与这些“新兴的”赛音库蒙、赛特合而为一了，关于这点以后还要详述。

有时拥有家仆和奴隶的“境况中等的人”[②]，处于小封建领主（赛特）和真正哈剌抽（恩滚哈剌抽）之间的中间地位。

最后，组成社会阶梯最下一级（阿达克）的最贫穷的“卑贱者”，即被称为雅木布乌格衣（yambu-ügei）的人，他们属于“普通”哈剌抽的最下层阶级。[③]

地位更劣的“家仆”和“奴隶”事实上也是属于这个阶级。看来，处在游牧生活条件下的蒙古，在大多数场合下，并未发现有真正的奴隶。如果说有奴隶，例如从战俘里产生奴隶的话，那么，他们也
已转处于“家仆”的地位。[④]家仆的状况依其所隶属的主人的家庭 169
为转移，其不同之处大概是多种多样的。

阿勒巴图阶级可以列表如下：

---

① 参阅《蒙古-卫拉特法典》，第 4、8 页；《咱雅班第达传》，第 7 页。

② 《蒙古-卫拉特法典》有时只言 sayin kümūn 和 mū。（第 18、19 页）

③ 参阅《喀尔喀三旗法典》，第 31 页。

④ 参阅《内齐托音传》，第 61 页。

一、赛音库蒙——小封建主阶级		二、恩滚哈剌抽——平民阶级
塔布囊		恩滚库蒙
赛特		格尔温库蒙
答儿罕	敦达库蒙	乞塔惕
额尔克腾	鲁卜齐腾	

很有趣味的是，征收犯罪者和过失者的罚金时，很注意他们是属于阿勒巴图的哪一个阶级，按其阶级如何，罚金数额可以加多也可以减少。[①] 不过，这并不是说穷人往往可以少付一些，在若干场合，沉重的罚金正好落在他们身上，例如，对于负担重要任务的使者断绝了驿站站马的供应时，如果是高官、塔布囊、答儿罕，只课以三头大牲畜的罚金，在同样情况下，平民(恩滚哈剌抽)就得没收其全部牲畜。[②] 由此可以推断，平民(恩滚库蒙)占人口的绝大多数，以严重的处罚来保证驿站站马的供应不至断绝，对封建主来说是非常重要的。

关于我们所研究的这个时期蒙古阿勒巴图的物质福利，我们已有相当正确的材料，不过，这只是属于17世纪初和同世纪末期的，而且主要是畜牧业方面的材料。

根据我们资料上的记载，可以推论，17世纪的蒙古有很多牲畜，同时可以断言，在17世纪末期，阿勒巴图所有的牲畜，已较同世纪初稍为减少。例如，在17世纪初期，铠甲一副可以换牲畜九头(其

---

① 例如，参阅《蒙古-卫拉特法典》，第3—4、10、14、19页；《喀尔喀三旗法典》，第44页，参阅上文。

② 《喀尔喀三旗法典》，第42页；法典对这条补充说："他们本人应留在自己的领主处。"

中包括骆驼一头），枪一支可以换牲畜五头[①]；但在 17 世纪末期，铠甲一副只能换等于一支枪价的大马一匹。[②]

17 世纪初期，以利器使人受伤时，罚牲畜五九[③]，至同世纪末期，则只罚三九。[④] 不过，对于这类的比较，必须处以非常审慎的态度。[⑤]

在保存着氏族的卫拉特人那里，氏族生活主要是在家族和家庭 170
生活方面及在订立婚约时起作用。鄂托克和爱马克[⑥]，即特殊的游牧领地，就是在卫拉特人那里，也已在社会生活上代替了氏族的地位。

看来，百户的区分似乎早已被忘却[⑦]，不但如此，还可想见，把鄂托克和爱马克按十户制来加以区分，乃是一种新的现象。实际上，把十户制作为一种新东西，《蒙古-卫拉特法典》虽未提到，噶尔丹的“敕令”却说到了。[⑧] 在行政方面，把鄂托克和爱马克区分为

① 《蒙古-卫拉特法典》，第 9 页。

② 《喀尔喀三旗法典》，第 62 页。

③ 《蒙古-卫拉特法典》，第 14 页。

④ 《喀尔喀三旗法典》，第 56 页。

⑤ 关于物质生活情况也有一些记述，如漂亮的毛皮大衣的价值相当于一匹骆驼的代价，四栅栏（xana）的小帐幕值马一匹；良种大骆驼值大马（soyōlan）两匹，大马一匹值羊五只（《喀尔喀三旗法典》，第 61—62 页）。

⑥ 《蒙古-卫拉特法典》从未提到氏族及氏族对生活的影响。由于过去的研究者们都把鄂托克看成“氏族”（例如列昂托维奇教授），因此，许多著述家便据此做出不少谬误的结论。俄国行政当局所定的“氏族”法规，也促进了概念的混乱。

⑦ 帕拉斯所译的《蒙古-卫拉特法典》曾有一次提及“百户”一事，实际上此事并未见于原文。总之，蒙古资料没有一种提到过有关“千户”和“百户”的任何事情。似乎有过一种按两百户区分的集团（参阅萨莫克瓦索夫，《西伯利亚异民族的习惯法汇编》，第 114 页）；由此又区分为四十个和二十个的阿寅勒集团。布塞著《东部西伯利亚若干游牧民族的日常词汇表》中有关这方面的词汇的解释是正确的。

⑧ 《蒙古-卫拉特法典》，第 21 页。《喀尔喀三旗法典》没有提及此事，但是在 1718 年的喀尔喀三旗法典补充条文里提到了十户。参阅《喀尔喀三旗法典》，第 97 页。

四十（都沁）阿寅勒和二十（xorin——豁林）阿寅勒团体，乃是更早的事情。[①]但是，随着时间的流逝，这种区分也已消失，例如，《喀尔喀三旗法典》已完全不提此事了。《蒙古-卫拉特法典》只有一处提到十个青年人（arban köbūn）帮助一个人娶妻的事。[②]这种情况似乎与行政区划没有什么关系。[③]

应该指出，在一种重要场合，氏族制度在社会生活中表现出来了：卫拉特人以和屯方式，即以几乎全由近亲所组成的阿寅勒或游牧村落的方式去进行游牧。卫拉特人的这种和屯是氏族的一部分或近亲集团，以长老（阿合）为首领，共同宿营和共同游牧。[④]

关于东蒙古人的情况没有确切的记载，但可以想见，他们只采
171 用阿寅勒的游牧方法，即在他们放弃了屯营（豁里牙）的游牧方法后所采取的以极小的集团来进行游牧的方法。这种情形与东蒙古氏族制度消失的情况完全相适应。不过，必须注意，《喀尔喀法典》有一次提到“和屯”时曾说：“若这个单身汉（盗窃犯）……在其他家庭

① 《蒙古-卫拉特法典》，第 8、9 页。卫拉特人区分为都沁和豁林的办法，卫拉特人长期保存下来，并被长期与卫拉特人保持亲密关系的阿尔泰人和铁连基特人（Telengit）所借用。对照阿尔泰语和铁连基特语的töcün（宰桑制，部落的一部分）；俄语 дючина 是由此产生的，参阅本书第 297 页注 ⑦。

② 《蒙古-卫拉特法典》，第 8—9 页。

③ 参阅奥奇洛夫，《1909 年夏赴阿斯特拉罕卡尔梅克人地方的旅行报告》，《俄国中亚及东亚调查委员会通报》，1910 年，第 10 号，第 64 页。

④ 这种论点是以有关后一时期卫拉特人的材料为根据的，参阅帕拉斯，《蒙古民族历史资料汇编》，第 1 卷，第 190—191 页；列昂托维奇，《卡尔梅克法典，第一篇，1822 年法典（原文）。解说——法典的构成、法典来源及一般性质，从卡尔梅克法典所见的社会生活状态》，第 18、37、73、118、120、121 条；涅费季耶夫，《在伏尔加河畔卡尔梅克人地方采访的详细报道》，第 110 页。在《蒙古-卫拉特法典》中，用的是 ayil（阿寅勒）一词而非意料之中的 xoton（和屯）一词，见该书第 12 页。

里和其他游牧村落（和屯）发现时，得对和屯长老罚大马一匹，对犯人的领主则不予处罚。”（ene beye kümūn... tusaġar ger-tei öber xota-tai bolxula, xota-yin axa-yi nige soyōlan mori-ber baġalaya; noyan-du ni baġa ügei.）[①] 东蒙古人可能把通常在一块宿营和游牧的彼此相距不远的阿寅勒称为和屯，并在行政方面构成一个单位。阿寅勒这个名词显然具有此种意义，因为阿寅勒本来表示由同在一起宿营的一个、两个或三个禹儿惕（帐幕）组成的小集团，也表示在彼此相去不远的地面上散处着的禹儿惕-阿寅勒集团。[②]

在家族生活中尚保存着不少古代氏族生活习惯的残余，如父亲的家长权[③]，甥舅间的特别关系[④]，对于宣誓（sixaġa）的极端重视。[⑤] 在迎娶新妇时仍旧付出聘礼。[⑥] 还可指出，有时也有氏族的共同防卫（在卫拉特人那里）和互相援助的情形。[⑦]

父亲在生前便把财产（鄂木齐 ~ 翁齐）分给儿子（显然是娶了

① 《喀尔喀三旗法典》，第9页。蒙古语为 xota ~ xotan ~ xoto ~ xoton。在查姆察拉诺与图鲁诺夫合译的《喀尔喀三旗法典》第11页上有 xoton 一词，但无论是在《喀尔喀三旗法典》的原文里，还是在我们的写本的相应处所，均无此字。

② 参阅《蒙古-卫拉特法典》中 ayil 一词，关于此词，刚才已在前面说过，对照《黄金史》，第67、85页；《内齐托音传》，第48页。

③ 在《喀尔喀三旗法典》的单独一条里，甚至记载着，“yerü ecige ni köbegün-iyen ami-yi medekü ügei”（父亲一般不得处置儿子的生命），见法典第89页。

④ 外甥（jige ~ zē）对舅父（naġacü）犯了过失（窃盗、负债），不得课以罚款；《喀尔喀三旗法典》，第52页；《蒙古-卫拉特法典》，第20页；参阅《黄金史》，第80页，萨囊彻辰书，第170页。

⑤ 《喀尔喀三旗法典》；《蒙古-卫拉特法典》。

⑥ 《蒙古-卫拉特法典》，第8—9页；《喀尔喀三旗法典》，第34、75、76页。在嫁女之际，给与嫁奁。婚约的缔结完全操于父母之手，参阅《喀尔喀三旗法典》，第75—76页；《蒙古-卫拉特法典》，第8—9页。

⑦ 《蒙古-卫拉特法典》，第8—9页。

妻的儿子）[①]；父亲死后，儿子们均分其遗产[②]，如果没有经领主证明的特别的遗嘱，当发生争执时，得听母亲（必须是发生争执的儿子们的生母）[③]的意见来决定。《蒙古则例》没有提到幼子的特权，但是在许多蒙古部落里，仍保留了将自己的帐幕遗给幼子并把寡妇委付给幼子的习惯，由此可以想见，这种习惯在我们所研究的时代仍
172 在流行，不但如此，《蒙古-卫拉特法典》还规定，“父亲应按习惯把份额给予其儿子们”。[④]女儿除嫁奁以外，和寡妇一样，不能分得任何东西。

复仇制的到处盛行[⑤]，以及儿童及动物殉葬的制度之仍未消灭，表明当时一般的文化水平是何等低下，在连年战争的这个时代的前半期，情况更是如此。但是，殉葬风俗是否在蒙古社会的一切阶层里都盛行，还是有如我们资料所直接指出的只在大领主那里盛行[⑥]，

① 《蒙古-卫拉特法典》，第7页；《喀尔喀三旗法典》，第54—55页。儿子娶妻以前，所有财产均归父亲掌握，在缔结婚约时，父亲是主持人，参阅《喀尔喀三旗法典》，第75—76页；《蒙古-卫拉特法典》，第8—9页。

② 《喀尔喀三旗法典》，第54—55页。

③ 同上书，第55页。

④ 《蒙古-卫拉特法典》，第7页：önci keb-iyer ög。暗示旧习惯的保存，参阅《内齐托音传》，第82页：“ecige eke-yin ömci bolġan xubiyaxui-dur, odxan degüü Erincin-dür yekengki inu xubiyaju öggügsen–dür... ”。（父母分配其财产时，将其大部分给予幼子额淋沁。）

⑤ 萨囊彻辰书，第142、148、152、156、158、166、168、170、174页；《黄金史》，散见各处。

⑥ 萨囊彻辰书，第248、250页；对照同书，第234页；还可参阅贝尔，《西藏的过去与现在》，第34—35页（节录西藏著作《第三世达赖喇嘛传》）。西藏著作云：蒙古的风俗习惯是在人死之际，烧死其妻、仆人与牲畜。这点似乎言过其实。我们没有发现任何其他资料说到蒙古有寡妇为丈夫殉葬的习惯。恰好相反，我们却有许多资料足以证明，各色人等的寡妇，在其夫死后，仍然照旧活着并干各种事情。西藏著作可能并不想说妻子，无疑是指的婢女。

我们还弄不清楚。

只是当可汗和台吉在封建战争中得到彻底的胜利时，当蒙古社会制度有所改变时，当对平时的生产能够提供较多保证而且善于组织远征的半独立汗国开始形成时，这才发生了显著的变化。佛教在蒙古的复兴，宗喀巴所创立的新格鲁派在蒙古的传播，都与上述这些因素有关。起初，出家做僧侣是逃避封建压迫的最好办法[①]，但是，佛教寺庙本身不久也变成了大领地。

在阿勒巴图对领主的人身隶属的基础上，蒙古那里产生了一种特殊的保护制度。如果另一领地的某人，想带着自己的牲畜在某一领主的领地中居住而又不至变成逃亡者，就得寻求所在领地的领主或该领主的阿勒巴图的庇护（*sub protectio, sub commenda*）；当时的人称此为图锡库（tüsikü——寻求庇护、保护）。[②]庇护人和保护人称为图锡固鲁克齐（tüsigülügci）[③]，而乞求保护的人则称为哈卜齐固尔（xabciġur），按字面直译则是“处在掌握之中的人”。[④]

封建法律规定[⑤]：“被保护者（哈卜齐固尔）当脱离保护时可携带其所有的资财，保护者（图锡固鲁克齐）可收受被保护者所给予的 173
物件。在被保护者到达和离去的期间，其最初带来的牲畜如有增殖

① 《喀尔喀三旗法典》，第 16—26 页；《蒙古-卫拉特法典》，第 3、5 页。

② 《喀尔喀三旗法典》，第 55、84、120、121 页；《蒙古-卫拉特法典》，第 10 页；萨囊彻辰书，第 168 页；《黄金史》，第 88 页。

③ 《喀尔喀三旗法典》，第 55 页。

④ 《喀尔喀三旗法典》，第 55 页。

⑤ 同上：“xabciġür kümǖn yaġu-tai iregsen bolxula, tegün-iyen abxu; tüsigülügci kümǖn yaġu öggügsen bolxula, tegün-iyen abxu. jabsar-un örjigsen ijaġur-un mal-iyan kiri-ber xubiyaxu.”。

时，保护者得平分此增殖的部分。”①

在这项规定中，像在许多其他情况下一样，反映了领主们不让财产流出其领地的意向。

沉重而牢固的封建锁链，如此巧妙地束缚着一切生活现象，以致普通的哈剌抽不可能起来反抗领主和领主左右的那些人的压迫。无论如何，我们的资料没有述及这一点。只有一次例外，例如某一汗妃在其子身故时，下令杀一百名童子殉葬，并宰杀小骆驼百只，以便借母骆驼的哀鸣来伤悼其死去的王子，结果发生了人民运动。据蒙古资料记载：“当时大兀鲁思（即众人）准备暴动”（yeke ulus-ā ebderel bolun jabduxuy-ā），于是这种野蛮风俗便被迫放弃了。若干台吉也坚决反对此事。②

对领主最普通的和可行的反抗方式是逃亡和另至他地游牧③，但因领主熟知此种情况，并用一切办法来对付逃亡者，所以逃亡并不总是能够成功的。④

第二节　封建主阶级

蒙古封建领主，即领有阿勒巴图的那颜，通常根据世袭，获有

① 参阅《蒙古-卫拉特法典》，第 10 页（俄译本，第 45 页）。

② 萨囊彻辰书，第 248、250 页。

③ 萨囊彻辰书，第 152 页；《布里亚特编年史》；对照波兹德涅耶夫，《蒙古史册〈宝贝念珠〉》，第 267 页（误为部落分支）；《蒙古诸部民间文学粹篇》，第 188—190 页。

④ 《蒙古-卫拉特法典》及《喀尔喀三旗法典》有几个条文，对逃亡者有极详细的规定。《布里亚特编年史》对逃避封建主重压的整群平民离开游牧地的情形，有非常明确的描述。

自己的分地，并把它传给自己的儿子。当领主在世时便把分地分给
诸子，至其死后，则让长子分得其遗产的大部分。像古代那样，把
父亲的基本分地给予幼子的习惯，在元代似乎便已消失；到我们所
研究的这个时代，无论如何就完全看不到了。[1] 长子的权利占着优
势。据《黄金史》记载，前面曾提到过的乌讷博罗特王，当其被卫
拉特人俘去的长兄返回故乡时，对其长兄说：“你是我的长兄，当你 174
不在时，我违反成法实行统治了，而你是我的真正长兄，现在请你
统治吧！”他说了这些话，便将自己的黑纛交给长兄。[2] 又据《黄金史》
上的记载，达延汗的第三子，有名的战士巴尔斯博罗特赛音阿拉克，
在达延汗的大儿子图噜博罗特的长子博迪阿拉克的幼时年代[3]，袭
了可汗的称号。[4] 到博迪台吉长大成人时，便向他的叔父提出要求
说：“你不守成法，在我幼年时代即了汗位。现在向我跪拜吧，如不
跪拜，我就要和你作战。”[5]

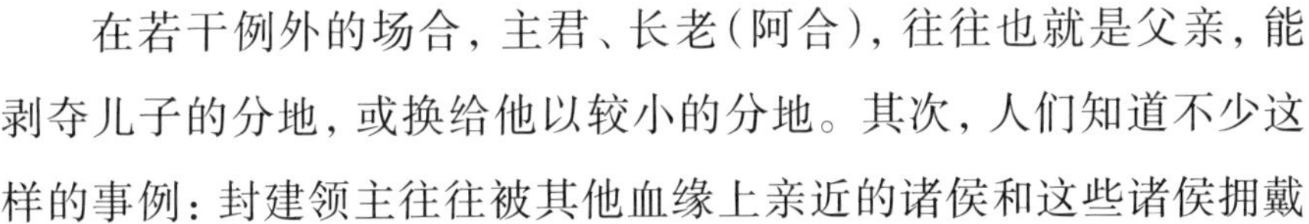

在若干例外的场合，主君、长老（阿合），往往也就是父亲，能剥夺儿子的分地，或换给他以较小的分地。其次，人们知道不少这样的事例：封建领主往往被其他血缘上亲近的诸侯和这些诸侯拥戴

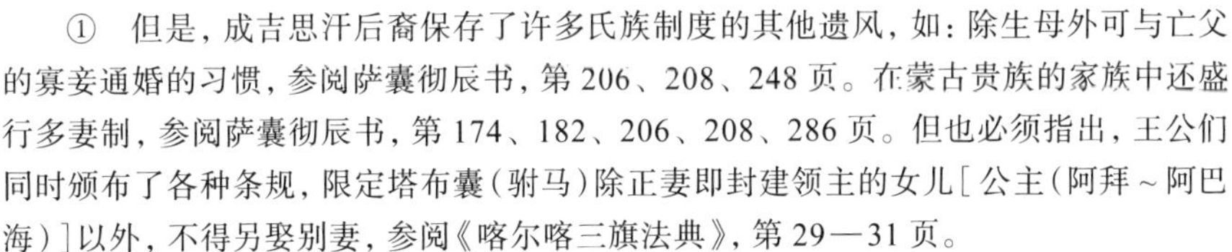

① 但是，成吉思汗后裔保存了许多氏族制度的其他遗风，如：除生母外可与亡父的寡妾通婚的习惯，参阅萨囊彻辰书，第 206、208、248 页。在蒙古贵族的家族中还盛行多妻制，参阅萨囊彻辰书，第 174、182、206、208、286 页。但也必须指出，王公们同时颁布了各种条规，限定塔布囊（驸马）除正妻即封建领主的女儿[公主（阿拜～阿巴海）]以外，不得另娶别妻，参阅《喀尔喀三旗法典》，第 29—31 页。

② 《黄金史》，第 75 页（原文有些脱漏），北京版，第 84—85 页：“axa-yuġan cimai ügei-dü yosun ügei bi ejelejü bilē. yosutu axa minu ci ejele gejü xara tuġ-iyan ejelegülbei.”。

③ 萨囊彻辰书，第 192、196 页。

④ 《黄金史》，第 107 页；参阅萨囊彻辰书，第 206 页。

⑤ 《黄金史》，第 107 页。跪拜（木儿古忽）就意味着向自己的主君宣誓效忠。

的主君剥夺了产业，皇子们被授以新的封邑。[①]

作为诸王即成吉思汗后裔的氏族族长的蒙古可汗，被看作是领地的最高分配者，但在事实上，一切却掌握在大领主们的手里。当蒙古出现了几个汗的时候，在每一个汗国里也重复出现着同样的景象。[②]

蒙古封建主们把领地分给自己的儿子，分给自己家族的成员，希望以此巩固自己的地位，就这样，一个家族的成员在各处安顿下来。[③]但在领地无限制分封的制度下，新袭职的台吉们都受着完全相反的原则的支配。如果说最初领地的分封巩固了可汗和诸王的地位，那么，后来的割据便十分迅速地削弱了可汗的权力和作用，
175 接着又削弱了其他有领地的诸汗，最终形成无领地可封的状态。成吉思汗系的人员增加得如此之多，以致不可能有足够的鄂托克和爱马克来作为分地和领地。[④]到17世纪末期，蒙古世界各地出现了占

① 萨囊彻辰书，第204页；阿济(Aci)王子因杀其弟实剌(Sira)而被剥夺了分地，实剌无嗣，遂将父亲乌布缴察(或鄂卜锡衮)(参阅萨囊彻辰书，第182页)青台吉遗给他们两兄弟的分地阿苏特和永谢布两鄂托克转给了巴尔斯博罗特幼子，台吉博迪达喇鄂特罕王子，这个王子还年幼，喜唱下面的歌儿：

Aci Sira xoyar alaldutuġai ni,
Asud Yöngsiebü xoyar degere bi saġuġai
(阿苏特和永谢布归了我，就让阿济和实剌去互相残杀吧。)

talaxu 这一动词，用作“剥夺领地，占据领地”之意，也用作表示“没收”之意(例如，参阅《蒙古-卫拉特法典》，第12页；《喀尔喀三旗法典》，第31页)；对照波兹德涅耶夫，《蒙古史册〈宝贝念珠〉》，第179页；萨囊彻辰书，第208页。

② 萨囊彻辰书，第208页；《拉德洛夫史》，第221—222页；对照波兹德涅耶夫，《蒙古史册〈宝贝念珠〉》，第96页。

③ 参阅萨囊彻辰书，第192、194、196、198、204、206页。

④ 所有蒙古编年史都非常注意成吉思汗的系谱，并证明达延汗的子孙在17世纪末已有数百人，其中，还须加上成吉思汗之弟合撒儿、别勒古台、斡惕赤斤等人的后裔，

有十分少量领地的那颜[①]，后来，封建家族的幼子已分不到有真正阿勒巴图的分地，而只能满足于分到一些"家仆"和普通的、主要是牲畜的游牧财产。[②]因此，很多成吉思汗的后裔处在和阿勒巴图上层阶级代表人物即塔布囊、赛特等完全相同的地位。[③]蒙古封建社会阶层发生了新的变化。

从前使赛特们由封建主地位跌下来的台吉们，现在自己也落到和赛特完全相同的境遇。从这个时候开始，只有拥有阿勒巴图的封建主才被称为真正的那颜，从前的台吉已不再称为台吉，因为这个称号开始意味着完全特殊的集团，即转到赛特地位的成吉思汗系的集团。从17世纪末起，那颜是封建领主、王公，而台吉则是拥有特权的赛特，类似于贵族阶层。

同时，有许多那颜-王公也成了极小领地的领主。例如，在17

（接上页）他们也是封建领主，有些人甚至统治着广大的领地，如合撒儿的后裔，以乌讷博罗特的子孙为代表，科尔沁（Xorcin——射手，善射者之意）部就是属于他们的，其次在若干地方，从前赛特们的子孙，仍旧保持着那颜的地位，还有"与那颜同等之人"（noyad-un keb-tü boluġsan），《喀尔喀三旗法典》，第2页。

① 《喀尔喀三旗法典》第115页说到有些那颜，其领有的阿勒巴图尚不满一百户；《蒙古-卫拉特法典》也提到称为巴噶那颜的拥有小块领地的王公（参阅《蒙古-卫拉特法典》，第4、8页；《内齐托音传》，第65页），《喀尔喀三旗法典》（第4页）也说到有些穷那颜，其大畜尚不满百头，但他们仍有自己的阿勒巴图："ker-ber ügei-tei noyad boluġad mal jaġu ese güicekü le，albatu-āca ni niġen jaġun mal güicegejü bariya."。

② 《喀尔喀三旗法典》所述的台吉正是如此；当时，台吉已完全没有属下之人，参阅《喀尔喀三旗法典》；对照《蒙古史册〈宝贝念珠〉》，第6页：öcüken taiiji tabunang（小台吉和塔布囊），我们从《喀尔喀三旗法典》上也知道，有些台吉和塔布囊个人拥有的牲畜还不满五十头（第4页）；不过当然并非全部都是这样的穷困。

③ 《蒙古-卫拉特法典》和《喀尔喀三旗法典》有不少条文，一方面把台吉和巴噶那颜（baġa noyod）等同起来，另一方面又把他们与赛特特别是与塔布囊视作同一律；还可参阅《蒙古史册〈宝贝念珠〉》，第6页。

世纪30年代，鄂尔多斯的济农-可汗，即鄂尔多斯第一任济农巴尔斯博罗特家族的全部王公与台吉的首领林沁彻辰，他的直接领地，也不过只是一个鄂托克；这是参加过当时的事变，自身又是济农的家臣和辅佐大员之一的萨囊彻辰告诉我们的。[①] 最后出现了完全不
176 占有阿勒巴图的那颜；但是，他们最初毕竟还与台吉有所不同。[②]

同样的情形也可以在卫拉特人那里见到。卫拉特王公(卫拉特方言为noyon)家族的许多成员变成了小封建领主(baġa ~ öcüken noyod)，他们实际上和赛特们，例如宰桑及塔布囊，没有什么区别。[③]

在中世纪的欧洲，封建主作为主君的藩臣的义务，是以参议和辅佐的形式表现出来的，同样，蒙古封建主充当首领(阿合)——包括可汗在内——的家臣的义务，也表现在阿勒班这一词汇上。不过，前面说过，封建主的阿勒班和平民的阿勒班毫无共同之处。蒙古封建主的阿勒班，实质上就是参议和辅佐；他们应在集会上辅佐其宗主，就是说，要参加决定所有事务的集会(楚固勒罕)，一般地还要参加司法与行政(jasaġ)事务。此外，蒙古封建主还须给宗主服军役，献纳贡物，并赞助宗主的事业。像过去一样，仍用跪拜(木

① 萨囊彻辰书，第280页。

② 《喀尔喀三旗法典》，第35页，kümün ügei noyad(没有属下人的那颜。——译者)；《内齐托音传》，第49页，蒙古编年史《内齐托音传》有这么一段颇饶兴味的插入语：漠南蒙古某台吉的妻子参谒内齐托音，邀请他和他的僧徒到她所在的地方去，大家有些踌躇的样子，当时这位哈敦对他们说："你们以为我是小台吉(öcüken taiiji)之妻而对我冷淡吗？如果大王公(vang-üd)邀请你们，你们大概就会毫不迟疑地答应前去了，虽然大王公有比我富裕的，可是也有比我还更不如的哩！"(第65页)

③ 《蒙古-卫拉特法典》，第4、8页及其他各处；《咱雅班第达传》，第13、15—16页；但不要忘记，卫拉特的那颜们，除和硕特部的那颜以外，他们的出身并不是成吉思汗系的王公，而是"赛特"。

儿古忽）来表示臣事的礼节。[1]

1. 参议的义务

封建主的集会或会盟（ciġulġan > cūlġan）不能被看作是有组织的正规的活动机关。这是组成人员极不固定而参加集会的人是在各种不同场合愿意“自动”帮助其主君的一种会议。[2]由于领主们对可汗的封建隶属关系的脆弱性和他们分散各方，互相远隔，集会常在不同的地方举行；到蒙古形成许多半独立的汗国以后，地方集会成为常见的现象[3]，一些较小的王公经常召其家臣（封建领主）集会[4]，但这样的集会并不妨碍召开更大规模集会的企图。我们知道曾经举行过由蒙古世界各汗国、各地区如喀尔喀人及卫拉特人的代表，即各该地封建主们参加的集会。[5]

① 《黄金史》，第 107 页；像已往的帝国时代一样，在领主即位时，也举行一种把盏式，参阅萨囊彻辰书，第 162 页（ayaġa barixu）。

② 《黄金史》，第 59、61、69 页；萨囊彻辰书，第 144、160 页。

③ 《黄金史》，第 101 页；萨囊彻辰书，第 246、268、278、282 页；《喀尔喀三旗法典》，第 2—3 页；《蒙古史册〈宝贝念珠〉》，第 7、9、12 页；《咱雅班第达传》，第 17 页；对照《1822—1824 年炮兵上尉伊凡·温可夫斯基出使准噶尔洪台吉策旺拉布坦处及其旅行日记，文件，刊本附载 H. H. 维塞洛夫斯基的序文和注释》，第 194 页。

④ 例如，参阅《咱雅班第达传》，第 17、19 页。

⑤ 大家知道，所谓《蒙古-卫拉特法典》是在 1640 年的一次这样的会议上被批准的，通常认为此次集会是在准噶尔举行，巴图尔洪台吉在其中起了主要的作用，但卫拉特编年史《咱雅班第达传》却明确地说，批准此法典的蒙古与卫拉特王公的集会，是在喀尔喀札萨克图汗处举行的（第 4 页），这一说法恰好在《蒙古-卫拉特法典》原文中有其确证。原文申述该法典的编著者是 Zasaqtu xān ekilen... Döcin Dörbön xoyoriyin noyad...［以札萨克图汗为首的四十（即蒙古）王公和四个（即卫拉特）王公］，见原文第 2 页；参阅戈尔斯通斯基编《卡尔梅克敦都克达什为伏尔加河畔卡尔梅克人编纂的 1640 年蒙古-卫拉特法典及噶尔丹洪台吉的增补法令和法典》，第 122 页，还有一次喀尔喀（七旗）封建主的大集会是在我们所不知道的时候举行的，但是《喀尔喀三旗法典》曾经述

战争与和平问题，一切公共事务，都在这些集会上来解决；有时只为庆祝和娱乐而举行王公的集会。但会议所讨论的多半是包括有若干汗国和大领地的某一广大地域内各封建主间的相互关系如何安排的问题。这种集会的决议常以“律例”或“法典”的形式
178 被编纂起来，作为出席会议的全体领主所必须遵守的法令。[①] 当然，这类集会所制定的法律，具有鲜明的封建色彩。蒙古封建领主首先关心的是如何保障自己的特权，我们所见到的蒙古法典中就充满着以各种形式载明封建领主所享有的特权的条文。

可以举一个例子来说明：甚至在建立驿站站马供应这件对封建主，特别是大领地的领主、汗、有势力的王公们非常迫切需要的事情上，封建制原理也受到私法现象和公法现象交织在一起现象的极大影响。

(接上页)及此事，甚至引用了会议的决议(《喀尔喀三旗法典》，第4页，对照同书，第92、93页)；显然，这次集会是在17世纪举行的，因为会上通过了对库仑呼图克图负担运输役务的议案，而呼图克图是在1635年出生的。关于其他喀尔喀的集会，可参阅《蒙古史册〈宝贝念珠〉》，第21页；《钦定外藩蒙古回部王公表传》。

① 据《喀尔喀三旗法典》(第30页)所述，ene caġajan-du orulcaġsan jasaġ-ūd(遵循现行法典的执政者)，萨囊彻辰说(萨囊彻辰书，第200页)，从1558年到1592年，统治(蒙古)的图们札萨克图汗曾制定一些法律，这是我们资料中所提到的中期即元朝以后时期的最古的法规，这些法规今已不传，我们没有任何资料可以判断，晚出的蒙古各法典的编著者们是否知道它们。所谓1640年的《蒙古-卫拉特法典》在时间上是后出的，其后又有一部“七旗”法典，也没有留传下来；最后是1709年的《喀尔喀三旗法典》。大家知道，许多作者都注意帕拉斯报道的所谓古代《蒙古-卫拉特法典》，某些人甚至认为帕拉斯“藏有这古代法典的原本……因为他曾引证过……若干片断”(里亚赞诺夫斯基：《蒙古部落(蒙古人、布里亚特人、卡尔梅克人)习惯法》，第36页)。但是，帕拉斯既不悉蒙古语，又不悉卫拉特方言，更不曾给古代法典作过任何补充说明，甚至没有指出在其著作《蒙古民族历史资料汇编》第1卷第192—193页里的短短一节是引用自何种资料。因此，我们对于这一切说法不能无疑，并且应该想到帕拉斯的报道乃是出于一种误解。

《蒙古-卫拉特法典》和《喀尔喀三旗法典》都描绘出几乎同样的图景。

当时规定：对于为“三大要事”而奔走的使者(额勒赤)，一切人毫无例外地要供应站马和口粮。哪三大要事呢？敌人的进犯(dayisun)，重要人物的患病(yekes-ün genege)和那颜间的争执(ebderel)。[①] 这种义务，不论是王公、答儿罕还是佛教僧侣，都不能豁免。[②] 前面说过，断绝站马的供应，封建主和赛特都要受罚款处分，平民则要被没收全部财产。可是，《喀尔喀三旗法典》规定，对于因其他事故而过路的使者，王公无须用自己私有的牲畜(Sürüg)[③] 供应站马；因此，站马赋役的一切重担就落在阿勒巴图的身上。[④] 只有在一种情形之下，即大领主-宗主出行时发生了停止供应站马和口粮的事故，王公也要被课以巨额的罚款。[⑤] 还可以指出，《喀尔喀三旗法典》十分详细地订立了关于供应站马口粮的则例，至于在《蒙古-卫拉特法典》中，这些问题还处在刚刚萌芽的状态。

可汗和其他大王公们，似乎不以其同族(家臣)的集会为满足；他们不得不关心于建立一种类似中央政府的哪怕力量脆弱的机构。元朝崩溃后不久，昔日的丞相及其他高官、太师等迅速地变成了封

---

① 《喀尔喀三旗法典》，第 41 页；对照同法典，第 17、37 页；《蒙古-卫拉特法典》，第 5 页；ġurban yamutu ulā(三种驿运。——译者)：(1)行政及宗教事务；(2)王公或福晋的患病；(3)敌人的进犯。

② 《喀尔喀三旗法典》，第 41—42、17、37 页。

③ 《喀尔喀三旗法典》，第 39 页。

④ 因为答儿罕及许多喇嘛都被豁免站马赋役。值得指出，《喀尔喀三旗法典》只在佛教僧侣拥有“属下之人”的情况下，才规定豁免其站马赋役(“三事”除外)，这是它的一个特点；《喀尔喀三旗法典》，第 17 页。

⑤ 《喀尔喀三旗法典》，第 4、26—27 页。

建领主，因此，蒙古显然没有所谓中央政府了。可汗胜利以后，可以看到在中央有组织某种类似政府机关的企图。例如，据蒙古史家所说，在16世纪后半期，图们可汗建立了由五个封建领主组成的
179 政府(札萨克——jasaġ)，委任他们管理国务，五人之中，两人来自左翼，三人来自右翼。[1]

在蒙古分裂为若干半独立汗国和大领地之后，我们看到，在最高宗主、汗，或大王公所辖各个地区，出现了执政的王公，他们有时仍旧称为札萨克，有时采用其他称号。[2]

从17世纪后半期开始，所有蒙古封建主可以大概分为两类，一类是掌握充分的司法管辖权的执政王公(jasaġ-un noyan)[3]；另一类是司法管辖权受到限制的普通王公。例如，未经执政王公的同意，普通王公不得处死有罪的属下人，否则就要科以巨额罚款。[4]

汗和济农之类的大领主自然也是札萨克。从16世纪后半期起，执政王公所辖的大领地，终于确立“旗”(和锡衮 > 和舜)的名

---

① 萨囊彻辰书，第200页：“eden-iyer jasaġ-i bariġulju.”。(任他们执政理事。——译者)蒙古语的jasaġ一词，无论以往还是现在，均意味着“政府”和“执政者”。卫拉特人及喀尔喀人(“七旗”)都没有代表参加这个“政府”。萨囊彻辰所述的喀尔喀王公卫征苏博该(uiijang Subuxai)属于喀尔喀人的“南方”集团(五鄂托克)，参阅《苏联科学院报告》丙辑，1930年，第203页。jasaġ一词，还有“刑罚”的意思。

② 萨囊彻辰书，第264页；蒙古史家……17岁时参加了自己主君鄂尔多斯济农的政府：“erkim tüsimel-ün jerge-dür oruġulju, jasaġ törü-yi xatanggadxan....”(位列大臣之职，任以政事。——译者)；还可参阅萨囊彻辰书，第252、260页；《蒙古-卫拉特法典》，第4页[zasaq, bariqsan dörbön tüshimed(四个大臣，国之执政者)]。

③ 他们亦称为jasaġ bariġsan(执政者)，参阅《喀尔喀三旗法典》，第30、35、73页；对照萨囊彻辰书，第252、260页。

④ 《喀尔喀三旗法典》，第35页：“buruġu-tu albatu unuġan jasaġ-tur sonusxal-ügei alaxula, jarliġ-āca dabaġsan-u yosuġar torġo.”。(未经通知札萨克即行处死犯罪的阿勒巴图时，按照违反敕令条例处罚之。——译者)

称。旗（我们的资料所讲的主要是喀尔喀的旗）可能大小不一，但它与后来蒙古的旗大不相同，幅员都是很广大的，它一般包含有好几个“新的”鄂托克或爱马克。执政王公乃是这类游牧领地的领主（xoshiġun-u ejen），因为他们是古代一个或几个鄂托克的领主们的子孙，而新的和舜就是由这些鄂托克构成的。[①] 普通王公[②]、台吉（这里是用台吉这一词的新义）及卫拉特人的宰桑，都是执政王公的家臣。执政王公本人同时也可隶属于汗和济农之类更强大的宗主。通 180
常在同一汗国或大领地境内结成这种相互关系的整个领主集团，是由当年领有旧鄂托克的某个王公家族的后裔的近亲人员组成的。[③]

理事厅的断案，司法裁判的执行及一般行政上的处理，都根据这一原则，即札萨克的所有官吏和其他行政人员的生活费用，全由和案件有关系的阿勒巴图来负担。[④] 除此以外，阿勒巴图因犯过失而被科处的罚款，其中一部分归被罚者（ġarġaġu > ġarġū）的领主所有[⑤]，而某些罚金则完全归札萨克所有或在该区全体札萨克之间朋

① 《蒙古史册〈宝贝念珠〉》，第 6 页；《喀尔喀三旗法典》，第 30、35 页；《钦觉外藩蒙古回部王公表传》；《内齐托音传》，第 49、50、61、77 页。

② 同样情况也可以在卫拉特人那里看到。不过在当时的卫拉特人那里，jasaġ 一词，似乎不是用作如上的意义，例如，卫拉特编年史载云，某一那颜使一个在旗内为他效劳的人成为达尔汉，并赋予他以利用马匹和获到粮食的权利。但是这种恩赐须经最高宗主（汗）的许可。参阅《咱雅班第达传》，第 26 页。

③ 即大家族-爱马克。后来这个名称转用于所有的阿勒巴图：他们和某些领主家族具有利害关系，参阅《蒙古史册〈宝贝念珠〉》，第 19 页；《钦定外藩蒙古回部王公表传》，第 45 卷，第 2 页。还可对照桑热耶夫，《满语和蒙古语的比较》，《苏联科学院报告》，1930 年，第 616、618 页。

④ 《蒙古-卫拉特法典》，各处；《喀尔喀三旗法典》，各处；关于卫拉特人的理事厅，可参阅《1822—1824 年炮兵上尉伊凡·温可夫斯基出使准噶尔洪台吉策旺拉布坦处及其旅行日记，文件，刊本附载 Н. И. 维塞洛夫斯基的序文和注释》，第 194 页。

⑤ 《喀尔喀三旗法典》，第 41、59 页；《蒙古-卫拉特法典》，第 12 页。

分。[①] 许多罚款和罚金直接落到那颜(被罚者的领主)的手里。但是,每一那颜应负担协助缉捕盗贼等的责任。[②] 最后,那颜对于那颜的案件应以会审官的资格出席理事厅。[③]

封建领主的特权首先表现在可以对自己的阿勒巴图实行审判,但重罪除外,因为这种案件必须由执政那颜处理,当原告和被告是他的属下人时,他可亲自执行判决。[④] 其次,如未经那颜同意,不得向阿勒巴图征收任何罚款和罚金,一切惩处都应在那颜所委派的人员(额勒赤)面前执行,否则,全部罚款就应归王公,即被告者的领主所有。[⑤] 从王公处逃跑的阿勒巴图和其他属下人,必须被交回原来的领主,任何人不得隐藏他们。再者,包括王公在内的其他人等,都有义务协助缉捕逃亡者和将他引渡给领主王公。[⑥]

① 可见氏族制度的残余在这一点上有所反映;实际上,所有那颜都是同族;《喀尔喀三旗法典》,第30页。

② 《喀尔喀三旗法典》,第43—44、71—72页。

③ 同上书,第5、26、35、73页。

④ 同上书,第53—54、17页。

⑤ 同上书,第83—84页;《蒙古-卫拉特法典》,第12页。"Yerü ken kümūn yala bolbāsu bü dobtul. elci abci noyan-du ni kürgejü anju-ban abxu. mal-un ejen öber-ün noyan-āca-ban elci abul-ügei sanaġan-u oriġ-iyar yala-ban abubāsu, tere yala-āca jöb-tü-yin noyan-du ġarxu. tüsimed elci-yin idesi öggüged busu yala-yi xulġayici-yin noyan-du ögkü. mal-un ejen öber-ün noyan-āca-ban elci-tei ociju, nögüge noyan-u elci-ügei dobtulju abubāsu, tere yala-yi cöm-i abcu buruġu-tu-yin noyan-du ögkü."。(总之,不管收罚款的是何人,不得擅自实行处罚;必须带监督人(额勒赤)同到被告者(罪人)的那颜处,然后向他收取应有的罚款。如牲畜主(受害者,原告)未带自己王公所派的监督人,擅自实行罚款,应自这项罚款中,分出份额,交与自己的王公,并付给官吏与监督人以口粮,然后将罚款的其余部分转交给被告的王公-领主。如原告虽已偕同自己王公所委派的额勒赤,但未会同其他王公的额勒赤而实行罚款时,应将这项罚款全部没收,并把它转交被告(罪人)的王公-领主。)(《喀尔喀三旗法典》,第83—84页)

⑥ 《喀尔喀三旗法典》,第43—45页;《蒙古-卫拉特法典》,第2—3页。

2. 辅佐的义务

蒙古封建领主，不管他属于什么等级，首先是一个军人，可见 181
他拥有那颜的称号并不是没有原因的。他的本质中主要的一点，他的特殊地位被确认，就在于他是战士，是国土保卫者和战利品获得者。因此，一切蒙古王公的头等义务便是为自己的宗主、自己的可汗服军役。在必要时，一声号召，他们就得武装起来，统率自己的属下人和自己的军队前去应役。[①] 但是，由于封建隶属的松弛，不论是在“参议义务”还是在军役方面，都可看到同样的情形：义务变成了志愿。作为可汗或其他大领主、济农（在卫拉特人方面为宰桑）家臣的封建领主，只在自己愿意时及对己有利或无力别图时才服从自己的主君。封建制度极其有利于封建主们不断背叛、从一个阵营转移到另一个阵营和拒绝协助他们的主君等。只有强有力的宗主的出现，才能够在短时间里和在一定地域内中止这种现象。[②]

土默特部有名的阿勒坦汗向他的宗主蒙古“大”汗这样说：“祈即将此（汗）号赐我，我情愿护卫大统。”[③]“我虽非我汗之后裔，然我岂非合撒儿之后裔乎？我将追击之！”某一蒙古封建主做了这样的声明之后，立即发动战争，为其被弑的宗主复仇。[④] 这里有一首古

① 满 13 岁便被认为是已经成年，参阅本书（边码）第 164 页。

② 我们的所有资料上的记载就是如此。

③ 萨囊彻辰书，第 200 页。有一个卫拉特封建领主乌格特依巴图尔（或太保）恼恨其宗主托欢太师，他说：“我自 13 岁时即率军赴战，彼于此功绩未尝赐惠于我。”（《黄金史》，第 83 页）参阅萨囊彻辰书，第 166 页。

④ 《黄金史》，第 83 页。

老史诗描写了卫拉特那颜[1]：

> 头戴灿烂银盔，
> 身穿大红护身板铠锁子甲，
> 外罩锦绣缎袄，
> 坐下斑色战马，
> 莽噶特的儿子赛音色尔腾，
> 率领二千健儿，
> 地上竖立二千长矛，
> 他咬牙切齿，咽下一口唾沫说：
> “既然碰着野兽他们就猎获，
> 敌人来了，那能不战啊？”

182　两个交了朋友(安答)的蒙古封建主一块饮酒谈心[2]，其中一个是卫拉特人，一个是东蒙古人。他们谈道：“若都沁(四十)都尔本(四个)[3]二部落起衅兴戎，除我二人之外，谁复肯出[而决斗(iregül)]?”[4](蒙古人)问道：“彼时我二人相遇，其如之何哉？”珪林齐[5]答：“我善射，能穿尔之盔及甲。”

从蒙古编年史上的故事可以看到，骑士感情有时冲破了蒙古封建主所常有的贪暴和偏狭自私情绪的外壳。例如，某一卫拉特王公

---

① 《乌巴什洪台吉的故事》，第203页。

② 萨囊彻辰书，第154页；对照《黄金史》，第58页。

③ 即蒙古人与卫拉特人。

④ 关于“决斗”，可参阅萨囊彻辰书，第154、194页；《黄金史》，第58—59页。

⑤ 卫拉特领主的名字。

在强大的卫拉特宗主巴图尔洪台吉责令他把某些人交出时，竟然回答说："把自己的朋友交出去之后，我活着还有什么意义呢？"①

作为军人，首先是作为军事领主，蒙古封建主们都有着响亮的名号：巴尔斯博罗特赛音阿拉克（"光辉的巴尔斯博罗特"）——说得正确一些，这不是人，而是一只猛禽。在作战时，他们喊出自己的本名和名号。②他们的马也都用一个漂亮的名称以表示其并非寻常的马。③这一切便是普遍反映在蒙古壮士歌中的蒙古封建主义叙事诗式的英雄行为。④

其次，封建主们也在物质上帮助自己的宗主，在困难时或在其他场合把牲畜——有时也把其他物品奉献给他。不过，我们没有关于蒙古封建主以家臣资格向宗主纳贡的资料。大概物质上的帮助

① 《咱雅班第达传》，第 6 页。

② 萨囊彻辰书，第 154、192 页。赛特们现在均被称为王公；参阅萨囊彻辰书，第 258、278、280、282 页。

③ 萨囊彻辰书，第 162、182、216、258 页；《黄金史》，第 85 页；《咱雅班第达传》，第 21 页；《乌巴什洪台吉的故事》，第 210 页。

④ "黑纛"（xara tuġ）是成吉思汗后裔军事领主的标帜。参阅《黄金史》，第 75 页；萨囊彻辰书，第 210 页；《乌巴什洪台吉的故事》，第 205、206、209 页。掌纛官（tuġci）在交战时将成吉思的纛（它与成吉思的帐殿一同留在鄂尔多斯人处，亦即掌握在"右翼"的手里）交予正在达延汗"左翼"行列中作战的赛音阿拉克王，并云：

Xaġan ejen-ü xara sülde
xan üre-dür inu irebei

［君汗（成吉思汗）之黑纛未归汗之后裔。见萨囊彻辰书，第 192 页。］

其后，在这个时代的前半期，成吉思汗系诸王仍保持着冠戴羽毛头饰（örbelge）的古老习惯，参阅萨囊彻辰书，第 162 页；《黄金史》，第 68 页；对照伯劳舍注释《史集》，第 2 卷，第 1、3、4 图；但是赛特们也戴 otaġa（鄂塔噶），即头饰后部的长羽毛，参阅《黄金史》，同处；伯劳舍前引书，同处。

183 是以"自由"献礼的方式提供的，并且往往只有象征的意义。[①]也有若干资料暗示：有时候宗主从自己的家臣处夺取牲畜和属下人，把他们抢光；不过，当时把这些行为看作是暴力行动。[②]

宗主对于贡奉的回赐，总是在酬答劳绩的形式下把各种称号（cola）[③]和特权（darxa）[④]赐予家臣－封建主，并附以敕书（jiġuxu）、印信（tamaġa）[⑤]，力图用这种方法使军事领主们紧紧地靠拢自己。这样一来，非成吉思汗系的"与王公同等的人"（noyad-un keb-tü bolugsan）便从赛特当中出现了。[⑥]

必须注意，宗主君的子嗣绝大多数都不是养育在父母的家庭－屯营里，而是养育在他们的封建家臣那里。此事在我们所研究的这个时代的前半期，尤为盛行。大领主们由于以下两种动机把自己及自己的孩子交予他人养育：一、想借此更加密切自己及自己的子孙和家臣们的关系；二、创造一种环境，使子嗣住在距离可能经常遭到袭击的宗主的屯营较远的地方，以便减少他们在幼年时代遭受杀戮的危险，并能长大成人。随着作为封建领主的可汗和台吉地位的巩固，这种习惯看来很少被人遵行了。另一方面，封建领主认为把大宗主的子嗣养育在自己家里，是忠实的家臣的一种应尽的义务。

① 参阅《黄金史》，第56、62页；《蒙古史册〈宝贝念珠〉》，第6页；《咱雅班第达传》，第7、14页；萨囊彻辰书，第140页；《喀尔喀三旗法典》，第6页。

② 《咱雅班第达传》，第16—30页。

③ 萨囊彻辰书，第194、252、258、264、280、282页。

④ 萨囊彻辰书，第194、282页；《黄金史》，第110、112页。

⑤ 萨囊彻辰书，第194页；《喀尔喀三旗法典》，第89页；使用印玺具有特别神圣的意义，参阅《水晶鉴》，第3卷，第162页。

⑥ 参阅本书（边码）第155、175页；《喀尔喀三旗法典》，第89页。

家臣由于处在养育者的地位，能较其他人获得更多的特权，这种事情也是常有的。[①]

3. 佛教僧侣——封建主

在16世纪后半期，即当成吉思汗后裔的胜利已经确定和蒙古分裂为几个汗国以后，藏传佛教新派传入蒙古。这个新派是宗喀巴创立和组织的，即所谓的格鲁派，它在蒙古的社会生活中起了重大的作用。[②]早在世界帝国时代传入蒙古的旧佛教固然尚未完全消
失[③]，但是它已没有社会意义，至少，它所起的作用与从古代保存下 184
来的萨满教的作用几乎相同。[④]

新教派一开始活动就处于特殊的地位。新教义的宣扬者们遵循着到处都可以看到的佛教旧传统，起初差不多专以蒙古社会的上层阶级，首先是蒙古封建贵族为传教的对象。而这个时候蒙古封建主们恰好处在这样的一种境况下，即他们已经能够不只是关心牲畜以及战争和狩猎之类的事情了。在封建战争中取得胜利和大领地形成以后，大多数人都获得了某种程度的安定感。其次，与中国内

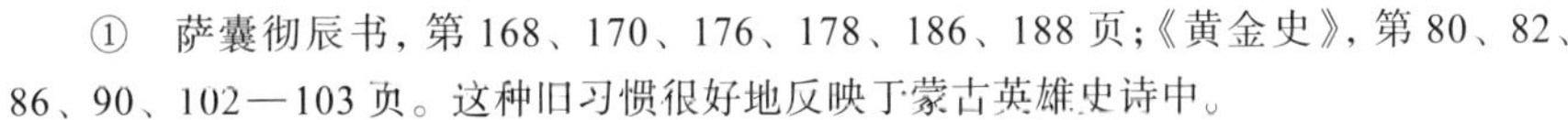

① 萨囊彻辰书，第168、170、176、178、186、188页；《黄金史》，第80、82、86、90、102—103页。这种旧习惯很好地反映于蒙古英雄史诗中。

② 参阅萨囊彻辰书，第210、212、224—278页。

③ 对照萨囊彻辰书，第200页，参阅上文。格鲁木-格尔日麦洛的《西蒙古与乌梁海地区》一书，不顾一般通行的说法，而根据一些新著作指出这种情形。（第2卷，第486页）

④ 参阅《内齐托音传》，第37页。可是，应当指出，从16世纪后半期起，基于同样的原因，即佛教新派赖以繁荣的原因，萨满教也开始“复兴”了。我们很少有关于16—17世纪旧蒙古佛教的材料，因为格鲁派竭力掩藏有时还歪曲许多事实。但有古迹方面的新发现，这些事实已逐渐判明了。参阅弗拉基米尔佐夫，《喀尔喀绰克图台吉的摩崖碑铭》，还可对照萨囊彻辰书，第200页。

地的通商和南进到漠南蒙古也促进了物质福利的改善。关于此事，19 世纪的中国著述家魏源这样说："通内蒙之道，水草丰茂，商旅咸宜。"[1] 这时无论是老的萨满教也好，旧佛教也好，已不能满足人们的需要[2]；佛教新派则带来了高度的文化和华丽的宗仪。同时，新教派的宣教师既是读写兼长的人(巴黑石——baġshi)[3]，又是医师(emci)[4] 和星占师(jayaġaci)[5]，从前喇嘛和萨满所能做到的一切，他们都能够充分地做到，不但如此，他们在许多地方还超过了喇嘛和萨满。一方面，他们有文化修养，倡言反对流血的祭祀和野蛮的习惯，促进了文字的发达；另一方面，他们制造"灵显"，排斥从前的氏族神(翁古——ongġud)，引进了前所未见的拜佛仪式，举行各种各样的"功德"[6]，倡导那颜由前世善行转生为主君之说。[7]

185 蒙古封建主改宗了新派，开始保护新派的宣教者。后来由于新派宣教者们的怂恿，他们以免税和授予特权的一系列办法，奖励其

① 参阅巴拉第・卡法罗夫，《1847 及 1859 年蒙古旅行见闻录》，第 51 页。

② 参阅《内齐托音传》，第 53 页。

③ 根据古老的回忆，在中期的蒙古，大概一切精通读写的人都被称为巴黑石(书记、师傅)，参阅《黄金史》，第 103 页；萨囊彻辰书，第 224、236 页；《咱雅班第达传》，第 41—42 页；弗拉基米尔佐夫，《喀尔喀绰克图台吉的摩崖碑铭》，第 2 卷，第 225—226 页；《内齐托音传》，第 53 页。

④ 大家知道，萨满首先就是巫医(*medicine-man*)，对照《内齐托音传》，第 37 页。

⑤ 在中期的蒙古，星占师似乎并未被称为萨满；萨满可能在封建主左右占有一定的地位。参阅萨囊彻辰书，第 216、252、258、268 页；《咱雅班第达传》，第 21 页。

⑥ 某一蒙古王公甚至说，"举行'功德'(abishiġ)，大获福力"，乃君臣之道，参阅萨囊彻辰书，第 280 页。

⑦ 佛教僧侣说那颜就是神(tengri)，乃天人降生。他们之所以尊崇那颜为"天人"，一方面固然是由于奉行印度的习惯，但另一方面也由于想使那颜们觉得前世积善的人可以修成佛门的僧侣，从而和这些"善人"结成自然的联盟。

属下人入寺为僧(僧侣被豁免赋役等等)。不久，佛教寺庙开始在蒙古地方兴建，而蒙古当地人出身的喇嘛和大喇嘛也出现了，封建贵族中当僧侣的人也日益增多。藏传佛教大喇嘛负责颁赐名号。[①] 特别值得注意的是，他们对那些已几乎处于独立主君地位的人，也非常慷慨地予以汗的称号。[②]

那么，蒙古封建主是怎样对佛教大喇嘛或寺庙表示好感的？当然，他们以奉献他们所掌握的东西——特权和布施(ögligė)表示。封建主们开始把自己的主要财产(牲畜和属下人)捐献给佛教僧侣。这些事做起来轻而易举，一方面由于佛教僧侣需要一些传衣钵的徒弟和头事人员(kötöci——仆役)，另一方面，大喇嘛本身也是贵族。[③] 但是要知道佛教僧侣是不能有孩子的，那么他们所募得的财产到底交给谁呢？对于这个问题，格鲁派佛教明确而坚定地回答说：大喇嘛是不死的，如果说他有死，无非是意味着他有化身(呼毕勒罕——xubilġan)，他会立刻再化身和转世，前世的财产和权利当然也就转交给这个新的化身。更何况还有正规组织的固定寺庙，寺庙永远是一个法人。

① 萨囊彻辰书，第236、254、264、276页。

② 萨囊彻辰书，第252、254、264页。

③ 可以从各种资料中引用许多例子。《咱雅班第达传》中的例子尤多，如：两个卫拉特王公赠送咱雅班第达(17世纪中叶)小和尚40名、平民40户、黑马500匹(第16页)；另一封建主，也是卫拉特人，他命50名小孩削发为僧，把其中30名赠与咱雅班第达；杜尔伯特王公把刚出家的小和尚10名、牲畜5000头和各种物品捐献给佛教大喇嘛(第4页)。还有一个卫拉特王公也作了同样的布施：为了筹措去西藏朝拜的旅费，他把全部大牲畜亲自赶到中原去卖，而将6000头羊捐给咱雅班第达(同上书，第7页)。又，漠南蒙古王公把战争中所俘虏的小孩和青年捐给佛教僧侣，僧侣接受了这批人，并使他们变成了僧众。(《内齐托音传》，第61页)

因此，蒙古封建主就开始把自己的阿勒巴图和孛斡勒献给佛教僧侣做徒弟(沙比——shabi)，并且把自己的人献给佛寺做头事(仆役)。当这类捐献盛行起来的时候，事情很快地便清楚了，喇嘛的
186 徒弟(沙比)和头事[1]，往往是没有什么区别的。[2]

沙比和头事都变为佛教僧侣的真正属民(阿勒巴图)，但是由于伪善，这些属民仍被称为沙比，直到今天。[3]

呼毕勒罕(化身)和寺庙由此居于封建领主的地位。[4]他们的属下人和世俗封建主的属下人一样，受到同样的编制。他们也被分为鄂托克和爱马克，并有官吏来管辖。[5]他们受制于寺庙的和呼毕勒罕的“仓”(蒙古语为sang[6]，卫拉特方言为shang[7])。封建领主和宗主乐于把大喇嘛和喇嘛当作自己的家臣或对等者。[8]他们之所以

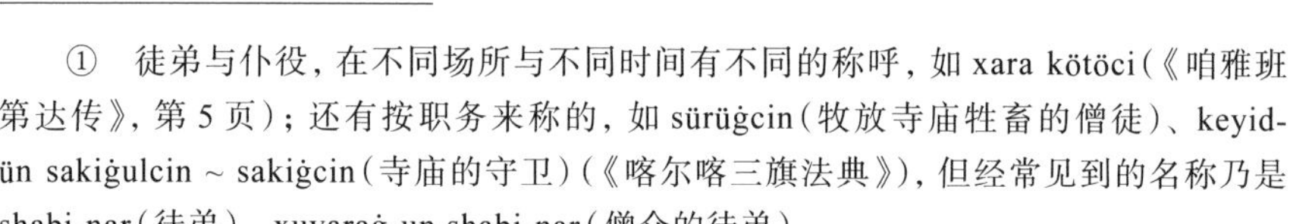

① 徒弟与仆役，在不同场所与不同时间有不同的称呼，如xara kötöci(《咱雅班第达传》，第5页)；还有按职务来称的，如sürüġcin(牧放寺庙牲畜的僧徒)、keyid-ün sakiġulcin ~ sakiġcin(寺庙的守卫)(《喀尔喀三旗法典》)，但经常见到的名称乃是shabi-nar(徒弟)、xuvaraġ-un shabi-nar(僧众的徒弟)。

② 僧侣也有沙比(徒弟)出身的，到那时就处于完全不同的情况。沙比一词，从17世纪起，有两种意义：(1)某人或某寺庙的“徒弟”，即单纯的佛教僧侣；(2)隶属于寺庙、大喇嘛乃至某一僧侣的属下人，不分僧俗；但更多的是用来称呼世俗的属下人。

③ 《咱雅班第达传》，第32、35页；《喀尔喀三旗法典》，第21页。

④ 《蒙古-卫拉特法典》，第3页。

⑤ 同上。

⑥ 《喀尔喀三旗法典》，第6、8、9、15、42—43页。

⑦ 《咱雅班第达传》，第28页及各处。管理这种仓库的人员，称为仓卓巴(shangjodba，此词乃借自藏语；他们处于掌权者的地位)；也可参阅《喀尔喀三旗法典》，第2、42—43页；波兹德涅耶夫认为库伦的仓卓巴的职位乃清朝政府所设，这是不正确的(《蒙古及蒙古人》，第1卷，第519页)，清朝人只不过是把已经存在的机构加以确定而已。

⑧ 《喀尔喀三旗法典》，第2页，列举参加编纂这部法典的会议的出席者名单，把仓卓巴、佛教大喇嘛和领主哲布尊丹巴呼图克图，列在处于首要地位的人物之一，关于此人，后面还将略作说明。

不害怕宗教封建主，是因为后者乃是僧侣，不是军人，尤其是当时的寺庙控制了广大的人民群众，所以领主们熟知与大喇嘛结成联盟对自己是完全有利的。[①] 最后，许多人都自发地跑到大喇嘛和寺庙那里去当徒弟（沙比）[②]，以此来摆脱对封建领主的隶属，并认为通过 187
寺庙可以实现对蒙古平民来说根本无法实现的愿望。

所谓库伦的呼图克图[③]，在佛教大喇嘛中拥有着特殊的地位。首先，第一世呼毕勒罕（化身）的“转世”是拥有广大领地的喀尔喀最强大的王公之一土谢图汗的儿子。这一情形，即显贵的强大的宗主的儿子充当佛教僧侣，使他高居任何人都不可能企及的地位。因此，库伦的呼图克图便成为喀尔喀一切寺庙、一切大喇嘛和其他喀尔喀喇嘛的领袖。其次，他有那样多的沙比和直接属他管辖的僧众[④]，这就使他成为喀尔喀最有势力的封建领主之一。政治形势以

① 佛教僧侣对于封建主之间的争执，通常视情况为转移，参加到某一方面。但是，非常值得指出来的是，他们有时使人们获得这样的印象，即他们不是任何封建主集团的拥护者，而是站在全体人民方面的。当准噶尔的噶尔丹博硕克图汗的胜利已告确定时，和硕特部的僧人为了保障自己的生命财产，曾经声明说：“Dörbön Oyirodiyin blama müni tula, mani ilġaxu ügei. bidan-du cu ögligöyin ezen ilġal-ügei müni tula, keni ġadana bayibacu ilġal-ügei.”。［我们是都尔本卫拉特人的喇嘛，不应把我们（按照政治集团）划分开来，因为谁是我们的施主，对我们来说是无所谓的，因此，我们是谁的属下，对我们说来反正都是一样。］见《咱雅班第达传》，第 31 页。另一方面，17 世纪中叶成为佛教法王的达赖喇嘛，开始想使蒙古及卫拉特的佛教僧众豁免租税，及不屈从于王公的意志。参阅达赖喇嘛致卫拉特诸汗、诸王公、诸赛特及全体人民的书简，《咱雅班第达传》，第 34—35 页。僧众和寺庙也开始负责教养领主的子弟；而在过去，这乃是赛特们的工作。

② 例如，参阅《内齐托音传》，第 37、46—47 页。

③ 他正式袭用了哲布尊丹巴呼图克图的称号，在人民的心目中，他是至尊的活佛（ӧндӳр-гегeн——温都尔格根），大家知道，他被认为是著名西藏史家多罗那他（Даранатa）的转世。

④ 他自言“他有很多沙比”，《蒙古史册〈宝贝念珠〉》，第 28 页。

及来自各方面包括来自蒙古大汗的外部强大压力和其他内在因素，促使喀尔喀的封建主，特别是属于东部两个汗国的封建主们，都认定自己同族的呼图克图是最高的宗主和领袖，乃至把他当作全喀尔喀的可汗。[①] 喀尔喀封建主们为了呼图克图的利益而放弃自己的一些特权，就可以证明这一点。[②]

例如，东部三旗(两个汗国)的王公集会，承认了呼图克图的庇护权，即承认他有收容和保护其他领地中的一切逃亡者的权利。[③]

库伦呼图克图所获得的其他权利与特权，使他所处的地位比喀尔喀汗本人所处的地位更为强大与崇高得多。[④]

这样，以佛教僧众为代表的一股新的力量便在蒙古社会里面扎下了根，他们可以概括地分为两类。属于第一类的有呼毕勒罕，有住在寺庙或草原里的大喇嘛(后者与寺庙的高级喇嘛没有区别)；他们都与蒙古的封建贵族阶级有密切的关系，虽然他们远非全部是封建贵族出身的。属于另一类的有平民出身、阿勒巴图出身的僧众，有沙比，他们当然是属于平民阶级的，不过，他们通过自己的上层，比“黑民”群众更亲近封建主。

① 参阅《喀尔喀三旗法典》，第3—15页。

② 同上书，各处。

③ 同上书，第42—43、75页。

④ 同上书，第2—15页；还可参阅关于17世纪后半期的其他资料，《钦定外藩蒙古回部王公表传》《蒙古史册〈宝贝念珠〉》。

第 三 编

近代蒙古社会制度（自 17 世纪末 18 世纪初开始的时期）

第一章　经济变化

大约从 17 世纪末 18 世纪初开始的新时期里，可以看到蒙古经济生活方面十分显著的变化。按照传统方式经营的粗放的畜牧业和作为副业的狩猎业，固然仍旧是新时期大多数蒙古部落的主要生产事业，可是，蒙古畜牧民还是发生了不小的变化，在转营农业的蒙古经济中更可以看到尤为巨大的变化。其次，蒙古与亚洲和欧洲各国较为文明的民族之间的关系，也有了极大的变化。 189

还在 17 世纪，漠南蒙古对于约在 17 世纪中叶进入中原的新兴清帝国，已处于从属的地位。到 17 世纪末，漠南蒙古正式归附清朝；漠北蒙古亦即喀尔喀的大部分紧接着也成了它的藩属。以后，卫拉特人又逐渐归附；所有在准噶尔、西藏山麓和阿拉善地区游牧的卫拉特人，有的由于“自愿”，有的由于征伐，统统在 18 世纪中叶成为清朝皇帝的臣属。许多卫拉特部落在这个时候完全灭亡了。另一方面，到 18 世纪初，内贝加尔和外贝加尔地方的布里亚特蒙古人，归属了俄罗斯。至于在 17 世纪前半期就已移牧到伏尔加河下游一带草原的卫拉特-卡尔梅克人，情形也是一样。他们大部分在 18 世纪后半期虽已回到准噶尔，可是，回来的人，立即归附了清朝。在 18 世纪，不受清朝或俄罗斯帝国统辖的蒙古部落一个也没有了。

紧接着蒙古诸部对清朝和俄罗斯政权的归附，可以看到，中国 190

内地的、俄国人的或者是打着俄国旗号的商业高利贷资本，即向蒙古各部落推进。

汉族商人不以从前的那种边界贸易为满足；他们现在亲自到草原和山区的蒙古地方去，购入原料和畜产品，卖出中国内地乃至欧洲的商品。高利贷者、大小票号（钱庄）的经纪人和各种投机家随同内地商人一起进入蒙古地区。后来手工业者和农业移民也到蒙古去，农业移民主要是到漠南蒙古。

漠南蒙古出现许多几乎只住有汉族人的城市，漠北蒙古即喀尔喀地方也出现一些城市。到处兴起了佛教寺庙，在寺庙附近有时会出现大片汉商居住地。到漠南蒙古的汉族移民，从 19 世纪末期起，大量增加；到 20 世纪，在漠南蒙古广大地区的居民总数当中，蒙古族大约只占三分之一。

19 世纪后半期，俄国的商业资本和部分工业资本进入清帝国边境的蒙古地区，主要是漠北蒙古、喀尔喀、巴尔虎、科布多区以及新疆省内。在 19 世纪末和 20 世纪，日本和欧洲的工商业界也开始对漠南蒙古和东南蒙古产生兴趣。蒙古及其人民部分地处于世界资本主义市场的势力范围之内。

如果注意一下“俄罗斯”的蒙古族，即布里亚特人和卡尔梅克人，一般也可以看到几乎同样的状态。俄国的商业高利贷资本，后来是工业资本，虽然不像中国内地资本那样大规模地进入清帝国的蒙古地区，可是也渗入布里亚特人和卡尔梅克人中。在布里亚特人和卡尔梅克人中间也出现了俄罗斯人、乌克兰人和其他农民的广大移民地带。19 世纪，布里亚特人和卡尔梅克人已杂处于俄罗斯城市和乡村、哥萨克村落及其他移民区所构成的网络之中。

同时，也不能忘记清朝和俄国政权对蒙古经济生活所产生的直接的行政影响。

考察一下清朝和俄国政权与隶属于它们的蒙古部落的关系，便可看出，尽管这两个国家的措施有所区别并各有其特点，但是也有共同之处。一方面，这两个国家的政府都想使隶属于它们的游牧民保持“原始”状态，防止移住农民占夺他们的土地，希望利用这些游牧民来为它们的军事、警察的需要服务。为此，两国政府颁布了一定的法律与条例，采取了各种各样的措施。可是，另一方面，这两个国家的官方和非官方代表，却在商业高利贷资本的直接利益的
左右下，坚决地、一贯地推行了完全相反的政策。在 18 世纪及 19 191
世纪，清政府与蒙古居民的以及俄罗斯人与布里亚特人和卡尔梅克人的全部关系，都受了这些相反的原则的影响。在所有这些因素的影响下，无论是清帝国还是俄罗斯帝国境内蒙古居民的经济生活，必然是要发生变化的。

首先，相当多的人抛弃了游牧生活方式转而经营定居的农业。在 18 世纪，尤其在 19 世纪，漠南蒙古各地，如呼和浩特、鄂尔多斯、科尔沁领地等处，以及内贝加尔的布里亚特和外贝加尔地方，已有大量的蒙古定居农民。当然，在卡尔梅克人中间，这种农业居民区是很少见的，因此，在 19 世纪，它才刚刚产生。

蒙古农民当然没有放弃畜牧业，只是经营畜牧业的方法已与从前有所不同。

可是，不能不指出，在若干地方，例如在布里亚特的若干地方，已经变成农民的布里亚特人还没有彻底转到完全定居，这是因为他们保存了一种在温暖季节把较坚固的过冬住屋换成较轻便住屋的

习惯和需要,有时仍旧以一般的蒙古毡制天幕(禹儿惕)为住处。

在蒙古和布里亚特的其他区域,他们开始把游牧经济与小规模的农业结合起来,因而尚未转到定居,这种情形,在科布多、喀尔喀、漠南蒙古及布里亚特的若干地区都可以见到。若干蒙古游牧民只限于采割干草,并且为量甚小。因此,在 18 及 19 世纪的蒙古,可以看到畜牧业与农业结合的各种各样的形式。

蒙古的手工业在新时期内较之过去是否有了发展?这问题是极难答复的。如果说在 18 世纪,尤其在 19 世纪,若干生产如各种武器的生产已经衰落的话,那么,其他的生产,主要是与佛教法器有关的生产,却颇为发达。不过,就是在这个时期,手工业者只在特殊场合才能独立生产;通常,任何手工业只是畜牧业和农业的副业,并且是处于十分低下的发展水平的。

蒙古城市居民的出现,应当看作蒙古生活中的新现象,这些人一般地住在寺庙、屯营及其他居民点附近。上述居民有一部分居住
192 在汉族城市与村落,还有极少数人在俄国的城市与村落,以官吏、小市民、食利者、城市不动产所有者的身份开始定居下来;另一些人成了苦力和极小的房产主。在蒙古地区的汉族城市和村落,充满了以各种方式为生的蒙古妇女,这些妇女在某些情况下并未与“草原”失去联系。

最后,应当指出,19 世纪,在俄国商人所经营的羊毛洗涤工场和伏尔加河及里海的渔场里,出现了蒙古的季节工。洗毛工人还不是早就离开了“自由草原”的“城市居民”,并没有和游牧经济断绝关系,至于渔场工人则有所不同,他们已经以在渔场工作为主要的职业了。

从18世纪开始，主要适应汉商和俄国商人需要的运输业，已在蒙古和住有蒙古居民的其他各地发展起来。蒙古居民当中也出现了一些小商人（panjaci），他们通常拥有轻便的流动的货架（xȯsxe），几乎一向依赖汉商、俄商和藏商，有时候则干脆做他们的店员（bicēci）。

在新时期里，蒙古的狩猎业到处发生了极大的变化。总而言之，可以说它是衰落了。首先除了布里亚特人偶然以围猎当作消遣及漠南蒙古各部参加清朝皇帝的围猎外，围猎已完全绝迹。此事在19世纪已成为古老的传说了。个人所从事的狩猎业，现在在各处都是副业性质，而且常常是偶然举行的。由于世界市场的需要，目前只有一种捕捉土拨鼠的狩猎，对于生长这种动物的地方的大部分居民，才是多少有些重要性的职业。

然而在这个时期里，在狩猎方面，枪支完全代替了弓箭，虽然直到20世纪，蒙古猎人在大多数场合仍然满足于使用原始燧石枪。

在谈到新时期里作为蒙古主要生产事业的游牧畜牧经济时，必须指出它已有如下的革新。

虽然畜牧经济仍旧粗放地经营着，牲畜仍靠牧草来饲养，从而需要定期移牧，但应指出，蒙古的畜牧业大多已没有从前那样的规模了。牲畜的数量到处在减少，大规模的、远距离的移牧成了极为少见的现象；通常是以个别家族或以二三家族组成的小团体——独立牧户（阿寅勒），在一块不大的地面上游牧。这里必须注意到，作为整个蒙古世界的一部分的伏尔加河畔的卫拉特人，即卡尔梅克人，直到今天仍保存着和屯的游牧方法，即以10—30个以上的牧户（阿寅勒，亦即“帐幕”）组成的，规模相当庞大、几乎永远是同族 193

人集体进行的游牧。

在我们所研究的这个时期，尤其是在它的后半期，许多蒙古游牧集团在移牧时普遍采用两轮大车作为交通及运载家什的工具。汉族的两轮大车在蒙古经常可以看到，它甚至已传入东部喀尔喀；俄国的运货马车已在游牧的布里亚特人和卡尔梅克人中广泛使用。出于这个缘故，牛马时常代替骆驼。

关于这个时期的游牧畜牧经济状况，我们已给予了很大的注意，这是有许多原因的，其中之一是，无论是清政府还是俄国当局，都为蒙古各个集团、和舜、鄂托克、"氏族"等规定了严格的游牧界限。

牧地(嫩秃黑)的改变现在已不可能；内战也已停止。与此有关的某一集团吞并另一集团的事不再发生了。在清帝国的蒙古和俄罗斯境内的布里亚特与卡尔梅克人地方，每一个和舜、鄂托克、兀鲁思、氏族等等，完全固定在一定牧地内，改变绝不可能。不论是在蒙古还是在伏尔加河畔任何一块嫩秃黑内游牧的人，都知道有一种变化在等待着他们，这就是在他们故乡的牧地境界内，经常会有异族以各种不同的方式进占，并且定居下去。如果极稀罕的例外情况可以不计，那么，移牧和迁徙就真的变成了古老的传说了。

第二章　政治社会组织的变化

征服了大部分蒙古部落，更正确些说，征服了蒙古封建联合体的清朝，基本上没有破坏蒙古的社会制度。恰好相反，在联合各封建集团的事业上具有丰富经验的清廷，目的十分明确，即要依靠蒙古僧俗封建主来治理蒙古。因此，清廷实行了一连串改组统治阶级的措施，并极力使封建制度官僚化，但几乎完全没有触动封建主对其下属的关系。在清帝国的蒙古，全部蒙古“平民”（阿拉特）仍旧隶属于自己的主人，隶属于各级那颜，即全都是这些人的阿勒巴图。因此，在清朝的管理下，蒙古的游牧封建制基本上没有什么改变。

自17世纪开始，清朝皇帝们就曾以怀柔手段拉拢了一些蒙古
封建主，又用武力征服了另一些封建主，于是他们就以成吉思汗创 194
立的蒙古王朝亦即元朝大汗事业的继承者自居。正如从前蒙古的封建领主、汗、济农、台吉、佛教领主–大喇嘛承认或不得不承认蒙古大汗的最高宗主权那样，现在他们也不得不承认清朝皇帝为自己的封建宗主（额毡）。清朝统治者在汉族人看来是皇帝，而在蒙古领主看来则有所不同，他们是继承了成吉思汗嫡系大汗权力的封建宗主。

为使这种思想象征化，并令人人皆知，形成了一种传说，即元朝可汗的玉玺自蒙古最后一位大汗林丹的儿子传给了清朝皇帝。

清朝皇帝成了成吉思汗帝位的继承者：宽温仁圣可汗(sütü boġda ejen xaġan)。

清朝历代皇帝不只希望保证自己，并保证他们治下的中国内地不受蒙古游牧民的侵犯，并且希望用怀柔蒙古封建主，吸收他们作为封建藩臣的手段，把蒙古人民置于自己宗主权的管辖之下，实际上他们的愿望是完全实现了。蒙古藩臣并非作为被征服者(奴隶——乞塔惕)来服役于清朝皇帝，而是像他们从前奉戴自己的大汗那样来奉戴清朝皇帝。清朝皇帝代替了蒙古大汗，蒙古大汗和清朝皇帝由于亲戚关系和继承权的传授而联系起来。清朝皇帝处在比蒙古大汗更崇高的地位。事实上，蒙古大汗终于变成了不过是察哈尔的一个汗，而清朝皇帝却能获得大汗的玉玺，并在蒙古封建主们因其丧失多年而为之叹息不止的元朝都城大都(北京)即了帝位。因此，反抗清朝皇帝并非是反对异族的征服者，而是反抗为了万民，尤其是为了蒙古的福利而决心坚决掌握着玉玺的正统宗主。

观察一下 17 世纪及 18 世纪初清廷对待蒙古的态度，及清朝的政策在当时蒙古社会统治阶级心目中产生了怎样的印象，便可看出，清朝如何不择手段，如何不惜强制其皇室公主下嫁蒙古封建主，如何当形势需要时不惜诉诸武力，巧妙而一贯地实现了上述的原则。

封建蒙古的情况对清朝是非常有利的。前已一再指出，在蒙古
195 封建制度的发展过程中有两种矛盾的倾向。要了解这种矛盾，不能忘记蒙古封建制度是依靠停滞不前的原始游牧畜牧自然经济生存的，而这种自然经济又依靠外部市场，依靠对其他文明的贸易或军事掠夺关系。

蒙古封建制度中暴露出来的矛盾倾向不外乎是，一方面，它引起了大规模的、不断扩大着的封地的分割及中央政权的完全削弱；另一方面，在同一封建制度内暴露出以坚强的汗权为中心，把各分地统一起来的迫切要求。

蒙古的封建制既然具有将封地分给作为领主的诸子的习惯，又由于在丰饶的牧场和其他牧地上经营粗放的游牧经济，其本身就不免促进封地的分割和引起宗主权的削弱，但同时，打开对外市场的锁钥掌握在某一封建主或某一封建家族的手上，以及对其他地区进军的可能性，都促使各封地以一个宗主为中心而统一起来。小封建主们为了得到一种较安全而无危险的生存保证，也同样渴求统一，即令为此要以相当的牺牲（主要是对宗主服务）作为代价，他们也在所不惜。

前述在各时代的蒙古人那里所看到的这些过程，在17世纪极明显地出现了，这一点上面已有所说明。这里应当指出，喀尔喀人，即喀尔喀的封建领主，渴望团结在库伦呼图克图的周围，察哈尔的林丹汗力谋恢复大汗的权威，卫拉特的噶尔丹博硕克图企图征服东蒙古人，并使他们像一部分被他屈服的卫拉特人那样也来服从自己。但是这些企图都没有成功，这是因为想实现这种企图的人，既无十分可靠的后方、可靠的经济条件和社会关系，又无力量和机会把对外市场和攻略富裕地区的通路掌握在自己的手上。

后金封建贵族在17世纪初年恰好处于这种有利的地位。他们有巩固可靠的后方，和中原王朝进行战争屡次获胜，已经准备取代它，并将整个中亚和中原王朝的贸易置于自己的控制之下。蒙古封建主宁愿拥戴清朝皇帝而不愿追随他们自己的希望成为第二个成吉思的察哈尔汗。林丹汗只能袭用成吉思的称号,清朝皇帝却部分地实现了帖木真的伟业,他统治着中国,并使其他地方和国家也臣服于自己。蒙古封建主归附了更富裕更强大的人,归附了能够更易于把他们统一在旧日同一旗帜之下的人。同时,还不能忘记,满族
196 在人种上接近于蒙古族,满族贵族能讲蒙古语,在一段时间里还用蒙古的文字。蒙古封建集团和满族封建集团,相互之间具有特别密切的关系。相互通婚促成双方封建社会的代表人物更迅速地趋于接近。除此以外,当时蒙古贵族是藏传佛教的热烈信徒,而清朝皇室不仅信奉这种佛教,而且成了它的最高保护者。此外,清朝皇帝在人民大众的眼中成了佛的化身,好像是佛教的领袖。佛教僧侣封建主及为数众多的寺庙和喇嘛,自然地把清朝皇帝当作了他们信仰的光辉和他们增进福祉的源泉而倾心归附于他了。

在 17 世纪,把许多蒙古封建联合体一个跟着一个逐渐地服属于自己的清朝,竭力想尽可能在各处建立统一的秩序。他们通常并不破坏已形成的领地、封建联合体或汗国,他们只是在这些联合体的内部和外缘,设立了硬性的界限。以前的大领地、汗国,现在称为爱马克(部),封建领主的封地,现在称为和舜(旗)。以领主(额毡)、主君、蒙古那颜、从前封建主的子孙为首脑的和舜(旗),是游牧领地,即基本的封建单位。

参 考 书 目

一　蒙古语主要史料与文献

Altan tobci（Золотое Сказанье）15，16，17［A. t］

Батур-Тюмень

Биография Заи Падиты（Zaya-paṇḍita）18

Нэйджи-Тойн（Neyiji-toyin）18

Bilig'и Чингиса 10

Bodhicaryāvatāra 15

Bolor toli

Бурятские законы и постановления 26

Бурятские хроники 19

Ġabang Sharab

Gombojab

Законы трех халхаских хошунов 1790 г.（Xalxa jirum）20，21［X. j.］

„История Радлова"（Yeke shara tūji）15，16

Iledkel shastir 14，26［I. sh.］

Монгольские надписи 19

Монголо-ойратские законы 1640 г. 19，21，22［Ойрат. зак］

Монгольское Уложение Палаты Внешних сношепий Манджурской Нмперии 20，21，22

Новое Монгольское Уложение автономной Монголии 1914 г. 26

Subhāshitaratnanidhi

Санан-Сецен（Sanang-Secen）15，16，17［S. s.］

Убаши-хун-Тайджи (Ubashi-xung-tayijiyin tūji) 22

Хошунные постановления (dürim), записки и протоколы 27

„Эрдэнийн Эрихэ" 18

Юань-чао-би-ши (Сокровенное сказанье о поколении Монгол) 6, 7, 9 [С. ск.]

Юань-ши 9

二　西欧文字的史料与文献[①]

Abel-Rémusat. *Nouveaux Mélanges asiatiques*, Ⅱ, Paris, 1829.

——*Observations sur L'ouvrage de M. Schmidt, intitulé Histoire des Mongols orientaux*, JA, t. Ⅷ, 1831, t, Ⅸ, 1832.

Aboul-Ghāzi. *Histoire des Mongols et des Tatares*, publiée, traduite et annotée par le Baron Desmaisons, t. Ⅱ, traduction, St. Pétersb., 1874.

Baddeley, J. F. *Russia, Mongolia, China, Being some Record of the Relations between them from the beginning of the* Ⅻ *th Century to the Death of Tsar Alexei Mikhailovich A. D. 1602–1676*. Rendered mainly in the form of Narratives dictated or written by the Envoys—sent by the Russian Tsars, or their Voevodas in Siberia to the Kalmuk and Mongol Khans and Princes; and to the Emperors of China with Introductions Historical and Geographical, also a Series of Maps showing the progress of Geographical Knowledge in regard to Northern Asia during the ⅩⅥth, ⅩⅦth and early ⅩⅧth Centuries. The Texts taken more especially from Manuscripts in the Moscow Foreign Office Archives, 1919, 2 vols., London.

Barthold, W. Turkestan... Second Edition translated from the original Russian and reviesed by the anther, with the assistance of H. A. R. Gibb 1928, "Gibb Memorial Series".

—— "Gingiz-Khan" в *Enzyklopaed. des Islāms*, Ⅰ.

① 这里所列的书目，大多数已在本书绪论（资料及参考书概述）及各篇的注释中译成中文，请参照。

Bazin, M. "*Le Siècle de Youên*" , *JA*, Mai–Juin 1852.

Bell, Charles. *Tibet, Past and Present*, Oxford, 1924.

Bergmann. *Nomadische Streifereien unter den Kalmuken*, Bd. Ⅰ–Ⅳ, Riga, 1804–1805.

Blochet, E. *Introduction à l'histoire des Mongols*, Leyden-London, 1910.

——*Djami el-Tévarikh, par Rachid-ed-Din, t.* Ⅱ (Gibb Memorial), vol. ⅩⅧ, 2, 1911.

Bretschneider, E. *Medieval Researches from Eastern Asiatic Sources*, Ⅰ–Ⅱ, London, 1888.

Brosset, M. *Deux historiens arméniens Kiracos de Gantzac*, ⅩⅧ s., *Oukhtanès d'Ourha*, Xs., St. Pétersb., 1870.

Browne, E. G. *A Literary History of Persia*, Ⅲ, *Persian Literature under Tartar Dominion*, Cambridge, 1920.

Charignon, A. J. H. *Le livre de Marco Polo*, t. Ⅱ, Pékin, 1926.

Chavannes, E. "Inscriptions et pièces de chancellerie chinoises de l'époque mongole", *T'oung Pao*, 1904, 1905, 1908.

Cordier, H. (см. Yule)

Courant, M. *L'Asie Centrale aux* *ⅩⅦ et ⅩⅧ siècles, Empire Kalmouk ou Empire Mantchou*, Lyon-Paris, 1912.

Defrémery, M. G. "Histoire des Khans Mongols du Turkistan et de la Transoxiane, extraite du Habibessiier de Khondémir, traduite du persan et accompagnée de notes", *JA*, Ⅳ s., ⅩⅨ.

Delamarre, M. *Histoire de la Dynastie des Ming, composée par l'Empereur Khian-Loung, traduite du Chinois*, Paris, 1865.

Desmaisons (см. Aboul-Ghāzi).

Du Halde. *Descriptions géograph..., histor... de l'Empire Chinois et de la Tartarie chinoise*, La Haye, 1736, vol. Ⅳ.

Dulaurier, "E. Les Mongols d'après les historiens arméniens", *JA*, Ⅴ s., t. Ⅺ, 1858.

Fischer, J. E. *Recherches historiques sur les principales nations établies en*

Sibérie..., traduite du russe par Stollenwerck, Paris.

Fustel de Coulanges. *Histoire des institutions politiques de l'ancienne France*, Ⅰ, Paris, 1877.

Georgi, J. G. *Beschreibung aller Nationen des Russ. Reichs*... St. Petersb., 1776–1778; второе изд. St. Petersb., 1782; третье изд. Leipzig, 1793; франдузск. пер., 1776.

——*Bemerkungen einer Reise im Russischen Reich im Jahre 1772*, St. Petersb., 1775.

Gmelin, J. G. *Reise durch Sibirien von dem Jahre 1733 bis 1743*, Göttingen, 1751–1752.

Grousset, R. *L'histoire de l'Extrême Orient*. Ⅱ.

Haenisch, E. "Untersuchungen über das Jüan-ch'ao-pi-shi die geheime Geschichte der Mongolen" *Abhandlungen der philolog. -histor. Klasse d. Sächsischen Acad. d. Wiss*., No. Ⅳ, 1931.

Hauer, E. (см. Huang-Ts' ing K' ai-Kou-Fang-Lüeh).

Howorth, H. *History of the Mongols*, Part I, London, 1876 (в 1927г. появилось дополнение: Part Ⅳ, Supplement and Indices).

Huang-Ts'ing K'ai-Kuo-Fang-Lüeh. *Die Grundung des Mandschurischen Kaiserreichs*, übersetit und erklärt von Hauer E., Berlin und Leipzig, 1926.

Huc, M. *Souvenirs d'un voyage dans la Tartarie et le Thibet pendant les années* 1844, 1845, 1846, t. Ⅰ, Paris, 1857.

Huth, G. *Die Inschriften von Tsaghah Baišin*, Leipzig, 1894.

——*Geschichte des Buddhismus in der Mongolei*, Strassbourg, 1896, Ⅱ.

Klaproth, J. "Description de le Chine sous le règne de la dynastie Mongole, traduite du persan, de Rachid-Eddin et accompagnèe de notes", *JA*, t. Ⅺ, 1833.

Kotwicz, W. "Quelques donnéés nouvelles sur les relations entre les Mongols et les Ouigouts". *Rocznik Orjentalistyczny*, Ⅱ, 1925.

Krause, F. E. A. *Cingis-Han, die Geschichte seines Lebens nach den Chinesischen Reichsannalen*, Heidelberg, 1929.

——"Die Epoche der Mongolen". *Mitteilungen des Seminars für Orient.* Spr., XXVI-XXVII, 1924.

Lamb, H. *Genghis-Khan, The Emperor of All Men, London*, 1928.

Ligeti, L. "Les noms mongols de Wen-Tsongs des Yuan", *T'oung Pao*, XXVII, 1930.

Luchaire, A. *Manuel des institutions françaises*, Paris, 1892.

——*Manuel des institutions françaises, période des Capétiens directs*. Paris, 1902.

M. de Mailla. *Histoire Générale de la Chine ou Annales de cet empire, trad. du Tong-Kien-kang-Mou*. Paris 1779, vol. IX, X, XI.

Mannerheim, C. G. E. "A visit to the Sarö and Shera Jögurs", *Journ. de la Soc. Finno-Ougr.*, XXVII, 1911.

Maspéro, H. "Chine et Asie Centrale", в сб. *Histoire et historiens depuis cinquante ans*, Paris, 1928.

Mostaert, A. "A propos de quelques portraits d'empereurs mongols", *Asia Major*, vol. IV, 1927.

d' Ohsson. *Histoire des Mongols depuis Tchingis-Khan jusqu'à Timour Beg ou Tamerlan*. La Haye et Amsterdam 1834–1835（второе изд., значительно дополненное в 4-х томах; первое издание появилось в 1824г.; Третье изд. 1852г. является перепечаткою второго）.

van Oost, J. "Notes sur le T'oemet", Chang-hai, 1922, *Variétés sinologiqtles*, No. 53.

Palladius l' archimandrite. "Deux traversées de la Mongolie 1847–1859"（préface de M. P. Boyer）, *Bull. de géographie historique et déscriptive*, 1884.

Pallas, P. S. *Reise durch verschiedene Provinzen des Russischen Reichs, 1771–1776*; изп. 2-е, 1801.

——*Sammlungen historischer Nachrichten über die Mongol. Völkerschaften*, Bd. 2, St. Petersb., 1776–1801.

Parker, E. H. "Mongolia after the Tenghizides and before the Manchus" , *Journ. of the N. China Branch of the R. Asiat.* Soc., vol. XLIV, 1913.

Pauthier, M. G. "De l'alphabet de P'asse-Pa", *JA*, 1862.

——*Le livre de Marco Polo*, Paris, 1865.

Pelliot, P. "Le titre mongol du Yuan-tch'ao pi che", *T'oung Pao*, 1913.

——"Chrétiens d'Asie Centrale et d'Extrême-Orient", T'oung Pao, 1914.

——"A propos des Comans", *JA*, Avril-Juin 1920.

——"Les Mongols et la Papauté", *Revue de l'Orient Chrétien*, t. Ⅲ, No. 1–2; t. Ⅳ, No. 3–4, 1924.

——"Les mots à h initial aujourd'hui amuie dans le mongol des XIIIe et XIVe siécles", *JA*, Avril-Juin, 1925.

——"L'Edition collective des oeuvres de Wang Kouo-wei", *T'oung pao*, 1928–1929.

——"Sur yam ou J̌am, relais postal", *T'oung Pao*, 1930.

——"Les kökö däbtär etc". *T'oung Pao*, 1930.

——"Un passage altéré dans le texte mongol ancien de l'Histoire Seorète des Mongols", *T'oung Pao*, 1930.

——"Sur la légende d'Uyz-khan en écriture ouigoure", *T'oung Pao*, 1930, No. 4–5, vol. XXVII.

——"Note sur Karakorum", *JA*, Avril-Juin 1925.

——"Le voyage de M. M. Gabet et Huc à Lhasa", *T'oung Pao*, 1925.

——"Notes sur le Turkestan" de M. W. Barthold, *T'oung Pao*, 1930, vol. XXVII.

Perry-Ayscough, H. G. C. and Otter-Barry. *With the Russians in Mongolia*, London, 1913.

Poppe, N. "Zum khalkha-mongolischen Heldenepos", *Asia Major*, vol. Ⅴ, 1928.

Quatremère, E. *Histoire des Mongols de la Perse par Rachid-Eddin*, *Collection oriéntale*, t. I, Paris, 1836.

Ramstedt, G. J. "Mogholica, Berträge zur Kenntniss der Monghol-Sprache in Afghanistan" , *Journ. de la Soc. Finno-Ougr.*, XXIII, 4.

Riasanovsky, V. A. *Customary law of the Mongol tribes* (*Mongols, Buriats, Kalmucks*), part Ⅰ–Ⅲ, Harbin, 1929.

Rockhill, W. W. *The Journey of William of Rubruck*, London, 1900.

Salemann, C. "Manichaica", V, ИАН, 1913.

Schmidt, I. J. *Geschichte der Ost-Mongolen und ihres Furstenhauses, verfasst von Ssanang Ssetsen, Chungtaidschi der Ordus*, St.-Petersb., 1829.

——*Voyages chez les peuples Kalmouks et les Tartares*, Berne, 1792（автор анонимный）.

——*Die Volksstämme der Mongolen, als Beitrag zur Geschichte dieses Volkes und seines Fürstenhauses*, St. - Petersb., 1834.

Yule, H. *The Book of Ser Marco Polo*, third ed., revised by H. Cordier, London, 1903.

三　俄语史料与文献

Абуль-Гази-Бохадур-хан. Родословная туркмен, перев. А. Туманского, Асхабад, 1897.

Алтан-Тобчн.（см. Гомбоев...）

Амур-Санан, А. М., Мудрешкин сын, Л, 1925（есть и др. издания）.

Аристов, Н. А. Заметки об этническом составе тюркских племен и народностей, Живая Старина, 1896, вып. Ⅲ и Ⅳ.

Бамбаев, Б. Б. Отчет о командировке в Монголию летом 1926 г. Материалы МОНК, вып. 4, Л, 1929.

Банзаров Дорджи. Об Ойратах и Уйгурах, Черная вера и др. статьи, изд. под редакцией Г. Н. Потанина, СПб., 1891.

Баранов, А. Словарь монгольских терминов（А—Н）, Материалы по Маньчжурии и Монголии, вып. Ⅺ, Харбин, 1907;（О—Ф）, выц. ⅩⅩⅩⅥ, Харбин, 1911.

Бартольд, В. В. К вопросу о происхождении кайтаков, Этногр. обозр., кн. 84—85, 1910.

——К вопросу об уйгурской литературе и ее влиянии на монголов, Живая Старина, кн. 70—71, г. ⅩⅧ, 1909, вып. Ⅱ, Ⅲ.

——Туркестан в эпоху монгольского нашествия, т. Ⅱ, СПб., 1900.

——Образование империи Чингиз-хана, Зап. ВОРАО, т. Ⅹ, 1896.

——Очерк истории Семиречья. Памятная кннжка Семиреченск. обл. Стат. ком, Ⅱ, Верный, 1898.

——Церемониал при дворе узбецких ханов в XVII в., Зап. РГО по отд. этногр., XXXIV.

——Улуг-бек и его время, Зап. росс. Академии Наук, нст. -фил. огд., т. XIII, №5, 1918.

——Рецензия на Blochet, E. Introduction à l'histoire des Mongols. Мир Ислама, т. Ⅰ, СПб., 1912.

——История культурной жизни Туркестана нзд. Академии Наук СССР, 1927.

——Чингиз-хан, статья в Энциклопедическом словаре Брокгауза и Эфрона.

——Рецензия на „Чингис-хана" Б. Я. Владимирцова, журн. Восток, ки. 5, Л., 1925.

——Рецензия на труд Д'Оссона, Histoire des Mongols... в журн. Восток (кн. 5), изд. Всемнрная литература, М. —Л., 1925.

——И. Н. Березин как историк, ЗКВ, 1, 1925; ЗКВ, 2, 1927.

——Связь общественнното быта с хозяйственным укладом у турок и монголов, Изв. Общ. археол., ист. и этногр. при Казанск. унив., т. XXXIV, вып. 3—4, 1929.

——К вопросу о погребальных обрядах турок и монголов, ЗВО, т. XXV, 1921.

Баснин, В. Н. (см. Историческая Записка о Китайской границе).

Баторский, М. Опыт военно-статистического очерка Монголни, СПб., 1884, Сб. геогр., топогр. и стат. материалов по Азии, изд. Военно-учен. ком. Главн. Штаба, вып. 37.

Беннигсен, А. П. Несколько данных о современной Монголии, СПб., 1912.

Бентковский, И. В. Жилища и пища калмыков Болвшедэрбэтского улуса, Сб. стат. сведений о Ставропольской губ., 1868, вып. 1.

Березин, И. Н. Ханские ярлыки, т. Ⅰ, Казань, 1850.

——Сборник летописей. История Монголов, сочинение Рашид-Эддина.

Введение:о Турецких и Монгольских племенах. Труды ВОРАО, ч. V, 1858 (перевод), 1861 (персидский текст).

——Рашид-Эддин. История Чингиз-Хана до восшествия его на престол, Труды ВОРАО, ч. XIII, 1868.

——Рашид-Эддин. История Чингиз-Хана от восшествия его на престол до кончины, Труды ВОРАО, ч. XV, 1888.

——Очерк внутреннего устройства улуса Джучиева. Труды ВОРАО, ч. VIII, СПб., 1863.

Бичурин, Иакинф. Записки о Монголии, т. 1—2, СПб., 1828 (немецкий перевод C. F. von d. Borg'a, Berlin, 1832).

——Описание Чжунгарии и Восточного Туркестана в древнем и нынешнем состоянии, пер. с китайского, ч. 2, СПб., 1829.

——Историческое обозрение Ойратов или Калмыков с XV столетия до настоящего времени, СПб., 1834. То же в Журн. Мин. вн. дел, 1833, VIII, № 5.

Богданов, М. Н. Эпоха Зэгэтэ-аба, Очерки истории Бурят-Монгольского народа (под редакцией Н. Н. Козьмина), Верхнеудинск, 1926.

——Бурятский народ в изображении путешественников XVIII в., там же.

Боголепов, М. И. и Соболев, М. Н., проф. Очерки русско-монгольской торговли, экспедиция в Монголню 1910 г., Труды Томск. общ. изуч. Сибири, т. I, Томск, 1911.

Болобан, А. П. Монголия в се современном торгово-экономнческом отношении. Отчет агента Министерсгва торговли и промышленности эа 1912—1913 гг., Пгр., 1914.

Буссе, Ф. Список слов бытового значения некогорых кочевых народов Восточной Сибири, СПб., 1880.

Бюлер, Ф. Кочующие и оседло живущие в Астраханской губ. инородцы, Отеч. Зап., СПб., 1846, т. XLVII, XLVIII, XLVIX.

Вамбоцыренов, И. Аба-хайдак, облава у хоринских бурят, Изв. Вост. -сиб. отд. РГО, 1890, т. XXI, № 2.

Васильев, В. П. История и древности восточной части Средней Азии (Чжао-

Хун). Полное онисание Монголо-татар (перевод „Мэн-да-бей-лу"), Труды ВОРАО, ч. IV, СПб., 1857.

Вельяминов-Зернов, В. В. Словарь джагатайско-турецкий, СПб., 1868.

——Исследование о Касимовских царях и царевичах, Труды ВОРАО, ч. X, СПб., 1864.

Веселовский, Н. И. Посольство к зюнгарскому Хун-тайджи Цэван Рабтану капитана от артиллерии Ивана Унковского и путевой журнал его на 1722–1724, документы, изд. с прдисл. и примеч., Зап. РГО по отд. этногр., т. X, вып. 2, СПб., 1887.

Владимирцов, Б. Отчет о командировке к дэрбэтам Кобдоского округа, Изв. Русск. ком. для изучения Средней и Восточной Азии, № 9, 1909.

——Поездка к кобдоским дэрбэтам, Изв. РГО, XLVI, вып. VIII—X, 1910.

——Отчет о командировке к баитам Кобдоского округа, Изв. Русск. ком. для нзуч. Средн. и Вост. Азии, сер. 2, № 1, СПб., 1912.

——Монгольская литература, Литература Востока, изд. „Всемирная Литература", Пгр., 1920.

——Монгольский сборник рассказов из Pañcatantra, Пгр., 1921.

——Чингис-хан, Петроград-Москва-Берлин, 1922.

——Монголо-ойратский героический эпос, Пгр., 1923.

——Монгольский Данджур, ДАН-В, 1926.

——Надписи на скалах халхаского Цокту-тайджи, ИАН, №№ 13 и 14, 1926; № 3—5, 1927.

——Этнолого-лингвистические исследования в Урге, Ургинском и Кентейском районах, Северная Монголия, 2, нзд. Академии Наук СССР, 1927.

——Монгольское nökür, ДАН-В, 1929.

Владимирцов, Б. Сравнительная грамматика монгольского письменного языка и халхаского наречия, изд. ЛВИ им. А. С. Енукидзе, № 33, 1929.

——Где пять халхаских поколений, ДАН-В, 1930.

Георги, И. Г. Описание всех обитающих в Российском государстве народов, etc., СПб., первое издание 1776—1778 гг.; второе издание 1799 г.

Гесер Богдо (см. Образцы народной словесности монгольских племен).

Гирченко, В. П. Сборник материалов по истории Бурятии XVIII и первой половины XIX вв., вып. 1, под редакцией и с прим. В. П. Гирченко, Верхнеудинск, 1926.

Голстунский, К. Ф. Монголо-ойратские законы 1640 г., дополнительные указы Галданхун-тайджия и законы, составленные для волжских калмыков при калмыцком хане Дондук-да-ши, СПб., 1880.

Гомбоев Галсан. Сказания об убаши-хун-тайджи (текст и перевод), Труды ВОРАО, ч. VI, СПб., 1858.

——„Алтан-тобчи", монгольская летопись (перевод), Труды ВОРАО, ч. VI, СПб., 1858 (предисловие П. Савельева).

Горский, В. Нарало и первые дела Маньчжурского дома; О Происхождении ныне царствующей в Китае династии Цин и имени народа Маньчжу, Труды членов Российск. Духовн. Миссии в Пекине, т. I, СПб., 1852.

Гродеков, И. И. Киргизы и каракиргизы Сыр-Дарьинской оластн, Ташкент, 1889.

Грумм-Гржимайло, Г. Е. Западная Монголня и Урянхайский край, т. I, СПб., 1914; т. II, Л., 1926; т. III, вып. 1, Л., 1926; вып. 2—4, Л., 1930.

Лурлянд, Я. И. Степное законодательство с древнейших времен по XII столетие. Изв. Общ. археол., ист. и этногр. при Казанск. унив., т. XX, 1904.

Дуброва, Я. П. Быт калмыков Ставропольской губ. до издания закона 15 марта 1892 г., Изв. Общ. археол., ист. и этногр. прн Казанск. унив., т. XV, 1899.

Жамцарано, Ц. Ж. Поездка в Южную Монголию в 1909—1910 гг., Изв. Русск. ком. для нзуч. Средн. и Вост. Азии, сер. 2, № 2, СПб., 1913.

——Обозрение памятников писаного права монгольских племен, 1920.

——Гесер Богдо (см. Образцы народной словесности монгольских племен).

Жамцарано, Ц. Ж. и Турунов, А. Халха Джиром — описание памятника, Сб. трудов Гос. Иркутск. унив., вып. 6, Иркутск, 1923.

Житецкий, И. А. Очерки быта Астраханских калмыков, Изв. Общ. любит.

естеств., антропол. и этногр., Труды этногр. отд., т. XIII, вып. 1, М., 1893.

Залеман, К. Musei Asiatici Petropolitani notitiae VII. Записи произведений народной словесности монгольских племен, ИАН, 1905.

Иакинф, иеромонах (см. Бичурин).

Ивановский, А. А. Антропологический. очерк торгоутов Тарбагатаэской обл., Китайской империи, Монголы-торгоуты, Изв. Общ. любит. естеств., антропол. и этногр., т. LXXI, Труды антроп. отд., т XIII, М., 1893.

Историческая записка о китайской границе, составленная советником Троицко-Савского пограничного правления Сычевским в 1846 г. Сообщает В. Н. Баснин. Чтения в Общ. ист. и древн. росс. при Московском унив., 1875, КН. 2, М., 1875.

Кафаров Палладий. Юань-чао-би-ши (Сокровенное сказание о поколении Монгол), перевод на русск. язык, Труды членов Росс. Духовн. Миссии в Пекине, т. IV, СПб., 1866.

——Путевые записки китайца Чха-дэ-хой во время путешествия его в Монголию в первой половине XIII ст. Перевод и примечания. Зап. Сиб. отд. РГО, кн. IX—X, 1867.

——Шэн-ву цин-чжэн-лу. —Описаине личных походов священновоинственного (Чингисхана). Перевод с предисл. и примеч. в Восточном Сборнике, I, СПб., 1877 (цзд. Мин. ин. дел).

——Перевод с предисловием и примечаниями Си-ю-цзи:Описание путешествия даоса Чан-Чуня на Запад. Труды членов Российск. Духовн. Миссии в Пекине, т. IV, СПб., 1866.

——Дорожные заметки на пути по Монголни в 1847 и 1859 гг. Зап. РГО по общ. геогр., т. XXII, № 1, СПб., 1892.

——Комментарий на путешествие Марко Поло по северному Китаю, изд. РГО, XXXVIII, вып. 1, СПб., 1902.

Клеменц, Д. А. О свадебных обрядах у Забайкальских бурят, Изв. Вост. -Сиб. отд. РГО, т. XXII, № 1, 1891.

Клеменц, Д. и Хангалов, М. Общественные охоты у северных бурят, Материалы по этнографии России, т. Ⅰ, 1910.

Ковалевский, О. Монгольская хрестоматия, 1, Казань, 1836.

Козлов, П. К. Монголия и Кам, СПб., 1905—1907.

——Монголия и Амдо, М.—Л., 1923.

Козьмин, Н. Н. Хозяйство и народность (производственный фактор в этнических процессах). *

Костенков, К. Статистическо-хозяйственное описание Калмыцкой степи, Калмыцкие степи Астраханской губ. по исслед. Кумо-Маныч. экспед., Ⅲ, СПб., 1868.

——Исторические и статистические сведения о Калмыках, СПб., 1870.

Котвич, В. Л. Калмыцкие загадки и пословицы, СПб., 1905.

——Рец. на Baddeley, *Russia, Mongolia, etc.*, ЗКВ, 1.

——Монгольские надписи в Эрдэни-дзу, Сб. МАЭ, Ⅴ, 1917.

——Русские архивные документы по сношению с ойратами в ⅩⅦ и ⅩⅧ вв., ИРАН, 1919.

——К изданию Юань-чао-би-ши, ЗКВ, 1.

——Статья в книге Козлова „Монголия и Амдо “.

——Из поучений Чингис-Хана, пер. с монгольскго, журн. Восток, кн. 3, Л., 1923.

——Рецензия на Богданова „Эпоха Зэгэтэ-аба“, журн. Восток, кн. 3, Л., 1923.

Кочнев, Д. А. Очерки юридического быта якутов, Изв. Общ. археод., нст. и этногр. при Казанск. унив., т. ⅩⅤ, 1899.

Кроль, М. Брачное право монголо-бурят, Журн. Мин. юст., 1900, кн. 1.

——Брачный обряд и обычай Забайкальских бурят, Изв. Вост. -Сиб. отд. РГО, т. ⅩⅩⅤ, № 1, 1894.

——Охотничье право и звериный промысел у бурят, Изв. Вост. -Снб. отд. РГО, т. ⅩⅩⅤ.

——Черты родового быта, Изв. Иркут. общ. изуч. Сибири, 1917, т. 1.

* 无法确认出版时间和地点。——原书编者

——Брачное право у бурят Селенгинского округа. Протоколы Троицкосав. -Кяхт. отд. РГО, № 1, 1895.

Кушелев, Ю. Монголия и монгольский вопрос, СПб., 1912.

Лауфер, Б. Очерк монгольской литературы, изд. ЛВИ, № 20, 1927.

Леонтович, Ф. И. Калмыцкое право, ч. 1, Уложение 1822 г. (текст). Примечания: состав, источники и общий характер Уложения. Общественный быт по калмыцким уставам. Одесса, 1880.

——К исгории права русскик инородцев. Древний монголо-калмыцкий или ойратский устав взысканий, Одесса, 1879.

Лепехин, И. Дневные записки путешествия... по разным провинциям Российского Государства 1768—1769 гг., ч. Ⅰ, СПб., 1771; изд. 2-е, СПб., 1785; после изданы Академией Наук в „Полном Собрании ученых путешествий по России“, СПб., 1818—1825. Немецкий перевод появился в 1774—1777 гг. ; французский в извлечениях в книге Frey de Landres. Histoire des découvertes faites par divers savants voyageurs dans plusieurs contrées de la Russie... Berne et la Haye, 1779—1787.

Липовцов, С. Уложение Китайской Палаты внешних сношений, т. 2, СПб., 1828.

——(?) Китайская история поколения Дай-Минских императоров.*

Майский, И. Современная Монголия, Нркутск, 1921.

Мелиоранский, П. М. О Кудатку Билике Чингиз-хана, Зап. ВОРАО, т. ⅩⅢ.

——Араб-филолог о турецком языке, СПб., 1900.

Миллер, Г. Ф. Описание Сибирского царства и всех происшедших в нем дел от начала, а особенно от покорения его Российской державой по сии времена, СПб., 1750.

——Сибирская история, Ежемесячные сочинения к пользе и убеселению служащие, изд. Академии Наук, т. ⅩⅧ—ⅩⅨ, 1755—1764 (по немецки: Sammlung Russischer Geschichte, Ⅲ).

Минаев, И. П. Путешествие Марко Поло, перевод старо-фраицузского тек-

* 无法确认出版时间和地点。——原书编者

ста, изд. РГО, под ред. В. В. Бартольда, Зап. РГО по отд. этногр., т. XXVI, СПб., 1902.

Михайлов, В. Заметка по поводу выражения „Зэгэтэ-аба“, Живая Старина, 1913, т. XXII, вып. 2.

Молчанов, И. А. Материалы к вопросу о древнем оледенении С. -В. Монголии, Изв. РГО, т. LIV вып. 1, 1919.

Московская торговая экспедиция в Монголню, М., 1912.

Мэн-гу-ю-му-цзи. Записки о монгольских кочеьях, перевод с кит. П. С. Попова, СПб., 1895.

Мэн-да-бэй-лу. Полное описание Монголо-татар, перевод В. П. Васильева, Труды ВОРАО, ч. IV, СПб., 1857.

Небольсин, П. Оьерки быта Калмыков Хошоутовского улуса, СПб., 1852.

Нефедьсв, Н. Подробные сведения о волжских калмыках, собранные на месте, СПб., 1834.

Образцы народной словесности монгольских племен, т. II, эпические произведения эхритбулгатов, Гэсэр-Богдо, эпопея, вып. I, собрал Ц. Ж. Жамцарано. Л., 1930, изд. Академии Наук.

Ордосец. Национально-освободительное движение во внутренней Монголии, журн. Революционный Восток, № 2, 1927.

Очиров, Н. Поездка к Астраханским калмыкам, Изв. Русск. ком. для изуч. Средн. и Вост. Азии, № 10, 1910.

—Поездка в Александровский и Багацохуровский улусы, Изв. Русск. ком. для нзуч. Средн. и Вост. Азии, сер. 2, № 2.

——Астраханские калмыки и их современное экономическое состояние, описание калмыцкой степи, Пгр., 1915 (ИЗЛ. 2-е, Астрахань, 1925).

Павлов-Сильванский, Н. Феодальные отношения в удельной Руси, СПб., 1901.

——Феодализм в Древней Руси, ИЗЛ. 2-е, М. —Л., 1923.

Палладий, архимандрит (см. Кафаров).

Паллас, П. С. Путешествие по разным провинциям Российской Нмперии,

СПб., 1773—1788; изд. 2-е, СПб., 1809; французский пер. 1793 г. (Paris).

——Собрание исторических известий о монгольских народах, СПбургск. Вестн., ч. Ⅰ, №№ 1, 2, 3, 4, 5.

——О разделении народов мунгальского поколения, Месячник истории и географии на 1797 г.

Пальмов, Н. Н. Очерк истории Калмыцкого народа за время его пребывания в пределах России, Астрахань, 1922.

——Этюды по истории приволжских калмыков, ч. 1, XVII и XVIII вв., 1926; ч. 2, XVIII в., 1927; ч. 3 и 4, 1929, Астрахань.

Патканов, К. П. История монголов по армянским источникам, вып. Ⅰ, ... извлечения нз трудов Вардана, Стефана Орбелиани и конетабля Сембата, СПб., 1873.

——Вып. II, ... извлечения нз истории Киракоса, СПб., 1874.

——История монголов инока Магакии, XIII в., СПб., 1871.

Патканов, С. К. Статнстическне данные, показывающие племенной состав населения Сибири, язык и роды инородцев (на основании данных специальной разработки материала переписи 1897 г.), т. III, СПб., 1912, Зап. РГО по отд. статистики, т. XI, вып. 3.

Пекарский, Э. К. Словарь якутского языка, СПб., вып. Ⅰ, 1907... вып. VI, 1923.

Петри, Б. Э. Элементы родовой связи у северных бурят, Силирская Живая Старина, Иркутск, 1924, вып. Ⅱ.

——Территориальное родство у северных бурят, Изв. Биол. -геогр. н. -и. инст. при Гос. Иркутском унив., 1924, т. Ⅰ, вып. 2.

——Внутри-родовые отношения у северных бурят, Изв. Биол. -геогр. и. -и. инст. при Гос. Иркутском унив., 1925, т. Ⅱ, вып. 3.

Плано Карпини. История Монгалов, пер. А. И. Малеина, СПб., 1911.

Позднеев, А. М. Образцы народной литературы монгольских племен, вып. Ⅰ, Народные песни монголов, СПб., 1880.

——О древнем китайско-монгольском памятнике Юань-чао-ми-ши, СПб.,

1882; то же в Изв. РАО, т. X, вып. 3—4.

——Монгольская летопись „Эрдэнийн эрихэ“, подлинный текст с переводом и пояснениями, заключающими в себе материалы для истории Халхи с 1636 по 1736 г., СПб., 1883, с предисловием.

——Очерки быта буддийских монастырей. и буддийского духовенства в Монголии в связи с отношениями сего последнего к народу, Записки РГО по отд. этногр., т. XVI, СПб., 1887.

——Монгольская хрестоматия, СПб., 1900.

——Калмыцкая хресгоматия, СПб., изд. 1-е, 1892; изд. 2-е, 1907; изд. 3-е, 1915.

——Письмо к барону Ф. Р. Остен-Сакену с замечаниями на Дневник о. Палладия по Монголии, веденный в 1847 г., Зап. РГО по общ. геогр., т. XXII, № 1, СПб., 1892.

——Новооткрытый памятник монгольской письменности времен династии Мин, Восточные Заметки, 1895.

——Монголия и Монголы, т. I, СПб., 1896; т. II, СПб., 1898.

——История монгольской литературы, литограф. издание лекций, читанных в 1897—1898 гг.

——Транскрипция палеографибеского текста Юань-чао-ми-ши, выпущено 112 стр. литографическим способом.

Позднеев, Д. М. К вопросу о пособиях при изучении истории монгол в период Минской династии, Зап. ВОРАО, IX.

Покотнлов, Д. Нстория Восточных Монголов в период династии Мин 1368—1634, по китайским источникам, СПб., 1893.

Покровский, Ф. И. Путешесгвие в Монголню и Китай Сибирского казака Ивана Петлина в 1618 году. (Мнимое путешествие атаманов Ивана Петрова и Бурнаш-Ялычсва в 1567 г.) Изв. Отд. рус. яз. и словесностн Академии Наук, 1913, т. XVIII, кн. 4, СПб., 1914.

Попов, П. С. (см. Мэн-гу-ю-му-цзи).

Поппе, Н. Н. Огчет о поездке на Орхон летом 1926 г. Материалы Комиссии

по исследованию Монгольской и Тувинской народных республик и Бурят-Монгольскй АССР, вып. Ⅳ, Л., 1929.

——Дагурское наречие, Материалы МОНК, вып. 6, 1930.

Посольство к зюнгарскому Хун-тайджи Цеван Рабтану...(см. Веселовский, Н. И.).

Потанин, Г. Н. Очерки Северо-Западной Монголии, СПб., 1881—1883 гг.

——Тангутско-Тибетская окрайна Китая, СПб., 1893.

——Поминки по Чингис-хане, Изв. РГО, XXI.

Радлов, В. В. К вопросу об уйгурах, СПб., 1893.

Разумов и Сосновский. Значение рода у инородцсв Забайкальской области (Мат. Куломзинской ком.), Мат. по иссл. землевладсния и землепользования в Забайкальской обл., СПб., 1898, вып. 6.

Рамстедт, Г. И. О былинах монгольских, Труды Троицкосав. -Кнхт. отд. Приамурского отд. РГО, т. Ⅲ, вып. 2—3, 1902.

Рубрук. Путешествие в восточные страны, перевод А. И. Малеина, СПб., 1911.

Руднев, А. Д. Заметки по монгольской литературе, Ⅱ, „Исгорическая летопись Болор-toli “, Зап. ВОРАО, XV, СПб., 1903.

Рычков, П. И. Топография Оренбургская, т. е. обстоятельное описание Оренбургской губ. СПб., 1762, а также в Сочинениях и переводах к пользе и увеселению служащих, СПб., 1762.

Рязановский, В. А. Обычное право монгольских племен (Монголов, бурят, калмыков), ч. Ⅰ—Ⅲ (отдельный оттиск из №№ 51, 52 Вестника Азии), Харбин, 1924.

——Монгольское право и сравнительное правоведение, Изв. Юридического факультета в Харбине, т. Ⅶ, Харбин, 1929.

——Монгольское право (преимущественно обычное), ист. очерк, Харбин, 1931.

——К вопросу о влиянии монгольской культуры и монгольского права на русскую культуру и право, Изв. Юридического факультета в Харбине, т.

Ⅸ, Харбин, 1931.

Самоквасов, Д. Я. Сборник обычного права сибирских инородцев, Варшава, 1876.

——Свод степных законов коьевых инородцев Восточной Сибири, СПб., 1841.

——Пояснительные примеьания к своду стецных законов, СПб., 1841.

Самойлович, А. Н. Несколько поправок к ярлыку Тимур-Кутлуга, ИРАН, 1918.

Санжеев, Г. Д. Дархаты, этнограф. отчет о поездке... в 1927, Мат. ком. АН СССР по иссл. Монгольской... респ., № 10, Л., 1930.

——Манжуро-монгольские языковые параллели, ИАН, 1930.

Сборник материалов по истории Бурятин XVIII и первой половины XIX в.(см Гирченко).

Си-ю-цзи(см. Кафаров).

Сказание об Убаши-хун-тайджи(см. Гомбоев).

Сказание о Чингисхане(см. Кафаров—Шэн-ву цин-чжэн-лу...).

Соболев, М. Н.(см. Боголепов, М. И.).

Сосновский(см. Разумов).

Страхов, Н. И. Нынешнее состояние калмыцкого народа с присовокуплен ием калмыцких законов. СПб., 1810.

Талько-Гринцевич, Ю. Д. Материалы к антропологии и этнографии Центральной Азии, вып. Ⅰ, Зап. Академии Наук СССР по Отд. физ. -мат. наук, т. XXXVII, № 2, Л., 1926.

Тизенгаузен, В. Г. al-’ Omarī, перевод, Сборник материалов, относящихся к истории Золотой Орды, СПб., 1884, Ⅰ.

Тимковский, Е. Путешествие в Китаи через Монголию в 1820 и 1821 гг., СПб., 1824. Перевод на французский яз. с замечаниями Klaproth’ а(Paris, 1827); на английский—того же ориенталиста(London, 1827).

Титов, Е. Н. Тунгусско-русский словарь, Иркутск, 1926.

Туманский, А.(см. Абуль-Гази-Бохадур-хан).

Турунов, А. Прошлое Бурят-Монгольской народности, Иркутск, 1922.

Убаши-хун-тайджи (см. Гомбоев).

Унковский, И. (см. Веселовский).

Усов, М. А. Орография и геология Кентейского хребта в Монголии, Изв. Геол. ком., 1915, т. 34, № 8.

Успенский, В. М. Страна Кукэ-нор или Цин-хай, с прибавлением краткой истории ойратов и монголов, Зап. РГО по отд. зтногр., Ⅵ, 1880.

Фишер, И. Е. Сибирская история с самого открытия Сибири до завоевания сей земли российским оружием, сочиненная на немецком языке, СПб., 1774.

Хангалов, М. Н. „Зэгэтэ-аба". Облава на зверей у древних бурят, Изв. Вост. -Сиб. отд. РГО, 1888, т. XIX, № 3.

——Юридические обычаи у бурят, Этногр. обозр., 1894, № 2.

——Свадебные обряды и обычаи у бурят Унгинского ведомства Этногр. обозр., 1898, № 1.

Хангалов, М. и Клеменц. Д. Общественные охоты... (см. Клеменц).

Ханыков, Н. Описание Бухарского ханства, СПб., 1843.

Чжан-Дэ-хуй (см. Кафаров).

Чжао-Хун (см. Васильев).

Штернберг Л. Я. Теория родового быта в Энцикл. словаре Брокгауза и Эфрона.

Шен-ву цинь-чжэн-лу (см. Кафаров).

Щапов, А. Бурятская улусная родовая община, Изв. Сиб. отд. РГО, 1874, т. Ⅴ, вып. 3—4.

——Сельская оседло-инородческая и русско-крестьянская община в Кудинско-Ленском крае, Изв. Сиб. отд. РГО, 1875, Т. Ⅵ, № 3.

——Эгоистические инстинкты в Ленской народной бурятской общине, Сб. ист. сведений о Сибири, т. Ⅱ, СПб., 1877.

Энгельс, Ф. Происхождение семьи, частной собственности и государства, СПб., 1894.

Эрдзнийн Эрихэ (см. Позднеев, А. М.).

Юань-чао-би-ши (см. Кафаров).

索　　引

（索引页码为原书页码，即本书边码）

一　地　名

二　蒙古部落、部落分支、氏族、氏族分支、克兰(大氏族)、鄂托克名

D

E

G

H

K

M

N

Q

S

T

W

Y

Z

三　人　名

J

K

L

M

四　蒙古语名词的拉丁字标音*

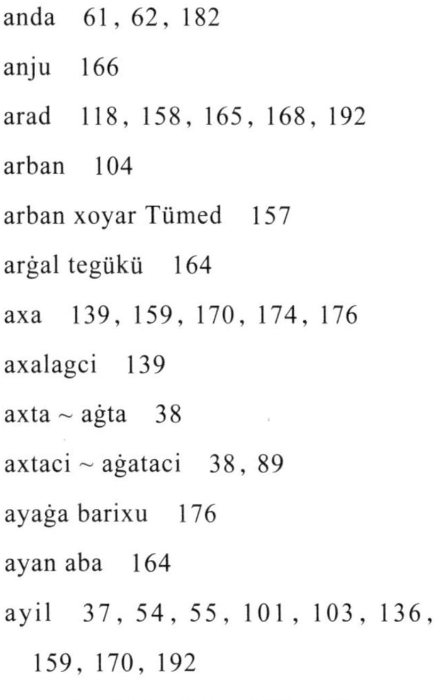

* 蒙古语名词在书中第一次出现时附注拉丁字标音，重见者仅在必要时另注。——译者

B

C

D

T

U

V

X

五 主 题

Y

Z

图书在版编目(CIP)数据

蒙古社会制度史/(苏)鲍里斯·雅科弗列维奇·弗拉基米尔佐夫著;刘荣焌译. —北京:商务印书馆,2024
(汉译世界学术名著丛书:120年纪念版:珍藏本:增订本)
ISBN 978-7-100-23790-1

Ⅰ.①蒙… Ⅱ.①鲍…②刘… Ⅲ.①蒙古族—社会制度—历史—中国 Ⅳ.①K281.2

中国国家版本馆CIP数据核字(2024)第081581号

汉译世界学术名著丛书
(120年纪念版·珍藏本·增订本)
蒙古社会制度史
〔苏〕鲍里斯·雅科弗列维奇·弗拉基米尔佐夫 著
刘荣焌 译

商务印书馆出版
(北京王府井大街36号 邮政编码100710)
商务印书馆发行
北京中科印刷有限公司印刷
ISBN 978-7-100-23790-1

2024年5月第1版 开本 710×1000 1/16
2024年5月北京第1次印刷 印张 24½
定价:136.00元